全面深化改革领导干部学习读本

主编 黄琦 刘学军

迈向现代财政

黄根兰◎主编

楼继伟 | 高培勇 | 尹中卿 | 刘尚希 | 刘剑文

多位名家纵论改革大势

中国财经出版传媒集团
中国财政经济出版社

图书在版编目（CIP）数据

迈向现代财政/黄根兰主编．—北京：中国财政经济出版社，2017.9
（全面深化改革领导干部学习读本/黄琦，刘学军主编）
ISBN 978－7－5095－7691－5

Ⅰ.①迈…　Ⅱ.①黄…　Ⅲ.①财政改革－中国－干部教育－学习参考资料
Ⅳ.①F812.2

中国版本图书馆 CIP 数据核字（2017）第 202970 号

责任编辑：周桂元　　　　责任校对：李　丽
封面设计：田　晗　　　　版式设计：齐　杰

中国财政经济出版社 出版

URL：http：//www.cfeph.cn
E－mail：cfeph＠cfeph.cn

社址：北京市海淀区阜成路甲 28 号　邮政编码：100142
营销中心电话：88190406　北京财经书店电话：64033436　84041336
北京富生印刷厂印刷　各地新华书店经销
787×1092 毫米　16 开　26 印张　403 000 字
2017 年 9 月第 1 版　2017 年 9 月北京第 1 次印刷
定价：50.00 元
ISBN 978－7－5095－7691－5
（图书出现印装问题，本社负责调换）
本社质量投诉电话：010－88190744
文章稿酬及版权联系电话：010－68457872
打击盗版举报热线：010－88190414、QQ：447268889

总 序

高尚全

自1978年党的十一届三中全会开启我国的改革进程以来，弹指一挥间，中国的改革事业已经走过近40年的光辉岁月。近40年来，我们历经从计划经济到商品经济再到市场经济的探索，我们从无到有构建了中国的社会主义市场经济体系并不断进行完善，我们扭转了“文革”的动荡混乱走向依法治国，并不断提高国家治理水平。可以自豪地说，中国的改革事业取得了不可磨灭的成就。中国的改革事业当然也并非一帆风顺，改革的航程历经千难万险，但是改革的开拓却从未停歇。战胜这些困难、推动中国改革不断进步的，是站在改革潮头的千千万万的干部群众，尤其是广大党员干部，是我们在前无古人的情况下坚定不移地推动改革前进的中坚力量。从“要吃米、找万里”的童谣到“杀出一条血路来”的习仲勋等早期的特区开拓者，从“有计划的商品经济”的论证和提出到“社会主义市场经济的四梁八柱”的构建，如果没有党员干部对改革的孜孜以求、积极进取，就没有今天改革事业的辉煌成果。

一、坚持市场方向的改革从胜利走向胜利

从“计划为主、市场为辅”到“有计划的商品经济”再到发挥市场的“基础性作用”，最终到发挥市场的“决定性作用”，近40年来，以经济体制改革为核心的中国改革始终坚持市场经济的改革方向，并最终使得国家在各个层面上都取得了巨大的成就，推动了以阶级斗争为纲向以经济建设为中心的转变、从计划经济向市场经济的转变、从闭关锁国转向全方

位开放、从人治走向法治、从贫穷落后转向小康这五个方面的伟大转变。

党的十八大以来，我国的改革进入了新的阶段。在以习近平同志为核心的党中央的坚强领导下，我国不仅有效应对了复杂国际政治经济环境的风云变幻，更在相当不利的条件下取得了经济的中高速平稳增长。党的十八届三中全会所作出的《中共中央关于全面深化改革若干重大问题的决定》（以下简称《决定》）制定了我国在新的发展阶段全面推进改革开放事业的宏伟蓝图，提出了到2020年全面深化改革的指导思想、总体思路、主要任务、重大举措。以这份全面推进改革的《决定》为基础，中国改革事业在战略布局、改革难点以及市场地位方面都获得了一些重大的进展乃至突破。

（一）市场在资源配置中的地位获得重大突破

中国改革开放的进程，实际就是从以计划作为配置资源的主要手段逐渐变革成为以市场作为配置资源的主要方式，市场经济逐步确立并不断完善的过程。在这个进程当中，市场的力量从无到有、从弱小到壮大。《决定》旗帜鲜明地提出，使市场在资源配置当中发挥决定性的作用，这在中国的改革开放和市场经济发展历程中具有里程碑式的意义，体现了以习近平同志为核心的党中央对市场规律的认识在不断提高，是我党对中国特色社会主义建设规律认识的一个重大突破。

（二）供给侧结构性改革取得明显进展

党的十八大以来，中国的经济发展面临着全新的环境和挑战。世界经济严重衰退，贸易保护主义抬头，世界经济格局面临新的“洗牌”。与此同时，国内土地、劳动力等要素价格越来越高，资源、环境的约束越来越紧，我国传统的经济发展模式和结构继续进行深刻的调整和改革。中国经济面临着保持一定水平的增速和调结构的两难困境。在这种经济新常态背景下，中央及时作出了供给侧改革的决定和布局，以前所未有的勇气和决心，开启了一场中国经济发展方式向更高形态发展的结构之变。

（三）国家政治体制顶层设计适应新的要求、获得新的突破

党的十八届三中全会提出：“全面深化改革的总目标是完善和发展中国特色社会主义制度，推进国家治理体系和治理能力现代化。”这就要求对过去领导改革的行政部门本身进行改革，对改革领导者的决策效能和执行力提出了重大考验。为了推进改革，中央先是设立了中央全面深化改革

领导小组，有力提升了改革的决策效能，使过去总是被回避的改革议题，比如户籍问题、农村土地制度问题等等，能够集中力量摆脱各种利益羁绊获得正面突破。国家治理体系和治理能力的提高还体现在我国社会主义民主政治的进步上。全面深化改革对加强社会主义民主政治制度建设提出了通过各项制度建设，丰富民主形式，从各层次各领域扩大公民有序政治参与，充分发挥我国社会主义政治制度优越性的总目标。

（四）反腐倡廉效果显著，依法治国有效推进

进一步推进改革，创建良好的经济发展环境，需要廉洁奉公高效的党员和公务员队伍。十八大以来党中央对腐败行为的坚决查处，破除了过去一段时期因党纪国法松懈而滋生的各种潜规则，横扫了贪腐猖獗的不良风气，党纪国法为之肃然而振！中央对于滥权渎职的腐败分子，上至中央常委，下至乡村干部，不管是军方大将，还是地方大员，但凡触犯党纪国法，均依法予以严惩。坚定不移地推进全面从严治党，形成了反腐败斗争压倒性态势。这样大规模的反腐浪潮，激浊扬清，民心得以振奋，党风得以清正，使全体党员干部受到深刻的教育。掌握权力行使权力的全体党员干部自觉地规范行使权力、自觉避免滥权渎职行为，这为规范政府权力的行使、保障市场主体的合法权益奠定了良好的基础。在肃清腐败的基础上，中央通过确立依法治国的方略，从制度建设上、从根本上维护国家的长治久安。2014 年 10 月底召开的党的十八届四中全会，是中国共产党历史上第一次专门研究法治建设的中央全会，通过了《中共中央关于全面推进依法治国若干重大问题的决定》。党把自己的路线、方针、政策通过法定程序转化为国家意志，成为全国人民共同遵守的法律规范，实现党的主张和人民意志的有机统一。

（五）生态文明体制改革为创造绿色环境打下了基础

党的十八大以来，党中央始终把生态文明建设放在治国理政的重要战略位置，首次将生态文明建设与经济建设、政治建设、文化建设和社会建设一起，纳入中国特色社会主义“五位一体”总布局；党的十八届三中全会《决定》，全面、清晰地阐述了生态文明制度体系的构成及其改革方向、重点任务，是将生态文明建设纳入“五位一体”总布局后的又一大创新；党的十八届四中全会要求用严格的法律制度保护生态环境；党的十八届五中全会将绿色发展纳入新发展理念。对生态文明建设的顶层设计

密集推出，体现了党遵循发展规律、顺应人民期待、彰显执政担当。

二、新时期的改革仍面临着巨大的挑战

中国的改革虽然取得了举世瞩目的成就，但是前期单边突进的改革遗留的问题越来越成为拖累经济社会进一步向前发展的障碍，而且经过近40年的改革发展，随着生存型阶段向发展型阶段的转变，我国需求结构开始发生明显变化，新的需求和旧的体制的矛盾也日益凸显，新老问题同时并存，影响改革的深化。目前仍存在的矛盾有以下几个方面：

一是经济发展方式转型与市场化改革不到位的矛盾。以当前最重要的"三去一降一补"为例，虽然其在整体战略上极为重要，但是在实际操作过程中，也出现了行政手段"一刀切"，专去民营企业的传言。"三去一降一补"需要行政手段的配合，不过应尽量以市场的优胜劣汰为主要手段，让行政要求成为市场资源配置的砝码，这样虽然见效慢一些，但长期看会更加健康。

二是税费过重与公共产品供给短缺并存的矛盾。我国已开始从私人产品短缺时代进入公共产品短缺时代，但相应的社会体制改革还不适应这个时代变化的趋势。公共产品短缺成为阻碍扩大内需、制约发展方式转型的一个重要因素。公共产品短缺使我国消费率不断下降，消费率水平不仅低于发达国家，而且也低于"金砖四国"中的其他三国。但是，作为公共产品供应源泉的我国老百姓的税赋水平并不低。如曹德旺所指出的，中国企业税赋同比美国高出相当于营业额的11.6%，这在世界上明显属于较高税赋的国家。同一些宏观税负超过30%的国家相比，在社会福利支出（教育、卫生、医疗、社保等）方面，法国的社会福利支出占GDP的比例为35%，瑞典是38%，挪威是33%，丹麦是37%，澳大利亚是23%，美国是21%，我国还有很大差距。造成这种现象的主要原因，还是因为政府作为投资的主体而没有成为创造环境的主体，财政在公共服务领域的投入比重还不高，地方政府的注意力仍然集中在追求经济总量的扩张上。

三是依法治国的理念在实际行动中仍然有待落实。依法治国的治国方略早已提出，党的十八届四中全会更是以中央全会决定的方式将这一理念提升至治国理政的最高层次，中央深改办也专门出台了各项推进法治建设的意见和方案。但是行政部门职能缺位、错位、越位，行政审批门槛多、

公共服务不到位、权力行使不规范等问题仍然时有发生，阻滞了市场经济的健康发展。另外，《宪法》明确的法院、检察院独立司法也受到意识形态领域反对“司法独立”的影响，律师尤其是刑事辩护律师容易受到不公正的待遇乃至以敌我矛盾予以处理，严重违背依法治国的理念。凡此种种，彰显了法治状况与社会主义市场经济建设的不相适应。市场经济当中利益主体各不相同，市场经济的运行实际也是各个市场主体之间利益交换、协调的过程，是不断产生矛盾又不断解决矛盾的过程，司法承载着保障这些矛盾有效、迅速解决，维护不同市场主体利益交换、协调通畅运行的重要功能，依法治国的理念必须贯彻到实处。

三、改革只有进行时，全面深化改革需要广大党员干部掌握改革的方法和经验

“雄关漫道真如铁，而今迈步从头越。”在新的历史时期，推进全面深化改革需要千千万万的广大党员干部不仅要面对“啃硬骨头”的难题，而且要面对的往往是改革的对象就是自己的利益这样的艰难选择。在这种情况下，除了决策层要在顶层设计方面做好微观改革激励兼容的改革路径设计之外，还需要各个层级的党员干部增强大局意识、核心意识，自觉向中央看齐，其目的就是要发挥出中国共产党作为一个马克思主义政党的核心优势来克服私利对改革的扭曲，这是当前推进改革所需要的，是当前各项党员学习教育培训项目的重中之重，在此无须赘言。需要着重指出的是，在改革的深水区推进全面深化改革，“摸着石头过河”的改革方法在制度架构的诸多方面可能不再适用，党员干部在坚定改革的决心之外，还有必要掌握改革的方法论，在对改革有深刻认知的基础上，掌握推进改革的方法、路径，这样就能够事半功倍地推进改革。在近 40 年的改革进程中，我们积累了不少宝贵的经验和方法，突出的有：

一是不断解放思想，推进理论创新。科学的理论是改革顺利推进的思想保证。改革的进程，就是思想解放的过程，就是理论创新的过程。改革开放以来，我们党坚持解放思想，实事求是，与时俱进，将实践作为检验真理的唯一标准，不断推进理论创新、思想创新和体制创新，创造性地提出了社会主义市场经济理论及其政策体系。

二是坚持市场化的改革方向不动摇。改革开放近 40 年的历程，也是

市场作为资源配置手段的地位不断提升的历程。从“一大二公”和“割资本主义尾巴”到“计划为主、市场为辅”的社会主义商品经济的提出，再到从指令性计划到指导性计划的转变，进一步到社会主义市场经济的提出，最终到使市场在资源配置中发挥决定性作用，中国的改革所取得的成果，也就是社会主义市场经济不断发展的结果。我们回顾中国近40年的改革经验，其中最核心的一条，就是要坚持市场化的改革方向。需要着重指出的是，互联网大数据时代，我们仍然要头脑清醒地坚持市场经济。计划经济与市场经济的区别，本质上并不在于有无计划或者说制订的计划是否科学，即便在完全市场化的社会里，企业也会制订诸多的生产计划、推广计划，计划得好的企业更有可能在激烈的市场竞争中胜出。计划经济与市场经济两者区别的本质是由行政权力来配置资源还是在价值规律的支配下由市场主体的自主选择判断来配置资源。互联网大数据可以使计划的制订更加科学，但是它无法解决这个时代最重要的人的创造性、积极性的问题。只有自由选择的市场，才能产生这种积极性和创造性，也只有自由选择的市场，它所形成的数据和联网才有意义，否则何以持续地发展繁荣？互联网和大数据只有与市场相结合，才能迸发出最大的效用。改革必须坚持市场化不动摇。

三是灵活运用改革方法，既先行先试、先易后难，又统筹兼顾、协调推进。我国改革的典型特征是采取了先行试点、总结推广的方式。立足于把解决本地实际问题与攻克面上共性难题有机结合起来，选择一定地区或改革领域开展试点，在对试点进行总结的基础上，对成功经验和做法再行推广。这种由点而面、先易后难的改革推进方式，既控制了风险，又通过有效的推广机制使成功经验能够迅速普及，成为我国渐进式改革战略的重要经验，也是新时期推进改革开放、探索新的发展模式和体制模式的重要途径。改革又是一项系统工程，必须不断完善改革的推进方式，统筹兼顾，加强总体协调。我们注重把握“破旧”和“立新”的关系，立足于立新，适时、大胆地破旧，从而不断消除深层次的体制机制障碍，建立健全适应生产力发展需要的新体制、新机制；坚持整体推进和重点突破相结合，在统筹规划的基础上注重协调配合，不失时机地实现改革的重点突破。开放也是改革，做到改革和开放相互促进，良性互动。在完善社会主义市场经济体制的新阶段，我们面临的主要是一些触及深层利益关系、配套性强、风险比较大的改革，而且经济体制改革与政治体制、文化体制、社会体制方面的改革日益紧密地联系在一起，这使得改革的统筹协调和整体推进的要求更加凸显。党的十八届三中全会后设立的全面深化改革领导小组，专门就经济体制、民主法治、文化体制、社会体制等设立了专门的改革小组，为改革的统筹协调创造了条件。

四是正确处理改革、发展、稳定的关系。改革是经济社会发展的强大动力，有效的体制是实现经济社会又好又快发展的根本保证，从长远来看，也是确保社会稳定的根本保障，同时，发展和稳定也提供了深化改革的良好环境和基本条件。要正确处理好改革与发展、稳定的关系，适时有序推进改革开放，把改革的力度、发展的速度和社会的承受能力有机结合起来，在保持稳定的前提下推进改革和发展，通过改革和发展促进社会稳定。

当然，宏观上掌握了改革的经验和方法还远远不够，广大党员干部每个人都有自己需要面对的具体的改革领域。这些具体领域的改革都有自己的难点和重点，其改革的方法和路径都不尽相同，需要根据实际情况，因地制宜，对症下药。中国经济体制改革杂志社和中国财政经济出版社这次共同编纂出版的“全面深化改革领导干部学习读本”不仅仅包括宏观的内容，如《未来十年的改革发展战略》《大国反腐》《大市场严监管》，因为不谋全局者不足以谋一域，有利于我们构建对当前整个改革进程的认知框架；更为重要的是，“全面深化改革领导干部学习读本”还就财政改革、金融改革、国企改革、土地改革、社保改革、产业变革、扶贫攻坚等具体改革领域都专门整合了分册，共同构成本丛书的主体内容，这就为广大党员干部在各自的领域学习、推进改革提供了极大的便利。“成事在天，谋事在人。”我相信，只要广大党员干部能够深刻地学习和领悟“全面深化改革领导干部学习读本”这样的改革书籍所传递的改革知识和精神，中国的改革事业就一定能够从胜利走向胜利，中华民族伟大复兴指日可待。

2017 年 9 月

目录

CONTENTS

第七篇 迈向现代财政：他山之石 / 353

序言

PREFACE

现代化是每个国家的孜孜追求。中国也不例外，已经为此上下求索和执着奋斗了100多年。国家治理现代化则是一个国家现代化的核心。“财政是国家治理的基础和重要支柱”（党的十八届三中全会精神），国家治理现代化，其基础和重要支柱是国家财政现代化。

正如财政学家刘尚希所指出的，财政承载和体现着国家与市场、国家与社会、中央与地方的关系，财政是规范国家与市场、国家与社会、中央与地方关系的关键；预算权是国家治理结构的核心，合理配置预算权，是国家治理走向现代化的前提条件；财政法治化是全面依法治国的重要支撑。发达国家普遍以宪法和法律形式，对预算制度、税收制度、中央与地方的财政制度作出明确的规定，并以此确立现代财政制度的基本框架。

中国如何实现财政现代化？改革是其根本之途。如果说，以往一轮财政改革是市场化改革的突破口，旨在建立与社会主义市场经济体制相适应的财政体制；那么，新一轮财政体制改革则是全面深化改革的突破口，是实现国家治理现代化的突破口，旨在建立与国家治理现代化相适应的现代财政制度。

古今中外的历史证明，财政改革对于一个国家的振兴发展具有十分重要的作用。19世纪末20世纪初，美国预算制度变革开启了“进步时代”的大幕，推动美国步入世界强国之列。在我国历史上，财政改革的成功带来民富国强、国家长治久安，改革的失败则加速王朝的崩溃。

新一轮财政体制改革包括三大重点工作和任务：第一，推进预算制度改革，建立全面规范、公开透明的现代预算制度，管好国家的钱袋子，将权力关进制度笼子；第二，推进税收制度改革，建立促进科学发展、社会公平、市场统一的现代税收制度；第三，推进中央与地方政府之间的财政制度改革，建立中央与地方政府之间激励和约束相容的现代财政制度，调动两个积极性。

此外，中国是一个正在崛起的大国，大国治理需要大国财政。大国财政需要全球视野。“中国财政”不仅要发挥治国安邦的基础支撑作用，还应在全球治理中发挥日益重要的作用。新一轮财政改革需要有此考虑。

根据 2014 年中共中央政治局会议通过的《深化财税体制改革总体方案》，2016 年中国要基本完成深化财税体制改革的重点工作和任务，2020 年要基本建立现代财政制度。

如何围绕上述重点工作和任务推进新一轮财政体制改革？改革进展如何？改革推进中存在什么问题和障碍？下一步推进思路和方略？世界发达国家有哪些可资中国借鉴的经验？等等。这些正是本书要深入研究的问题。

本书坚持问题导向和改革目标导向，汇集财政领域知名专家学者的相关精品之作，值得一读。

编者

2017 年 9 月

第一篇

现代财政：现代国家治理之基

财政制度安排体现并承载着政府与市场、政府与社会、中央与地方等方面的基本关系，在国家治理体系中处于基础位置，深刻影响着经济、政治、文化、社会、生态文明、国防等领域。古今中外的实践表明，人类国家史上的每一次重大变革，无不渗透着深刻的财政原因。

深化财税体制改革，建立现代财政制度

楼继伟[*]

最近，中共中央政治局会议审议通过了《深化财税体制改革总体方案》（以下简称《方案》）。这是党的十八届三中全会召开后，中央较早制定的具有重要意义的一个改革方案。《方案》明确了深化财税体制改革的思路原则、主要任务和时间安排，充分体现了中央对财税改革和财政工作的高度重视和殷切期望，是当前和今后一个时期财税改革和财政制度建设的行动指针。我们要认真学习、准确把握、扎实推进，打好全面深化财税体制改革这场“硬仗”。

一、深化财税体制改革是关系国家治理现代化的深刻变革

财政是国家治理的基础和重要支柱，财税体制在治国安邦中始终发挥着基础性、制度性、保障性作用。北宋政治家、文学家苏辙论证，“财者，为国之命而万世之本。国之所以存亡，事之所以成败，常必由之”。财政制度安排体现并承载着政府与市场、政府与社会、中央与地方等方面的基本关系，在国家治理体系中处于基础位置，深刻影响着经济、政治、文化、社会、生态文明、国防等领域。古今中外的实践表明，人类国家史上的每一次重大变革，无不渗透着深刻的财政原因。我国的商鞅变法、唐代“两税法”、明代“一条鞭法”、清代“摊丁入亩”等改革，基本上都是围绕财税问题展开的。17 世纪英国“光荣革命”确立的税收法定原则，为英国在工业革命中的崛起奠定了基础。19 世纪末 20 世纪初美国预算制

---

[*] 楼继伟，财政部原部长、全国社会保障基金理事会理事长。

度变革开启了“进步时代”的大幕，推动美国步入世界强国之列。

党中央、国务院历来高度重视财税体制改革和财政制度建设。新中国成立后，我们在建立适应社会主义国家发展要求的财政制度方面进行了艰苦探索。改革开放以来，财税体制改革成为体制改革的突破口和先行军，财税体制大体上经历了从统收统支到包干制，再到分税制三个阶段。特别是1994年实施的税收制度和分税制改革，是我国财政史上的一个重要里程碑。分税制财政体制的建立及随后的调整、完善和稳健运行，为建立现代财政制度奠定了良好的基础，对推动建立社会主义市场经济体制、充分发挥中央和地方积极性、促进经济社会发展、全面扩大对外开放、提高人民生活水平、维护社会和谐稳定发挥了重要作用，有效带动和支撑了农村、国有企业、金融、投资、价格、外贸等领域改革。但是，随着经济社会发展和国内外形势变化，现行财税体制存在的问题日益显现：预算管理制度不规范、不透明，不适应国家治理现代化要求；税收制度不健全、不完善，不利于发展方式转变、社会公平和市场统一；中央和地方事权与支出责任划分不清晰、不合理，不利于建立健全财力与事权相匹配的财政体制。这不仅影响财政自身的稳定性和可持续性，而且影响国家发展战略、宏观政策效果，以及国家治理体系和治理能力现代化进程，迫切需要进行整体性、适应性的改革。

党的十八届三中全会明确提出要深化财税体制改革、建立现代财政制度。这是全面总结古今中外历史经验、深刻把握国家治理与执政规律、着眼我国现代化建设全局作出的重大决策。《方案》的形成和通过，是我们党指导财政制度建设和财政改革发展的最新理论成果，是今后一个时期财政改革发展和财政工作的行动纲领。如果说1994年财税改革的目的是建立“与社会主义市场经济体制相适应”的体制框架，那么，新一轮财税体制改革就是要建立“与国家治理体系和治理能力现代化相适应”的制度基础。只有财税体制改革取得根本性突破，才能为实现国家治理现代化和“两个一百年”奋斗目标提供物质基础和制度保障。从这个意义上讲，新一轮财税体制改革决不是体制机制的修修补补，更不是扬汤止沸，而是一场关系我国现代化事业和国家治理现代化的深刻变革，是完善社会主义市场经济体制、加快转变政府职能的迫切需要，是转变经济发展方式、促进经济社会持续稳定健康发展的必然要求，是建立健全现代国家治理体系、实现国家长治久安的重要保障。

二、建立现代财政制度是对现行财税体制的继承与重构

《方案》明确提出，深化财税体制改革的目标任务是，按照完善和发展中国特色社会主义制度、推进国家治理体系和治理能力现代化的全面深化改革总目标，坚持稳中求进、改革创新，充分发挥中央和地方两个积极性，以改进预算管理、完善税收制度、明确事权和支出责任为重点，建立统一完整、法制规范、公开透明、运行高效，有利于优化资源配置、维护市场统一、促进社会公平、实现国家长治久安的可持续的现代财政制度，为实现“两个一百年”奋斗目标提供财税制度保障。现代财政制度是国家治理现代化的重要基础，深化财税体制改革、建立现代财政制度，既是对现行财税体制和制度的继承与创新，又是适应国家治理现代化新形势，对财税体制等基础制度的系统性重构。总体上讲，现代财政制度在体系上应建立全面规范、公开透明的预算制度，公平统一、调节有力的税收制度，中央和地方事权与支出责任相适应的制度；在功能上要坚持公共财政的定位，体现市场在资源配置中起决定作用和更好发挥政府作用的要求，不“越位”、不“缺位”，发挥财政制度稳定经济、提供公共服务、调节分配、保护环境、维护国家安全等方面的职能；在机制上应符合国家治理体系与治理能力现代化的新要求，形成公开透明、权责对等、有效制衡、运行高效、可问责、可持续的制度安排。重点围绕以下改革任务展开：

建立全面规范、公开透明的现代预算制度。这是国家治理体系和治理能力现代化的基础和重要标志，是强化预算约束、规范政府行为、实施有效监督，把权力关进制度笼子的重大改革举措。一是建立透明预算制度。除涉密信息外，所有使用财政资金的部门都要公开本部门预决算，尤其是财政资金安排的“三公”经费都要公开；进一步细化政府预决算公开内容、扩大部门预决算公开的范围和内容。二是完善政府预算体系。结合修订有关法律规定，清理规范重点支出与年度财政收支增幅或生产总值挂钩事项，一般不采取挂钩方式；政府收支要全部纳入预算，明确“四本”预算的收支范围和功能定位，加大相互之间的统筹力度。三是改进年度预算控制方式。预算审查的重点由平衡状态、赤字规模向支出预算和政策拓

展；建立跨年度预算平衡机制；实行中期财政规划管理，并强化三年滚动财政规划对年度预算的约束。四是完善转移支付制度。完善一般性转移支付稳定增长机制，逐步提高一般性转移支付所占比重；对专项转移支付进行清理、整合、规范，逐步取消竞争性领域专项和地方资金配套，同时严格控制新增项目和资金规模；建立专项转移支付定期评估和退出机制。五是加强预算执行管理。硬化预算约束，预算未安排事项一律不得支出；全面落实国库集中收付制度，借鉴国际经验，推进国库现金管理。六是规范地方政府债务管理。依法建立以政府债券为主体的地方政府举债融资机制；对地方政府债务实行限额控制，分类纳入预算管理，并严格限定举债程序和资金用途；建立权责发生制的政府综合财务报告制度，完善地方政府考核问责机制和信用评级制度。七是清理规范税收优惠政策。除专门的税收法律、法规外，起草其他法律、法规、发展规划和区域政策都不得规定税收优惠政策；未经国务院批准，不能对企业规定财政优惠政策；严肃财经纪律，严格财政资金分配使用的监督问责，严厉查处违法违规行为。

建立健全有利于科学发展、社会公平、市场统一的税收制度体系。税收制度是现代财政制度的重要组成部分。新一轮税制改革总的方向是，优化税制结构、完善税收功能、稳定宏观税负、推进依法治税，充分发挥税收筹集财政收入、调节分配、促进结构优化的职能作用。一是推进增值税改革。扩大营改增实施范围，“十二五”完成营改增目标；适时优化税率，实行彻底的消费型增值税制度并完成增值税立法。二是完善消费税制度。调整消费税征收范围，优化税率结构，改革征收环节和收入分享办法，增强消费引导与调节功能。三是加快资源税改革。抓紧在全国范围内实施煤炭资源税从价计征，全面推进资源税从价计征改革，相应清理取消涉及的行政事业性收费和政府性基金；逐步将资源税扩展到水流、森林、草原、滩涂等自然生态空间。四是建立环境保护税制度。按照重在调控、清费立税、循序渐进、合理负担、便利征管的原则，将现行排污收费改为环境保护税，新设二氧化碳税目，进一步发挥税收对生态环境保护的促进作用。五是加快房地产税立法并适时推进改革。总的方向是，在保障基本居住需求的基础上，对城乡个人住房和工商业房地产统筹考虑税收与收费等因素，合理设置建设、交易、保有环节税负，促进房地产市场健康发展，使房地产税逐步成为地方财政持续稳定的收入来源。房地产税改革要加强调研，立法先行，适时推进。六是逐步建立综合与分类相结合的个人所得税制。合并部分税目作为综合所得，适时增加专项扣除项目，合理确定综合所得适用税率；尽快推广个人非现金结算、建立第三方涉税信息报告制度等。此外，抓紧修订《税收征管法》，促进依法治税，同时也为个人所得税和房地产税改革创造条件。

调整中央和地方政府间财政关系，建立事权和支出责任相适应的制度。在保持中央和地方收入格局大体稳定的前提下，进一步理顺中央和地方收入划分，合理划分政府间事权与支出责任，促进权力与责任、办事与花钱相统一，全面提升国家治理效率。一是进一步理顺中央和地方收入划分。遵循公平、便利、效率等原则，考虑税种属性和功能，将收入波动较大、具有较强再分配作用、税基分布不均衡、税基流动性较大的税种划为中央税，或中央分成比例多一些；将地方掌握信息比较充分、对本地资源配置影响较大、税基相对稳定的税种，划为地方税，或地方分成比例多一些。收入划分调整后，地方形成的财力缺口由中央财政通过税收返还方式解决。二是合理划分各级政府间事权与支出责任。要适度加强中央事权和直接支出比重，将国防、外交、国家安全、关系全国统一市场规则和管理的事项集中到中央，减少委托事务，提高全国公共服务水平和效率；将区域性公共服务明确为地方事权；明确中央与地方共同事权。在明晰事权的基础上，进一步明确中央和地方的支出责任，中央可运用转移支付机制将部分事权的支出责任委托地方承担。

三、深化财税体制改革是一场牵一发动全身的“硬仗”

《方案》明确，2016 年基本完成深化财税体制改革重点工作和任务，2020 年基本建立现代财政制度。财税体制改革事关经济社会发展全局，涉及方方面面的权益调整，情况复杂、矛盾交织，而且时间紧、任务重。必须统一思想、凝聚共识、精心组织、周密部署、攻坚克难，确保改革顺利推进。

切实把思想和行动统一到中央改革决策部署上来。我们要认真学习宣传贯彻中央关于深化财税体制改革总体方案，深刻认识新一轮财税体制改革的重大意义和部署要求，凝聚全社会支持改革的共识和力量。深化财税改革必须坚持党的领导，发挥各级党委政府的领导核心作用。要切实增强大局意识，牢固树立全国一盘棋思想，突破部门和地区利益的藩篱，不打“小算盘”，以高度的政治责任感和历史使命感，全面贯彻中央改革决策部署，科学把握稳增长、调结构与促改革的关系。各级财政部门要在党委、政府的统一领导下，既勇于担当，不畏难、不缺位，又审时度势，不抢跑、不越位，扎实做好每一环节的改革工作，确保中央改革决策部署的顺利有序实施。

坚持问题导向研究各项具体改革政策措施。习近平总书记强调：“改革要坚持从具体问题抓起，着力提高改革的针对性和时效性，着眼于解决发展中存在的突出矛盾和问题。”深化财税体制改革要敢于正视问题、化解矛盾，坚持用科学的方法研究和解决问题。尤其是在推进预算公开、清理专项资金、规范税收优惠政策等问题上，要有敢于触及矛盾、解决问题的责任担当。牢固树立实践第一的观点，在深入人民群众、深入基层一线中破解财政改革发展中的难题，以解决问题为己任，集聚推动财政事业发展的正能量。

坚持顶层设计与摸着石头过河相结合。深化财税体制改革必须把顶层设计与摸着石头过河结合起来。改革总体方案是顶层设计，但有了顶层设计不等于可以马上操作，还要深入研究每一项改革任务的具体方案、路径、举措、步骤。在改革过程中，要坚持摸着石头过河的方法，对那些有共识但尚不具备全面推开条件的改革，以及涉及面广、利益关系复杂、意见分歧较大的改革事项，应试点先行，从典型经验中丰富改革理论，完善改革实践。以制度创新为核心任务，以可复制、可推广为基本要求，不能借改革之机要照顾、争优惠，打造新的“政策洼地”。

坚持整体推进与重点突破相结合。深化财税体制改革是一项复杂的系统工程，在实施过程中，要注意处理好政府与市场的关系，发挥中央与地方两个积极性，兼顾效率与公平，统筹当前与长远。一方面要明确改革逻辑顺序、主攻方向、工作机制、推进方式，增强改革的整体性、系统性、协调性，对于财税体制改革中一些矛盾集中、情况复杂的“硬骨头”，要坚决冲破传统观念的束缚，以壮士断腕的精神，尽快在重要领域和关键环节取得改革新进展。另一方面，要注重改革的统筹性，使财税改革与其他方面改革相互衔接、形成合力，以握指成拳、集中发力的方式，将一项项任务落实到位。

改革蓝图绘就，奋进号角劲吹。我们要更加紧密地团结在以习近平同志为总书记的党中央周围，高举中国特色社会主义伟大旗帜，以邓小平理论、“三个代表”重要思想、科学发展观为指导，坚决贯彻中央深化财税体制改革决策部署，坚定信心、锐意进取、真抓实干，建立完善的现代财政制度，为全面建成小康社会、实现中华民族伟大复兴的中国梦作出新的更大贡献。

（本文原载于《求是》2014年第20期）

财政改革的若干问题

刘尚希*

财政是国家治理的基础和重要支柱，财税体制在治国安邦中始终发挥着基础性、制度性、保障性作用。过去的财政改革是市场化改革的突破口，新一轮财政体制改革是全面深化改革的突破口，是一场关系国家治理体系和治理能力现代化的深刻变革，是立足全局、着眼长远的制度创新。财政改革不断推进，成效逐步显现。由于整个改革进入深水区，加上经济进入新常态和国际环境影响，财政改革仍面临着风险与挑战，财政改革的任务依然十分艰巨。

一、财政改革的理论考察与历史经验借鉴

要顺利推进财政改革，离不开理论的指导。在新的历史条件下，对国家财政需要有新的认识，对财政改革需要有新的认知。我们应该充分吸收人类历史发展中形成的有益经验和成果，推动理论创新，更好地指导我国的财政改革。

（一）财政是现代国家治理中的核心问题

党的十八届三中全会对财政的定位，是一个站在历史和理论的高度提出的论断，对当前财政改革具有十分重要的指导意义。

首先，财政是国家治理的基础和重要支撑。党的十八届三中全会提出，“财政是国家治理的基础和重要支柱”。这一重要论断是对现代财政

* 刘尚希，中国财政科学研究院院长、研究员。

学的重大理论突破，超越了传统的经济学范畴，把财政放在治国安邦的高度去认识。这是在新的历史条件下对财政新的认识。当代社会结构、利益主体日趋复杂，各种利益交结汇集于财政，远远超出了原来经济的范畴。完善和发展中国特色社会主义制度，推进国家治理体系和治理能力现代化是全面深化改革的总目标，这就要求财政不应局限于经济领域，而应在社会领域、政治领域等国家治理的各个方面发挥其功能作用。

其次，财政是规范国家与市场、国家与社会、中央与地方关系的关键。对财政的新定位，要求财政改革应放弃过去那种单纯的经济思维，要用系统性思维、复杂性思维搞好顶层设计。国家与市场（企业）的关系、国家与社会（个人）的关系和中央与地方（城乡区域）的关系，构成新时期国家治理的三个维度。这三个维度任何一个失衡，都会导致国家治理功能紊乱。财政改革就是国家利用政权力量主动去调适这三个方面的关系，通过体制的变革和预算的调整来倒逼政府改革和牵引社会变革，使新型的财政体制和预算制度成为国家治理与可持续发展的有力支撑。

再次，预算权是国家治理结构的核心。合理安排预算权（包括预算的编制权、审批权、执行权、监督权）的配置，是国家治理走向现代化的前提条件。预算的编制、执行在政府，预算的审批、监督在人大。预算权的安排至少有两个层次：第一个层次，即在国家治理结构层次，涉及代表民意的人大与行政部门之间的预算权力划分；第二层次，在国家治理结构之下的具体的（狭义）政府治理层次，涉及政府各个部门之间的预算权力划分。

最后，财政法治化是全面依法治国的重要支撑。要实现国家治理的现代化，必须将预算管理制度、税收制度和财政体制全部纳入法治化的轨道，赋予其规范性、稳定性、可问责性，这也是提升国家治理能力的基础。甚至可以说，现代国家的形成过程就是预算管理制度、税收制度、中央与地方财政体制法治化的过程。现在发达国家普遍以宪法和法律形式，对预算制度、税收制度以及中央与地方的财政责任、权限作出明确的规定，并以此确立现代财政制度的基本框架。

（二）财政改革是实现国家治理现代化的突破口

财政改革对于推动一国振兴发展具有十分重要的作用。这既可以在许多发达国家的发展历程中找到例证，也可以从我国历史发展中找到依据。

19 世纪末 20 世纪初，美国预算制度变革开启了“进步时代”的大幕，推动美国步入世界强国之列。美国内战后进入高速工业化的发展轨道，但伴随而来的是政府腐败、竞争无序、垄断横行、假冒伪劣商品泛滥、空气污染严重、社会贫富分化加剧。为了遏制腐败，重建国家治理秩序，美国掀起了一场“进步主义”运动。在这场进步主义运动中，预算制度改革是标志性的。当时美国还没有统一的预算制度，所谓预算不过是一堆杂乱无章的事后报账单，还被视为“城市的秘密”，民众无法对政府行为进行有效监督。进步主义者认为规范政府行为是“解决国家弊病的工具”，要通过预算改革把“看不见的政府”变为“看得见的政府”。他们认为预算问题决不是一个无关紧要的数字汇总问题，而是关系民主制度是否名副其实的大问题。没有预算的政府是“看不见的政府”，而“看不见的政府”必然是“不负责任的政府”。在这场“进步主义”运动的推动下，1908 年，美国历史上的第一份现代预算出台。1919 年，全国有 44 个州通过了预算法。1921 年，美国国会通过了《预算与会计法》，美国预算制度由此得以确立。现代预算制度将政府行为的细节展现在阳光下，提高了政府整体运作效率，也为美国各种利益体的博弈提供了完整的法律平台，使其能对政府进行有效监督，遏制腐败蔓延，增强了政府应对各种社会冲突和危机的能力，全面提升了国家治理水平。与此同时，美国对财政体制进行了全面调整，理顺了国家治理的三维关系，构建了“小政府、大社会、强市场”的国家治理新格局，推动了美国 20 世纪的飞速发展。这一时期被称为“美国进步时代”，也被称为美国“二次建国”。

我国历史上的每一次财政改革都是由社会矛盾激化引发的。成功的改革往往能缓解社会矛盾，带来国家的长治久安。魏晋南北朝时期国家收支无度，贪腐严重，假冒伪劣充斥社会，这一时期农民暴动达 330 多次。唐初吸取以往的教训，从国家收支入手，将原来分散在各部门的财权统一于户部，以流程来规范户部的内部机构，形成制衡。并制定了赋税三分法，向地方适度分权，要求将赋税“书于县门、村坊，与众知之”，便于群众监督，开创了中国历史上前所未有的盛世。有一些朝代，面对各种危机虽然也被迫实行了改革，但最终无法突破既得利益集团的藩篱而失败。例如以理财为核心的“王安石变法”，被认为最接近现代治理模式，但因既得利益集团的阻挠和执行过程中的失误而功败垂成，加速了北宋王朝的崩溃。“王安石变法”的失败，从反面说明了财政改革对于国家治理是至关重要的。

（三）财政改革涉及国家治理的方方面面

财政治理的水平决定了国家治理的水平。财政涉及方方面面，要理顺国家与市场的关系、国家与社会的关系、市场与社会的关系，财政都是其中的关键性因素。

首先，一个国家治理能力很大程度上取决于国家的财政治理能力。财政是国家治理的核心。从人类历史的演进来看，国家向现代化转型的历史是从征税权的斗争开始的。在英国，由征税权引发的争斗最终实现了现代预算制度，通过对预算的控制限制政府权力，开启了国家现代化进程。英王为增加税收引发了数百年的暴力冲突，查理一世甚至被送上了断头台，但所得有限。而现代预算制度建立之后，公共利益有了议会的背书，有了规范透明的机制，让人民知道钱花在了哪里，财政收入有了迅猛增长。英国 1703 年的财政收入比 1688 年增长了 6 倍多。我国历史上也曾建立国家收支制度，一般每个朝代前期比较重视，但由于缺乏法律的保障和制衡机制的设计，中后期开始废弛，致使国家财政失控，触发治理危机。

其次，保持必要的财政汲取能力和财力集中度是实现国家长治久安的重要基础。集权与分权是国家治理中永恒的矛盾。在现代国家演进的过程中，联邦制的国家逐步表现出集权的倾向，而传统的单一制国家则更多出现分权的倾向。必要的分权是实现国家治理结构优化的基本要求，但保持必要的财政汲取能力和财政集中度也必不可少。在中国历史上，每一个“治世”，都是建立在充盈的财政基础之上的，而一个朝代衰落的基本标志是财力枯竭。法国路易十六的大逃亡，沙皇俄国的覆灭，财政危机都是重要原因之一。在中央与地方财政体制安排上，维护中央权威和发挥中央统揽全局的功能对于国家稳定发展非常重要。要维护中央权威和实现国家意志，必须保证中央财政收入比重维持在合理区间，这一比重过低，一切都无从谈起。

最后，财政改革与国家治理的现代化是一个长期演化的历史过程，也是一定历史文化的产物。通过财政改革实现国家治理现代化不是一时的、局部的，也不是线性的，而是动态的、整体的，也会有波折起伏。国家治理包含了经济、政治、文化、社会、生态方方面面，是一个不断变化的复杂系统，这也就决定了财政改革与国家现代化是一个长期演化的历史过程，并受本国历史文化、资源禀赋等诸多因素影响。英国是世界上唯一自发衍生现代财政体制的国家，其过程长达600多年。其他国家可以模仿移植，很快建成基本框架，但是真正实现形式与实质的一致，却不是简单的事。美国建国后，就很快搭建起现代财政体制，走完了英国几百年的路，但也经过了“进步时代”、罗斯福新政的锤炼，才逐步成型。还有很多国家，至今还在模仿移植中徘徊。借鉴国际经验，可以在一定程度上避免走弯路，节省发展的时间，但却无法跳跃发展过程中的自然演化阶段。

二、财政改革面临的挑战

财政改革是国家治理改革的一个重要方面。从某种意义上说，改革也是一场革命，改革面临的最大挑战是不确定性及其引发的风险。财政改革涉及国家治理的方方面面，范围广泛、问题复杂，遇到的阻力也多。相比其他改革，财政改革面临的挑战更具有不确定性。这突出表现在以下几个方面：

（一）如何统一国家财权

完善国家治理体系、维护国家长治久安，统一国家财权是关键。打个比方：财政的作用是化解全社会公共风险，就好比部队打仗。财政的每一分钱好比一个士兵，只有每一个士兵服从统一的指挥才能打赢每一场战役；如果各自为战，不但不能消灭敌人，还会被敌人消灭。早在中央苏区的时候，针对当时财政制度的混乱现象，在毛泽东的领导下，临时中央政府就提出要“统一财权，克服各级苏维埃政府自收自用、各自为政的现象”。

国家财权，包括预算权、税费权、所有权、专卖权等内容，总体上看，国家财权至今未能实现统一。过去长期存在的自收自支的预算外资金，就是国家财权分散割裂的集中表现。现在，这个问题名义上解决了，“预算外资金”已经被取消，但预算“切块”的问题仍以各种形式存在，并形成了难以撼动的既得利益和权力。基金预算的存在，实际上就是预算权统一过程中遇到阻力而妥协的产物。基金预算的背后是各部门的权力和利益。一些专项收入，如矿产资源补偿费、探矿权采矿权使用费和价款收入、排污费收入、教育费附加收入、车辆购置税、成品油消费税、城市维护建设税等等，都规定以收定支，专款专用，使财政资金使用碎片化。部门的“二次分配权”严重肢解了预算的统一性，成为预算中的“预算外”，妨碍全面完整统一预算的真正实现。“二次分配权”使得各个部门都把注意力放在了分钱上。财政资金异化为一种权力，而不是责任。近年来，部门利益法制化现象较为普遍，与财政收支增幅或 GDP 挂钩的重点支出就涉及 6 类，包括教育、科技、农业、文化、医疗卫生（含计划生育）、社保。2014 年这 6 类规定要挂钩的支出占到全国财政支出的 47%。党的十八届三中全会已经明确了要取消这种挂钩机制，但法律规定还在。这种做法实际上也是以另一种形式行使预算分配权，是以法律方式分割预算权，是对人大预算权的自我否定。

在公共部门之间，责权配置不当，导致政出多门，财政资金和政策严重“碎片化”，资金安排使用上重复、脱节和沉淀问题突出。一些地方重复花钱，迫切需要钱的地方却没钱，影响国家长治久安的公共风险难以有效化解。

统一国家财权，就要统筹财政资金、减少专项资金、从法律上取消各种挂钩支出以及一般公共预算中专项收入以收定支的规定，这肯定会触动各地方、各部门的权力和既得利益。但这个问题又不能回避，拖延和置之不理不仅影响全面深化改革的进程，也会给国家治理带来风险。在制定、修订相关法律时，避免明确规定设立专项资金；新出台的税收收入或非税收入政策，一般不得规定以收定支、专款专用；清理规范重点支出同财政收支增幅或生产总值挂钩事项，防止以法律的方式割裂、否定人大自身的完整预算权。

（二）如何权衡财政风险与公共风险

当前，我国经济迈入新常态，财政收入增速也开始减缓。但是人口老龄化、经济结构调整、贫富差距代际传递、生态环境保护等方方面面的风险开始凸显，财政化解公共风险的压力很大。

面对低于预期的经济形势，全面减税的呼声又开始多起来了。不少观点认为，当前的低增长是税负太高造成的。但这很可能导致以减税政策替代深化改革，甚至使结构调整功亏一篑。一旦以短期治标的政策替代长期治本的改革，经济风险将不是缩小，将来的日子更不好过，甚至可能发生危机。积极财政政策加力增效，应以改革的方式更多地落在转方式、调结构上，避免变成“解困”、“救难”和“止痛”的政策。在任何时候，都应当把改革挺在前面。

化解全社会公共风险，实现国家在推动现代经济发展和社会关系重构中的作用，就必须使国家拥有与之相称的国家能力。国家能力主要体现为资源汲取能力、政治渗透能力和危机解决能力。所有这些能力的提升都要依靠财政活动加以支撑。推动财政改革，就必须要权衡财政风险与公共风险的关系。这涉及财政规模和财政结构的优化问题。一方面，要通过结构性减税来实现稳增长的目标；另一方面，又不能降低政府公共服务和化解公共风险的能力，避免财政风险急剧扩大反过来威胁经济和社会稳定。十八届三中全会提出要“稳定税负”，方向无疑是正确的。但在推进财政改革过程中，面临各种不确定性，能不能稳得住是一大挑战。

权衡财政风险与公共风险，需要处理好国家与市场、国家与社会的关系。哪些职责和支出应该由国家负责，哪些职责和支出应该由社会承担，目前还缺乏清晰的界定和规范的制度，社会预期模糊。这很可能加大公共风险，倒逼财政风险。国家与市场、社会之间的职责分担，实质上是风险分配，会导致不同的风险变化趋势。这不仅是经济问题，更是政治问题，这对深化财政改革又是一大挑战。

（三）如何处理民生与发展的关系

推动财政改革，应该在动态中处理好民生与发展的关系，涉及发展和稳定、短期和长期、利益与风险等重大问题。当前，容易出现两个误区：一个是过分追求发展的速度和规模，忽视民生问题的解决，陷入为发展而发展的误区，偏离了本原的目标；一个是过分强调改善民生的力度和时限，把促进发展的必要资源过多地用于当下民生问题的解决，陷入“杀鸡取卵”的误区。一旦落入这两个误区当中，就无法处理好民生与发展的关系，产生另一种公共风险：既不能实现良性发展，也不能从根本上改善民生，从而背离可持续发展和长治久安的战略目标。

当前，推进人口城镇化是财政改革中处理民生与发展关系的一个重要问题。人口城镇化的实质是农民市民化，这是一个长期的过程，意味着城镇化绝不能搞“大跃进”，只能是一步一步往前推进。农民市民化过程存在的不确定性也容易引发公共风险。对于农民来说，尽管2.6亿农民在城里工作和生活，但没有安全感和安定感。对于国家来说，容易产生新的城镇内部的二元化、导致扩大内需受阻、宏观经济效率难以提升等问题。财政改革是化解这些公共风险的宏观条件。人口城镇化要求各级政府的责任尤其是财政责任要做一个重新调整，事权、财权和财力要重新组合。城市政府的责任加大了，农村政府的责任跟以前也不同。事权要重新划分，有些事权要上移，有些上移到中央，有些上移到市。过去划分收支以户籍人口为依据，现在要重新界定。基本公共服务均等化也要重新定义，不能按照地域、空间这么一个静态的概念去搞。转移支付的依据要调整，过去是按户籍人口，现在必须要按常住人口，这是一个很大的变化。人口城镇化中的所有这些问题都会给财政改革带来严峻的挑战。

（四）如何形成财政改革合力

推动财政改革，必须从长期、整体分析出发，凝聚各方面力量，防范和化解我国发展过程中各种不确定性和公共风险。这涉及多个层面：

一是政府之手与市场之手如何形成合力。从整体上来看，现代经济都是“混合经济”离不开“两只手”，两者应在分工基础上形成合作。两者怎么协同？要从制度上通过改革解决问题。如果这两只手总是打架，就不能形成合力，经济、社会各个方面问题的解决都找不到出路。如果这“两只手”的问题从理论上解决不好，实际操作中也就没有保障，还是像钟摆一样摆来摆去，对长期发展非常不利。这种不确定性成为财政改革面临的重大挑战。

二是公共部门如何形成合力。形成有序的国家治理结构，应该在公共部门之间和各级政府间合理配置责任，形成合力。特别是从公共风险治理角度看，除了要强调中央和地方各自的责任，即强调分工以外，还要强调中央和地方的合作。合作不是传统意义所说的事权共担，而是分清责任，形成合力。公共部门内部的横向分工、合作，纵向分工、合作，与横向的财政关系、纵向的财政关系紧密地联系在一起。国家财权不统一、预算资金碎片化使用、部门权力和利益难以触动、上有政策下有对策，如此等等，都意味着部门之间、中央与地方之间的合力不但没有形成，而且还在产生严重内耗，政府运行成本和社会成本都在加大。这是一种看不见的公共风险。

三是公平与效率如何相融合。效率与公平是整个发展的两个轮子。真正的可持续发展，不是谁兼顾谁的问题，两者必须融合，要把效率和公平变成两个动力。如果效率与公平不能变成两个动力，我们总是在两边选，发展就会出现严重的问题。而效率与公平的融合主要靠财政改革，财政像是一根扁担，一头挑着效率，一头挑着公平。如果一头沉，则国家难以走远，很可能落入“中等收入陷阱”。

四是经济资本与社会资本怎样有机结合。我们一谈到发展，就想到资金问题，一谈到经济总是和资本联系在一起。从经济学视角中，我们看到的可能都是经济资本。其实，社会资本也会影响经济资本，也会影响经济增长。文化、教育、人力资源、社会诚信，这些实际上都是社会资本。这些社会资本会影响经济资本的效率。没有社会资本作为支撑条件，经济资本效率会越来越低。财政改革既要促进经济资本、社会资本积累，更重要的是要把二者融合起来，形成合力。

三、进一步推进财政改革的几点建议

按照党的十八届三中全会确定的目标和《深化财税体制改革总体方案》，财政改革正有序推进，预算改革先行，税制改革随行，中央与地方财政体制改革跟进。作为国家治理的基础和重要支柱，财政的改革方向已经明确，关键是如何贯彻落实到位。据此，下面提出几点看法和建议。

（一）取消部门“二次分配权”，真正实现预算的完整性

推进国家治理现代化，深化财政改革，预算权的完整和统一是当务之急，迫切需要改变目前法定支出挂钩以及存在部门二次分配权的局面，真正实现预算的完整性和规范性。

一是理顺预算权力结构。一方面，国家治理层次，人大机关与行政机

关之间的权力划分，过去一直在强化人大对预算的审批和监督，但受各种因素制约，其进展并不理想。随着新《预算法》实施，这方面总体上都有了法律规定，但关键是实践中落实到位。另一方面，在政府治理层次，要统筹政府部门间预算权力的划分，彻底取消部门"二次分配权"以及法定挂钩机制，真正实现财政资金的统筹分配和使用。

二是完善预算决策机制。提高预算分配决策的层次，加大协调力度，加强人大的作用。要科学配置政府部门职能，并动态调整。要加快政府机构改革，以部门职能、机构设置合理化为基础保障财政资金统筹使用，形成合力。

三是扩大人民群众对预算的参与。按宪法规定，权力是人民赋予的，预算权自然应该体现民众意愿。新修订的预算法对基层预算审查需要吸收民众参与等提出了明确要求。当前，一些地方尝试参与式预算探索，强化了社会参与预算审核的过程，这是有益的探索，今后应当有序扩大。

（二）加快实施中期财政规划，推动政府决策方式转变

实施中期财政规划，将带来政府决策方式的重大转变，由年度决策为主转向年度决策与中期决策相结合，更具前瞻性和连续性。

编制中期财政规划，首先要从技术、条件等方面入手，做好各方面准备和保障工作，确保规划编制科学、合理。其次，要强化中期财政规划的预算约束力。强化跨期预算约束，保障政府活动的稳定性和连续性，消除"任期制"或"领导一动、规划重弄"导致的规划、项目出现"改弦更张"的问题，避免由此造成的脱节或浪费。强化 3 年滚动财政规划编制，促进政府、部门、项目资金跨期统筹安排，避免资金断链的"半拉子"工程或是为了维持而导致债台高筑等问题，促进可持续发展。最后，要做好中期财政规划与其他相关规划的衔接。当前在地方编制中期财政规划过程中，主要面临的问题就是其他部门没有 3 年规划的要求，靠财政单兵突进困难重重，没有相应规划的衔接，后期的约束力很难保证。

（三）加快政府会计改革和信息化建设，夯实财政管理基础

财政改革推进的速度依赖于制度基础设施的完善程度。在制度基础设施不完善的条件下，快速推进制度改革存在很大的风险，就像未改造铁路

就给火车提速一样，面临翻车的风险。制度的基础设施是“隐藏”的，在研究上是“盲区”，这是导致设计出来的“好制度”难以实施或一旦实施就会变形走样的重要原因之一。加快制度基础设施建设，在当前的重要性已经不亚于财政改革本身。

加快权责发生制政府会计制度改革，建立政府财务报告制度。政府会计是预算管理的基础。实行权责发生制基础的政府会计改革，能够为预算管理提供更为全面、丰富的预算会计、财务会计信息，全面反映政府资产、负债、收入、费用等相关信息，为科学测算政府未来运行成本，准确编制中期财政规划以及未来的中期预算提供翔实的基础信息。因此，应加快建立政府会计准则体系和政府财务报告制度框架体系。制定政府会计基本准则、具体准则及应用指南，健全完善政府会计制度，制定政府财务报告编制办法和操作指南，建立健全政府财务报告审计和公开制度。

加快财政管理信息系统建设，避免信息“碎片化”和“信息孤岛”，为年度预算编制、中期财政规划管理、财政运行管理提供良好的硬件和软件支撑，夯实财政管理基础。一是真正实现政府信息部门内部、部门之间共享。进一步完善部门预算编制、执行与总预算会计软件的对接，实现政府财政数据的统一性与共享性，提高预算管理的效率。二是运用大数据理念，建立完备的政府财政数据库，提高预算执行分析和预测水平。三是建立大数据动态系统，及时全面掌握与财政运行管理相关的数据。四是建立政府资金、资产和负债的信息系统和数据库，为编制政府综合报告提供全面准确的基础信息，为准确测算政府运行成本和评价政府绩效提供技术支撑，为财政改革提供铺路石。

财政改革需要与之相关的基础信息作为支撑，包括个人、家庭和企业的收入信息、财产（包括动产和不动产）信息以及国家、集体和个人的资源信息等，这些信息的收集、处理也构成经济社会管理水平提高和长治久安的基础条件。当前和今后一个时期，要加快建立健全与经济、社会发展相关的基础数据库及其联网系统，完善各类基础数据统计体系，为改革提供强有力的信息支撑。

（四）从两级治理出发，完善中央与地方财政体制

从国家治理来观察，深化财政体制改革，要完善两级治理架构。虽然

我国有五级政府，但在国家治理架构上是两个层级，实行两级分权，即中央与地方；而地方是一个整体，省级、地市级、区县级、乡镇级之间的权限划分属于地方内部的事务性分权，在不同地方可以不同。财政体制改革分两个层次来进行：一是国家层面的财政体制要与国家治理架构相适应；二是地方层面的财政体制要与地方治理架构相匹配。

第一，国家层面的财政体制改革，即中央与地方之间的财政关系改革仍要坚持分税制，这一点不能动摇，其基本框架依然适用于中央与地方之间行政性分权的要求，符合激励相容，有利于调动地方的积极性。

第二，地方层面的财政体制改革，则不一定要照搬国家层面的分税制，可因地制宜。因为地方不具有同质性，如行政体制上有省、直辖市、自治区等不同存在形式，在人口规模、区域面积、经济发展水平及发展条件等方面更是差距甚大，分税制无法从国家层面贯穿到地方的各级政府之间。因此，地方财政体制可以有地方特色，不必“一刀切”。地方财政改革应充分考虑人口、面积、发展水平、社会条件和自然生态状况，创造性推动地方治理能力的现代化与地方财政改革。在中央统一领导下，让地方有充分的自主权和责任约束，这是调动地方积极性，让国家充满活力的前提，也是保障国家稳定统一，活而不乱的条件。

第三，推进各级政府事权规范化、法律化，完善不同层级政府特别是中央和地方政府事权法律制度，即“事权法定”原则。“事权法定”是形成合理行政秩序、市场秩序和社会秩序的基本前提，是推进国家治理体系和治理能力现代化的重要内容，应当在宪法中有所体现。而我国现行宪法有关内容不能适应这一要求。宪法第八十九条第（四）项规定，国务院“规定中央和省、自治区、直辖市的国家行政机关的职权的具体划分”，没有体现“事权法定”的原则；宪法第一百零七条规定了县级以上地方各级人民政府十多项事权，基本是“上下一般粗”的。要贯彻十八届四中全会所确定的“事权法定”的原则，需要进一步完善宪法，在宪法中明确提出事权划分的基本原则，如：事权法定、权责一致、国家统一与因地制宜结合、效率与公平相结合等原则，作为其他有关事权划分法律规定的宪法依据。

第四，建立事权与支出责任相适应的制度。事权、财权与财力是财政体制的三要素。事权改革是现行财政体制改革的一个重点，其改革的基本方向应当是决策权与执行权在中央、地方之间进行调整。在“中央决策、地方执行”的基本框架下，部分决策权下移，尤其是一些行政审批，可以交给地方，以扩大地方决策的自主权；地方的部分执行权上移，由中央来直接履行，减少地方过多的执行事项，从而减少地方支出责任。在地方内部，即省以下政府之间也应进行同样的事权改革，分门别类、因地制宜，可把一些决策权下移到市一级或县一级，同时把一些执行权上移到市一级或省一级。这样，也有利于地方治理中实现财力与事权的匹配。

（五）建立辖区财政责任机制，构建和完善地方税体系

防止省以下各级政府的“层级化”行为倾向，应建立有效的辖区财政责任机制，这是地方财政体制改革的核心。

一是明确辖区内的横向财政平衡责任。在既定的中央与地方财政体制条件下，省一级政府应负责其辖区内的横向财政平衡，保证省域范围内的各地区之间具有大体相同的财政能力和基本公共服务。

二是明确辖区内的纵向财政平衡责任。也就是说，不能只顾本级政府财政能过日子，还要保障辖区内下级政府财政能过日子。例如，在省域范围内，应做到省市县乡各级政府的财政都能实现财力与其应承担的事权相匹配。在市域范围内，要做到市县乡镇政府财政之间的财力与事权相匹配。

三是从完善国家治理体系高度推进“营改增”后地方税改革。目前，地方税改革已经到了非常紧迫的时候。因为这不仅涉及“钱”的问题，还涉及许多与国家治理相关的重大问题。应适当扩大地方的税收权限。我国的地方治理结构有很大的区域异质性，全国各个地方经济社会以及自然状况不同，应赋予地方因地制宜的权限，如适当扩大地方的税收权限。要构建以消费为税基的地方税，涉及全国性的税收立法权集中在中央，而仅仅涉及区域的税种可以由地方自行开征，但中央保持否决权，需报中央审议，中央同意方能开征。地方税种，动产消费、不动产消费、服务消费、文化消费、健康消费等等，都可以成为地方税基。这与当前扩大消费战略、转变经济发展方式以及推进人口城镇化是相吻合的。

（本文为作者提交中国经济体制改革研究会2015年年会暨第十三届中国改革论坛的论文，2015年12月10日完稿）

近期财政改革：战略审视与短板修复

王雍君[*]

一、财政改革是纲：纲不举则目不张

鉴于公共财政历来是政治、经济、社会和法律的交汇点，统领全局的改革非财政改革莫属。无论国企改革、行政改革、司法改革还是其他改革，其框架和范围都过于狭隘，不足以塑造新的治理秩序。以此视之，党的十八届三中全会通过的《中共中央关于全面深化改革若干重大问题的决定》（以下简称《决定》）提出“财政是国家治理的基础和重要支柱”之命题，切中要害且意义重大。古今中外以财政改革为切入点和主线，带动全面的政府改革与政治改革者，不胜枚举。与其他改革相比，精心设计与实施的财政改革，更可能产生三个层次的战略成果：促进财政控制、服务交付和执政认同。现代财政制度的基本功能正在于此。全局性、交叉性和复杂性的结合，也意味着与其他改革相比，成功的财政改革更依赖战略思维：大思想、大思路、大框架和大统筹。零打碎敲和过于关注具体问题的改革思维，容易忽视全局联动，因而即便战术成功，也会招致战略失败。

本文所称的“财政改革”指制度（区别于政策）层面的改革。财政制度指用来约束和引导公共财政资源——核心是公款（公共资金）——管理的规则、原则、程序和实施机制的总称，涵盖五个基本模块：税收制度、政府间财政体制、预算制度、公共支出管理制度和公共财务管理制

---

* 王雍君，中央财经大学公共财政研究院教授、博士生导师，中央经财大学政府预算研究中心主任。

度，后者主要包括政府会计、财务报告、现金管理和审计。会计和预算分类系统也是财政制度的重要组成部分。近期改革议程中，分量最重的是预算改革，其次是政府间财政体制改革和税收制度改革。

政府间财政体制的“三个支柱”是：支出划分、收入划分和转移支付；焦点是中央集权与地方分权的关系。数千年来，政府与人民、中央与地方间的财政关系，一直是左右中国历史、政治和社会变迁的主线。正因为如此，社会对两大财政关系的广泛认同——本文称为“财政认同”，乃是执政合法性基础获得广泛认同的核心成分。财政认同的狭窄化（单方面认同）意味着社会信任的流失，这会威胁和弱化执政的合法性基础。

就规模和增长而言，中国各级政府控制和管理的财政资源在世界上首屈一指。2015 年，“国家账本”（四本预算）显示公共支出总额超过 26 万亿元人民币，超过 GDP 的 1/3，相当于每个中国人不论男女老少平均每年为国家埋单超过 2 万元。其中，一般公共预算支出总额超过 17 万亿元，约占全部支出的 65%。其他三本预算分别是政府性基金预算、社会保险预算和国有资本经营预算，三者分别占支出总额的 19%、14% 和 2%。一般公共预算支出的约 85% 为四级地方政府的支出，后者的 38% 来自中央对地方的转移支付。

若以“国家财富”衡量，四个国家账本（预算）远不能反映广义财政规模的全貌。中国拥有世界上规模最庞大的公共部门，而公共部门控制和管理着世界上规模仅次于美国的国家财富。根据相关资料，截至 2015 年年底，中国的国家财富约达 28 万亿美元（美国为 45 万亿至 46 万亿美元），相当于 182 万亿元人民币——GDP 的三倍多，人均 14 万元人民币。国家财富仍在不断增长。

由于攸关全体人民的核心利益、攸关政府治理能力、攸关执政合法性、攸关社会的长治久安，妥善管理财政资源理所当然地成为现代国家的基本责任。现代财政制度的功能包括四个：限制财政权力、促进服务交付、强化财政认同和培养财政公民。前者属于财政控制系统的功能，旨在通过限制财政权力滥用和不当使用，促进财务合规性与稳健性。四个功能对应国家治理的战略目标：作为首要目标的财政控制（用来限制财政权力滥用和不当使用）、作为关键目标的服务交付、作为根本目标的执政认同、作为一般目标的现代公民（公民社会）。

这些功能和目标承载于财政制度的各个模块，尤其是预算制度。若置于广阔的经济社会背景下观察，唯有财政制度才提供了国家治理的全面框架，承载了国家治理的所有重要功能，包括消极功能（限制权力）和积极功能（服务交付、执政认同和公民社会），从而既可与“安全的政府”范式、也可与“能动进取型政府”范式很好地对接起来。这是治理改革的两个基本范式。

鉴于财政制度包含了最全面、最基本、最正式、最频繁甚至最重要的政府决策机制与程序，如果没有走上正轨的财政改革支撑，政府改革和政治改革很难成功。历次“机构改革”、行政审批改革等之所以效果不彰，就是明证。美国进步时代（1880～1920）通过以预算制度改革破局和引导政府与政治改革之正面经验，也是如此。党的十八届三全中全会《决定》启动新一轮全局性的深层次改革以来，改革者再次面对“以财政改革引导全局改革”的战略抉择。只有走出、走好这步棋，才会满盘皆活。财政改革是个纲，纲举才能目张。没有这种战略理念，近期改革的根本目的——提高国家治理能力、促进治理体系的现代化，将很可能落空。

由于涉及宏大而复杂的框架，与其他改革相比，成功的财政改革更加依赖大思想、大思路和大统筹。尤其重要的是必须突出重点，确保将有限的改革资源集中于正确的战略方向和战略节点上。为此，首先要确立清晰的战略目标和正确的改革顺序，将战略短板的识别和弥补置于改革议程的优先位置。没有这样的战略引导，财政改革很容易出现战略迷失，陷入零打碎敲和对具体问题的过度关注。以此观察，近期财政改革尽管范围很广、频率很高、力度很大，但局限性亦相当明显。

首要的战略目标是强化财政控制系统的功能：限制财政权力滥用和误用，为公款安全（免受偷盗或损毁的威胁）、行为合规（遵从法律法规与程序）和财务稳健（可承受性与可持续性）提供基本保证。有效的财政控制系统对战略反腐防腐有独特的作用，无论怎样高估也不过分。现实生活中，腐败、舞弊与寻租活动的蔓延，与财政控制系统的深层脆弱性密切相关。

第二个目标是服务交付：以合理成本满足公众对各类基本服务的需求。政府的本质是服务人民：以人民的钱财为人民提供公共服务。“财政过程”始于财政资源汲取，终于向公众交付服务，链条漫长、环节众多，涉及广泛和复杂的政府管理决策与政治运作。政府的责任不只是保障公共资源的安全、合规和财务稳健，还要充分利用公共资源满足公众对教育、医疗、基础设施等各个领域的服务需求。如果说，财政控制聚焦限制权力，那么，服务交付聚焦的就是财政绩效——基本含义是以合理成本向公众交付最低标准的基本服务。

在全球化时代，那些无法做到这一点的国家，不仅公众对政府的信心和信任会不断流失，而且很可能在激烈的国家竞争中沦为输家或者二流甚至三流国家，缓慢、隐蔽但不可避免地陷入长期衰落。大国更是如此。这是中国必须全力避免的前景。一般地讲，各国公民管理私人钱财的激励和能力差别不大，但不同国家的公共部门以合理成本交付服务的激励和能力相差甚远。与多数国家相比，中国在这方面的压力更大、挑战更严峻。没有深刻的财政改革，建设服务型政府和强化执政合法性基础的努力，都将被大打折扣。与强调投票箱作为合法性来源的西方民主不同，在中国，政权的合法性基础更依赖于经济发展、特别是有效的服务交付（财政绩效）与财政认同。财政视角看，“大而不当”的政府无法做到以合理成本满足公众最低服务需求，这会削弱执政的合法性基础。

多数国家的地方政府在服务交付中的角色与作用，远比中央政府重要得多。在中国，基层政府为70%以上的人口提供了70%以上的基本服务，成为最重要的服务交付者。这一事实有力表明：保障地方财政治理（核心是服务交付）的自主性非常重要，这是保障服务交付的回应性、效率和责任性最重要的前提条件。高层级政府的适当角色是制定和监督最低服务标准，包括全国最低标准和地方（省级）标准，以及提供必需的资源和技术帮助；而不是直接干涉地方事务的具体决策，更不是控制资源（通过部门专款等）以使其顺从；无补偿的财政规制（强制地方必须做事但不提供相应资金）亦应尽可能减少。这些强化“一刀切”和削弱自主性的作为，都会弱化和扭曲服务交付这一战略目标。

即便国家能以合理成本向公众交付服务，执政的合法性基础仍不充分。这是因为，服务交付目标关注的是财政绩效，并不特别关注财政过程（从汲取资源到交付服务过程）中的利益冲突与协调。

财政世界不只是一个绩效世界，还是一个由错综复杂的网络构成的利益世界。财政利益不对称在各类群体间非常严重，造成各种利益冲突和价值观的冲突，通常以隐蔽、有时甚至以激烈的形式呈现出来。公共支出使各类群体受益，但各类群体受益的程度大不相同。绝大多数开支都具有受益特定（甚至内定）的性质，各种力量为追逐财政利益而进行的博弈，很容易带来“利益与权力私人化、成本与损害社会化”的扭曲性格局，这是对社会公平与正义的最大威胁。

财政利益冲突的两条主线是：政府与人民间（横向）和中央与地方间（纵向）的财政利益冲突。这些冲突是客观存在的，没有必要回避、也无法回避。能够且必须做的是：建设旨在平衡和协调财政权力与利益冲突的制度性机制——财政认同机制。这也是当代中国财政改革的第三个战略目标。历史经验和教训昭示，横向与纵向财政关系的认同，正是政权和执政合法性基础的决定性因素。财政利益（支出面），才是国家能够给予社会的最基本、最广泛和最频繁的利益，财政损害（收入面）也是国家能够加诸社会的最基本、最广泛和最频繁的损害。中央与地方的情形类似。

财政认同指作为整体的社会对两类财政关系的认同：政府与人民（横向）以及中央与地方（纵向）。认同范围越广、程度越高，执政的基础越稳固；反之则越狭隘、越薄弱。财政认同也包括其他维度，特别是各类群体（强势与弱势）间的财政关系。最糟糕的莫过于财政利益集中于强势群体、财政损害转嫁给弱势群体。这样的财政制度缺失了基本的社会正义与公正元素。以此视之，财政改革急迫需要回应一个战略性挑战：如何使政府与人民间、中央与地方间、群体与群体间的财政关系，获得最广泛的社会认同？在历次财政改革中，这个问题极少被实质性关切，相关的改革举措也很不充分。

与此类似的还有第四个战略目标：培养高素质的财政公民。从财政臣民到财政公民是政治制度现代性的一个重要线索。前者只有财政义务意识（“皇粮国税”），没有财政责任和权利意识。只有财政公民才具备健全的财政人格：一种对财政义务、责任和权利及其相互关系具有清晰认知，并且有所作为的人格。财政公民是公民社会的主要细胞，也是社会治理的关键元素。

财政公民概念意味着：公民不仅有依法纳税的财政义务，也有对财政信息的知情权和获得最低标准服务的权利，更有监管政府财政权力运作的责任。培养财政公民，也是建设公民社会和加强社会治理的题中之义与重要之举。长远地看，没有财政公民和公民社会的帮助，政府的财政治理能力很难得到真正提升。处理财政事务需要各种各样的知识、信息和能力，它们通常高度分散于社会，不可能被政府完全垄断。所以，明智的国家治理必须对此善加利用而不是拒斥。相对而言，财政公民在地方（尤其基层）治理中的潜力更大、作用更显著。培养财政公民的最佳途径，莫过于发展财政过程的公民参与机制。

现代财政制度之特殊重要性在于：如果没有这样的制度安排，或者不能有效运转，前面界定的现代国家治理的四个战略目标（不包括经济发展）——限制权力（滥用与不当行使）、服务交付、执政认同和公民社会——必定遭遇困局。这正是治理导向的近期财政改革的大背景。

二、战略短板与改革盲区

30 多年来的财政改革取得了许多战术性成果，但战略成果相对有限。近期改革依然欠缺围绕“战略短板”确定改革重点和议程的大战略，从而留下了一系列的改革盲区。四个战略短板是：控制短板（财政控制系统的脆弱性）、绩效短板（服务交付的绩效不佳）、认同短板（纵向与横向财政关系的认同程度低）、参与短板（等级式治理妨碍公民参与）（此部分归入下文“第三个短板”中一并分析）。在被鉴别的每个短板下，都能发现近期改革的一系列战略盲区。木桶原理表明：正是短板限定了组织和系统的整体功能；短板未被修复，便无法提高整体功能。因此，修复短板应置于财政改革和国家治理体制改革最优先的位置。这就是改革的大战略，也是十分欠缺的战略。

短板之一：脆弱的财政控制系统。

第一个战略短板是财政控制系统的脆弱性。证据包括：抵御权力滥用和不当使用的能力严重不足，以至给腐败、舞弊和寻租者留下了破坏体制和公众利益的巨大空间，相关案例不胜枚举；保障财政稳健的能力严重不足，以至许多地方政府债台高筑（走上高支出高负债之路）、隐性财政风险（包括国有企业与金融机构的亏损和坏账）累积、无力承受和应对各种因素对财政收入的剧烈冲击，“资源枯竭型城市”也是明显例证。

财政控制系统的核心功能有二：首要的是限制权力，其次是总额财政纪律（关注财务健全性特别是支出限额）。限制财政权力的制度性机制主要有三个：以法定授权为主轴的底线机制（立法机关为核心的法定控制）、预算执行过程的财务合规性控制机制（行政部门为中心的行政控制）——依赖基于支出周期的预算会计技术、旨在引导目标一致与管理努力的内部管理控制系统（MCS）。

MCS 有三个要素：让适当的人做适当的事、仅对其负责的事进行业绩考核、考核结果严格地与奖罚挂钩。MCS 本质上是一种政府内部的利益协调机制，旨在促进狭隘利益（私利）与政府整体目标的一致性，以及为公共官员提供正确的激励（避免不作为或偷懒）。总体上看，前两类制度性机制处理外部（政府与人民）关系——以法定授权为起点和支柱，旨在保障政府关切公众的利益：通过法定授权将公民偏好（民意）转换为一组政府政策，并确保预算程序能够有效约束和引导政策（制定与实施）。以下只讨论前两类机制，尽管 MCS 方面的改革同样有不少盲区。

就修复控制短板而言，近期改革的最大战略盲区是：旨在系统强化人大财政职责与作用的努力与举措十分欠缺。可以预言，2015 年开始实施的新《预算法》，以及此后推出的一系列财政改革文件，仍难根本改变长期以来形成的人大边缘化和空心化的现状。主要由于这个原因，限制行政部门过度裁量（滥用和不当使用财政权力）变得非常困难和复杂。制约权力需要外部力量。权力的自我约束即使可能也相当困难，何况利益如此诱人的财政权力。

无论就制约权力还是就改进公共支出（进而政府治理）质量而言，在执政党的领导下，建设强而有力的人大体制，使其成为一支积极的建设性力量，其深远意义无可估量。“强化人大财政作用的改革”，也与政治高层强调的法治国家和政治民主建设，以及“把权力关进制度笼子”的理念与决心紧密相连，并且是其中不可分割的极端重要的组成部分。以此而言，新《预算法》的作用仍不充分。

更一般地讲，底线机制和财务合规性控制旨在外部——政府（包括方法机关与行政部门）与人民（社会）间——的激励相容，MCS 旨在促进内部激励相容。对于塑造健康的财政关系（横向与纵向）、进而促进执政认同而言，没有什么比有效激励 - 约束机制建设来得更重要的了。尽管如此，相关的改革却很不到位，无论横向还是纵向层面的激励与约束。服务交付（绩效）导向的改革有助于促进财政认同和执政认同，但与认同取向的改革属于两个性质截然不同的范式：前者回避利益冲突（不触动既得利益），后者协调冲突。这是最主要的区别。

总体上看，部门管事又管钱的现行财政制度留给行政部门的自由裁量权过于宽泛，远远超出了合理水平。通常所谓的“财政职能被肢解”就是佐证，这也是导致碎片化（政出多门与钱出多门）、分散财力办小事的重要原因。当前治理体制在很大程度上形成了“表面上的中央集权、实质上的部门分权”的格局。与其他国家相比，中国的行政部门划分得更细，结构更复杂，过度行政裁量和碎片化带来的问题更多、后果更严重，包括附和政策而不是勇敢面对政策失败以及阻滞对国家或地方有利、但对部门不利的政策。

多年来，某种程度上人大有责无权、部门有权无责的问题，使得把权力关进“笼子”的设想没有真正实现。民主治理背景下，立法机关的首要作用就是通过管住“钱袋子”：通过审查、辩论、修订、批准甚至拒绝政府的账单，来防范权力滥用和不当使用。这是旨在控制权力的政治制度安排中的一种极为重要的核心机制，早已成为法治国家普遍的实践，并经受住了长期的实践检验。中国的政治体制不能照搬西方，但在执政党的领导下，保障人大充分履行宪法赋予的财政职责所必须的财政权力、资源和条件，其意义无论怎样评价都不过分。

然而，正是在这个战略节点上，近期改革的一个盲区是：以人大的法定财政授权机制建设为主轴，系统地消除财政控制系统的深层脆弱性。财政授权指立法机关通过授予行政部门拿钱（获取资源）和花钱（使用资源）的合法财政权威，约束和引导行政部门的运作。

财政授权的核心是立法机关的预算审议（不是审查）：通过审查、辩论，批准、修订甚至拒绝政府账单，一方面为“看紧人民钱包”发挥第一道防火墙的作用，另一方面积极参与政府政策、计划与预算制定过程。就中国现实而言，这对强化人大财政角色与职责、改进政府体制和预算程序的运作，深具意义。民主治理要求采纳如下理念和机制：立法机关的（财政）法定授权的财政授权，须作为对行政部门活动和运作的最高财政规制。对决算文件的审计或类似的审查，以确认这些文件与法定授权间的一致性，本身就是预算程序（评估阶段）的重要组成部分。

打造强而有力的法定授权机制，也是推动民主与法治进程的理想和可行切入点。立法机关向行政部门提供获取和使用财政资源的合法权威，用以约束、引导和支持行政部门运作，正是“安全（有限）且积极作为政府”的基石。

然而，高质量的财政授权所依赖的基础性条件，多年来很少进入改革视野。这些基础条件主要包括：代表性（人大代表必须真正代表纳税人）、专业化（人大代表必须通晓预算并在专业委员会体制下履职）、职业化（人大代表应专职而非兼职），人员数量和时间足够（至少应保证4个月的预算审议时间）。

在财政授权机制的“正式”和“明确”两个基本维度上，相关的改革同样少之又少。即便在新《预算法》中，人大的预算听证、质询、辩论、预算修订、分次表决等表达“正式”的机制，依然欠缺或者语焉不详。在支出目的、目标、成本、优先性、绩效目标等事由（政策、规划与活动细节）未明确的情况下，预算与决算被批准的现象亦随处可见，以至“先分钱、再定事”的预算游戏盛行。

观察近期改革举措可以推论，主要由于财政授权机制的结构性缺陷未得到矫正，建立健全严谨高效的人大预算审议体制，以便从根本上改变预算审议的形式化和空心化、强化人大财政角色和地位的同时，系统改进公共支出质量，将人大塑造为财政权力制衡体系中之积极角色的前景，依然不容乐观。鉴于财政权力事关重大，不把财政权力关进笼子，设想把政治权力关进笼子并不现实。

近期改革对配合财政授权的财政权力分配和公款动用监控，亦缺乏实质关切。财政控制系统的有效性，主要依赖于公款管理的三条底线是否在制度安排中被牢固确立：（1）立法机关的法定财政授权；（2）财政权力在政府内部的合理分配（分权制衡）；（3）在国库单一账户（TSA）机制下确保公款动用处于立法机关的有效监控之下。三者共同构成公款管理、也是立法机关限制财政权力滥用与不当使用的“制度铁三角”。

当前机制未区分“授权”和“拨款”的权力，并且不适当地将拨款权力划归财政部门和行政部门，这是导致财政过程中人大的宪法权力很大、实质权力很小的重要原因。授权聚焦“授予谁做某事和花多少钱的合法权威”，拨款聚焦“允许为谁、为何事、在何时从国库拨出多少资金”，两者的性质、内容和数额都不相同。尽管拨款必须以授权为依据，但更具实质性，且明显地属于授权的自然延伸，在民主与法治的视角下，应理所当然地作为立法机关的权力；否则，授权和预算审议的形式化和空心化无可避免。实践中，人大拨款权力的虚置和旁落十分明显，导致财政权力的过度行政裁量现象盛行。

规定法定支出的部门法律（《教育法》、《农业法》）泛滥，导致本应归属人大的财政授权和拨款权进一步实质性地流向行政部门。在法治视角下，立法机关不应制定或通过损害或削弱其正当权力的法律，不应制定或通过相互冲突的法律，这会扭曲财政权力在立法、行政与司法维度间的适当平衡，损害立法权的至上性和权威，并且引起混乱。

同样重要的是，财务法律（《预算法》、《税法》和经立法机关批准的年度预算）与非财务法律（部门法律即是）须明确区分：部门法律管钱不管事，钱的事（拿钱与花钱）只能由财务法律加以规范。财政权力分配形成的“强势行政、弱势人大”的格局，不仅与法治和“把权力关进笼子”的理念相悖，也与宪法的相关规定（全国人大为国家的最高权力机关）以及“一府两院对人大负责”不符。

只要人大在财政过程中继续其疲弱的地位与作用，国家治理中的许多大事都难以解决。而改变这一局面所需要的改革，其政治敏感性有限，完全可以在执政党的领导下务实地推动，其深远意义将随时间推移逐步显现出来。

TSA 机制对于保障人大有效监控公款动用非常重要。TSA 俗称“一级政府一本账”。TSA 机制指所有尚未花掉（流向供应商或收款人账户）的公款——通常称为财政资金存量，原则上应集中于政府持有、开设于央行的 TSA，并通过该账户办理对供应商的款项支付，剩余现金余额（超过安全储备的库底资金）的投资亦通过该账户流向投资账户，投资（包括对商业银行的贷款）回收后重新流向 TSA。

TSA 机制的主要作用在于实现政府现金余额的集中化，包括集中性的剩余现金投资。国库改革虽已历时 15 年，但主要由于开设于央行的财政专户泛滥，以及商业银行垫付（对供应商的支付）、事后与 TSA 结算的做法盛行，现行 TSA 机制漏洞很大，功能和潜力均未得到发挥。

另一个硬伤是：TSA 机制未能与人大联结。也就是说，名义上掌管纳税人钱袋子的各级人大，实际上无法通过 TSA 机制、也无法通过其他机制有效监控公款动用。由于种种原因，实际的公款流动和余额，与财政授权和拨款往往存在很大偏差，其中潜藏着许多风险。如果人大只能看到“数字预算”，管不到真金白银的“现金预算”，旨在限制权力滥用与不当使用的制度安排的有效性就会被大打折扣。

在无法借助 TSA 机制监控公款动用时，补救办法是财政部门和央行定期向人大报告公款流动和余额，以及政府银行账户设置和变动情况。现在连这样的机制都没有。在这种情况下，各级人大了解到的公款动用与余额及银行账户信息相当有限，更不用说“有效监控”了。在这个层面，新《预算法》的作用有限。

人大财政控制功能、特别是全面监控财政授权过程（财政监督的实质）功能的严重弱化，还与中国一直缺失真正意义上的预算会计密切相关。当前的“预算会计”有其名无其实，无力跟踪预算执行过程（支出周期）中上游环节的关键信息：授权、承诺和应计支出（对应交付核实阶段的支出义务）。难以对预算过程信息的完整、实时和逐笔跟踪，极易导致财政控制的两个层面——法定控制和行政控制——的同时失效，从而招致腐败、过度开支与举债、积累拖欠的高风险。然而，当前的政府会计改革出现了战略重点上的偏差：优先发展权责发生制会计与报告，开发基于支出周期的预算会计反而被忽视。合理的顺序是：真正意义上的预算会计应优先于开发权责会计。

财政控制系统的另一个重要成分是事前的总额财政约束比率，比如欧盟的赤字比率（不超过 GDP 的 3%）和债务比率（不超过 GDP 的 60%）。直到今天，中国依然没有这类比率，也没有全面和严格计量赤字、债务的相关规则与技术。财政总额的无约束，意味着宏观财政权力意义上的无限政府，与法治国家和限制权力的理念不合，也很容易诱发和累积财政不可持续的高风险。2015 年开始启动的中期财政规划（国发 3 号文），建立了初步的“中期支出限额”机制，但此类机制无法取代宏观财政比率的作用，债务限额也是如此。

从长远看，财政控制系统的脆弱性的主要后果，除了难以抵御系统性腐败和舞弊外，还在于难以有效控制支出、赤字和债务扩张。2008 年金融危机开始后，中国推出了 4 万亿人民币的刺激措施，自此走上了大幅增加支出、继而债务泡沫与赤字扩张（隐性赤字更大）的道路。一些估计认为，中国的债务泡沫带来的隐性损失高达GNP的1/4左右，而且未来三年光维护银行系统和人民币稳定就可能用掉3/4的外汇储备（《参考消息》2016年1月20日第10版），这明显是不可持续的。

由于财政崩溃的威胁因素不易发现（比如担保、坏账和偿债能力不足），通常也不会立即发生，所以相关的控制机制建设在改革中很少被关切。预算程序本身的脆弱性，包括预算与会计及现金管理的脱节、预算与政策制定的脱节、运营预算与资本预算的脱节（导致重建设轻维护运营）、人大审议预算的流程，以及自上而下启动预算程序的方法，也是如此。

短板之二：服务交付绩效不佳。

与财政控制短板类似，近期改革很少关切第二个战略短板——服务交付短板——的修复。主要表现在：服务交付绩效的最重要的三个保障机制——财政补助、财政自主、问责与激励机制，较少出现在近期的财政改革话语中。

首先是与最低服务标准（产出）挂钩的财政补助机制。现行机制的主要特点是：规模巨大、分发现金（撒钱而不是提供服务）、预先规定用途、用途规定得很细、检查繁复冗长，其主要弱点是不与最低服务标准挂钩，由此从三个方面对服务交付造成重大不利影响：补助管理的碎片化（过度分散导致极难统筹协调）、抑制地方财政的自主性，以及对实际效果——产出（outputs）和成果（outcomes）——的忽视。这是造成政府间转移支付和“惠农补贴”等方面花钱很多却效果不佳、而且很少得到评估和改进的主要原因。

关于如何将财政补助与最低服务标准（基于产出和成果）挂钩，如何理顺中央政府的服务交付职责——从干涉甚至取代地方自主决策转向制定、监督最低服务标准并提供相应资金，近期财政改革的回应甚少。“取消重点支出挂钩”、减少与合并专项转移支付、“整合农业补贴”（2015年政府报告语）等举措，只要不与产出—成果基础的财政补助机制建设相配合，其效果非常令人质疑。

近期改革也缺乏大幅压缩直至最终取消化石能源补贴的战略。中国的环境品质在迅速恶化，大气污染特别明显，后果严重，对传统能源（特别是煤炭和石油与天然气）的财政补贴加剧了环境灾难。

近期改革缺乏深度调整企业补助机制的战略：从生产制造与销售环节转向研发环节与购买环节。企业补贴名目繁多，大多与生产及销售（包括出口）指标挂钩，诱使过度投资、加剧产能过剩并在国际上引发贸易争端，迅速发展的光伏产业尤其明显（2012 年以来陷入全行业亏损）。目前虽然包括税收优惠在内的财政补助总体偏大，但对启动和引导新兴产业市场需求的补助——用户购买环节的补贴——明显不足，尽管情形正在好转（比如 2013 年实施的光伏上网电价补贴拉动光伏产业复苏）。如何使补贴机制有效激励竞争和企业自主创新、创建配套条件（比如支持电动汽车市场发展的充电站和电网公司配合光伏上网）、规范管理和公开透明，也很少进入近期改革视野。

近期改革亦缺乏关切第二个保障机制——地方财政自主治理机制——建设。该机制对保障服务交付的绩效——回应性、效率和责任性——不可或缺。它与产出—成果导向的财政补助机制一道，构成保障服务交付绩效的两个最重要的前提条件。规模巨大、碎片化、自上而下的部门专款体制，部门法律规定的法定支出（接近一般预算支出的一半），加上层层集中财力和频繁的政府间财政规制（只出政策不出钱），严重削弱了地方自主治理及其前提条件和客观基础。

忽视以产出和成果为基础的财政补助和监督机制建设，使情形雪上加霜。一方面，地方政府、特别是基层政很难根据当地实际情况，自主决定地方公共服务的范围、类别、数量和品质，包括及时性和可获得性。另一方面，由于“上面的钱”是免费午餐，且无须与产出—成果标准挂钩，地方政府很少有节约成本的合理动机。服务危机就是在此大背景下发生的，有三种主要形式：短缺、品质差和高成本。三者的结合表明：只要战略盲区和战略短板延续，即使花钱再多，也难真正解决基本的服务交付（财政绩效）问题。在供水、医疗卫生、养老、教育、环境保护、创新等核心服务领域，问题尤其严重。

群体性和区域性的服务交付危机也很突出，而且农村甚于城镇、贫困地区甚于发达地区，儿童、老年、残障、贫困群体、妇女甚于其他群体。

服务危机在农村尤其明显。国家每年都在农村投入大量财政资源，包括各类“惠农补贴”，但农村公共服务与设施的退化、乃至整体上“三农面貌”的退化令人担忧。人民公社这种集中财力办大事体制瓦解后，农村重新回到小农经济的汪洋大海中。部门林立、各自为政、分散财力办小事的碎片化体制，主导了“三农”建设。自此，农村水利设施、医疗卫生保障体系和基础教育出现持久和全面退化，许多核心服务的数量、质量、及时性和成本都无法与30年前相提并论。基层组织涣散、治安、环境污染（包括水源和土壤破坏）、留守儿童与老年人、农业成本和国际竞争力以及农民权益保障等种种问题，逐步扩散与恶化，现状十分令人担忧。

毫无疑问，新农村建设确实取得了某些战术成果。但整体事实是：无论与发达国家相比，还是相比于飞速发展的城市化和城市繁荣相比，农村的整体差距在继续拉大。长远看，城市化战略无法从根本上解决“三农”问题；“三农”问题必须在“农村发展”的框架中去考虑。服务交付是其核心成分。只要自上而下的战略统筹体制（旨在实现集中财力办大事）、中央宏观指导下的地方自主治理机制没有确立，并取代当前起主导性作用的碎片化体制和部门专款机制，“三农”问题将继续无法取得真正的战略进展。

近期财政改革也较少关切问责制和激励机制：服务绩效的第三个保障机制。地方政府问责制的重心仍然停留在过时的经济（增长）问责上，转向服务问责的政治动力依然不足，尽管服务问责比经济问责重要得多、也合理得多，因为地方政府最合理有效的职责就是服务交付，中国背景下尤其如此。经济问责与此相悖，代价越来越大。很少有人意识到，问责重心从经济增长转向服务交付，不仅不会抑制增长，反而有助于提升增长品质，并带来其他方面的诸多利益。除问责制外，关于如何为公共官员提供适当的激励与约束，使其具有以合理成本向公众交付服务的足够意愿和能力，在近期改革中亦很少被实质关切。

服务交付绩效还依赖于其他一系列的支持性机制，包括绩效计量与评价、服务购买与合同外包、实物基础设施领域的PPP（公私伙伴关系）、绩效预算、赋权公民司法救济（服务权益受损时可寻求司法保护）。规划-活动层面的支出分类，绩效管理工具（如作业成本法、全面质量管理、标竿管理和平衡计分卡）在公共部门中的应用，也是重要的技术性机制。这些机制的建设，大多未出现在近期改革议程中，尽管其重要性无法与前述的三个保障机制相提并论。“规划基础的支出分类”、“规划管理”、“活动”（作业）、“产出”与“成果”以及“结果链”概念及其重要性，在政策、管理与预算领域，甚至没有被正确领悟和理解。在这里，中国与发达国家的差距甚大。

短板之三：纵向与横向财政关系的认同度比较低。

近期财政改革对第三个战略短板——财政认同——的修复不充分。横向财政认同——对政府与人民间以及社会群体间财政关系的社会认同，依赖于六组基本的认同性价值的制度化：代表性、法定授权、受托责任、透明度、预见性和参与。

代表性要求财政过程能够充分代表公民和各类利益群体的利益，包括选举机制和磋商机制。法定授权禁止行政部门在没有得到代表公民的立法机关正式和明确批准的前提下，向公民和企业拿走任何钱财和实施任何开支。受托责任要求政治家和管理者对公共财产的安全、合规和绩效负责，包括责任追究的程序与机制。透明度要求充分披露公共账目、政府职能（涵盖角色和责任）与结构、财政筹划以及预算过程的相关信息，让普通公民也能及时看得到、看得懂。预见性要求财政事务的处理应有流充分坚实的法定基础，法律必须预先公开、广而告之，不能相互冲突，相关条款必须统一解释。参与要求各类群体都有畅通的渠道，平等表达对公共事务的关切，政府必须做出适当回应。

上述认同性价值都与财政制度紧密相联，但除了“公开透明”外，其余较少进入主流的改革话语，更不用说融入改革议程。多年来，在管理话语中表述和操作财政改革的偏向一直严重：将包括政治维度在内的原本多元财政改革，引向技术中性的“管理改革”，由此回避或者淡化了代表性、法定授权、受托责任、透明度、预见性和参与这些认同性价值。时至今日，“财政认同”及其对执政认同的独特作用，在财政改革和政治改革话语中，依然未被认知和关切。

由此造成的直接后果是：认同问题加剧，但少被系统回应。回避或淡化认同性价值，正是管理范式取向的财政改革的最大盲点，也是其最大局限所在。这一范式天真地假设：以合理成本向公众有效交付服务，足以在政府与人民间搭起健康的联系平台桥梁，由此带来对执政合法性的广泛认同。这种貌似正确的观点实际上大错特错。隐含的逻辑是：让你吃饱喝足，你就会对主人心存感激。

与强化纵向财政认同的改革同样不充分。纵向财政认同涉及央地财政关系，主要指中央、特别是地方对政府间财政安排（支出划分、收入划分、转移支付以及“必须拿钱干什么”即财政规制）的认同。政府间财政体制深刻而持久地影响中央和地方的利益。多年来，这方面的改革一直没有走出“一收就死、一放就乱”的困境，至今如此。

究其主要根源，在于对地方利益及其与国家利益兼容的机制设计，缺乏正确理念、思路和举措。地方利益虽然与国家利益存在潜在冲突，但并非必然。而且，地方利益本身就是国家利益不可分割的重要组成部分。没有地方利益，何来国家利益？现行体制片面强调“地方服从”，很少强调中央宏观指导下的利益兼容。片面的地方服从观不仅诱发中央部门过多干预地方事务，从而严重弱化和扭曲地方的自主治理，也使中央政府难以从具体事务中脱身，转向“正确职能”：制定与监管基本服务的全国性标准，以及通过直接与产出和财政能力挂钩的财政补助机制提供资金支持。

就健全央地财政关系而言，最重要的是必须尊重和确认“中央宏观指导下的地方自主治理和平等分享”这些核心理念和基本原则。纵观古今中外之经验与教训，这是唯一能够导向“央地双赢”这一最佳结果的原则。两千多年来，中国一直纠结于两大零和困境：要么国强民穷（秦朝最典型）或民富国弱（宋朝最典型），要么上强下弱或上弱下强（上指中央、下指地方）。政权和执政的合法性流失的深层根源，正在于此。

现实地看，走出横向（政府与人民间）零和困境，没有比尊重前述六组认同性价值并使其制度化更好的办法了；走出纵向（央地间）零和困境，则没有比中央宏观指导下的地方自主治理和平等分享（财政权力与利益）更好的选择了。中央统一领导的最佳方式是宏观指导，尽量避免直接干预或损害地方自主治理。这方面的战略盲区，在近期改革中依然可辨。其直接后果，就是财政认同、进而执政合法性基础受损。有必要再次强调：没有（横向与纵向）财政关系的广泛认同，就不可能有真正的执政认同。就中国现实而言，与过去任何时候相比，执政合法性的基础都更广泛、也更紧密地取决于公共财政（以及公职开放）。

与此前一样，近期改革相当欠缺“认同导向的财政改革”理念和战略。该战略应涵盖两个层面的内容：以中央宏观领导下的地方自主治理和平等分享，主导政府间财政体制设计与改革；以代表性、法定授权、受托责任（得有人对正确的东西负责）、透明度、预见性（法律体系充分且清晰一致）和公民参与，主导旨在处理横向（政府与人民间以及社会群体间）财政关系的改革，特别是预算改革、税收改革和公共财务管理改革。

相对而言，衔接预算改革的公共支出管理改革，宜以资源性价值（支出绩效）主导。完整的支出绩效概念有三个成分：总额财政纪律（支出与赤字总额同时满足可持续和政策目标）、优先性配置（财政资金的合理分配）和运营效率（投入产出关系）。第二个成分包含了回应性这一重要的治理价值，也是预算程序面对的中心问题。无论顶层设计还是基础建构，清晰明确的大思想、大思路和大统筹无比重要。否则，改革陷入战略迷失和偏离正确方向的风险很高。

与此同时，必须放弃片面的“管理取向的财政改革”思维。这类改革聚焦绩效概念（资源性价值），忽视甚至漠视位阶更高的八组基本的认同性价值：横向的代表性、法定授权、受托责任、透明度、预见性和公民参与，以及纵向的自主治理和平等分享。

代表性等认同性价值被忽视的隐性和长期代价尤其高昂：认同危机黯黯滋生和累积。与西方投票箱式民主不同，在中国，执政的合法性基础主要有三个：经济增长、服务绩效和认同性价值的制度化。三者虽有关联，但无法彼此取代。在短缺经济、人民面临普遍的温饱问题的改革开放初期，经济增长最重要；进入过剩经济时代后，经济增长的重要性下降，服务绩效（资源性价值）和认同性价值的重要性上升，并逐步压倒了经济增长的重要性。

有必要推动经济增长为中心的问责制，逐步转向以服务交付为中心的问责制；以管理范式主导的改革，逐步转向基于认同性价值的治理范式主导的改革。然而，近期财政改革议程仍未体现这种与时俱进的战略思维，管理思维（绩效主义）依然压倒一切，认同取向的改革依然严重不足，横向和纵向认同莫不如此。

以“事权与支出责任相匹配”为例：这一表述无法澄清“谁做决定”（决策责任）、“谁执行决定”（管理责任）”、“谁拿钱”（融资责任）和“谁监督”（监管责任）这四个最重要的政府间财政责任分配问题，反而容易造成思维和行动上的混乱。类似的还有“中央宏观调控”：中央各部门（多而细）通过专款大量介入地方事务、频繁出台没有补偿的财政规制（必须做但不给钱）、大量不当的“达标”检查和层层集中财力等等，都可以被一句“宏观调控”合理化，尽管这类作为严重损害地方认同和服务交付。

相比而言，“宏观指导”的表述就要好得多，至少可以把“干预地方事务的自主决策”排除出去。更一般地讲，与宏观调控相比，宏观指导才能恰当地表述中央政府在服务交付中的适当角色：制定与监督全国最低服务标准、为此提供相应资金（转移支付）和政府间财政协调。无论学者还是改革者，“用言语框架事务”时需高度用心，不要人为制造容易引起误导和迷失的术语，尤其是在“框架”（表述）重大问题时。

修复现行财政制度的四大战略短板须围绕“财政铁三角”即政府间财政体制、预算制度和公共财务管理，致力于推动财政治理改革，包括作为配套条件的税收改革（税制、税务管理和机构整合）。

从根本上讲，近期改革能否取得战略成果，主要取决于在确立“以预算为中心的政府治理体制”方面，是否具有足够的政治意愿。洞察现实、放眼未来，中国亟待将预算过程确立为各级政府乃至全体人民对其面临的基本问题进行决策和选择的主导性治理程序，学会并擅长使用预算程序解决治理问题；必须清楚地意识到，无论困扰政府的重要问题——比如职能范围如何界定、规模庞大的公款如何分配、公共资源如何妥善管理，还是公众关心的公共事务，大多需要通过预算过程来处理，而不是通过常规的司法、立法或官僚决策过程来处理。

因为通过预算过程处理治理问题最合理也最有效。最合理是因为：预算过程包含了最重要的政府决策机制与程序，而制定政策的其他机制并不充分；最有效是因为唯有预算过程才能综合集成良治的三个基本要素——资源、民意（偏好）和政策。政府体制以公共预算和财政管理过程为中心运转，其合理性和有效性在国际层面也经受了广泛和长期检验。

在各式各样的治理机制中，唯有精心设计并可正常运转的预算机制，才能有效约束和引导治理者前瞻性地统筹考虑所有重要活动，从而避免各式各样的折腾和碎片化。缺乏这种前瞻性和综合集成，达成良治便无法设想。

为此，应尽快放弃过度依赖会议、文件、行政审批（公章）、部门法律和发票这“五大法定”处理公共事务的习惯，大力培植在预算过程中制定、执行、评估和引导公共决策与政策的治理理念和制度环境。预算过程的脆弱性（包括预算外以及预算准备、审议和执行）同样必须得到系统修复。没有这些努力，预算中心的政府治理体制将无法确立，碎片化、形式化和空心化将继续盛行。

概括地讲，社会问题的解决，举凡需要花钱，最好甚至必须是预算的解决；其他机制只多作为补充和辅助，绝不可高居其上；否则，系统和持久提升治理能力的希望将十分渺茫。正因为如此，政府间财政体制、公共财务管理和税收改革，以及相关的配套改革——比如取消部门法律法规中的“法定支出”和重点支出挂钩条款，应作为“建立以预算中心的新型治理体制”这一大战略的组成部分。唯有确保预算制度在治理体制中的主导地位，现行财政制度的四大战略短板才能被最终修复。

预算制度的改革和预算中心的政府治理体制建设，高度依赖于政府间财政体制的改革。战略短板的修复也是如此。

总之，成功的改革不在“多”和“频（繁）”，而在“形散意不散”。财政改革最根本的“意”是：围绕“铁三角”（政府间财政关系、公共预算与财务管理），辅以税收改革和其他配套改革（取消法定支出和重点支出挂钩机制等），致力推进“以预算为中心的政府治理体制”建设。这是修复战略短板、倒逼与统筹其他改革、最终达成良治的最佳保障。

（本文于 2016 年 1 月 6 日完稿）

本轮财税体制改革进程评估（2013.11~2016.10）

高培勇　汪德华*

2013年11月12日，中共十八届三中全会通过《中共中央关于全面深化改革若干重大问题的决定》（以下简称《决定》），2014年6月30日中共中央政治局审议通过《深化财税体制改革总体方案》（以下简称《总体方案》）。按照《决定》和《总体方案》的要求，2016年基本完成财税体制改革的重点工作和任务，2020年基本建立现代财政制度。本文根据《决定》和《总体方案》的要求，系统评估了2013年11月至2016年10月的本轮财税体制改革进展状况。结果表明，预算管理制度改革已经初见成效，但在各种主客观因素的制约下，总体上系尚在起步阶段的"在建"工程。以间接税为代表的税收制度改革取得积极进展，但另一翼的直接税改革相对缓慢，总体上系"跛脚"式推进中的"卡脖子"工程。财政体制改革虽有所突破，但相对滞后状态没有根本改变，总体上属于具体方向尚待明晰的"拖泥带水"工程。作为一个整体的财税体制改革尚不够均衡，亟待协调推进。对于全面深化改革的支撑性和基础性作用逐步显现，但需加力增效。

---

* 高培勇，中国社会科学院学部委员、经济研究所所长；汪德华，中国社会科学院财经战略研究院研究员。

一、税收制度改革：进展与问题

（一）改革目标：建立“公平统一、调节有力”的现代税收制度

作为现代财政制度的一个重要组成部分，税收制度的改革当然要以现代税收制度为目标指向。以现代税收制度为镜鉴，立足于当前中国所处的发展阶段和面临的主要矛盾，可以确认，最需要、最迫切解决的核心问题，就是现行税收制度“不健全、不完善，不利于促进社会公平”。正是基于这一判断，在目标导向和问题导向相统一的基础上，《决定》和《总体方案》为税收制度改革设定的目标是：建立“公平统一、调节有力”的现代税收制度。

这一目标至少包括如下四层含义：其一，对接现代税收文明，在以往相对重视税收效率的基础上，注重公平与效率之间的平衡，将税收负担分配的公平、公正纳入税制建设视野。其二，对接现代税制结构，在以往相对重视税收总量的基础上，注重税制结构优化，将优化税收结构作为税制改革的主要目标。其三，对接现代税收治理，在以往相对重视税收中性的基础上，注重中性和非中性的统一，将加强税收的调节作用摆在税制建设的突出位置。其四，立足当前中国收入、财产分布不均问题的现实，税制改革亟待以促进社会公平正义的行动（高培勇，2015a），实现国家良治。

（二）改革进展：间接税改革相对顺利，直接税改革相当缓慢

围绕现代税收制度建设，纳入本轮改革的内容可归结为“六税一法”：即启动六个税种的改革，包括属于间接税的增值税、消费税、资源税、环境税，属于直接税的个人所得税、房地产税等。同时，配合相关改革，修订《税收征管法》。

迄今为止，已经取得的进展有：

1. 营改增全面推开。自2012年启动的营改增试点，到2016年5月1日起全国范围内全面推开，建筑业、房地产业、金融业、生活服务业等全部营业税纳税人均纳入试点范围，由缴纳营业税改为缴纳增值税，营业税正式退出历史舞台。营改增的全面推开，标志着1994年税改遗留下来的

增值税“扩围”和“转型”两大改革任务均已完成，有利于减少市场扭曲，促进服务业发展。与国际主流接轨且有中国特色的现代增值税制度，已渐入定型阶段。这是迄今为止最大规模的税制改革行动。

2. 资源税改革顺利推进。2014 年，全国实现煤炭资源税从价计征改革，并调整了原油、天然气资源税适用税率。财税［2016］53 号文明确，自 2016 年 7 月 1 日起，全面推进扩大资源税征收范围、清费立税、从价计征改革。改革要求在河北省启动水资源税试点；各地根据实际情况逐步将森林、草场、滩涂等资源纳入资源税范围；实施矿产资源税从价计征改革；同步全面清理涉及矿产资源的收费基金，理顺资源税费关系。资源税改革将有效发挥税收杠杆调节作用，促进资源行业持续健康发展，推动经济结构调整和发展方式转变。

3. 消费税征收范围逐步拓展。2015 年，电池、涂料被列入消费税征收范围；其后三次提高燃油消费税税负，引起了社会的广泛争议（汪德华，2015b）。

4. 税收征管体制机制改革已经启动。《税收征管法》修订稿正在公开征求社会意见，中办国办印发的《深化国税、地税征管体制改革方案》已正式向社会公布，明确了国税、地税合作不合并的改革方向，要求理顺征管职责划分，创新纳税服务机制，转变征收管理方式。

总体来看，《决定》和《总体方案》部署的“六税一法”改革任务，营改增、资源税改革任务接近完成；消费税改革部分启动，但主要改革任务方案尚未出台；税收征管体制改革已启动，但法律修订工作尚未结束；环境税、个人所得税、房地产税三个税种尚处于改革方案制定阶段。

（三）问题分析：“跛脚”式推进状态下的“卡脖子”工程

本轮税制改革相对于以往历轮税制改革的最重要变化，是以“稳定税负”为前提“逐步增加直接税比重”。这意味着，它的推进路线是通过“此减彼增”——减少间接税比重、增加直接税比重，实现税制结构的优化。若将间接税和直接税分别视作本轮税制改革行动的两翼，可以非常清晰地发现，迄今为止，在为期三年的税制改革进程中，两翼的行动规模和频率颇不均衡。间接税一翼的营改增、资源税改革已陆续启动，但直接税一翼的个人所得税、房地产税改革则基本未有实质进展。

两翼改革行动的“跛脚”状态，不仅直接影响着本轮税制改革的推进进程和目标实现，而且肯定难以持续下去，从而形成“卡脖子”工程。细究起来，这种境况的形成，同中国的税情、国情特点密切相关。

1. 认识上的盲区。由于历史以及其他方面的原因，在当前的中国，不少人往往只知有直接税、鲜知有间接税。即便在所谓社会精英层，与此相关的例子也比比皆是。比如，曾有政协委员将馒头售价中含有13%的增值税当作重要发现而发出质疑之声，更曾有人大代表多年来一再将提高个人所得税的所谓“起征点”当作几乎唯一的涉税议题而提交“两会”。再如，作为迄今本轮税制改革中动作最大、涉及现实中国第一和第三大税种的“营改增”，对于经济社会发展和国家治理现代化建设的意义显然不容小觑。但它所引致的关注度，不仅远远低于现实中的个人所得税所谓“起征点”，而且远远低于尚在议论中的房地产税。

2. 理念上的误区。同样是由于历史以及其他方面的原因，在很多人眼中，甚至包括部分官员和学者，常常把间接税比重高当作中国税收制度的优越性一味推崇。正是在这样的理念误区中，不仅以往税制改革的顺利推进被解释为间接税比重高的结果，前些年税收收入的高速甚至超高速增长被归结为间接税比重高的好处，就连中国税收收入的稳定性和可靠性，也被同间接税比重高挂上了钩。间接税既然被“高看”到如此地步，直接税的优点自然难以进入视野。即便勉强进入了，也难以被摆上相应位置，更难以与间接税比肩而行。

3. 税制安排上的惯性。对于纳税人而言，直接税的征收形同“割肉”，间接税的运作常在不知不觉之中，这几乎是人所共知的有关直接税和间接税特性差异的基本常识。不过，除此之外，在当下的中国，还有一种特殊的税制安排发挥着特殊作用。有别于世界通行的间接税税制格局，中国现行的间接税“隐身”于价格背后，税与价混同在一起。税收与价格不实行分列，对于间接税的感知便在相当程度上体现为对于商品和服务价格水平的反应。这虽然是从计划经济年代沿袭下来的税制安排，并非是始自1994年的现行税制的新做法，但作为一个必然结果，人们对于直接税的变动异常敏感、而对间接税的增减麻木不仁，也属不言而喻之事。

4. 税收征管上的软肋。也是由于历史以及其他方面的原因，中国的税收征管格局一直可用“间接＋截流”加以概括。所谓“间接”，即是指它基本上只适于征收间接税，而不能适于征收直接税。所谓“截流”，即是指它基本上只能征以现金流为前提的税，而不能征存量环节的税。税收征管格局既然存在如此“软肋”，它显然难以适应征收建立在综合制基础上的个人所得税的需要，更谈不到适应征收以存量为基础的房地产税的需要。作为一种自然反应，遇难题而绕道走、因底气不足而不轻易“接盘”，也就不足为奇。

除此之外，部门利益导致彼此之间信息难以共享，也直接制约了征管能力提升。如“金税工程”已开展三期，但国地税之间的征税信息共享依然存在技术难题。在本轮《税收征管法》修订过程中，税收征管政府部门间信息共享的条款遭到了多部门的抵制，即是一个突出的例子。

5. 生不逢时的境遇。天时地利人和，当然是做事成功的必备条件。本轮税制改革的启动恰与经济的持续下行相遇，这也给本来不易的直接税改革徒增了困难。经济的下行，自然带来的是财政收入增速下滑和财政支出增速上扬。体现在财政收支平衡上，就是方方面面吃紧，财政处于紧运行状态。不仅如此，越是经济下行，越是财政困难，就越是需要社会稳定。故而，在此背景下，出于缓解财政收支压力和维护社会稳定的需要，举凡有可能进一步增大减收压力、有可能引致人心浮动的举措，便可能被缓行或暂时搁置。

6. “减税至上”的舆论。关于税制改革的宣传基调过于强调减税的政策效果，相对忽视了通过完善税收结构，发挥调节功能以及促进结构性改革方面的效果。由于宣传基调的误区，导致在当前的舆论环境之中，“减税至上”似乎成了衡量所有税种改革的标准。这种舆论环境从多方面制约了税制改革的进程。不仅一些符合《决定》和《总体方案》的改革方向、符合五大发展理念的税制改革遭到了社会各界强烈批评，而且具有增税效果的税制改革难以出台。比如三次调增燃油消费税，虽有助于绿色发展，但社会批评意见很强烈。再如增值税，本应尽可能保持单一主体税率，保持中性，但为了满足所有行业均减税的目标，营改增增加了两档主体税率，且为部分行业一再“打补丁”。又如个人所得税、房地产税改革一再“胎死腹中”，迟迟难以启动。

二、预算管理制度改革：进展与问题

（一）改革目标：建立“全面规范、公开透明”的现代预算管理制度

作为现代财政制度的一个重要组成部分，预算管理制度的改革当然要指向现代预算制度。以现代预算制度为镜鉴，可以发现，现行预算管理制度所存在的主要问题，就是“不公开、不透明，不适应国家治理现代化的要求”。在目标导向和问题导向相统一的基础上，《决定》和《总体方案》为预算管理制度改革设定的目标是：建立“全面规范、公开透明”的现代预算管理制度。

这一目标至少包括如下四层含义：其一，将政府收支行为及其机制纳入法治轨道，从财政上将权力关进制度笼子，建设法治国家。其二，将政府的所有经济活动全面纳入到人大、社会监督的视野之中，实现对行政权力的授权问责功能（OECD，2004；高培勇，2014）。其三，注重提升财政资金绩效，包括财政资金的配置效率和管理效率。其四，控制国家财政风险，避免财政风险延伸出金融风险、社会治理风险，实现国家长治久安。

（二）改革进展：初步搭建了现代预算管理制度基本框架

围绕现代预算管理制度建设，纳入本轮改革的内容共有七项：改进年度预算控制方式、完善政府预算体系、建立透明预算制度、加强预算执行管理、完善转移支付制度、规范地方债务管理和规范税收优惠政策。

相对而言，预算管理制度改革动手最早、力度最大，是本轮财税体制改革推进最快、成效最为显著的领域。其中，最重要的进展是2015年正式实施了新修订的《预算法》。据此草拟的新《预算法实施条例》，正在公开征求意见。与新《预算法》相配套，国务院相继公布了《关于加强地方政府性债务管理的意见》（国发［2014］43号）、《关于深化预算管理制度改革的决定》（国发［2014］45号）、《关于批转财政部权责发生制政府综合财务报告制度改革方案的通知》（国发［2014］63号）、《关于改革和完善中央对地方转移支付制度的意见》（国发［2014］71号）、《关于实行中期财政规划管理的意见》（国发［2015］3号）等文件。中

办转发了《关于改进审计查出突出问题整改情况向全国人大常委会报告机制的意见》。根据这些改革任务，财政部也出台了相关文件。

具体说来，可归结为如下几个方面的进展：

1. 现代预算管理制度的若干基本理念得以确立。明确了制定预算法的目的在于规范政府收支行为，强化预算约束；明确了政府的全部收入与支出都须纳入预算管理，接受监督；明确了政府的全部收入与支出都须规范透明；明确了经人民代表大会批准的预算，非经法定程序，不得调整，等等。

2. 以四本预算构建的全口径政府预算体系得以建立，预决算公开透明取得一定成效。建立了定位清晰、分工明确，以四本预算为主体的政府预算体系，并明确了相互间的联通机制；16 项政府性基金已纳入一般公共预算管理，国有资本经营预算调入一般公共预算的力度逐步加大；预决算公开要求进一步细化，公开力度进一步加大；新《预算法》进一步明确、细化了人民代表大会及其常委会在预算编制、审查和批准、执行以及调整等方面的程序和权限，加大了人大监督力度。

3. 多项具体制度改革有序推进。建立跨年度预算平衡机制，财政部已着手研究编制 2016—2018 年全国财政规划，并在水利投资运营、义务教育等 5 个领域开展 3 年滚动规划试点；权责发生制政府综合财务报告制度相关细则已公布，2016 年进入试点编制阶段；加大一般性转移支付比重，特别是增加对革命老区、民族地区、边疆地区、贫困地区的转移支付；修订公布了新的专项转移支付管理办法，注重从源头抓起，明确了专项转移支付项目设立、调整和退出等规定，并已出台规定强化对专项转移支付的绩效管理；建立审计查出突出问题整改情况向全国人大常委会报告机制，2015 年年末已首次进行报告审议；清理规范重点支出同财政收支增幅或生产总值挂钩事项等，已建立相关制度。这些改革举措，均是针对中国预算管理制度中存在的现实问题，遵循现代预算管理制度的一般要求进行顶层设计，且已实质推进并取得一定的成效。

4. 地方政府债务管理体系及风险预警制度得以建立。新《预算法》及相关配套文件均规定，地方政府可以举债，但必须采取政府债券方式。要求剥离融资平台公司的政府融资职能，正在抓紧出台相关政策推动其市场化转型。地方政府债券分为一般债券、专项债券两类。同时对地方政府年度发债限额、审批程序、资金用途、预算管理、风险管理做出了明确规定。2015 年顺利发行新增地方政府债券 6 000 亿元，置换发行 3.2 万亿元；2016 年，全国人大批准新增地方政府债务限额 11 800 亿元，置换发行 5 万亿元。建立健全债务风险预警和应急处置机制，综合运用债务率、偿债率、逾期率等指标，组织评估了截至 2014 年末各地级政府债务风险情况，督促高风险地区多渠道筹集资金化解债务风险。改革夯实了地方政府债务规范管理的工作基础，减少了地方政府债务利息负担，在一定程度上防范和化解了地方政府债务风险。

5. 推出税收优惠政策规范方案，但中途搁浅。清理规范税收优惠方案曾于 2014 年底推出，但受稳增长压力较大等因素的制约，出台不久即被叫停。国发［2015］25 号文明确规定，税收优惠政策相关清理规范工作暂缓进行。

（三）问题分析：尚在起步阶段的“在建”工程

以现代预算制度的原则反观迄今的改革进程，可以发现，在此领域，尚有若干“老大难”问题需要解决，也面临财政管理基础薄弱的硬约束，更有沿袭已久的既得利益格局亟待攻破。对照《决定》和《总体方案》提出的各项改革任务，应当承认，迄今的预算管理制度改革尚在起步阶段，在很大程度上尚属“在建”工程。

1. 四本预算的统筹综合尚不到位，新《预算法》未能彻底攻破“土围子”。全面性、一致性，是现代政府预算应遵循的基本原则，要求将所有政府收支按照“统一”的标准纳入预算管理（OECD，2004）。按照这一原则，新《预算法》明确了四本预算各自的编制要求，提出加大统筹力度，建立有机衔接的预算管理体系。但一旦从原则层面深入到操作环节，则会发现，四本预算之间的有机衔接远未实现；四本预算未能综合成一本预算，且管理标准各异。

在“规范政府收支行为，强化预算约束”的方针指导下，新《预算法》虽明确了“预算包括一般公共预算、政府性基金预算、国有资本预算、社会保险基金预算”，但具体到预算收支范围，一般公共预算可以细化到类款项目，其他三本预算则大而化之，以“政府性基金预算、国有资本经营预算和社会保险基金预算的收支范围，按照法律、行政法规和国务院的相关规定执行”等相当模糊的语言，草草收尾。这显然是在延续以往照顾既得利益的“区别对待”管理套路，也为非一般公共预算延续以往的非规范化操作保留下了空间。

再如，部分政府性基金虽已纳入一般公共预算，但分属于各个政府职能部门、单独管理的资金依然是大头儿。按照要求，国有资本经营收益的30%应上缴到一般公共预算，主要用于社会保障和民生类支出。但目前纳入国有资本经营预算的国有资本经营收益仅有10%左右，国有资本经营预算也仅有极少部分用于社会保障和民生类支出，其余大部分系体内循环。按2014年数据测算，真正被统筹用于一般公共预算或社会保险基金预算的支出数，占全部国有资本经营支出的比重仅为12.1%。

又如，四本预算之间未实现有机衔接且缺乏四本合一本综合预算，障碍财政资金的配置效率仅是其负面影响的表现之一，除此之外，更重要的是障碍了宏观调控的政策效果。在当前经济下行压力日趋严峻、亟待实施精准调控的形势下，按如此格局操作，不仅难以准确评估我国财政收支实际状况，也使精确制定财政政策、把握财政政策的松紧与力度存在相当困难。一个突出的例子，当前人们所说的“财政赤字”，只是一般公共预算的收支差额，并不涉及其他三本预算的收入和支出。因而，在我国，迄今并未有一个覆盖全部政府收支的“财政赤字”概念。

2. 公开透明还需强化顶层设计。预算公开透明是现代预算管理的基本原则，也是本轮财税体制改革的重要理念与要求，更是促进改革落地、完善国家治理的基础性制度安排。需要注意的是，公开不等于透明，预算透明是更高一层级的要求。从当前现状来看，预算公开尚不充分，公开的部分离透明预算尚有距离。

预算公开不充分的主要表现有，虽然新《预算法》明确了公开标准，但部分政府收支并未达到这一要求，或者遵守的标准并不一致。更为重要的是，地方政府缺乏主动公开意识，往往是仅仅满足于法律的最低要求。同时，法律本身存在漏洞，并不能有助于实现透明预算。例如，预算公开仅满足于资金信息，未要求公布与财政支出相关的若干基础信息，如人员、项目等；预算公开要求仅适用于2015年之后，未对过去的预算和决算安排有回溯公开的要求。由此，无法满足社会各界监督问责政府及各部门的需求。

3. 表外信息有待丰富。预算报告应当充分体现政府的经济活动。发达国家的预算报告中，均有若干附录以表外信息的方式，披露在正式预算表格中难以包含的内容。我国的预算报告，除若干预算表格之外，仅有部分对表格进行解释的说明，缺乏表外信息（王秀芝，2015）。从我国现状看，至少急需两类表外信息：

其一，债务与资本性支出预算信息。中国政府与市场边界不清的主要表现是各类资本性支出，报告基础设施建设支出与各类产业支持支出。与其他国家比较，中国财政的特殊之处也是资本性支出规模庞大，2012 年依然高达 39%，远高于 OECD 国家的 10%左右（Wang Dehua，2015）。但是，在预算管理上未给予特殊关注。地方政府债务风险广受关注。在我国基础设施建设尚处于高峰期的国情下，允许地方政府举债融资非常有必要。控制地方政府债务规模和风险，必须要和控制基础设施建设类资本支出的规模和风险结合起来。按现有制度规定，地方政府债务分为一般债和专项债，分别纳入一般公共预算和政府性基金预算。从长远看，这种制度安排既将政府债务割裂开来，又不将其与债务资金的使用相结合，不利于从整体上分析、控制资本性支出和举债融资的规模、结构。

其二，税式支出预算信息。我国现实的税收优惠几乎涉及所有税种，产业税收优惠政策以及区域税收优惠政策繁多，其对应资金量较大且管理部门化。高培勇、毛捷（2013）的研究表明，2007 年中国仅两类间接税（增值税和营业税）的税收优惠总规模，窄口径均超过 2.2 万亿元。这一状况出现的原因，除前期控制不严之外，也与缺乏统一的制度来管理税收优惠有关。从国际上看，很多国家均推出税式支出预算管理制度，用于管理税收优惠政策。税式支出预算应作为预算报告的表外信息向人大和社会公布，这一方面我国应向发达国家学习。

4. 地方债管理制度设计尚需优化。按照新《预算法》规定，由全国人大确定地方债总额度，仅省级政府有公开发行地方债券的资格。这相当于将原来省、市、县均有的通过地方融资平台举债决策的权力，集中到几十家省级单位。地方债管理制度还有若干环节亟待优化。

其一，发债额度的确定与分配如何平衡风险控制与满足地方实际需求。额度过高，地方政府举债过多，加大债务风险；额度过低，满足不了地方政府的资金需求，影响经济发展和民生改善。额度按照何种规则分配到省级政府，省级政府又按照何种规则将债务资金分配到地市县级政府，将直接会引导各级政府的行为。因此，如何科学测算地方债的总额度，如何设立额度分配规则以激励约束地方政府，是地方债制度有效运行的第一重大挑战。

其二，发债权集中到省级政府是由分散决策转向集中决策，这样做固然有便于控制风险、加强规范管理的优点，但也可能存在管理链条过长、债务资金配置低效、不符合地方实际等问题。省级人大和政府如何担负起相应管理责任，在新《预算法》的法律框架下，如何创新制度安排，既能有效控制风险，又能有效满足下级政府的资金需求，是一个有待地方积极探索的问题（汪德华，2015a）。

其三是地方债的长期发展前景未明确，社会预期混乱。各地地方债是一直滚动运行下去，还是在一定时期内全部偿还？是最终转化为中央政府债务，还是由各地自我消化？有关地方债的长期制度安排未明确，导致社会预期混乱。

其四是地方融资平台的清理规范尚不到位；一些新型的类财政债务资金，如国开行、农发行的开发性金融，特别是专项建设基金，其性质如何界定？对于政府债务的长期影响如何？这些问题都亟待评估。

5. 预算和财政管理基础尚有待夯实。若干新推出的预算管理制度改革措施，需要良好的预算和财政管理基础与之配套，难以单兵推进，否则易出现改革理念先进而实质效果不佳问题。如政府综合财务报告，需要以权责发生制的政府会计替代预算会计为支撑。从多地调研来看，预算基础数据不全面，很多信息没有反映出来，当前的改革仅是调账，而非系统性改革。再如中期预算制度、预算绩效管理、清理规范重点支出同财政收支增幅或生产总值挂钩事项等领域，同样存在相关管理基础薄弱，政府治理模式不相适应等问题。

三、财政体制改革：进展与问题

（一）改革目标：发挥中央和地方两个积极性

作为国家治理层面所需处理的基本关系之一，中央和地方关系的调整当然要同国家治理现代化的总目标相一致。作为现代财政制度的一个重要组成部分，财政体制的改革当然要指向国家治理现代化背景下的中央与地方关系新格局。针对现行财政体制所存在的中央和地方关系“不清晰、不合理”的突出问题和主要矛盾，《决定》和《总体方案》以有利于发挥中央和地方两个积极性为目标，勾画了财政体制改革的蓝图。

这一目标至少包括如下几层含义：其一，从国家治理现代化的总目标出发，财政体制改革必须“坚持调动各方面积极性”（习近平，2016），处理好条块之间的关系。其二，立足于发挥中央和地方两个积极性，在当前的中国，尤其要重视发挥地方的积极性。因而，财政体制的设计应高度重视财权划分、事权划分、财力划分、支出责任划分对地方政府激励的影响。其三，处理好中央和地方之间关系的前提，在于厘清政府与市场之间的关系。为此，财政体制的改革和调整，应当注重形成地方政府与中央部门间的纵向制衡机制。通过两者间的纵向制衡，共同维护统一市场的正常运转。

（二）改革进展：推进相对滞后，成效尚待观察

围绕中央和地方政府之间的财政关系，本轮改革所涉及的内容被归结为两个方面，一是进一步理顺中央和地方收入划分；另一是在逐步理顺各级政府事权关系的基础上，建立事权和支出责任相适应的制度。

这是本轮财税体制改革中推进相对滞后且成效尚待观察的领域。迄今为止，可以提及的实际进展可归结为如下两项：

1. 公布了《全面推行营改增试点后调整中央与地方增值税收入划分过渡方案》。2012 年营改增试点以来，对于原缴纳营业税企业试点后缴纳的增值税，一直采取的是 100% 归地方所有的过渡办法。由此形成的同一税种采取两种办法划分中央地方收入局面，既难以持续，又干扰企业的正常经营。为此，继 2015 年预算报告提出“结合营改增、消费税等税制改革，研究调整中央与地方收入划分”（财政部，2015）之后，2016 年预算报告又一次将“结合税制改革进展，抓紧制订调整中央和地方收入划分过渡方案”写入报告（财政部，2016）。

2016 年 5 月 1 日，此项改革终于落地。国发［2016］26 号文明确规定，自 2016 年 5 月 1 日起，作为未来 2～3 年内的过渡方案，以 2014 年为基数，采取增值税增量五五分成的方式重新划分中央和地方收入。这对

于弥补营改增后的地方财力亏空，在过渡意义上兼顾中央和地方利益，显然是比较有利的一项举措。

2. 发布了《关于推进中央与地方财政事权和支出责任划分改革的指导意见》。自2014年起，几乎每一年的预算报告都载有中央与地方事权和支出责任划分改革的内容，而且操用的表述一年比一年强烈。如2014年的提法是“抓紧研究调整中央与地方的事权和支出责任”（财政部，2014），2015年的提法是“研究提出合理划分中央与地方事权和支出责任的指导意见”（财政部，2015）。2016年的提法则是“研究推进中央与地方事权和支出责任划分改革”（财政部，2016）。

2016年8月，在社会各界的高度关注下，以国发［2016］49号文《关于推进中央与地方财政事权和支出责任划分改革的指导意见》为标志，在将事权与支出责任聚焦于财政事权和支出责任的条件下，这项改革算是有了一些进展。根据这一指导意见，到2020年，要基本完成主要领域改革，逐步规范化、法律化，形成中央与地方财政事权和支出责任划分的清晰框架。除此之外，它也进一步细化了党的十八届三中全会关于事权和支出责任划分的原则和要求，提出改革主要聚焦于各级政府运用财政资金提供基本公共服务的“财政事权”，明确并具体说明了强中央、保地方、减共管的改革思路。

（三）问题分析：具体方向尚待明晰下的“拖泥带水”工程

可以看到，在本轮财税体制改革中，至少相对而言，以央地财政关系调整为核心内容的财政体制改革相对滞后，是躲不开、绕不过的基本事实。对于它的成因，是需要认真对待、深刻分析的。

1. 围绕此议题的改革内容设计尚不够详实、具体。仔细地体味一下《决定》和《总体方案》的相关表述，便可以看到，涉及预算领域的改革内容也好，涉及税制领域的改革内容也罢，既包括有顶层设计和总体规划，也包括有实施路径和具体举措。有些内容，甚至细化到了预决算的编制方法和税种的构成要素层面。然而，涉及财政体制领域的改革内容，就远不如这般翔实。就央地财政关系调整的两个主要方面而言，无论是“进一步理顺中央和地方收入划分”还是“合理划分各级政府间事权与支出责任”，其内容都是相对抽象而笼统的，基本停留于顶层设计和总体规划层面。至于具体该如何去做，比如，究竟哪些税种划为中央税或中央分成比例多一些？究竟哪些税种划为地方税或地方分成比例多一些？究竟哪些公共服务项目属于区域性质、该明确为地方事权？究竟哪些公共服务项目属于跨区域性质、该明确为中央和地方共同事权？等等，则没有进一步提及。显而易见，无论从哪个方面讲，这些内容绝对不属于可有可无之类。

2. 财政体制改革的具体方向尚未明晰。本轮财政体制改革的目标虽然定位于“有利于发挥中央和地方两个积极性”，但究竟怎样“发挥两个积极性”、以怎样的思路“发挥两个积极性”，迄今并未有明晰的说法。在很大程度上，“发挥两个积极性”还停留于口号或标签状态。

一个立刻可以举出的例子，改革内容是建立事权与支出责任相适应的制度，保持现有中央和地方财力格局总体稳定、进一步理顺中央地方收入划分。为此，财政部、中编办虽组织开展了事权和支出责任划分的研究，但迄今并未公布相关内容。最终作为改革成果拿出的有关事权与支出责任划分的方案，又将“事权与支出责任划分”缩水为“财政事权和支出责任划分”。因而，实质是一个“缩水版”。又如，学术界和相关部门也曾提出过如何进一步理顺中央和地方收入划分的思路，但国发［2016］26号文所拿出的仅仅是未来2~3年内的过渡方案。至于2~3年过渡期结束之后的走向，则并无明确交代。因而，也可说是一个“非定型版”。

应当看到，“发挥两个积极性”目标的形成，显然出自于地方积极性尚不够充分、亟待调动的现实判断。问题在于，地方积极性的调动发挥须以相对稳定的央地财政关系为前提。将地方积极性和央地财政关系格局两个方面的变化轨迹联系起来，我们可以清楚地看到，以往地方发展经济的积极性，在很大程度上源于央地财政关系格局的合理调整和相对稳定。倘若没有旨在调动地方积极性的央地财政关系合理调整的推动，倘若离开了有利于发挥地方积极性的相对稳定的央地财政关系格局，且不说地方积极性的有效调动难以想象，中国经济的规模和质量也绝对达不到今天这样的程度。

因而，必须在坚持“发挥两个积极性”目标的基础上，尽快明晰财政体制改革的具体方向。并且，按照统一部署给地方及时交底，让地方及早服下围绕央地财政关系调整的定心丸。只有这样，“发挥两个积极性”

才可能真正落到实处，当前亟待推进的一系列稳增长政策措施才可能精准有效。

3. 围绕改革的具体操作方案尚未在中央和地方之间达成广泛共识。进一步看，具体方向的不明朗，其原因并非在于有关各方没有或尚未有相应的方案提出，而在于有关财政体制改革的方案难以在中央与地方之间达成共识。从历史上看，在1994年之前，中国的央地财政关系格局尽管几经变化，十分复杂，但总体上都是以“分钱制”为基础的。无论是早期的“总额分成”、“收入分类分成”，还是后来的“大包干”，所“分”或所“包”的，实质都是“钱”——财政收入。只是在1994年之后，才有了根本性的改变——由“分钱”转向“分税”。如果说1994年以来，中央与地方之间具有共识基础的方向是“分税制”，那么在今天的中国，不仅在表述上“分税制”几乎难觅踪影，相当多的内容处于忽明忽暗、半明半暗的状态，而且在实质层面“分税制”已被“分钱制”所取代。因而，下一步以一个怎样的旗帜标识财政体制改革的方向并据此制定一个可以达成共识的方案，是难点，也是重点所在（高培勇，2015b）。

这一判断的引申意义在于，围绕央地财政关系调整的具体操作方案，理应取得地方政府的广泛认同和积极配合，在中央和地方的有效互动中最终形成。否则，即便勉强拿出了方案，也难以扎实推进。或者，即便勉强实施了，也难免再次走样。

四、作为一个整体的财税体制改革：亟待协调推进

在分别评估了预算管理制度改革、税收制度改革和财政体制改革的进展状况之后，回过头来将三个方面的改革内容拼接在一起，立刻可以发现，事实上，它们是按照一张顶层设计图纸平行推进的密切相关的统一体。因而，接下来，还需要对作为一个整体的财税体制改革进展状况作综合评估。

（一）三个方面的改革进展不够均衡

在2015年发布的预算报告中，财税管理部门曾对本轮财税体制改革的进展状况作过如下总结：“财税体制改革取得重大进展。一是预算管理

制度改革取得‘实质性进展’。二是税制改革‘有序推进’。三是围绕建立事权和支出责任相适应的制度，系统梳理了成熟市场经济国家事权和支出责任划分情况，调研分析国防、公共安全、食品药品监管等领域的事权和支出责任划分，财政体制改革研究取得‘阶段性成果’”（财政部，2015）。

这的确是一个符合实际的自身总结。有别于预算管理制度改革、税收制度改革在改革实施层面取得的实际进展，旨在调整中央与地方财政关系的财政体制改革，不仅尚处于“研究”层面。而且，取得的也是“阶段性”成果。

即便是站在今天的时点上，将 2016 年 5 月和 8 月先后推出的《全面推行营改增试点后调整中央与地方增值税收入划分过渡方案》和《关于推进中央与地方财政事权和支出责任划分改革的指导意见》一并纳入视野，如前所述，鉴于前一个方案系“非定型版”，后一个指导意见系“缩水版”，仍可以认定，迄今为止，三个方面的财税体制改革推进状态是非均衡的。着眼于调整央地财政关系的财政体制改革相对滞后，绝对是一个不容回避的基本事实。

认识到本轮财税体制改革的三个方面内容不是简单的并列关系，而是有机联系、相互贯通的统一体，还可以认定，任何一方面的改革若不能与其他两个方面步调一致，形成合力，则不仅会障碍改革的总体效应，而且难免拖曳整体改革进程，甚至陷整体改革于“跛脚”状态。

（二）十分明显的“瓶颈”效应

事实上，财政体制改革的相对滞后已经对本轮财税体制改革的整体进程以及宏观经济政策的有效运行产生了十分明显的“瓶颈”效应。

比如，作为税制改革中的一条主线索，“营改增”直接牵涉到地方主体财源结构的重大变化。这种变化，当然要以央地财政关系的同步调整为前提。这种调整，也当然要建立在体制性安排而非权宜之计的基础之上。恰是由于包括财政体制改革相对滞后在内的诸种因素的掣肘，“营改增”的全面推进才不得不曾放慢脚步。后来，虽在各方力量的强力推动下破茧而出，也不得不以一个“非定型版”的收入划分方案与之相伴。

又如，作为预算改革的一个基本目标，全面规范和公开透明直接牵涉到以政府性基金预算为代表的非一般公共预算格局的重大变化。这种变化，当然要牵动中央财政和地方财政格局，尤其是中央和地方财政之间关系格局的调整。这种调整，当然属于重大利益分配，也当然要建立在体制性安排而非权宜之计的基础之上。恰是由于包括财政体制改革相对滞后在内的诸种因素的掣肘，非一般公共预算的规范和透明进程才不得不在一定程度上打了折扣。在新修订的《预算法》公布实施将近两年之后，作为其配套文件的新《预算法实施条例》仍驻足于征求意见阶段。

还如，在国内外经济形势复杂多变、经济下行压力日渐加大的背景下，加快实施有利于稳增长的政策措施、促进经济持续健康发展无疑是当下中国的当务之急。历史的经验告诉我们，中国经济之所以能在过去30多年中走出一条持续高速增长的轨迹，在很大程度上依赖于地方之间你追我赶、竞相迸发的竞争力。在经济发展步入新常态的现实背景下，保持经济的中高速增长，仍然离不开地方的积极性。地方的积极性，当然要建立在相对稳定而非变化莫测的央地财政关系基础之上。恰是由于包括财政体制改革相对滞后在内的诸种因素的掣肘，未能让地方及早服下围绕央地财政关系调整的定心丸，一系列围绕稳增长的政策措施才难以真正落地，一整套宏观经济政策的实施过程也才会不那么精准有效。

（三）不容回避的“拖后腿”效应

毋庸赘言，本轮财税体制改革的推进状态和实际效应不仅取决于税制改革或预算管理制度改革，而且取决于包括税制改革、预算管理制度改革和财政体制改革等三个方面内容在内的整体改革，尤其取决于作为中央与地方关系中最基本、最基础的层面——财政分配关系——的改革。倘若财政体制改革相对滞后的局面得不到及时扭转，本应发挥的“牛鼻子”效应便会异化为“拖后腿”效应。而且，其所涉及的，将不仅是本轮财税体制改革，更值得警惕的是，它还会由此扩展至以国家治理现代化为总目标的全面深化改革。

站在当前中国发展和改革的全局立场上，可以进一步断定，不仅稳增长，而且调结构，不仅促改革，而且防风险，以及包括保就业、惠民生等在内的其他一系列发展和改革目标的实现，都要依赖于中央和地方两个积极性，都要建立在发挥中央和地方两个积极性的基础上。

因此，如果说迄今的财税体制改革推进过程中事实上存在着“短板”，那么，财政体制改革便是最亟待多用力补齐的“短板”。这意味着，按照《决定》和《总体方案》的要求，把旨在发挥中央和地方两个积极性的央地财政关系调整落实到位，已经箭在弦上，刻不容缓。

五、全面深化改革框架下的财税体制改革：基础和支撑作用尚需进一步到位

（一）全面深化改革的重点工程和基础工程

本轮财税体制改革的进展状况，并非仅仅体现为有效落实《决定》和《总体方案》部署的各项直接改革任务上。除此之外，还应将其纳入全面深化改革的进程，从财税体制改革与全面深化改革的联系中进行更高层次、更广范围的评估。

前面曾经提到，本轮财税体制改革是在财政第一次从根本上被摆正了在国家治理体系中的位置之后，作为全面深化改革的重点工程和基础工程来部署的。财税体制改革之所以成为重点工程和基础工程，无非是因为，全面深化改革系经济、政治、文化、社会、生态文明和党的建设等各个领域改革的联动。在其中，作为国家治理的基础和重要支柱，财税体制安排体现并承载着政府与市场、政府与社会、中央与地方等方面的基本关系，深刻影响着经济、政治、文化、社会、生态文明和党的建设等领域的体制格局。因而，在国家治理的总棋局中，它是一个具有“牵一发而动全身”之效的要素。

这就意味着，本轮财税体制改革应当也必须担负起对于推进全面深化改革的基础性和支撑性作用。

（二）一份清单：积极支持其他领域改革

如下是一份财税体制改革支持、推动其他领域改革的大致清单：

1. 支持司法、教育、科技等领域改革。在司法领域，积极支持司法体制改革，率先进行事权和支出责任适度向上集中的改革，建立政法系统经费保障机制，推动实施法官薪酬制度改革。在教育、科技领域，国发

[2015] 67 号文部署进一步完善城乡义务教育经费保障机制，启动义务教育转移支付改革；职业教育实施以改革和绩效为导向的生均拨款制度；中央财政还大力推进科技计划（专项、基金等）管理改革，以提高科技财政资金的绩效。推动实施省以下环保监测机构的垂直管理。

2. 支持供给侧结构性改革。为积极推动供给侧结构性改革，在“去产能、去库存、去杠杆、降成本、补短板”的方针指导下，2016 年中央财政特别拿出 1 000 亿元奖补资金，重点用于职工分流安置。

3. 支持“三农”领域改革。例如，为积极推动农村经济体制改革，2015 年，财政部和农业部联合发布了《关于调整完善农业三项补贴政策的指导意见》，将农业“三项补贴”合并为农业支持保护补贴，政策目标调整为支持耕地地力保护和粮食适度规模经营，并于 2016 年全面推开。再如，为推动实施“脱贫攻坚”战略，大幅度增加扶贫攻坚财政资金投入，以领导班子强、工作基础好、脱贫攻坚任务重为标准选择三分之一以上的贫困县开展试点，统筹整合使用各级财政用于农业生产发展和农村基础设施建设等方面资金。

4. 推进政府投资体制改革。为了提高财政投资资金效率，拓展社会资本和民间投资范围，大力推广基础设施建设等领域的政府与社会资本合作（PPP）模式，已出台包括操作指南等在内的多项文件，构成了较为完备、具有可操作性的政策支持体系，PPP 推广示范项目也取得一定程度的进展。为充分发挥政府投资在推动重点产业发展等领域的杠杆作用，积极探索财政资金注资设立政府投资基金支持产业的模式改革，出台了《政府投资基金暂行管理办法》等多项文件，要求坚持市场化运作、专业化管理，以实现基金良性运营。

（三）存在问题：经验不足、力不从心，规律尚待把握

应当指出，在过去 30 多年的改革历程中，尽管不乏以财税体制改革为经济体制改革“铺路搭桥”的先例，但脱出经济体制改革的视野局限而上升至国家治理层面，将财税体制改革作为全面深化改革的基础性和支撑性要素加以布局和推进，还属从未有过的第一次尝试。与此相关的经验不足，规律尚待把握，操作中难免疏漏，自是常情。面对各种惯性思维和既得利益的掣肘而力不从心，不得不在推进中做妥协性安排，走些弯路，亦是不

言而喻之事。

就此而言，迄今为止至少有如下几个代表性事例是值得关注的：

1. 缩水版的事权与支出责任划分改革方案。中央与地方的关系无疑是国家治理层面的基本关系之一，本轮财政体制改革显然要为这一基本关系的处理发挥基础性和支撑性作用，而不应也不能将视野局限于财政体制本身。然而，即便在《决定》和《总体方案》中一直操用的提法都是中央与地方事权和支出责任划分的改革，即便财税管理部门始终锁定的都是研究提出合理划分中央与地方事权和支出责任的指导意见，但最终形成的则是一个缩水版——事权与支出责任前面被加上了限制词，从而中央与地方事权和支出责任划分的改革演化为中央和地方财政事权和支出责任划分的改革。

2. 进展缓慢的社会保障领域改革。作为国家治理体系现代化的重要内容，社会保障体系的制度设计，深度影响预算管理制度、中央和地方政府之间的财政关系、财政风险乃至税收制度的设计。因而，社会保障体系的改革自然要成为财税体制改革的主要关注点。然而，尽管《决定》作出了“建立更加公平可持续的社会保障制度”的部署，迄今社会保障领域的改革进展十分缓慢。不仅养老保障领域的改革方案尚在讨论之中，医疗保险以及医疗卫生体制改革未见标志性改革举措出台，而且，其他社会保险以及城乡低保领域的改革也未有启动迹象。这一突出的矛盾现象说明，社会保障领域改革应当也必须与财税体制改革实现同步，财税体制改革应当也必须支撑社会保障制度的改革。

3. 部门之间围绕改革方案协调上的困扰。如由于相关政府部门未能充分、及时协调，在大力推进 PPP 模式方面，各自制定政策，各自出台标准；由于相关政府部门之间的协商不到位，新《预算法实施条例》迄今迟迟不能出台；由于相关政府部门协调不足，2015 年地方债券大量发行初期举步维艰，一些地方政府债务实质上已发生逾期；改革方案中提出的地方债券投资主体多元化至今未能落地；在修订《税收征管法》过程中，作为必要条件的政府部门之间信息共享至今难以落实，如此等等。

4. 部分财税体制改革举措的时有反复。中共十八届三中全会以来，在有关财税体制改革方案的密集、大量出台的同时，其中的部分方案却风云变幻，几番出现被中途搁置或被暂缓实施的现象。比如，作为预算管理制度改革的重头戏之一，旨在清理税收优惠政策的《国务院关于清理规范税收等优惠政策的通知》（国发［2014］62 号文），在宏观经济下行压力日趋严峻的情势下，出台仅仅 4 个月便被宣布暂停执行。取而代之的，是《国务院关于规范税收等优惠政策的通知》（［2015］25 号文）。相对于老文件，至少在名称上，新文件删掉了“清理”二字。再如，对于电子商务的进口税收政策，出台不久，即发现执行困难，基础尚不具备，不得不宣布暂缓实施一年。还如，在全面推行“营改增”试点过程中，由于改革方案出台的时间过于紧张，部分事项难免考虑不周，有关“营改增”的实施方案多次事后“打补丁”。

5. 缺乏专家、社会参与的改革方案设计过程。在中共十八届三中全会所确定的改革蓝图中，财税领域的改革任务可说是最为繁重，涉及面最广，也最需要先行一步。相对于其他部门，财税管理部门虽在短期内密集出台了一系列范围广泛、影响深远的改革方案，相关文件多达几百项，但是，或许是由于时间紧、任务重，这些改革方案的设计和制定，事实上基本由财税管理部门自身主导，未能如以往历轮改革那样有效落实专家、社会的广泛参与，综合协调性不足。比如，多项改革方案的出台，主要是基于财税管理部门内部的讨论和设计，外部专家普遍反映参与度不足；改革方案也未能充分进行社会协商。迄今外部专家的参与，基本上是在不了解具体方案设计过程的基础上，受邀做事后解释性或宣传性工作。外部专家以专业知识服务于深化改革的作用尚未得到充分发挥，更多体现为“花瓶”角色；加上不注重社会协商，一些改革方案的设计也或多或少存在考虑不周之处，事后不断“打补丁”也就在所难免。

如此现象的反复出现，一方面影响改革举措自身落地的权威性，甚至可能导致越来越多的事后改革博弈，另一方面，也会妨碍财税体制改革与全面深化改革之间的彼此互动，在一定程度上，使得财政在国家治理体系中的基础性和支撑性作用停留于字面。

六、主要政策建议

评估改革进展状况的根本目的，在于“及时研究解决改革推进中的矛盾和问题，以钉钉子精神抓好改革落实”（习近平，2016）。认识到完成本轮财税体制改革任务的时间表指向2020年，按照建立现代财政制度的改革目标，以倒计时思维前瞻未来四年的改革之路，如下六个方面的工作当在抓紧抓好之列：

（一）夯实基础，完善设计，进一步推进预算管理制度改革

1. 推进“四本合两本，两本加综合”改革，完善全口径预算管理体系。从强化所有政府收支全口径预算控制的目标出发，应在现有四本预算的基础上简化合并，研究编制全口径综合预算。具体思路是推进“四本合两本，两本加综合”的预算体系简化合并改革，同时提高预算的前瞻性、科学性和精细化程度，提升财政管理水平。

首先，按照《决定》要求，所有上缴国有资本收益均纳入一般公共预算，逐步取消国有资本经营预算；

其次，加快改革各类政府性基金，按其性质区别处理。一些政府性基金收入具有消费税性质，可将其改为消费税的征收子目；一些政府性基金有征收期限，到期其承担任务已完成，可顺势取消；一些政府性基金适合改为专项收入形式，可纳入一般公共预算；一些政府性基金主要是资金预算管理任务，未来可采用表外信息的形式，作为预算报告的补充信息。在此基础上，将所有政府性基金逐步转列一般公共预算，直至彻底取消政府性基金预算。

再次，遵循国际经验，以规范、透明为前提，保留社会保险基金预算，合理界定社会保障管理部门和财税管理部门职能。

最后是单独编制全口径综合预算，扣除一般公共预算和社会保险基金预算中的重复项，整体、全面反映政府收支的信息。最终形成一般公共预算和社会保险基金预算两本预算，加上综合预算的“两本加综合”的预算管理体系，经人大批准产生法定效力。

2. 统一财政名词并启动预算信息披露标准化工程。预决算的公开透明是新《预算法》高度强调的理念。在现有法律框架要求下，尚需要有诸多配套性改革，以实质推进预算透明工作。

一是要统一财政名词。财政名词的模糊对于增强财政透明度，对于政府政策和预算安排的讨论以及公共收支的管理都非常不利，应当尽快明晰。这方面，我国可以借鉴美国20世纪60年代的经验。在当时的美国，

议员们在辩论政府预算安排时，常发现甲讲的政府收入和乙讲的政府收入并不是一回事。后来约翰逊总统下令成立专门的委员会，讨论预算概念问题，界定什么是政府收入等。在国际组织中都非常强调政府的统计应该有一个国际的标准，以增加可比性，我国自然更应当强调统一的国内标准。应当说，这种概念的明晰对于推进全口径预算管理，对于提高财政透明度、提高政府预算绩效等，都是一项十分重要的基础工作。

为此，应由中央政府组织成立一个专门委员会，统一财政名词并予以明确的释义，并要求所有级次地方政府统一使用。

二是要建立一个预决算公开平台，启动预决算信息披露标准化工程。在现行《预算法》法律要求的基础上，应当进一步细化专门出台文件，明确预决算公开透明的强制标准，特别是除财政资金信息之外的辅助性基础信息。同时，应结合政府信息公开平台，统一各级政府的预决算公开平台，建立统一链接，方便查找比对。

三是要建立逐步回溯公开的机制。可降低预决算公开的标准，要求各级地方政府至少公开2000年以来的预决算信息。

四是要重视预决算公开信息的利用，提升预算透明度。政府部门应主动将预决算报告通俗化，对易混淆之处给予专门解释；组织专场研讨会或其他活动，引导公众关注和探讨预决算报告。应鼓励研究机构和社会组织专门研究预决算信息。最终期望通过预决算公开促进预决算透明，以预决算透明提高社会公众对公共资金的监督，以监督提升公共资金的绩效。

3. 建立债务与资本支出预算以及税式支出预算制度，丰富表外信息。预算报告理应全面反映政府收支以及相关经济活动，但由于现代政府经济活动的复杂性，一些重要的信息难以在正式的预算报告中得以体现，为此需要以表外信息予以补充。基于中国的现实情况，当前需要以表外形式补充建立债务与资本支出预算制度和税式支出预算制度，丰富预算报告的表外信息，提高公共资金使用效率，防范政府债务风险。

一是应研究制定单独编制资本支出和债务预算制度，将所有政府债务和资本性支出综合起来，编制在一本预算中，以便于从整体上控制各级政府的资本性支出和对应政府债务的规模和结构，分析其必要性、效益和风险。资本支出和债务预算制度与现有或改革后的全口径预算体系独立，作为正式预算报告的附录。

二是成立专家组，以重点税种起步，学习典型市场经济国家的做法，构建税式支出制度，使税收优惠的作用及其丧失的税收收入显性化，纳入预算管理程序。所谓税式支出制度，就是测算每项税收优惠政策所导致的税收损失，编列按税种和按政策目标的预算，一般作为正式预算报告的附录。构建税式支出制度，有助于将税收优惠政策的成本和效益公开透明，有助于从制度上规范管理税收优惠政策。

4. 夯实预算与财政管理基础，强化社会监督和外部监督，平衡控制与绩效导向。从预算管理制度改革的国际经验看，预算的控制导向与绩效导向之间的冲突一直是主要矛盾。以精细控制为主导的预算有助于减少漏洞、抑制浪费、避免腐败，但由于预算的年度性原则，一般要提前一年确定支出的具体内容，这与发展迅速的中国现实国情有些不相适应，在一定程度上会影响财政支出的绩效。解决预算的控制导向与绩效导向之间的冲突，可选择的基本思路是简政放权，强化监管，进而以自我控制替代外部强加的程序性控制。具体说来，就是强化社会监督和外部监督，淡化内部过程控制，适度从强调控制走向强调绩效。

第一，要夯实预算与财政管理基础，如政府财务准则的制定、政府资产与负债的准确记录、预算绩效管理基础等，使现代预算理念能够落地生根。

第二，增加人大预算工作委员会、国家审计机关的人员编制，强化人大监督、审计监督力量。通过加大外部监督力度，可以促使财政资金使用部门强化自我控制。

第三，要做好预决算的公开透明工作，鼓励社会监督。公开透明是最好的防腐剂。相对于制度性的人大监督、审计监督，社会监督更为分散，可动员的力量更为广泛，更易找出难以觉察的支出漏洞。

第四，要按《预算法》要求，推行预算绩效管理，将加强预算管理的着眼点落实在绩效的提升上。

第五，要在合理制定标准的基础上，淡化内部过程控制。避免形式化严重、与现实变化不相适应的若干不合理制度规定，影响财政支出实际绩效的提升。淡化内部过程控制并非不要任何控制，而是要将控制建立在合理制定若干支出标准的基础上，使支出单位以绩效为导向获取一定的自由度。

（二）做好公共沟通，加快直接税改革，推进税收法治化进程

1. 在明确税制改革“路线图”的基础上，做好公共沟通。构建良好舆论环境，支持税制改革，对于本轮税制改革落地至关重要。《决定》和《总体方案》所确立的“公平正义、调节有力”的改革目标以及在稳定税负前提下优化税收结构的路径规划，正在逐步深入人心。在这样的大背景下，回应社会关切，明确税制改革“路线图”，明确在间接税和直接税此减彼增的同时优化税收结构的路径规划，将中国税制和中国税负运行的格局现状原原本本地告诉人们，将间接税和直接税都是税、“背着抱着一样沉”的道理讲清楚，对于构建良好的税制改革舆论环境，是必不可少的。

在政府部门对税制改革的宣传上，也要注意避免过度强调减税的重要性，特别是要避免将减税视为政策红包的宣传基调。要更为重视宣传税制改革在减少结构性扭曲、提升经济效率、促进社会公平正义等方面的“制度红包”。

2. 加快直接税改革步伐。个人所得税以及房地产税的改革，担负着提高直接税比重，优化收入及财产分配格局的重要任务。当前要加快两大税种改革的各方面准备工作，尽快启动改革步伐。当然，改革需要注意充分体现量能负担的原则，注重征管条件的配套，税制设计应有利于强化征管。

个人所得税的改革，宜围绕逐步建立健全综合与分类相结合的个人所得税制度，从“小综合”起步，合并部分税目，根据征管条件的改善不断推进到“大综合”。在合理确定综合所得基本减除费用标准的基础上，适时增加专项扣除项目。合理确定综合所得适用税率，优化税率结构。可考虑适度加大分档区间，最高档边际税率略有下降。

房地产税的改革，其重点应放在加快推进房地产税立法，开征居民保有环节的房地产税收，统筹设置房地产建设、交易和保有环节的税负水平上。鉴于目前的税情和国情，近期可本着“先简后繁，先存活再完善”的原则，考虑对居住住房以家庭为单位实行“第一套免税，其余一律征税”，在尽可能短的时间内，让房地产税落地中国。以此为基础，逐步积累条件，向更精细、更完善的房地产税制建设目标迈进。

3. 提升征管能力，推进税收法治化进程。税制改革，特别是个人所

得税以及房地产税的改革，需要以加快构建面向自然人的税收管理服务体系作为配套。为此，需要加快《税收征管法》的修订进程，建立第三方涉税信息报告制度，逐步实现法人、非法人机构、自然人之间税收征管的均衡布局，确保税务部门依法有效实施征管。

推进税收法治化，不仅是建立现代财政制度的必要条件，也是落实中共十八届四中全会依法治国精神的必然要求。税收涉及到每个人的利益，社会关注度高，因而税收法治化是财政法治化的优先事项。当前我国仅有三个税种立法，推进税收法治压力很大。“十三五”时期，应在处理好改革与立法之间的协调关系的基础上，安排好立法顺序，积极推进税收法治化进程，力争税收立法5—10部。

推进税收法治化，最重要的是要协调好改革与立法之间的关系。立法有助于提高改革的权威性，有助于巩固改革的成果。但改革需要打破现状，如要改革事项已经立法，则修改立法程序相对漫长、不可控因素多，反而可能阻碍改革。当前，我国推进财税领域的改革，主要法律依据是20世纪80年代全国人大对国务院的授权，大部分由国务院直接颁布推动相关改革文件。这种改革方式，特别在税收领域的改革，已经引起了社会上较多的讨论。

为此，首先要发布税制改革总规划，明确各税种改革的基本目标和框架，明确各税种立法的规划，向社会公布，这是改革法治思维的重要体现。其次是要确定基本的原则，凡是新推出的税种，如房地产税、环境保护税等，均应改革与立法同步，法律实施之日就是改革启动之时。最后，对已征税种的改革，也要积极立法。视情况不同，可以先改革后立法，以法律巩固改革成果，也可以改革和立法同步，以法律提高改革的权威性。

（三）完善地方债制度，加快社会保障制度改革，防范财政风险

防范财政风险，实现长治久安是本轮财税体制改革的重要目标之一。防范财政风险，关键要恰当评估中国的财政风险来源。当前，国内外舆论较为关注地方政府债务可能导致的财政风险。从若干大国的历史经验来看，养老、医疗等社会保障领域的资金缺口，可能是财政可持续发展的最大挑战。对于这两个方面的风险，均不容小觑。

1. 准确认识中国政府债务风险的“近忧”与“远虑”、“总账”与

“分类账”。当前国内外对中国政府债务的主要关注点是地方债，认为其可能存在失控的风险。但经过审计部门的多次专项审计和财税管理部门的反复核查，中国地方政府债务的底数是比较清楚的。2015 年中国地方政府债务余额占 GDP 比重为 23.64%，即使包含或有债务中可能转化为需要政府偿还的部分也仅为 25.74%。这个水平，低于德国、日本、加拿大等国，同美国较为接近。与这些大国相比，中国的中央政府债务占 GDP 比重非常低。因此，从总量上看，中国综合政府债务并不存在多大风险。即使单独比较地方政府债务，中国的比重也并不特别高。地方比重高于中央，与中央与地方财力和事权划分状况乃至国家治理体系的特点基本是相适应的。再加上中国的经济增长速度较快，地方政府债务主要投资于生产性资产，政府资产雄厚，债务比重不高加上三重保障表明中国政府债务的“近忧”不大，其风险主要来自于管理体制导致的局部风险，以及债务资金投资低效风险。

但是，上述的这些指标均是算“总账”的结果。一旦细化到“分类账”——分别就各个地区计算其债务风险，则立刻会发现，有些地方的债务，已经以逾期、赖债或资不抵债等现象揭示出区域性风险迭起的严峻态势。

进一步说，社会保障体系潜在的未来资金缺口所带来的中国政府债务的“远虑”，必须高度重视。中国已进入老龄化社会，且老龄化的速度非常快。高培勇、汪德华（2011）的估算表明，如维持现有养老保障制度，则到 2050 年养老保障体系所需年度财政补贴占 GDP 的比重在 6% 以上。即使维持现有财政补贴力度不变，如所有年份的资金缺口累积到 2050 年一次性由财政偿还，其所需偿债资金将占当年 GDP 的 90% 左右。这还仅是养老保障体系的潜在债务压力。随着老龄化压力越来越大，医疗技术发展越来越先进，医疗保障领域的潜在政府债务同样巨大。由此可见，中国政府债务的最大危险或者说“远虑”，与发达国家的历史经验类似，主要来自于社会保障体系的改革滞后，需要高度重视。

2. 完善管理制度，明确地方政府债务管理体制的远景，稳定社会预期。地方政府债务管理体制改革，要解决的问题主要有二：一是明确远景，稳定社会预期；二是完善管理制度，提高债务资金的投资效率。

首先，参照美国、德国、日本等大国的经验，应明确中国地方政府债务的远景是长期滚动发展，地方政府应担负起相应的风险控制管理职责，并不存在到某一时点必须全部归还的问题，也不存在由中央政府承担地方债偿还职责问题。这一远景应明确向社会公布，以稳定社会预期。

其次，在试点基础上，适度赋予有条件的地级市自主发债权限，县级政府所需债务资金依然由省政府统一筹集。此项改革的目的是压缩管理链条，提高债务资金的配置效率和投资效率，实质上有助于防范风险。全国人大以及国务院应积极探索合理确定地方政府债务限额的规则，各省级政府也要积极探索在各县市间分配地方政府债务资金的规则，以提高债务资金效率。

最后，扎实推进地方融资平台的清理规范和市场化转型工作，继续妥善处置存量地方政府性债务，实事求是地评估国开行、农发行的专项建设基金对地方政府债务的影响，并逐步纳入政府信息披露范围内。

3. 以更加公平可持续为基本原则，尽快启动社会保障体制改革。我国社会保障体系的资金储备较为充足，但在老龄化愈发严重的趋势之下，未来的资金缺口压力仍然较大。国际经验表明，这种未来的资金缺口压力，在今天就会影响企业和居民的行为。因此，社会保障体系的改革，不能等到出现问题才改革，要未雨绸缪。应当切实按照中共十八届三中全会的要求，以更加公平可持续为基本原则，与扶贫攻坚战略相结合，推动养老保险、医疗保险、生育保险、失业保险、城乡低保等社会保障事业的改革。

（四）尽快明晰财政体制改革具体方向

财政体制安排深度影响地方政府的行为，是国家治理体系的重要组成部分，在中国具有特别重要的意义。当前应在《决定》提出的改革蓝图上，尽快明确财政体制的具体改革方向。在方案制定过程中，还应注意避免一些错误倾向，回到“分税制”的轨道，真正激发中央、地方两个活力。

1. 避免将预算改革、税制改革和财政体制改革割裂开来，重视三者之间的协调推进。财政体制改革，特别是政府间收入划分方式的调整，需要税制改革为支撑。地方债务管理制度、转移支付制度本身就是财政体制领域的重要组成部分，其制度设计要与政府间收入划分、事权划分制度相适应。可以说，倘若财政体制改革不能如期启动，税制改革、预算改革也难以落实。因此，当前特别要加快财政体制领域的改革进度。

2. 避免单纯强调事权与支出责任相适应，以回归分税制作为财政体制改革的重心所在。作为一个整体，分事、分税、分管，一级政府一级财政，是分税制的基本要求和灵魂所在。照此说来，“事权与支出责任相适应”系分事管理的应有之义，而非分税制改革的重点问题。中国财政体制的基本矛盾依然是：政府间事权划分制度如何与收入划分制度相适应。因此，在部分增加中央事权的基础上，解决好中央地方收入划分问题，依然是分税制改革的重点。

中央与地方收入划分，绝不能重走1994年之前的“分钱制”老路。“根据事权与财权相结合原则，将各种税统一划分为中央税、地方税和中央地方共享税，并建立中央税收和地方税收体系，分设中央与地方两套税务机构分别征管”，这既是1994年分税制财政体制改革的核心要义，也是本轮财政体制改革应当坚守的方向。应当也必须紧紧扭住这个牛鼻子不撒手，真正把财政体制改革纳入分税制轨道（高培勇，2015b）。

3. 注重激发中央、地方两个活力，当前特别要注意激发地方活力。适应、引领经济发展新常态，关键看地方政府。地方政府的积极性和活力是过去中国经济取得成功的关键，也是未来中国跨越“中等收入陷阱”的关键。在事权划分改革方面，要注意在将易发生“乱作为”、外部影响较大的事项上增加中央控制力，其他事项则应充分尊重地方自主权。在收入划分方面，要避免将一些征管难度大、较为零碎的小税种给地方，中央则享有相对稳定的、与经济发展相关程度高的大税种。这样做，极易损害地方积极性。在当前，亟待明确2~3年过渡期之后，增值税“五五开”的收入划分模式如何调整。应当注意到，对未来的预期不稳定，当前就会干扰地方政府的行为选择，增加经济扭曲。

4. 设立专门委员会，为财政体制改革提供协商平台，为事权和支出责任调整提供动力机制。当前财力划分方式的变革及监控，缺乏常规性的协商平台。从中央部委和各级地方政府的角度来看，实际上缺乏动力改变当前事权划分现状。中央部门不愿意承担具体执行职责，而愿意保留以专项转移支付或审批制度干预地方的权力。地方政府则不愿意放弃具体执行的权力。在相当程度上，双方都缺乏激励进行事权关系的调整。为此，必须要借助外部权威，并建立专门的机构推动落实事权划分调整优化工作（高培勇、汪德华，2016）。

参照德国、日本、印度等国经验，我国应设立一个负责调整中央与地方政府间财政关系的委员会。可考虑由全国人大常委会负责组成一个委员会，以形成中央与地方事权和支出责任调整的具体方案，并担负方案实施的检查、落实等具体工作，解决争议问题、确定转移支付资金安排的基本框架。通过集合利益相关方与独立第三方的集体讨论，可为事权和支出责任调整寻找最优的、可接受的方案。

（五）落实专家和社会参与机制，以公开透明推进改革落地

改革方案的设计出台，仅是全面深化改革的起点。财税体制改革能否真正产生获得感，能否有效促进国家治理现代化进程，还要看其落地实施情况。而改革方案的真正落地，应是建立在公开透明、广泛参与的基础上，应鼓励事前充分发表意见进行博弈，而非方案出台之后的事后博弈。

1. 建立严格的保密制度，引入外部专家深度参与改革进程。外部专家除了具有专业优势外，由于其社会接触面广，能够有效缓解主抓改革部门思维单一的缺陷，也可在一定程度上抑制部门利益影响改革推进的现象。外部专家应是对全面深化改革领导小组负责，而非对具体改革主抓部门负责。改革主抓部门应对外部专家全过程完全开放信息，以使外部专家能充分发挥其专业优势。考虑到部分财税改革举措的社会敏感性，外部专家的参与应严格遵守保密制度，未经允许不能向外界扩散相关内容。

2. 待改革方案初步成型之后，应邀请主要相关利益群体进行充分协商。改革涉及的相关利益群体，对改革方案中各项制度设计存在的问题、执行中的难题最为敏感。其意见的充分表达，能够帮助完善改革方案。通过发扬协商民主，在改革方案出台前引入上级领导、外部专家、相关部门共同参与的充分协商，有助于实现既完善改革方案，又能保持利益中立的效果。公开透明的事前专家讨论、利益群体协商，有助于方案出台后的改革落地。

3. 高度重视部门利益阻碍改革推进问题。各个部门对于财税体制改革方案的意见可以充分表达，在充分民主的基础上还要集中统一。可引入外部专家、上级领导对各部门意见的综合评估，尽快明确部门争议的处理

意见，督导部门落实处理意见。

（六）开展大数据等技术创新对财税体制影响的前瞻性研究

财税体制的改革设计，不仅根植于国家治理体系，还将受到科技创新的影响。当前，特别是信息技术、大数据等科技进步，深度影响商业运转模式和人们的生活模式，进而也将深度影响政府治理流程乃至国家治理模式的选择。财税体制改革永远在路上，我国应当高度关注并前瞻性研究相关科技创新对制度选择的影响，着力推动与现代科技环境相适应的财税改革。

为此，应当特别关注并启动如下两个方面工作：

其一，开展前瞻性专题研究。信息技术、大数据等科技创新对社会生活的深度渗入，对于税制选择、税收征管、预算管理、政府间收入划分等都将产生影响。例如，大数据技术可广泛用于税收征管，特别是一些以自然人为征税对象的税种。一些原来投入过高，征税效果不佳的税种，在大数据技术运用之后，税收征管的投入产出比可能会发生改变。信息技术、大数据的广泛采用，也会使预决算公开透明的成本更低、效果更佳。预决算的公开透明，可被用于更多的分析比较，社会监督效果更为突出，也为参与式预算等公共治理创新奠定了技术基础。信息技术、大数据对社会生活的渗透，影响了各类税种收入在区域间的分布，如商品和服务的生产地、购买地、消费地可不一致，这必将影响征管环节的选择、政府间收入划分方式的选择，影响到不同地区能够获取的财政收入。所有这些科技创新对财税体制改革带来的冲击，都需要尽快开展前瞻性专题研究。

其二，在充分论证、试点的基础上，以科技创新为基础推动政府流程和机构再造，提升财税治理的效率。不仅要前瞻性研究科技创新对财税体制制度设计的影响，还应积极适应技术环境的变化，积极推动科技创新应用于财税治理。可在前瞻性研究、论证、试点的基础上，将信息技术充分应用于财税治理的各个环节，推动政府流程再造，提升财税治理的效率和透明度。需要注意的是，政府流程再造，必须配合机构改造、人员整合。“放管服”的权力重新配置和流程再造，必须以人员、机构调整来巩固成果。

（本文原载于经济参考网，2017 年 2 月 8 日）

财税法治体系：理财治国重器

刘剑文　耿　颖*

党的十八届三中全会《中共中央关于全面深化改革若干重大问题的决定》将财政定位为“国家治理的基础和重要支柱”，充分说明财税体制在理财、治国、安邦中始终发挥着基石性和制度性作用。站在这个高度上，党的十八届四中全会《中共中央关于全面推进依法治国若干重大问题的决定》进一步提出依法治国总目标，财税法治在法治国家、法治政府、法治社会全局中无疑居于决定性的地位。

从本质上看，“国家治理体系和治理能力现代化”，也就是国家治理体系和治理能力的法治化。在“理财治国”图景中，财税改革与财税法治紧密衔接、相互配合，共同构成国家治理总目标的两大核心要素。通过从立法、执法、司法、守法四个维度加以构建，并将机构人员、文化思维作为深层保障，能够强有力地推进我国财税法治体系的全面形成和自觉运行，进而有效地增进民生福祉、维护社会公平正义、实现国家长治久安。

一、一体两面：财税改革与财税法治紧密衔接、良性互动

党的十八届四中全会《决定》是新中国成立后中共中央通过的第一个关于加强法治建设的纲领性文件，这是我国依法治国征程上新的历史起点。

综观全文，其中直接提到“财税”及相关语词的次数和篇幅似乎没

* 刘剑文，北京大学法学院教授、博士生导师，中国财税法学研究会会长；耿颖，北京大学财经法研究中心助理研究员。

有党的十八届三中全会《决定》那么多，基于此，有一种观点认为，这说明财税法治在依法治国中的地位不够突出。但我们认为绝非如此，两次全会和相应的两大主题在时间轴上渐次展开、在逻辑链上环环相扣、在侧重面上相互交融，因此，应当将两份《决定》紧密结合起来，打通其内在关联，从一种整体主义的视角来把握它们的内涵意旨，而不宜将两者割裂开、单独分析，更不宜仅仅根据表面上某些词语的出现频率来评判重要性，否则将可能导致视野的狭隘、对本意的误读甚至是方向的迷失。

诚如习近平总书记10月27日在中央全面深化改革领导小组第六次会议上所强调的，前后两个《决定》形成了“姊妹篇”，即“全面深化改革需要法治保障，全面推进依法治国也需要深化改革”。之所以能用“姊妹篇”来形容，表明它们分别代表的“改革”与“法治”间筋脉相连、至为密切。鉴于此，在党的十八届三中全会《决定》和中央政治局随后通过的《深化财税体制改革总体方案》对财税改革做了顶层设计的情况下，党的十八届四中全会《决定》有关法治建设的整体构想以及机制制度的具体建构同样适用于财税改革，从而进一步彰显、强化财税法治的关键地位和重要性。

要言之，财税改革需要财税法治予以保驾护航，优化财税法治体系是深化财税改革的压舱石和最优路径，正如同大鹏之两翼应齐飞、战车之两轮应并进。但在过去很长一段时间里，我国的财税法治建设未能得到充分重视，远远滞后于财税改革的进度，“立法阻碍改革”的观点一度占据主流话语。例如，沪渝两市房产税试点、“半夜鸡叫”上调印花税、1984年和1985年税收立法授权带来的大量税收“暂行条例”等，均采取了改革先行、立法脱节，行政主导、人大缺位的作法。其结果是，由于缺少法治的规范，这一系列财税改革的正当性和合法性颇受质疑，在实践中难以被民众自愿遵行；由于缺少法治的指引，财税改革也容易变得短视、部门利益化，以致陷入困局。

当前，改革进入攻坚期和深水区、社会稳定进入风险期的新形势，财税法治对财税改革乃至经济社会发展的重要性更加突出。具体表现为，首先，财税法治有助于协调各利益主体之间纷繁复杂的关系，使财税改革凝聚起最大共识，保证决策内容的科学性和决策执行的顺畅性；其次，财税法治有助于增强财税决策的稳定性和可预期性，让市场主体在统一规则下公平竞争、自主创新，也让公权力机关在既定规则的限度内行使权力、有所为而有所不为；再次，财税法治有助于廓清、指明和坚定建立现代财政制度的目标，通过财税立法来引领财税改革，使财税改革做到蹄疾步稳、有条不紊。由此足见，推进财税法治是推动财税改革的压舱石，更是建设法治国家的突破口。

尤为值得关注的是，党的十八届四中全会《决定》提出“总目标是建设中国特色社会主义法治体系”、“法律是治国之重器，良法是善治之前提”。从过去常用的“中国特色社会主义法律体系”到“中国特色社会主义法治体系”，以及从“法律”到“良法”、再从“良法”到“善治”的两步走，体现了认识论和方法论上的重大飞跃。换言之，一个完整的财税法治体系不仅需要静态的财税良法，还需要动态的财税法治实施、法治监督和法治保障。而要完成财税法治的系统性建设，应当将“科学立法、严格执法、公正司法、全民守法”相结合，从这四个维度统筹着力，协同推进财税领域的“良法善治”。

二、财税立法：回应时代需求和人民期待，加快法律制定、修改

（一）发挥与财税直接或间接相关的《宪法》条款的统率作用

党的十八届四中全会《决定》指出“坚持依法治国首先要坚持依宪治国”，明确了宪法在包括财税法律在内的法律体系中的“根本大法”地位。考虑到我国现行《宪法》对财税问题关照不足，应当积极推动将财政法定原则、税收法定原则以及中央与地方间财政关系等写进《宪法》，为财税立法和财税改革打牢宪法基础。此外，《宪法》规定的生存权和发展权、平等权、政治参与权等公民基本权利应当统领所有财税法律、指导所有财税改革，“以宪法为根本的活动准则”。例如，个人所得税、房产税等税种法律应保证纳税人的基本生活需要不被征税；再如，应鼓励公众参与和社会监督与纳税人息息相关的财税立法。

（二）大力充实财税基本法律规范，并注重提高、优化法律、法规的质量

虽然时任全国人大常委会委员长吴邦国曾于 2011 年宣布“中国特色

社会主义法律体系已经形成”，但在财税领域其实尚存较大的法律法规缺漏，仅有的几部财税法律也比较粗糙、抽象、可执行性差。

党的十八届四中全会《决定》将“财政税收”列为加强立法的重点领域之一，鉴于此，一方面，在通过《预算法》修改之后，下一阶段应当把财税立法重点投入到政府间财政关系和具体税种上，尽早制定出台《财政收支划分法》和《财政转移支付法》，并且将增值税、消费税、资源税等诸多税种从当前的“条例”或者“暂行条例”逐步上升为单行法律，实现“一税一法”。

另一方面，财税“良法”的打造必须“抓住提高立法质量这个关键”。“不是所有的法都能治国，不是所有的法都能治好国”，只有尽心尽力地把握每一次立法或修法的机会，使财税法律立得住、行得通、真管用、有权威，才能真正发挥财税“良法”引领时代进步的作用。这要求增强财税法律法规内容的可操作性、针对性、精细性、有用性，全面反映客观规律和人民意愿，不断回应改革发展的新需要和新趋势。例如，我们倡导加快增值税、消费税、资源税等主干税种的立法，绝不是指在名称上把现在的“条例”或者“暂行条例”换成“法”，不改变其中的具体条款，而是强调在制定税种法的过程中优化法律规范内容、切实提高法律质量，否则，就只是一种徒具其表的“换汤不换药”、一种“空有数量没有质量”的徒劳之举，不能产生任何实际意义。提高财税法律质量的根本途径，是在财税立法程序上推进科学立法、民主立法，由此兼顾实体合理与程序公正，并用程序正义促进和弥补实体正义。

（三）处理好财税立法与财税改革的关系

党的十八届四中全会《决定》强调，“实现立法和改革决策相衔接，做到重大改革于法有据、立法主动适应改革和经济社会发展需要。”这意味着，一方面，财税立法应先于启动相应的财税改革，对于事前立法的条件实在不成熟的，需采取全国人大及其常委会宣布暂停特定地区或特定时期的某些法律或者严格地一事一授权等方式。例如，在当下的房地产税改革、环境保护税改革、资源税改革等过程中，就应当因循上述思路。另一方面，财税立法应跟紧财税改革进展，改革实践证明行之有效的要及时在法律中确定，不适应改革要求的法律法规则要及时修改或废止，由此保证法律的实时性。例如，我国多地区在预算公开、预算参与等方面的积极尝试和经验在稳定之后，便可以适当的方式纳入法律规范文本。

三、财税执法：以权责法定、执法严明、公开公正、廉洁高效为目标

（一）严格落实财税法律，依法全面履行政府职能

“法律的生命力在于实施，法律的权威也在于实施”。我们要清醒地认识到，财税法律在制定与落实、发挥效果之间还有很大的鸿沟需要跃过。因此，在财税法律设定了诸多职能、权限、程序、责任的基础上，行政执法主体应当遵照“法定职责必须为、法无授权不可为”的原则，恪守法治底线，提供一个公共政府应提供的公共产品，不侵扰市场和社会场域中主体的权利。以专项转移支付为例，新《预算法》首次规定，“市场竞争机制能够有效调节的事项不得设立专项转移支付”、“上级政府在安排专项转移支付时，不得要求下级政府承担配套资金”、“建立健全专项转移支付定期评估和退出机制”，这无疑是重大的立法进步，而只有政府切实履行了这些法定的实体和程序义务，才能使专项转移支付法治化成为现实。

（二）规范、公正、文明地进行财税执法

在财税实践中，所谓“规范执法”，要求财税机关遵守法律规范。例如，税务机关应当依据税法征税，而非依据指标征税；再如，建立权力负面清单制度，划定税务行政许可、行政处罚、行政强制等执法行为的范围。所谓“公正执法”，要求财税机关提高执法的公正性、合理性。例如，建立健全税务行政裁量基准，使税务执法活动有较为统一的标准可循。所谓“文明执法”，则对财税机关改进工作质量提出了要求。例如，加强税务执法信息化建设与信息共享，以提高执法效率，创新纳税服务的理念和方法，向纳税人提供更多、更好的纳税服务。

（三）强化对财税行政权力的规范、制约和监督

党的十八届四中全会《决定》提出，“加强党内监督、人大监督、民

主监督、行政监督、司法监督、审计监督、社会监督、舆论监督制度建设，努力形成科学有效的权力运行制约和监督体系，增强监督合力和实效。”同理，无论是宏观的财政行政权力还是微观的税务行政权力，均需被关进由多重监督构成的“铁笼”里，建立常态化的监督问责机制。而对于其中的人大监督、社会监督、舆论监督等外部监督来说，这些主体发挥监督力量的先要条件便是财税政务的完整、准确、及时公开。正如党的十八届四中全会《决定》明确列举的，“财政预算、公共资源配置”等领域尤应作为政府信息公开的主战场。因此，亟须在保证预算、决算充分公开和被知情的前提下，让人大预算审批、审计机关独立审计、公众参与预算等共同发力，从而织就一张细密的财税行政权力监督网络。

四、财税司法与守法：将法院和纳税人当作亟须强化的两种法治力量

（一）在司法上，完善和健全财税司法，提供多元化纠纷解决机制

“司法公正对社会公正具有重要引领作用，司法不公对社会公正具有致命破坏作用”，这说明司法是撑起法治社会、法治国家的一大支柱。但遗憾的是，我国财税司法制度体系一直不能健全和完善，在一定程度上“拖了”财税法治整体进程的“后腿”。未来财税司法可以从两个方面加强探索：一是放宽税收司法，保障纳税人获得救济、特别是司法救济的权利。对此，税务机关应当扭转“零纠纷”的维稳思维，并借助于修改现行《税收征收管理法》中“双重前置”等阻碍纳税人提起诉讼的法律规定，以及探索设立税务法院、培养税务法官，做到“有案必立、有诉必理，保障当事人诉权”，使纳税人在每一个税案中感受到身边鲜活具体的公平正义。二是试水纳税人诉讼，鼓励纳税人维护涉及财政资金的公共利益。当前，环境公益诉讼、消费者权益诉讼在我国方兴未艾，纳税人诉讼同为公益诉讼的一种类型，是保证公共资金合理、高效使用的有力手段。可以说，税务诉讼侧重于保护财政收入层面的、私法上的财产权，纳税人诉讼侧重于保护财政支出层面的、公法上的财产权，它们一起守护了财税过程的公平正义。

（二）在守法上，加强财税法治教育，培养财税意识及纳税人意识

“法律的权威源自人民的内心拥护和真诚信仰”，同样的，财税法律也应扎根于广大纳税人的心底里，方能成其为全方位的财税法治。具体说，一要培养依法纳税意识。在社会主义市场经济背景下，全民普法的内容不仅包括刑法、民法等传统法律，也包括攸关纳税人经济利益的财税法。根据党的十八届四中全会《决定》确立的国家机关“谁执法谁普法”的普法责任制，应主要由财税机关负责开展财税法治宣传工作，向社会和纳税人普及财税法知识。通过让纳税人明白税收取之于民、用之于民的涵义，建立税收信用体系，增进税务机关与纳税人之间互动、合作的良性关系。二要培养纳税人意识和公共财产意识。法律结构中的权利与义务是相对应的，我们在强调履行义务的纳税意识的同时，自然还要强调行使权利的纳税人意识。财税法律不仅是纳税人的行为准则，也是纳税人的权益保障利器。换言之，纳税人不仅是财税法治的自觉遵守者，也是财税法治的坚定捍卫者。经由守法教育，纳税人的主体意识逐渐觉醒，将愈加积极地参与依法理财活动，进而保证纳税人的钱被国家依法汲取为公共财产，以及纳税人的钱所积聚成的公共财产都被国家用在了刀刃上。

五、深层保障：让财税法治成为理财治国的自觉机制

如果说党的十八届三中全会《决定》和《深化财税体制改革总体方案》从预算管理制度、税收制度、中央和地方政府间财政关系三项内容入手，横向地铺排了财税改革的几块重点区域，那么，党的十八届四中全会《决定》则从立法、执法、司法、守法四个环节施力，纵向地贯穿了财税法治的完整运作过程。其实，在前文所述的“科学立法、严格执法、公正司法、全民守法”十六字方针之外，财税法治建设还具有更深层的保障，包括作为“硬件”的机构、人员和作为“软件”的文化、思维。若能兼备这两个条件，财税法治也就有望成为理财治国的自觉机制。

（一）在机构人员准备上，与现实迫切需要相呼应，设置健全的财税法治机关，并配备专业的财税法治队伍

机构和人员是法治体系建设的物质基础，党的十八届四中全会《决定》中多次提及这个问题，比如立法部分的“依法建立健全专门委员会、工作委员会立法专家顾问制度”“健全向下级人大征询立法意见机制，建立基层立法联系点制度”“探索建立有关国家机关、社会团体、专家学者等对立法中涉及的重大利益调整论证咨询机制”，执法部分的“积极推行政府法律顾问制度，建立政府法制机构人员为主体、吸收专家和律师参加的法律顾问队伍”等。落实到财税领域，有必要探索设立全国人大常委会预算委员会专家顾问、税务机关总法律顾问以及专门的税务法院，增加现有相关机关的人员编制，同时将更多的财税法律专门人才吸纳进财税机关中。

（二）在文化环境塑造上，经由一次次财税法治实践、教育和积累，使法治思维和法治方式牢固地树立在决策者及全体纳税人的心中

法治思维和法治方式，意即基于法治的固有特性和对法治的信念来认识事物、判断是非、解决问题的思维方式和行为方式。财税法治思维和法治方式的隐含逻辑是，财税活动的所有参与者都应遵守法律、诉诸法律、捍卫法律，并逐步培养起法治社会所崇尚的理性、协商、合作、民主、责任等理念。也即，财税立法者、执法者与纳税人都要改变过去对抗、侵权和单极的财税法文化，而善于在法律秩序框架下，平和、理性、建设性地展开对话，当意见不相同时相互妥协、加强合作，以寻求相对最佳、共识最大的解决方案。这种内生性的法治文化融贯于税收征纳、财政收支、财政监管等整个财税过程中，汇聚成财税改革、财税法治建设和社会发展的持续内在动力。

（本文原载于《经济参考报》2014 年 11 月 11 日）

2017：对标全面改革蓝图，啃下财税改革硬骨头

冯俏彬*

李克强总理在2017年的政府工作报告中指出，要“要全面深化各领域改革，加快推进基础性、关键性改革”。财政作为国家治理的基础与重要支柱，历来是我国各次重大改革的突破口和主要抓手，也是今年政府工作报告中明确指出要深化的重点改革之一。

一、推进中央与地方财政事权和支出责任划分改革

根据2016年8月国务院出台的《关于推进中央与地方财政事权和支出责任划分改革的指导意见》（国发［2016］49号），2017年的主要任务是，继2016年制定相关基本公共服务领域改革具体实施方案、选取国防、国家安全、外交、公共安全等基本公共服务领域率先启动财政事权和支出责任划分改革之后，继续在教育、医疗卫生、环境保护、交通运输等基本公共服务领域取得突破性进展。从进展情况看，2017年3月1日公布的《“十三五”推进基本公共服务均等化规划》，将公共教育、劳动就业创业、社会保险、医疗卫生、社会服务、住房保障、公共文化体育、残疾人服务等8大领域列为基本公共服务清单，明确政府承担兜底责任。将这两个文件结合起来看，可以感知到这一关系到广大人民群众切身利益、关系到社会主义市场经济稳定运行的基础制度正在一步步向前推进，而这也奠

* 冯俏彬，国家行政学院经济学部教授、博士生导师。

定了今后一个时期中央地方事权与支出责任改革方面的坚实基础。这将是2017年财税改革中最令人期待的方面。

之所以如此，是因为财政改革是全面深化改革中的“枢纽”性改革，而政府间事权与支出责任划分则是整个财税体制的“灯塔”和“路标”，两者都具有“牵一发而动全身”的作用。理论与实践已清楚表明，事权划分的问题不仅涉及央地职责范围的问题，更是直接关联财政收入的划分、地方税的建设、转移支付体系的数量与结构等一系列地方政府乃至全社会特别关注的重大问题。直言之，事权问题是整个财政体制的“定海神针”，只有事权定了，中央地方收入划分才有据可依；只有事权定了，地方政府才有行动的方向；只有事权定了，全社会才对经济社会发展有明确的预期。有必要指出，前一个时期，财税改革遵循了先易后难的原则，按先预算管理改革、再税制改革、最后中央与地方财政体制的顺序进行。三年来的事实已经证明，这种基于操作策略出发、而将要害问题置后的改革问题很多，正是由于事权这一“纲未举”，诸多财税改革具体事项才“目未张”，即一些子项改革出现了前后不能相继、左右不能策应的问题，以至出现了一些事与愿违的结果。因此，2017年财税改革进入了“啃硬骨头”的时期，一定要将事权划分放到改革之首的位置，切勿知难而退，碰到问题绕着走。

从现实情况看，现在拿出一个各级政府之间的事权清单是有条件的，那就是自2013年以来国务院大力推动的行政审批制度改革中，各级政府已形成了详细、明确的“权力清单”、“责任清单”与“收费清单”。在此基础上，只需略加梳理和整合，一个相对清晰的事权清单完全有望形成。即使做不到全面的事权划分，那些涉及主要基本公共服务且各方面已经形成共识的领域，是完全可以拿出一作清晰、可操作的方案来的。

二、加快制定收入划分总体方案，健全地方收入体系

在形成事权清单的基础上，随之而来的改革就是划分中央与地方收入。随着“营改增”的基本完成，1994年分税制改革建立起来并运行了近20年的地方收入体系，现在已发生了翻天覆地的变化，重构地方财政收入体系已刻不容缓。

研究表明，在“营改增”之后，一个合理的地方收入体系应包括四大部分：

（一）要有来自中央的稳定给付，具体表现为中央转移支付

从根本上讲，增值税作为流动性强、与经济活动联系密切且关系到国内统一市场建设的税种，并不宜实施分享，而应作为完全的中央税。这样做的最大好处，就是切断地方政府在发展经济与取得税收收入之间过于强烈的关联，以促使地方政府形成以提供当地公共产品和公共服务为主的行为模式。这一点在当前化解产能过剩陷于困顿、资源环境压力加大、各方对于政府过多过强干预意见加剧的情况下，尤为重要。放眼未来，制度化、规范化的一般转移支付应当成为地方收入的主体部分，即主要由中央财政根据各地人口数量、辖区面积等一系列因素，用一般转移支付来分配税收，平衡各地财政收支。对此，地方政府最为担心的是收入的稳定性、可及性以及其间协调沟通成本可能过高的问题，解决对策是适时出台规范、公开、约束性强的中央与地方转移支付规定或转移支付法，以从根本上解决这一体制痼疾。

（二）能体现地方努力的地方税体系，如房地产税、资源税、环保税、消费税等

健全的地方收入体系的主体部分是地方税。就房地产税来说，由于我国房地产市场高度分化，现在看来要在全国范围内统一步调地开征房地产税，难度已越来越大。可考虑采用先出台房地产税法，在需要加大调控的城市率先开征，其他城市再陆续跟上的渐进方式，逐渐导入房地产税，慢慢将培育为地方税的主力税种。除了明确地方税的种类之外，还要赋予地方政府必要的税权，允许地方政府根据本地实际情况制定实施细则或具体办法，因地制宜调整税基、税目、税率、减免等，以发挥地方政府就近管理、主动作为的积极性和主动性。

（三）作为合理补充的费和基金

当前我国这方面的问题是税收之外的政府收入部分太多、占比过大，而且管理不够规范。以 2015 年为例，我国以社保、收费、政府性基金

（包括土地出让金）、国有资源（产）收益等为主要形式的非税收入，占到全部政府收入的一半以上，举世罕见。在征收方面，多数情况下法制化程度不高，在使用和管理方面，通常都或多或少地带有“部门财力”的特点，已成为当前全社会难以忍受的“痛点”，必须适时改革。

（四）受到严格规制的地方债和 PPP

就地方税而言，目前资源税、环保税已基本改革到位，消费税改革方案也有望于今年推出，但作为接续营业税成为地方主体税种的房地产税，现在看来还是难以在短期内面世。因此，在考虑健全地方税体系的同时，宜将视角扩展到更加综合、更加现实的地方收入体系上来。特别是要在综合考虑保证地方政府正常履职的前提下，如何加大、规范中央转移支付制度，进一步增加一般转移支付进而与地方自主收入共同形成相关财力保障的问题。否则，在减税降费大潮冲击之下的地方财政，很可能再次面临“巧妇难为无米之炊”的窘境，继而上演各色各样借 PPP 通道隐性负债、甚至一手减税一手收费的不正常现象，进而冲减了整体的改革效应。

三、落实和完善全面推开营改增试点政策

这方面的主要内容是简化增值税税率结构，由四档税率简并至三档。这既是对社会上强烈的“减税降费”诉求的积极回应，也是深化增值税改革的需要。营改增之后，我国增值税的税率共有 17%、13%、11%、6% 四档，过于繁复，影响了增值税“中性”、“良税”效应的充分发挥。从目前的情况看，最有可能的情况是取消 13% 的低税率，将相关的课税对象并入到 11% 这一档中，从而降低生活必需品的税收负担。据有关部门测算，此举可获得 3 500 亿元的减税效果，称得上是政府 2017 年派送的“大红包”。

四、大力实施减税降费，助力供给侧结构性改革

2017 年是供给侧结构性改革的深化之年，减税降费是主题词之一。对此，财税改革今年的工作重点是，除了简并增值税税率以外，还要全面

清理政府性基金、取消35项事业性收费、将享受企业所得税减半征收的小微企业的起征点由30万元调高到50万元、科技型中小企业研发费用加计扣除的比例由50%提高到75%，下调社保缴费比例等，所有这些措施加在一起，累计降负为2 000亿元。值此中国经济下行之际，广大实体经济经营出现困难，政府以大幅度减负的方式“放水养鱼”，符合社会期待。还要看到，在整体降负的同时，以上措施还有助力调整产业结构、支持“大众创新、万众创业”的功效，可收多方功效。当然也要看到，减税、减基金、减社保的背后涉及复杂的部门利益调整，涉及财政支出结构调整，甚至会在一定程度上牵扯出事业单位改革、社会组织改革、行业协会改革等一系列问题，难度也不容小觑。

五、继续深化税收制度改革

对照十八届三中全会“从间接税为主转向直接税为主”、重点改革“六税一法”的蓝图，目前我国税收制度改革仍然处于“半路”上。综合政府工作报告、预决算报告、记者会等相关信息，2017年税改的重点除了深化营改增之外，还将在以下方面有所推进。第一是个人所得税，财政部肖捷部长在记者会上已基本描绘出了改革框架，即实行“分类加综合”的模式，增加税前可抵扣项，子女教育支出、房贷利息支出、养老保险支出等都将逐步纳入可抵扣范围，对于社会各界关心的个税起征点，财政部也表示将建立与物价指数联动的调整机制。第二是消费税，去年已陆续有一些调整内容面世，主要是调整了消费税的课税范围。笔者以为，消费税改革要有整体观，考虑到我国税制变革的基本取向是从间接税为主向直接税为主转化，考虑到增值税的绝对主体地位，消费税宜定位于增值税的辅助与调节税种，在将高耗能、高污染、高消费等“三高”产品纳入征税范围的同时，要考虑将高消费的服务产品纳入，同时考虑到其税种属性，宜将消费税定位为中央和地方共享税。第三是房地产税，希望2017年能出方案，尽快提交全国人大审议，在2020年与现代财政制度建设同步完成。第四是扩大水资源税试点范围、做好开征环保税的准备工作等，也将是2017年税制改革方面的内容之一。

六、深入推进政府预决算公开，倒逼沉淀资金盘活，提高资金使用效率

加强财政资金管理、深化预算制度改革是财政工作永恒的主题。政府工作报告已定调2017年宏观调控是“积极的财政政策”加“稳健的货币政策”。因此财政政策还要加力增效，加大对国有企业改革、化解产能过剩、农业改革等方面的支持力度；与此同时，又要防止赤字和债务负担的过快累积。在今年保持3%的赤字率的前提下，必须转向减压财政支出的轨道，以保证财政收支平衡。在今年的“两会”上，李克强总理多次表示，要以政府过紧日子来换取为社会减税降费的空间，为此中央政府所有非重点、非刚性支出一律下调5%，同时还要求地方政府自动对标，同步调减非重点、非刚性支出。客观地讲，三年多以来，预算管理是整个财税体制改革的亮点，取得了不俗的成绩，比如，“四本预算”已经到位且相互之间的联通性明显增强、预决算公开程度显著提高、“三公经费”明显下降、绩效管理全面推行、中期预算有所起步、政府会计基础变更等，都令各方耳目一新。目前存在的突出问题是沉淀资金为数巨大，既影响经济增长，也影响财政资金的效率，因此通过加强预算管理挖掘财政资金潜力、提高管理效益，同样也是今年财税改革的重要内容之一。

七、加强地方政府性债务管理，有效防范财政风险

自2013年36号文以来，我国已将地方债的管理纳入制度的笼子，建立起了一系列对于地方债务的管理制度。但由于种种原因，近来地方债出现了一些新情况和新问题，需要加以重视。2017年，地方债管理的重点仍然是在扎紧制度的笼子，加强前后两端的管控力度，严防债务风险。在前端，重点加强债务余额、限额管理，从总体上控制债务规模。在后端，强化对于债务风险的监测、预警和应急处置。当然中间还要加强预算管理，做到情况清楚、心中有数。有必要指出，由于我国仍然处于城市化的中期，各类建设需求仍然庞大，2017年保增长的压力仍然存在，因此需

要加大有效投资的力度。因此，在加强债务管理的同时，也需要加大“开前门”的力度，让地方政府正当合理的资金需求有制度性渠道来解决，适度提高债务规模、大力发展 PPP 是大势所趋。

（本文于 2017 年 3 月 13 日完稿）

第二篇

建立全面规范、公开透明的现代预算制度

为提高治理能力与促进治理现代化，从中央到地方的各个层级，亟须围绕公款管理的三条底线法则——预算授权、权责分立和动用监控，建构以预算为中心的国家治理体制。这就需要对预算过程中党政与人大的格局进行再平衡。再平衡的核心是党政主导的决策体制应与预算程序与报告实现无缝对接，并受到人大的有效制约。

加强和改进预决算审查监督的重点

尹中卿*

预算法是财政领域的基本法律，有人称之为“经济宪法”，主要规定国家机关之间财政权力的配置，重点规范中央与地方、人大与政府、政府部门之间的关系。预算制度不仅涉及经济体制，也涉及政治体制、社会体制、文化体制和生态文明体制。

2014 年 8 月 31 日，第十二届全国人大常委会第十次会议通过《全国人民代表大会党务委员会关于修改〈中华人民共和国预算法〉的决定》，并重新颁布修改后的预算法，自 2015 年 1 月 1 日起施行。

法律的生命在于实施。“天下之事，不难于立法，而难于法之必行”。在修改预算法的决定通过之后，2014 年 9 月 21 日、9 月 26 日、10 月 9 日，国务院先后印发了《关于加强地方政府债务管理的意见》《关于深化预算管理制度改革的决定》《关于加强审计工作的意见》。贯彻实施新修改的预算法是各级人大的一项重要任务，结合一法一决定及两意见，当前应重点做好以下八项工作。

一、加强和改进全口径预决算审查监督

党的十八大报告提出加强对政府全口径预算决算的审查和监督，十八届三中全会提出要实施全面规范、公开透明的预算制度。新《预算法》确立“四本账”全口径预算框架，各级人大要依法将政府的收入和支出全部纳入预决算审查监督。

---

* 尹中卿，全国人大财经委副主任委员。

第一，完善一般公共预算。目前主要问题是公共预算不完整，一些部门资金没有全部纳入预算，预算支出范围大于公共预算支出范围，农业、教育、科技等重点支出同财政收支增幅或生产总值挂钩，影响预算整体性。地方公共预算不完整，转移支付、税收返还、补贴收入没有完全纳入预算。要依法明确预算收入的法律性质，将所有政府收入全部列入预算，通过公共预算提供公共服务，保障和改善民生。

第二，规范政府性基金预算。多年以来，政府基金预算仅有总额而没有具体细目，许多规制性收费、准入性收费、集资性收费、补偿性收费、惩罚性收费都是自立规章，自收自支。政府性基金、行政事业性收费、专项收费亟待清理、整合和规范。同时，还要探索把政府所属部门和单位自行组织的服务性和经营性收入纳入预算，或者纳入财政专户管理。目前，地方政府性基金结构不合理，2013 年地方政府性基金本级收入 4.8 万亿元，其中国有土地使用权出让金收入 4.1 万亿元。许多地方土地出让金收支管理粗放。人大要督促将土地出让金收入全额纳入地方政府性基金预算，规范土地出让金收入分期缴纳行为，依法查处违反规定减免或者变相减免土地出让金收入行为，督促土地出让金收入应征尽征。调整和细化土地出让金收支有关科目，明确具体用途，专款专用，加强支出使用监管。加大统筹力度，建立将政府性基金预算中应统筹使用的资金列入一般公共预算的机制。

第三，扩充国有资本经营预算。现在的问题是，国有资本经营预算还不完善，收入范围仅仅涵盖企业国有资本，不包括金融企业国有资本，更不包括其他资产、矿产资源以及特许权经营收入。企业税后利润提取比例也比较小，国有资本收益主要在国有企业内部循环，用于公共财政和社会保障的很少。三中全会提出要“完善国有资本经营预算，提高国有资本收益上缴公共财政比例，2010 年提到 30%，更多用于保障和改善民生”。同时还提出要加强人大“国有资产监督职能”。2014 年预算将央企国有资本收益收取比例提高 5 个百分点，其中烟草企业收取 25%，资源型企业收取 20%，一般竞争型企业收取 15%，军工企业等收取 10%。中央国有资本经营收入 1 400 多亿元，但地方国有资本经营收入只有 500 多亿元，甚至比前两年还有所减少。要依法加大统筹力度，建立将国有资本经营预算资金调入一般公共预算、社会保险基金预算的机制。

第四，探索社会保险基金预算。社会保险基金预算收入主要来自“五险”缴费，也有财政补贴。社会保险缴费虽然不是财政资金，但也是公共资金。2013 年全国社会保险基金收入 3.45 万亿元，支出 2.86 万亿元，本年收支结余 5 800 亿元。目前主要问题是不同地区、不同行业、不同单位之间社会保险基金预算标准不一致，统筹层级不同，相互之间难以接续。社会保险基金由各个地方、部门分头收缴，基金管理、使用、支出和监管标准不一致，影响基金保值、增值，影响基金安全。十八届三中全会提出要“划转部分国有资本充实社会保障基金”，“加强社会保险基金投资管理和监督”。这就要求把社会保险基金依法纳入预算管理，在精算平衡的基础上实现社会保险基金预算的可持续运行。

二、加强和改进地方政府债务管理监督

修改前的《预算法》没有挡住地方政府变相举债的脚步。三中全会提出要建立规范合理的中央和地方政府债务管理及风险预算机制。修改后的预算法初步构建起规范地方政府债务的法律框架。此后，国务院出台《关于加强地方政府性债务管理的意见》，对地方政府举债作出更加具体的规定。各级人大要依法加强和改进地方政府债务管理监督，将地方政府债务纳入法制轨道。

第一，加强对存量债务监管。据国家审计署审计，截至 2013 年 6 月，各级政府债务接近 30 万亿元，其中地方政府性债务接近 18 万亿元。政府债务过快增长，不仅留下居高不下的隐性赤字和债务负担，而且也给金融机构带来风险。各级人大要督促抓紧清理融资平台公司，剥离融资平台公司政府融资职能，稳妥处理存量债务，逐步化解地方政府性债务风险。

第二，建立规范的地方政府举债融资机制。依照修改后的预算法，经国务院批准，省级政府可以适度举借债务；市、县级政府确需举借债务的由省级政府代为举借。实行规模控制，地方政府举债不得突破批准的限额。采取政府债券方式，地方政府不得通过企事业单位等举借。鼓励社会资本通过特许经营等方式，参与城市基础设施等有一定收益的公益性事业投资和运营。

第三，把地方政府债务分类纳入全口径预算管理。地方政府举借债务

必须报本级人大或常委会批准。各级人大要督促地方政府将一般债务收支纳入一般公共预算管理，将专项债务收支纳入政府性基金预算管理，将政府与社会资本合作项目中的财政补贴等支出按性质纳入相应政府预算管理。或有债务确需地方政府或其部门、单位依法承担偿债责任的，偿债资金要纳入相应预算管理。

第四，建立债务风险预警及化解机制。设立政府债务会计，加快编制政府资产负债表，建立政府综合财务报告制度。根据债务率、新增债务率、偿债率、逾期债务率等指标，评估各地区债务风险状况，对债务高风险地区进行风险预警。要督促政府制定应急处置预案，建立对违法违规融资和违规使用政府性债务资金的惩罚机制，加大对地方政府性债务管理的监督检查力度，硬化预算约束，防范道德风险，追究相关人员责任。

三、加强和改进预决算初步审查监督

新修改的《预算法》对预算初步审查制度进行了完善。各级人大要切实按照修改后的预算法的规定，加强和改进预决算初步审查监督。

第一，拓宽初步审查范围。修改前的《预算法》只规定了对预算草案进行初步审查，1999 年全国人大常委会关于加强中央预算审查监督的决定增加了对中央预算调整方案和中央决算草案进行初步审查的规定，2006 年监督法增加了对各级预算调整方案进行初步审查的规定。修改后的预算法规定对预算草案、预算调整方案、决算草案都要进行初步审查。

第二，严格初步审查时间。修改后的《预算法》规定，预算草案应当在人大会议召开 45 日前或者 30 日前，提交人大有关机构进行初步审查；各级预算调整方案和决算草案应当在常委会召开 30 日前，提交人大有关机构进行初步审查。

第三，加强初步审查机构建设。修改后的《预算法》规定，市级以上人大的初步审查，由财政经济委员会或有关专门委员会进行，县级人大由常委会进行。考虑到一些市级人大未设立专门委员会的实际情况，规定市级人大也可以由常委会有关工作机构研究提出意见。为提高审查质量，规定县级人大常委会在进行初步审查时，可以由有关工作机构研究提出意见。

第四，拓宽预决算审查重点。长期以来，我国预决算审查监督主要包括收入、支出和收支平衡三个重点。对收入和支出进行审查，主要是审查是否真实、合理、合法。对收支平衡进行审查，主要是审查收支相抵后是否达到平衡状态，有没有支出大于收入的赤字情况。预算法修改对“审核预算的重点由平衡状态、赤字规模向支出预算和政策拓展”进行了相应规定。各级人大要依法拓展预决算审查监督重点，针对支出预算和政策进行实质性审查，找出政府预算分配中存在的不合理地方，确保预算资金投入到最重要的政策领域，提高预算资金使用效率。

第五，发挥人大代表作用。为发挥人大代表在初步审查中的作用，明确市级以上人大有关机构在进行初步审查或研究提出意见时，应当邀请本级人大代表参加。人大有关专门委员会的初步审查意见和常委会有关工作机构的研究意见，以及政府财政部门对上述意见反馈的处理情况报告，应当印发本级人大代表。县、乡级人大在正式审查预算草案前，应当采用多种形式组织基层人大代表听取选民和社会各界的意见。

四、加强和改进预算执行和决算监督

对预算执行和决算进行监督，确保人大批准的预算得到严肃、严格、合理、有效地执行，是宪法赋予人大的重要职责。各级人大既要敢于监督，又要善于运用修改后的《预算法》规定的各种形式加强监督，着重在真实（正当不正当）、合法（规范不规范）、合理（正确不正确）、有效（值得不值得）方面下功夫，不断增强监督的针对性和实效性，督促财政资金花得规范、花得透明、花到实处、花出效率。

第一，规范预算收支管理。当前重点要解决审批时间与执行时间错位、“先执行、后报批”、随意变更和频繁调整预算等问题，把预算“软约束”变为“硬约束”。要依法加强收入征管，做到应收尽收，严禁采取虚收、空转等方式违规增加收入。要建立人大审议决定重大投资及项目制度，避免行政冲动、盲目决策、盲目投资。要通过视察、调研、专题询问等形式，了解重大项目的建设、资金使用等情况，跟踪资金使用进度，促进重大项目顺利进行。要督促政府建立结转结余资金定期清理机制，加快结转项目的执行，盘活财政存量资金，规范暂付款、暂存款的管理，发挥资金效用。

第二，规范国库资金管理。全面清理整顿财政专户，各地一律不得新设专项支出财政专户，除财政部审核并报国务院批准予以保留的外，其余专户在两年内逐步取消。全面清理已经发生的财政借垫款，应当由预算安排支出的按规定列支，符合制度规定的临时性借垫款及时收回，不符合制度规定的借垫款限期收回。督促各级政府加强对本级国库的管理和监督，依法完善国库现金管理，合理调节国库资金余额。

第三，严格预算调整行为。预算经过人大审查批准之后，就成为具有法律效力的财政收支计划，非经法定程序任何组织和个人不得改变。因特殊情况需要调剂、追加预算，政府应当编制预算调整方案，报请同级人大常委会审查批准。针对预算执行中的资金调剂过于随意、挪用现象严重等问题，各级人大要加强和改进对预算调整的审批监督，及时了解和掌握预算变更情况，严格控制不同预算科目之间的资金调剂，加强对预算调整方案的审查工作，督促政府及其财政部门依法调整预算，增强预算调整的严肃性。

第四，完善决算审批监督。人大作为决算监督的主体，必须参与到决算的全过程，代表人民对预算执行情况进行监督。要依法完善人大决算审查和监督的程序，健全重大预算事件的专项调查或听证制度，充分发挥人大各专门委员会、常委会工作委员会的作用，通过召开专家座谈会、听证会等方式，对所联系部门的决算草案进行审查，报请人大常委会审查批准。

五、加强和改进跨年度预算平衡监督

从20世纪80年代开始，许多发达国家相继采用中期预算框架，实行滚动预算。我国一直实行年度预算体制。新《预算法》规定“建立跨年度预算平衡机制”，对长期以来实行的“量入为出、收支平衡”原则提出了新的要求。各级人大要依法加强和改进跨年度预算平衡角度，推动年度预算与中期预算有机衔接。

第一，实行中期财政规划管理。各级人大要督促政府有关部门研究编制三年滚动财政规划，对未来三年重大财政收支情况进行分析预测，对规划期内一些重大改革、重要政策和重大项目，研究政策目标、运行机制和评价办法。中期财政规划要与国民经济和社会发展规划纲要及国家宏观调控政策相衔接。强化三年滚动财政规划对年度预算的约束。推进部门编制三年滚动规划，加强项目库管理，健全项目预算审核机制，提高财政预算的统筹能力。

第二，改进年度预算控制方式。各级人大要推动一般公共预算审核的重点由平衡状态、赤字规模向支出预算和政策拓展。强化支出预算约束，各级政府向本级人大报告支出预算的同时，要重点报告支出政策内容。预算执行中如需增加或减少预算总支出，必须报经本级人大常委会审查批准。中央国债余额限额根据累计赤字和应对当年短收需发行的债务等因素合理确定，报全国人大或其常委会审批。地方政府一般债务规模纳入限额管理，由国务院确定并报全国人大或常委会批准。

第三，严格超收收入使用。预算超收收入是政府超额完成年初人代会批准的预算收入任务的部分。近些年来，从中央到地方各级政府预算超收收入动辄接近总收入的十分之一，但支出使用却很随意，导致预算约束弱化。政府动用预算超收收入安排支出，虽然没有使年初人代会批准的预算总支出超过总收入，但却部分变更了年初预算。各级人大要加强对预算超收收入安排使用情况的审查和监督。确需当年安排支出的，也应当履行法定程序，及时向人大通报情况，编制超收收入使用方案，报请同级人大常委会批准，未经批准当年不能使用。

第四，建立跨年度预算平衡机制。根据经济形势发展变化和财政政策逆周期调节的需要，依法建立跨年度预算平衡机制。中央一般公共预算执行中如出现超收，超收收入用于冲减赤字、补充预算稳定调节基金；如出现短收，通过调入预算稳定调节基金、削减支出或增列赤字并在国债余额限额内发债平衡。地方一般公共预算执行中如出现超收，用于化解政府债务或补充预算稳定调节基金；如出现短收，通过调入预算稳定调节基金或其他预算资金、削减支出实现平衡。市、县级政府通过申请上级政府临时救助实现平衡，并在下一年度预算中归还。

六、加强和改进预决算公开透明监督

公开透明是现代财政制度的基本特征。财政预算收入来源于公民纳税，税收上来之后如何支出、如何使用，政府花了多少钱、办了什么事，应该让老百姓知晓。各级人大要依法积极稳妥推进预算公开透明，促进预决算信息公开常态化、规范化和法治化。

第一，完善细化预决算公开内容。预决算信息包括管理体制、分配政策、编制程序，以及收支安排、预算执行、预算调整、决算等。除涉密信息外，政府预决算支出全部细化公开到功能分类的项级科目，专项转移支付预决算按项目、按地区公开。扩大部门预决算公开范围，除涉密信息外，中央和地方所有使用财政资金的部门均应公开本部门预决算。细化部门预决算公开内容，逐步将部门预决算公开到基本支出和项目支出。按经济分类公开政府预决算和部门预决算。

第二，推动全过程公开。依法督促预算公开，从预算编制到执行、调整、决算以及最后的审计，所有的内容全部公开。不仅推进预算、预算调整、决算等情况公开，也要推进部门预算、决算、报表公开。

第三，做好公布后整改监督工作。预决算公开不是技术问题，而是敢不敢公开、愿不愿意接受人民监督的问题。对存在问题和疑问，各级人大要定期组织人大代表和公民的询问，刨根问底，释疑解惑。对典型案件，还可通过新闻媒体曝光，形成舆论压力。要按照统筹协调、分层次、分步骤原则，推动依法有序公开，做好公布后整改工作，健全长效机制，促进预决算公开常态化、规范化和法治化。

七、加强和改进预决算绩效监督

预决算绩效监督就是运用科学、规范的绩效评价方法，按照统一的评价标准，对财政预算过程及其效果进行客观、公正和科学的衡量比较与综合评判。预算法修改对预决算绩效监督进行了原则规定。各级人大要高度重视预决算绩效问题，不仅要从合法、合规、合理方面，更要从效率、效益、效果方面，切实加强对预算执行情况和决算的监督，让用钱受监督，使花钱不容易，确保财政资金安全、规范、及时拨付和合理、有效地有效使用。

第一，加快预算绩效管理改革。各级人大要全面推进预算绩效管理工作，把绩效管理的理念和方法贯穿于财政资金监管的全过程，强化支出责任和效率意识，逐步将绩效管理范围覆盖各级预算单位和所有财政资金，将绩效评价重点由项目支出拓展到部门整体支出和政策、制度、管理等方面，加强绩效评价结果应用，将评价结果作为调整支出结构、完善财政政策和科学安排预算的重要依据。

第二，推进预算支出绩效考评。各级人大要不断完善绩效管理和考核办法，扩大绩效评价覆盖面，注重绩效评价结果反馈和应用。要不断完善绩效管理和考核办法，监督政府及其有关部门认真落实预算安排、预算调整确定的各项重点支出，对评审中发现的问题，要及时提出改进意见和措施，追踪问效，提高财政资金的使用效益。

第三，推动财政资金优化配置。各级人大要进一步推进财政科学化、精细化管理，优化转移支付结构，提高专项转移支付资金使用效率。要充分发挥财政资金的引导作用，统筹社会资金和财政资金的使用，引导社会资金参与公共事业、公益事业，政府应花尽量少的钱、办尽量多的实事，向公众提供更多更好的公共服务。

八、加强和改进预决算问责监督

长期以来，我们主要依靠党纪政纪约束预算行为，罕有实质性惩罚。实践证明，缺乏严格有效的问责和法律责任，预算法就像没有牙齿的老虎，产生不了什么作用。修改后的《预算法》增加了法律责任规定，加大对违法行为的追究和惩罚力度，为预决算问责监督提供了法律依据。

第一，强化预决算审计监督。审计监督是保证预决算健康运行的有效监督形式，使用财政资金的部门和单位都要接受审计。各级人大要支持审计机关依法履行职责，善于借助审计监督手段，运用审计成果来强化预决算问责监督。委托审计机关对政府预决算报告先行审计，提供审计意见，作为人大审查批准的重要依据，提高人大预决算监督质量。组织审计机关对预算执行情况、重点项目、重点资金和重点领域进行审计，推动被审计单位和部门落实审计决定。依法听取审议审计发现问题整改情况的报告，加强预决算跟踪问责监督。

第二，受理违法检举控告。预算法修订探索开放公益诉讼，依照修改后的《预算法》第九十一条增加的规定，公民、法人或者其他组织发现有违反预算法的行为，可以依法向有关国家机关进行检举、控告。接受检举、控告的国家机关应当依法进行处理，并为检举人、控告人保密。任何单位或者个人不得压制和打击报复检举人、控告人。人大不仅应该接受公民、法人或者其他组织的检举、控告并进行处理，同时还要督促其他有关国家机关接受检举、控告并进行处理。

第三，督促查处违法行为。依照修改后的《预算法》规定，如果政府及有关部门、单位违反预算法规定，各级人大要责令政府及有关部门、单位改正，督促政府监察机关、有关部门给予责任单位、责任机关相应的经济制裁，依法追究负有直接责任的主管人员、其他直接责任人员的政治责任、行政责任和法律责任，给予责任人员警告、记过、降级、引咎辞职、撤职罢免或者开除处分。加强对预算违法行为的司法审查，情节严重构成犯罪的，还要督促司法机关依法追究刑事责任。

（本文原载于《中国人大》2015年第1期）

加强人大对政府全口径预决算的审查和监督

吴晓灵*

财政是国家治理的基础和重要支柱，依法加强对各级财政预算决算的审查监督，是国家治理体系和治理能力现代化的重要内容，亦是稳步推进中国民主法治建设的重要途径。强化对政府全口径预算决算的审查监督，要充分发挥各级人大和社会公众的作用，推进中国社会民主法治的进程。

党的十八届五中全会提出了“十三五”改革的建议，同时强调了理念的改革和制度的建设。要想实现“十三五”规划，离不开财政政策和金融政策的配合，只有比较好的财政制度和财政政策，才能够更好地发挥政府在经济发展中的引领作用。因为财政是国家治理的基础和重要支柱，依法加强对各级财政预算决算的审查监督是国家治理体系和治理能力现代化的重要内容，亦是稳步推进中国民主法制建设的重要途径。

一、政府全口径预决算的审查

财政收支反映了政府的行政理念与方式，关系到经济发展的方方面面，与居民生活息息相关。依法加强对各级财政预算决算的审查监督，会促进政府的公开透明，在财政支出的效绩评估中促进责任政府的建设。

2015 年是新《预算法》实施的第一年，新《预算法》在法律层面明确了全口径预算的内涵，确立了政府全部收入和支出都应当纳入预算，支

* 吴晓灵，全国人大财经委副主任委员，清华大学五道口金融学院院长。

出必须以经批准的预算为依据，未列入预算的不得支出。这就是说，没有预算政府不得动钱。而过去政府花钱是很随意的，想起来就列个项目，想起来就花钱，这是在预算中过去做得非常不好的方面。新《预算法》确定了一个原则，非有预算不得支出，而且今后的财政预算不是说总想着收多少钱，过去重收入轻支出，今后的预算重点是约束预算支出，这才是加强监督最重要的内容。

从形式上看，将政府预算分为一般公共预算、政府性基金预算、国有资本经营预算和社会保险基金预算，建立了全口径的预算体系，规范了预算编制、审核、执行、调整的原则和程序。全国人大和各省市人大为履行宪法赋予对政府预算审查监督的职能，一直不间断地改进预算审查监督的方式方法，促进预算编制的科学性和完整性。

第十一届全国人大每年审议政府预算时，都向政府提出改进预算编制的时间要求、对预算精细程度的要求以及政府预算涵盖的范围。我是十一届全国人大财经委的组成人员。上一届财经委从 2008 年开始到 2012 年，每一年财政预算的审议报告都对政府今后预算的内容和精细程度做出实践性要求，我也深切地感受到了政府越来越重视人大对于政府工作提出的各项建议。每个季度我们财经委都会有对经济形势进行分析，尽管我们在当季度的分析建议是不可能对政府的经济政策产生影响的，但每一次财经委的经济分析报告都会把每一个委员的发言全文送到国务院，国务院对于人大的意见还是很重视的，对于预算提出来的建议也在努力改进和落实。在预算的精细度上，2008 年提出来要在 2009 年实现重点支出编到款，如果交通运输是一个大类的话，交通运输中的公路基本就是“款”了。我们在 2011 年的时候要求中央本级的资本预算重点细化到“项”。什么叫“项”？运输的“款”是公路，公路的“项”是什么？是新建公路还是修公路、修桥。我们还希望到“目”，就是希望明确修哪条路。而现在预算经常是拼一个“大数”，然后各个部门分钱，就产生了“跑部钱进”，就有了寻租的空间。因而把预算做精做细是非常重要的。我们对财政预算提出了全覆盖，2008 年提出要在 2011 年把非税收入纳入预算管理。2012 年提出要将地方土地出让收入支出情况向全国人大报告，把过去预算外的收入都纳入了。在 2009 年提出 2010 年要向全国人大提交政府性基金的收支预算，在 2011 年提出在 2012 年向全国人大提交全国国有资本经营预算，

2012 年提出 2013 年向全国人大正式提交全国社会保险基金预算，于是到 2013 年为止，全口径预算就全部建立起来了。

二、人大对政府预算提出的要求

人大对政府提出来的预算精细化和全口径的要求都得到了政府积极有效的落实，这就促进了新的预算体制的建立。在新《预算法》通过之后，人大对政府预算提出的要求是预算编制有目标，预算执行有监控，预算完成有评价，评价结果有反馈，反馈结果有应用。就是说，我们今后花钱，你花什么钱要提出目标来，要说明花钱达到什么目标，目标有没有达到要进行评估，评估的结果，如果做得好，下一个年度的预算可以多加，如果做得不好，下一个年度的预算应该缩减。我想这是一个有效的约束政府预算的机制。

2015 年新《预算法》实行之后，第十二届全国人大在 2015 年预算审查时就教育资金效绩情况、涉农资金管理和整合情况、节能环保资金管理情况、科技资金平台建设情况和整合情况、社会保险基金预算执行情况进行重点审议。这些方面都是我们现在预算比较混乱的地方，九龙治水，资金使用分散，效率不高。人大在做预算审查时，预算编制部门要来汇报，相关的专业委员会听会，还请了地方人大的代表，还有资金使用受益方代表来审议预算，这是一个民主的过程。

有些直辖市将预算效绩目标随部门预算提交市人代会，供代表审查预算时参考，市级项目支出前要进行效绩评估工作，并围绕大额专项资金进行专题询问。要花的钱要达到什么样的目标，必须事先和人大代表说一说，在动钱之前要进行评估，最后还要组织专题新闻会，对这些重大资金使用的效果是否达到了原来所提到的目标做出评估。这都是非常好的实践。李克强总理在河南省当书记的时候，焦作市做了预算的改革。焦作市在市级财政能够支配的预算范围之内，在全社会对下一个年度的所有要办的事情由大家提出来，然后社会上进行评议，评议之后对重大项目进行排序，根据资金量和排序程度的匹配做预算。这是民主编制预算、科学编制预算的过程。

三、政府全口径预算的监督

在人大七年的工作实践让我认识到，我们如果能够很好地完善全国人大制度，特别是依照宪法来完善人大所应该履行的职责，对于中国推进民主法制建设有决定性的作用。如果没有代表全国人民的人民代表大会通过的各项决议，这个国家就难以正确地执政。如果这样一个理念能够得以树立，而且得以真正落实，全国人民当家做主的制度就真正落实了。所以，要充分发挥各级人大和社会公众对政府预算的审查监督，推进中国社会民主法治的进程。

首先，要提高预算精细度，加强预算、决算和预算调整的监督。这可以有效防止腐败，提高资金使用效率。

这其中，专项转移支付比重过高和预算中代编资金金额“大”是每年预算审查中经常提到的问题。专项转移支付比重高，就会影响地方支配和统筹安排资金的能力。预算当中代编资金的金额大，实际就加大了代编预算单位的自由裁量权，我经常举一个例子，我们给交通部批一个公路预算计划，要是到了款的话是多大，2010 年是 2 800 亿元，就是说一审出去以后 2 800 亿元指标的分配权就给到了交通部。再往下怎么办？这时候就都是部门的裁量权了，这样一种安排是会滋生很多“跑部钱进”中的腐败的。因而，克服这两个问题，首先要尽快建立事权与财权相匹配的财政制度，减少专项转移支付，调动中央和地方两个积极性。一方政府应该有其科学的事权划分和财权支撑。但是我们现在讲的是财力，不是讲财权。我们今后在财税改革时是把钱都收到中央来，由中央转移下去，还是划分适度的财税税种，作为财权赋予地方？我想这是今后财税改革中应该考虑的一个重要问题。如果有了好的事权和财权划分，就能够更好地调动中央和地方两个积极性来建设我们的国家。30 多年的改革，如果没有地方政府的积极探索，也没有中国今天的改革形势。

其次，着力建立项目库，要让项目等钱是预算改进的方向。如何减少代编预算？我们现在的代编预算基本都是项目预算，现在经常是把预算批出来了，有钱了大家来报项目，于是项目论证不充分，缺乏科学性。另一方面，在号召大家报项目的过程中容易产生腐败，大家申请钱的时候容易产生腐败。我们国家是一个有计划特性的国家，“十三五”规划做出了五年的规划，我们其实应该按照五年规划来制定年度投资规划，制订滚动的投资计划。在这个过程中应该尽早建立项目库，把项目都充分论证好了以后，像焦作那样，拿项目来跟钱匹配，有多少钱干多少事情，但是这些事情是有轻重缓急的，要拣紧事行。我们做了“十三五”规划，我们有发展远景，但是要量力而行，就是把我们想做的事情都要一一排队，进行充分论证，让项目来等钱，而不是拿到了钱再去找项目，那样的话肯定使用效果非常不好。我们 2015 年最大的痛苦是中央下拨钱很快，但是到了地方花不出去，项目的论证和筹备等前期工作没有做好。

最后，改进人大工作程序，改善人大常委会的组成结构，提高政府预算审查监督质量。预算编制和审查是非常专业和细致的工作，靠全国人民代表大会一两天的审查，靠预算工作委员会和财经委一两个月的初审很难达到预想的效果。要改进预算草案的审查工作程序，发挥各专门委员相关专家的作用，提前介入预算草案审查。我们审预算时，全国人大常委会有一个工作委员会，就是预算工委，全国人大有一个专门委员会，就是财经委员会。预工委从每年 12 月开始就和财政部在不断沟通次年的财政预算，财经委在随后的 1 月会介入当中，但是这种时间跟国外预算审查基本要半年到 10 个月的时间相比是相差很远的。所以，我们应该延长时间，提倡做预算，另外也应该发挥除了预工委和财经委之外其他各个专门委员会的作用。

应该发挥人大常委会的作用，在每年 12 月的人大常委会上对预算草案进行集中审查。现在预算报告到了全国人大会，已经做到了精细化，近两年都是几千页的预算报告，人大代表根本没有时间消化掉。预工委和财政部做了很大努力，用图表的形式对预算方案做了解读，但即使这样，两天的时间让代表们提出意见是非常难的，几乎是不可能的。人大常委会的委员法定人数是 175 人，这些人都是各方面的专家，用一周的时间让这些专家集中审查预算的话，可能效果要比在全国人民代表大会上审查一两天的时间好得多，所以我建议应该在每年 12 月的人大常委会上对预算草案进行集中审查。因为 12 月的人大常委会是 12 月的最后一周。

根据会议议题延长常委会会期，比如审议预算草案时，比如一些重要法律案审议时。现在人大立法立的很多，立法审议一般是三审通过，但是有一些重要的、有争议的观点应该在人大常委会进行辩论听证，让人大常委会委员们能够在辩论中明辨是非，做出取舍。因为常委会会期要延长，就要适当调整委员会的人员构成，专职委员应该达到80%～90%，以提高常委会工作质量，增加人大常委会委员与政府机构人员的交换力度。要有专职委员，因为专职委员有年龄限制。如果专职委员年轻化的话，希望能够加强专职委员和政府工作人员的交换力度。增加全国人大专门委员会和常委会工作机构的人员编制，提高专委会和常委会的工作质量。

四、发挥社会力量加强对政府预决算的审查和监督

政府预算草案和决算草案审议通过后已全部向社会公开，但社会跟踪分析研究不够。人大有关机构要聘请相关专家跟踪研究，社会科研机构要跟踪研究，第三方评估机构提出改进意见。应该发挥社会力量对这些预算草案进行深入评判，以改进下一个年度的预算。

把权力关在制度的笼子里，这是我们改革的方向。我们的立法其实是两个宗旨：一是约束公权力；二是保证公民的私权利。我们如何把政府的权力关在笼子里，预算就是一个非常好的笼子。强化对政府全口径预算决算的审查监督，既要发挥人大的作用，也要发挥社会的作用，这是理性、平稳地推进中国民主法治进程的可行途径。

（本文根据作者在中国经济体制改革研究会2015年年会上的发言整理，已经作者审阅）

公款管理底线下的预算制度与人大体制改革

王雍君*

为提高治理能力与促进治理现代化，中国亟须从中央到地方的各个层级上，围绕公款管理的三条底线法则——预算授权、权责分立和动用监控，深度推进以预算为中心的国家治理体制建设，并致力激发与强化人大在其中的三项独特作用：限制权力、防治腐败和决策纠错。

一、近期改革：需要强化什么？

预算制度与人大体制紧密相连。我们无法撇开人大体制改革谈论预算制度改革，反过来也一样。人大体制改革的主要目标和方向，宜锁定为在公款管理中发挥积极、独特而重大作用，工作重心逐步向财政事务靠拢，预算程序与报告也将日益成为其履行四大天职——代表、授权、问责与监督——的主要舞台。另一方面，人大的充分履责也有助于形成预算中心的治理体制，推动治理体制改革走上正轨。

预算制度与人大体制改革之所以必须紧扣“公款管理”这一主题，是因为：中国的公款规模已经十分庞大——2015 年四本预算的支出总额超过经济总量的 1/3；公款管理是治理的基石——治理的要义是花费公款解决公共问题；治理难题和挑战日益集中于公款管理；包括公共资产在内的广义公款管理攸关全体人民的核心利益、国家治理能力和执政合法性；

* 王雍君，中央财经大学公共财政研究院教授、博士生导师，中央财经大学政府预算研究中心主任。

预算制度——包括预算程序与预算报告两个主要方面——是为公款管理和国家治理量身定制的关键程序与机制；公款管理、因而治理的质量也高度依赖预算制度和人大体制的质量。

本文所称的“人大体制”，系指在公款管理中用以约束和引导人大代表履行四大天职的制度安排。其中，“代表”指人大应采纳纳税人（出资人）立场，在公款管理中切实代表或表达纳税人的意志和利益；“授权”指代表纳税人意志与利益授予政府拿钱和花钱的权力，以此作为政府合法财政权威的法定来源；“问责”指人大在授予政府财政权力的同时也一并授予其财政责任，并定期评估和督促官员履行合规与绩效责任；“监督”指追踪与监控官员所作所为是否逾越授权。代表、授权、问责与监督，共同构成人大为中心的财政民主的四个核心元素。财政民主至少与党内民主同等重要，并且是走向人民民主和社会民主的理想起点。

为深度改革预算制度与人大体制，使其能够为治理作出独特且重要贡献，为公款管理确立三条底线并以此引领改革至关紧要。当代中国的治理改革，意义为最深远者，莫过于底线式治理改革，这类改革带来的利益最为确切，尽管也最易被忽视，如同人体健康那样：最重要的并非“进补”，而是防治疾病。就个体命运而言，最重要的并非寻求正确与幸福，而是防范错误与不幸。对于文明社会和走上正轨的改革而言，最重要的并非奔向天堂，而是避免下地狱。至少就预算制度与人大体制而言，当代中国最需要确立这种底线式改革思维。

确立公款管理的三条底线法则至关紧要：预算授权、权责分立和动用监控。每条底线都对预算制度和人大体制改革具有重要意义。

二、预算中心的治理：综合集成治理

基于解决公共问题的方法之不同，治理分为两类基本模式：碎片化治理（授人以鱼度一日）和集成式治理（授人以渔度终生）。自从经济改革后至今，从中央到地方的各个层次上，中国依然习惯于传统的碎片式治理，依赖五大法宝：设机构、开会、发文、盖章和玩发票。但这样做不能达成民意、政策与资源操作三大治理要素的综合集成，也就是把民意系统地转换为政府政策、将政府政策系统地转换为资源操作（获取和使用公款），因而越来越无法解决日益麻烦、复杂和棘手的当代治理问题。

有效治理的全部精华都集中在“综合集成”上。当代军事领域发生的革命，足以让我们感受到“综合集成”的强有力趋势和巨大威力。单项武器再先进，只要没有起码的综合集成，包括硬件与软件的集成，也包括海陆空天军的集成，还包括4S意义上的集成，几乎没有胜算的机会，特别是面对强敌和复杂环境时。

西方经常批评中国的政治体制，许多国人对中国的政治体制也不看好。其实，这是看错了地方。决定国家、民族和社会集体命运的，主要不是政治体制，而是特定政治体制下的治理安排：一套约束与引导公共决策的程序和机制。所以，没有必要把焦点放在政治体制改革上——尽管这些改革十分必要并且极其重要。以此视之，比政治体制改革更紧要的是深度改革治理安排——核心是与公款和公共资产密切相关、以预算制度为主轴、联结几乎所有治理角色和利益相关者的公共决策程序与机制，这是唯一最有希望达成综合集成治理的程序与机制。

当务之急，宜以预算为中心的综合集成式治理取代以“五大法宝”为中心的碎片式治理。麻烦、复杂和棘手问题的解决，首先必须是预算的解决；预算程序与机制难以解决的治理难题，“五大法宝”更加难以解决。“五大法宝”依然有其必要，但只应在非常有限的范围和程度上使用，并且只应作为预算中心治理体制的补充。唯有切实地推动这项滞后已久的改革，治理体制改革才会走上正轨，与发达国家在治理体制上的巨大落差才会逐步缩小。

“预算中心的国家治理”以责任建设和能力建设为支柱，涵盖以下四个要点：

（1）预算必须被理解为将民意转换为公共政策、将公共政策转换为资源操作的综合集成式治理体制，必须被当作最基本、最正式和最频繁的国家治理程序与机制。

（2）这一治理体制以“党政决策、人大制约”为基本特征，两者相辅相成、不可或缺。

（3）所有需要花费公共资源推动的公共政策，原则上须在法定预算程序与报告中制定与贯彻，脱离预算程序与报告机制制定与贯彻政策的作为（比如政府担保与税收优惠）须控制在最低程度上，并建立适当的、不低于预算治理的特定治理安排——包括信息披露与问责机制。

(4)“五大法宝”必须从属、支持，而非削弱、更不能取代以法定预算程序与预算报告为中心的治理体制。

简而言之，以预算为中心的国家治理，要求党委—政府—人大等主要治理角色，必须紧密围绕预算程序和报告机制运转；以五大法宝为基础的“我行我素”（比如随时出台政策措施）、“一事一议”的碎片化治理，应节制到最低程度；脱离预算程序和报告机制的自上而下的发号施令、自下而上听令行事的作为也是如此。

对于控制“决策折腾”（政绩工程和政策多变之类）、权力滥用和腐败而言，对于提高治理质量与治理绩效而言，对于弥补与发达国家的治理差距而言，没有其他任何“改革”，比推进预算中心治理体制改革来得更为紧要。与其他国家不同，中国采取“全国一盘棋式的举国体制”。举国体制有其巨大优势（主要是决策速度与效率），但也有其巨大劣势：伴随权力过度集中和“一刀切”而来的决策“失误”、腐败和权力滥用的高风险。没有预算中心的国家治理体制建设，治理领域中的三大高风险将极难被有效控制。

建构预算中心的治理体制，须对预算过程中“党政强势、人大弱势”的格局进行再平衡。再平衡的核心命题是：党政主导的决策体制应与预算程序与报告实现无缝对接，而且必须受到人大的有效制约。

三、公款管理的三条底线不可逾越

公款管理是民主治理的特定且极为核心的方面，也是人大体制和预算制度的首要功能。民主治理要求清晰有力地依次确认公款管理的以下三条底线，以此作为建构与改革预算制度与人大体制的基石。

(1) 法定预算授权：政府既不能从公民和企业那里拿走任何钱财，也不得实施任何支出，除非得到代表公民的立法机关正式和明确的批准。

(2) 财政权责分配：为防范代表人滥用权力，公民通过其代表授予政府财政权力的同时，也一并将财政责任授予政府，形成以责任制约权力的安排；而且，被授予的财政权力与责任须作适当的横向与纵向分配，形成以权力制约权力的安排，以避免权力与责任的过度集中引发或加剧代理问题。

(3) 公款动用监控：公款动用须处于立法机关的有效监控之下。公款动用指公款从国库流向供应商或收款人的过程。

以上三条底线对于引导公共预算、财政管理、财政政策与公共财务对关紧要，也是达成良治的基本原则、显著标志和最重要的前提条件，同时也是激活《宪法》以及将人大体制打造为限制权力滥用、防治腐败和决策纠错的中流砥柱的关键所在。然而，现行预算制度与人大体制——特指联结公款管理的代表、授权、问责和监督的制度安排——在很大程度上偏离了这些底线，这是导致人大在预算过程被边缘化、难以依托预算程序与报告发挥三大关键作用的根本原因。三大关键作用分别是：制约权力、控制腐败和决策纠错。

在等级式、碎片化和命令—控制导到的治理体制下，党政部门滥用权力、设租寻租（腐败）和决策“失误”的风险之所以长期居高不下，究其根本原因，在于历次改革中均未明确提出公款管理的底线、并围绕这些底线深度改革预算制度与人大体制。在真实世界中，党政部门在公款领域中拥有的自由裁量权之大之广，远远超出其合理限度，以至权力滥用、腐败和决策“失误”的高风险成为治理体制的顽疾。

可以设想，如果连作为国家最高权力机关、立法机关、审议机关和问责机关的人大，都难以对党政部门的三大高风险有所节制，那么，还有谁有能力去节制呢？在这种情况下，又如何能够提高国家治理能力、促进国家治理体系的现代化呢？

围绕公款管理推进预算制度与人大体制改革，根本目的在于激发预算制度和人大体制在国家治理中的独特和重要作用。接下来，本文将依次围绕三条底线法则，提出深度改革预算制度和人大体制的关键建议。

四、法定预算授权（底线Ⅰ）下的预算与人大改革

人大审查和批准预算的过程，无论在观念上还是在实务上，都必须被看作法定预算授权的过程，即授予政府财政权力、并约束和引导政府对财政权力负责的过程。作为公款管理第一底线的法定预算授权，正是中国在治理领域最为缺失的思想，至今如此。财税改革以及相关的其他改革之所

以难以走上正轨，究其深层根源，正在于对法定预算授权缺乏基本认知和实践。

法定预算授权实际上根植于《宪法》中。除了“人民共和国”和执政党的领导地位外，与财政权力有关的最重要的规定有三：（1）人民主权（一切权力属于人民）；（2）全国人大为国家最高权力机关；（3）预算（以及决算）须经人大批准。这就是约束和引导正确改革的最重大的三个起点。正确的改革逻辑，只有在承认和尊重这三大起点上才能形成。

既然一切权力属于人民，那么在逻辑上必须承认和尊重：政府原本没有任何合法权力；只是因为人民通过其代表机关（也是最高权力机关）——人大——的授予，才拥有了合法权力，而且这些合法权力仅限于被授予的那些权力。这些权力最为重要的是财政权力：向公民和企业拿钱（包括征税和举债等）与花钱（开支公款）的权力。

在法定预算授权的底线法则下，预算制度与人大体制改革的核心命题是：致力提高法定预算授权的质量。这一似小实大的举措在历次改革中均被严重低看、漏看甚至错看。人们很少意识到，作为权力机关、审议机关、立法机关和问责机关的人大对政府的高质量预算授权，在民主治理背景下，全然属于意义非同寻常的事情：实践与激活《宪法》的最佳切入点，政治民主与法治[①]的显著标志，为人大中心的政府问责制（一府两院对人大负责）奠定坚实基础，改进公共支出质量（财政纪律、支出配置和运营绩效）进而提升治理质量的关键一环。

旨在提高预算授权质量的主要改革建议有：

（一）充实负责预决算审查监督的人大代表数量

目前中央和地方负责预决算审查监督的人大代表数量普遍不足，基层尤其严重，有些地方甚至只有数人、甚至一人。加上审查时间过于短促和其他原因，导致许多预决算事项在没有得到起码审查的情况，得以表决通过。许多地方的人大，至今没有对部门预算进行单独审查，尽管部门预算制度已经实行16年了，更不用说保证审查质量。

---

① 正是法定预算授权使预算报告得以成为公款管理的权威性法律文件，从而消除了税法与预算法在“时间有效性”方面的不一致。据此，税法本身的存在，无论是否为良法，都不表明政府获得了无时间限制的自动征税权——除非得到立法机关通过法定预算授权表达许可（包括征税许可）。

（二）重构预算日程表并保证人大至少提前4个月审查预算草案

多数国家的议会审查预算草案的时间在4个月以上，美国国会更是长达8个月。新《预算法》规定全国人大提前1.5个月，地方人大提前1个月。这个时间表过于仓促，不足以保证高质量的预算审查。随着预决算规模越来越大、审查监督越来越专业化与复杂化，大幅延长实有必要。应着手考虑建构长周期的预算日程表，确保行政部门至少提前半年准备预算草案——美国联邦政府提前18个月，人大至少应在“两会前”4个月审查预算草案。

（三）大幅拓展预决算审查范围

基于第一底线，所有与政府存在公款往来的实体均应作为财政实体，其相关活动均应纳入人大预决算审查的范围。这些实体涉及国有企业、事业单位、国有资产管理公司、投资公司、政府性基金、国有金融机构以及政府控制并受其资助的其他实体（如投融资平台）。非税收入（包括公园门票和停车费收入等不胜枚举）——即使缺乏法律基础——亦无例外。资产出租、出售和处置收入——比如土地出让金——应单独审查，并且不应当作“收入”、而应当作“弥补赤字的来源”加以审查。这些数额不菲的来源在会计和预算上长期被当作“收入”对待，严重粉饰了真实财务状况。

纳入审查的预算文件的范围应大幅扩大，尤其应包括资产负债表、收入费用表和现金流量表。如同人大审查预算申请一样，行政部门向人大申请预算也是民主治理中非同寻常的大事，最基本的要求是充分陈述理由，否则将要承受被拒绝账单的风险。只要人大缺失可操作的拒绝账单的法定权力，人大就无力真正节制主要来自党政部门的权力滥用、腐败和决策“失误”的高风险。而账单不被拒绝的三项基本要求是：借助范围广泛、数量充分的预算文件，包括作为预算文件附件的文件——量化的“财政风险报表”和“准财政活动报表”最重要，清晰表达“可信（目标）”、“可靠（措施）”、“相关（目标与措施间的关连）”。如果预算文件展现的只是“理想”与“决心”，或者只是陈述“需要这么多”而非理由的陈述非常不充分，人大拒绝批准账单（不表达许可）不仅非常自然，而且实有必要。

在中央到地方的各个层级上，目前依然缺失对“准财政活动”缺乏起码的报告与审查程序与机制。这意味着“税收优惠”、“贷款担保”和“国有企业与金融机构”——准财政活动的三个主要领域——的治理安排，全然没有纳入法定预算程序与报告机制中，纳税人对此几乎一无所知，尽管他们承担这些活动的主要后果。准财政活动指政府或政府控制的实体与机构从事的、产生隐形公款流动、取代正式支出政策、但通常未在预算程序与报告中呈现的活动。国有金融机构的外汇买入价与购进价、实际利率与市场利率的差额，国有企业提供的产品与服务的实际价格与市场价格的差值，都是典型的准财政活动，如果仔细估算，规模大得惊人。税收优惠和贷款担保也是如此。

全面审查还要求采用总额申报而非净值申报。举例：假设某市来年交通罚款总额为 1 000 万元，其中 300 万元留成给执罚部门，700 万元上缴国库。即使如此，在部门预算文件中，必须申报 1 000 万元，而非抵减留成的净值 700 万元。

（四）为人大量身定制专业化的培训战略

为彻底终结“外行审内行”的局面，从中央到地方，应以强化专业理性为战略目标、围绕系统提升履行“四大天职”的能力，精心制定和实施的培训战略，作为“人大能力建设战略”的关键一环。专业理性由“专业知识（技能）”、“实践经验”和“组织能力”三组成，专业知识最重要、也最欠缺。对中国前途和命运影响最大者，莫过于公仆群体，他们长期最为欠缺的就是专业知识，而人大代表这个群体尤其明显。

与党政官员有所不同，人大培训应侧重强化“代表”、“授权”、“问责”和“监督”四大天职展开。四大天职的履责能力都高度依赖四大通晓：通晓会计（包括财务报告）、通晓预算、通晓绩效管理、通晓战略与政策。这些专业知识与技能的欠缺，对预算授权质量、乃至整体履职质量的负面影响甚大。

（五）建立专业委员会的预决算审查机制

在预决算事务复杂性、专业性、重要性日益提高的背景下，保障预算授权质量要求借鉴国际经验，在人大内部建立专业委员会运作机制。

首要的是创设支出审查的专业委员会机制。可参照新《预算法》规定的14个一级功能类科目，即一般公共服务支出、外交、公共安全、国防支出、农业、环境保护、教育、科技、文化、卫生、体育、社会保障、就业、其他支出，设置相应的支出审查专业委员会。地方无须设置国防和外交两个委员会。另外还需单独设立收入、公共资产、政府债务和转移支付四个专业审查委员会。每个专业委员会都应保证有足够数量的专业人员，并建立常态化的机制以确保“充分接触社会”，包括广泛利用社会力量与资源开展相关工作。

（六）为人大全程监控预算授权创建技术平台

即使法定预算授权的质量得到保证，还有一个根本性问题需要面对：人大必须具备怎样的技术能力，才能有效监控预算授权的执行——“预算执行”的本质含义，从而避免沦为“纸面授权”的尴尬境地？

两类技术平台因而极为紧要：（1）能够完整连续呈现“预算执行”画面的预算会计系统——基于支出周期的、真正意义上的预算会计；（2）包含“预算执行”各个阶段关键信息在内、并与其他相关治理方——主要指党政部门——互联互通的信息系统。

虽然现代通讯与信息技术及其应用已相当成熟，但各级人大实时获取和利用相关信息以保障履责的能力依然十分有限，预算授权尤其明显。全程、逐笔、实时控制公款流动最具价值与意义，国际上早已成熟的政府预算技术与方法，在历次政府会计改革中都未提上日程，至今如此。直接后果是：包括人大、审计和财政等对公款监控负有直接和特殊责任的治理角色而言，技术能力严重不足。开发权责基础会计与财务报告的努力，近年来虽已提上日程，依然无法代替预算会计的独特功能。目前的“预算会计”有名无实，不足以提供全程、逐笔和实时监控公款流动的起码技术条件。

（七）分离授权与拨款并由人大全权负责

预算授权概念只是表达“特定时间内在何处最多可拿和花多少钱”，但并不表达“特定时间内允许从国库拨出多少资金”——预算拨款的功能。授权与拨款功能相辅相成但界限分明。为切实提高预算授权的质量，分离预算授权并由人大全权负责实有其必要。可以想象，如同授权一样，拨款既不可能、也不必要包办万象，但人大对大类（一级功能分类）的掌控不可或缺。没有大类拨款的掌控，人大的法定预算授权功能很容易落空。这也是美国国会分离并全权掌控授权与拨款的基本原因。要想切实强化与改进人大的地位与作用，中国可以从中吸取其合理内核（不是照搬）。

人大全权掌控授权与拨款，也意味着“财政部门批复预算”的概念需予澄清：“批复”实质上包括了“拨款决定”的含义，而这明显地属于立法机关的功能。这些功能应从财政部门剥离出来，直接划归人大。财政部门的“预算批复”，应限定为将人大的“拨款决定”通知给预算单位。拨款决定指决定谁可以在特定时间内从国库得到多少拨款。将这项权力划归行政部门明显不当。

在既不能掌管“拨款决定”、也无“全程监控预算执行”的情况下，人大名义上享有的法定权力——预算授权，不可避免地变异为“数字预算上的游戏”，使以人大为中心的财政民主治理始终不能走上正轨。与党内民主和人民民主不同，以人大为中心的财政民主定义为：人大采纳彻底的纳税人（出资人）立场，在预算程序与报告中表达并行使“代表”、“授权”、“问责”和“监督”的制度安排与实践。

（八）法定预算授权扩展到全部公共资产的管理

法定预算授权遵从的《宪法》与逻辑起点非常明确：国家的一切权力归属人民——不属于党政机关，自然包括公款与公共资产的终极所有权。既然如此，党政机关获取、占用、使用与处置公共资源的合法权力，必须来自代表公民的权力机关、立法机关、审议机关和问责机关的授予，不得偏离“向人大报告、经人大审批”的程序。

然而，有关国有资产管理的大量法规和文件，一直采取了行政部门自行授权管理的做法，明显背离了人大法定授权的底线，殊为不当，应严肃矫正。在最根本的治理原则上，公款与国有资产应完全统一到“人大授权”的轨道上。这是因为，两者的终极所有权完全相同——属于全体人民，人大而非行政部门，才是代表民意和出资人（或终极所有者）最为适当的国家机关。

（九）确立预算授权的最高规制地位并分清“财务与非财务法案”

涉及公款的党政作为虽然受制于许多规制，但最高规制必须法定预算授权，理由清晰有力：无论目的和意愿如何，没有出资人（人民）通过其代表的正式（程序正式）且明确（内容与理由明确有力）许可，没有人能够从公民和企业拿走钱财和开支公款，这是专制与民主治理在财政和政治事务上的底线界限，也是人治与法治的底线界限。

因此，预算授权的法定地位高于税法、也高于规定法定支出的部门法律——《教育法》、《农业法》等。即使政府所有途径的财政来源都源自税法，即使所有的税法都为良法，政府仍然没有权力征税——除非人大通过法定预算程序表达许可：法定预算授权。没有对其最高规制地位的认知、确立和遵从，预算制度与人大体制也就无法对限制权力、防治腐败和决策纠错发挥关键性作用。

我们必须要弄清一个最基本的法理：财务法案（“管钱”的法律）与非财务法律（“管事”的法律）须充分区分开来；具体地讲，即“管钱的法律（《预算法》）不管事”、“管事的法律（部门法律）不管钱”。目前的法定支出总额高达一般公共预算的约一半，“管事又管钱”的法律法规清单很少，它们与《预算法》的冲突由来已久、日趋加剧，在实践中产生了大量混乱与负面后果，但至今仍不了了之。新《预算法》对此未置一词。

法定支出连同范围广泛、高度碎片化的专款专用——包括专款转移支付，共同将法定预算程序矮化和变异为“计算程序”：在准备和审查预算的阶段，需要做的几乎只是“计算”在别处早已决定好的地方花钱，而非制定、实施、评估和审计公共决策的程序与机制。这种对法定预算程序和人大预算授权约束的脱离，在实践中极为普遍而严重，为党政官员滥用权力、寻租设租和决策“失误”提供了肥田沃土。

（十）增强预算文件的标准化、通俗化与权威性

在运转正常的治理体制下，预算报告须被当作政府最重要的政策文件——用以系统阐明特定期间政府寻求的、联结民意与资源安排的政策

(目标、重点和措施),但首先须被作为立法机关对政府进行预算授权的权威性法律文件,因此亦应被当作最重要、最基本、最正式的问责文件——授权必问责。不能被问责的预算授权是没有实质意义的预算授权,不能被问责的预算文件也是如此。预算文件还须被当作计划(plan)和规划(programs)管理以及支持民主参与的重要文件。

更一般地讲,有效的、综合集成的和民主治理,要求将预算程序和报告能够充分发挥四大功能:作为控制工具(基于法定预算授权)、政策工具、管理工具和民主工具(公民参政议政)。这些功能乃是支持人大四大天职——代表、授权、问责和监督——的前提,因而也是支持人大体制三个核心功能——限制权力滥用、防治腐败和决策纠错——的基石。

预算报告作为权威性法律文件、政策文件、管理文件和问责文件的地位与作用,在实践中长期被普遍和严重低看、漏看与错看。预算程序的情形与此类似。认知上的偏差与肤浅,加上举国体制固有的人治色彩,直接导致"预算程序和报告的现代化"长期未能提上改革日程,间接导致对"五大法宝"的碎片式治理的严重依赖,以至现行预算程序与报告机制的六大具体问题长期得不到解决:(1)预算前预事、定事不足——事不定死则钱不定死;(2)预算缺乏精细、过于笼统,给变通预造成过大空间;(3)超收收入缺乏真正的管理;(4)预算执行乏力、缺失刚性;(5)人大监督太软;(6)监督人员不专业。其他还包括"重决算、轻预算"的本末倒置现象十分普遍。

预算程序与报告机制的缺陷,反过来诱发和强化了脱离预算的决策体制,即依赖"五大法宝"和"专款专用"制订与贯彻政策的体制。两者长期不被当作预算程序的组成部分运作,形成典型的"非预算决策":在预算程序之外预先被决定,预算程序作为"计算"程序,计算出"谁花多少钱",然后写到预算报告中去,以至在决策体制中被高度边缘化和形式化——连同人大体制,全然不能体现"最基本、最正式和最频繁集体决策程序与机制"的正确定位。

专款专用——尤其是"法定支出"、专项转移支付和政府性基金——的泛滥,正是预算程序被边缘化、狭隘利益压倒普遍利益的直接产物。实践证明,专款专用只是在非常狭隘、需要满足严格条件(成本收益清晰且直接对称)才是适当的。很少有人看清近年兴起的政府性产业(投资或创新）基金的中长期负面后果：制造的问题比要解决的问题多得多，特别是弱化预算程序和进一步加剧“国进民退”（压缩民营经济空间与活力）。此类“改革”制造的问题比要解决的问题多得多，长期而言更是如此。

在预算程序能够正常运转的情况下，非预算决算应被限制到最低程度；既然预算程序不能正常运转，尤其是无法达成基于国家战略与政府政策优先性的财政资源配置，那么，正确的做法是改革预算程序，而不是任其边缘化与形式化的同时另起炉灶——依赖“五大法宝”和专款专用来制定和贯彻政策。此类作为的荒谬，一如“泼澡水、连孩子也泼掉”。

预算报告是预算程序的直接产物。在深度改革预算程序的同时，推进预算报告的现代化——覆盖标准化、通俗化和权威性，有助于从根本上解决上述问题。这些努力应涵盖报告制式、内容和披露机制三个主要方面，每个方面均应充分反映预算文件作为公款管理最重要的法律文件、政策文件和问责文件的定位，以此相对照，当前预算报告的质量远不能令人满意，改进潜力巨大且意义深远。

（十一）充分辩论、两读机制与分次表决

“两会”期间人大对预算报告作分次表决实有必要，至少四本预算——一般公共、社会保险、政府性基金和国有资本预算——应分次表决。进一步的考虑还应包括资本支出（形成资产的支出）预算和运营预算（支出不形成资产）的分次表决。

表决前亦有必要两读：财政部长受政府委托向人大代表两次重复宣读即将表决的预算报告全文或至少主要部分。

宣读和表决前，人大代表亦应有足够的时间作充分辩论，以及广泛征求选民和社会各界的意见与建议。至少就财政事务而言，各级人大的辩论机制应常态化和日常化，并采用专业委员会机制。正常而频繁的预算辩论对于民主治理的内在价值与意义，决不应被低估。与党政机关或行政事业单位文山会海形成鲜明对照的是：中国各级人大召开的会议太少了，这是人大的主要工作机制——“审查”与“辩论”——不正常的显著标志，对改进党委领导和政府治理亦有害无益。

与20年前不同，随着财政上的贫困政府迅速转变为富裕政府——四

本预算支出总量早就超过了全国经济总量的1/3，随着政府职能与财政事务的复杂性与专业化程度日益提高，听令行事、缺乏足够“审议修批监”能力的人大体制，对国有和公共利益的负面影响越来越大，后果越来越严重：权力滥用、腐败和决策“失误”的高频率高风险即为明证。

（十二）“两会”期间的政府工作报告合并到预决算报告中

政府工作报告本来就很适合在预决算报告中陈述，在“两会”期间作“平行报告”的意义和价值无多。脱离“政府工作”的预决算报告，很难理喻，国际上也甚为罕见。两者的合一，有助于强化法定预算授权的基础和质量。

（十三）以法律与法律细节明确规定人大工作机制和权力清单

《决定》中规定的改进人大工作机制的作为，包括座谈、听证、评估、公布法律草案、询问、质询、特定问题调查、备案审查，以及政府出台政策前向人大报告，应作为法定要求融入人大预决算审查程序与机制中，包括明确写进预算法实施条例（目前尚未颁布）。分次表决、预算辩论和两读制亦应如此。目前这些程序层面的法律强制相当欠缺，尤其在法律细节方面。

党委、政府与人大“三驾马车”的财政预算权责清单在边界方面，同样留下了不少灰色地带，导致人大权责在很大程度上变异为“纸面权责”：可以谈论但很难当真的权责。结果，实践中的人大体制与预算制度的命运，包括能否正常运作，主要取决于党政领导而非法律的意愿与意愿，这是治理体制中人治远远压倒法治的显著标志，与法治国家理念与实践背道而驰。就公共财政领域而言，法治国家的底线是：不论良法劣法，公款管理首先得有足够数量的法律、特别是法律细节，用约束与引导权力与责任边界。这是当代中国亟需恶补的一课。时至今日，与公款管理相关的法律与法律细节，依然严重不足。

（十四）澄清“批准预算”的真实含义

在中国特定语境下，批准预算通常指“两会”期间人大代表表决“通过”政府的预算报告。民主治理的语境下，批准预算的特定含义是

“授权”和“授责”：立法机关代表作为出资人的公民，授予政府拿钱和花钱的合法权力；为防范权力滥用，在授予权力的同时也一并将责任授予政府，形成以责任制约权力的安排。“一府两院对人大负责”，从这个角度理解和建构最为适当。

然而，真正紧要的问题有五：（1）什么需要被批准？（2）倘若未被批准意味着什么？（3）批准的标志或依据是什么？（4）对既承事实的“批准”意义何在？（5）对决算的批准是否有意义？

这些都没有现成答案。对三个问题的适当理解应该是：（1）举凡需要花的公款（获取与开支）和由其资助的“事项”，包括机构设置、政策、政策执行的基本单元——规划（如“儿童保健规划”）与活动（如“注射儿童疫苗”），须经批准；（2）未被批准意味着所有预算单位（尤旨党政机关）不得从事此类作为；（3）批准的主要标是人大制定的关于预算审查与批准的《决议》，其实质重要性一直被严重漏看、低看和偏看，质量和标准化问题也极少受到关注；（4）对既成事实的批准，并非真正的“批准”，有意义的“批准”必须是事前正式明确表达许可，而非事后的追认或备案；（5）对决算报告的“批准”没有实质意义，其准确含义应理解为“预算执行与预算授权间偏差”的事后确认。

以上最紧要的含义是：未经人大通过法定预算程序上事前、正式和明确表达许可的公款与事项，党政不得作为。以此观之，新《预算法》对预算表决前（近3个月）“可以开支”的范围之规定过于宽松，缺失了“批准”的实质含义。应考虑在预算法实施条例中作两项紧要的调整：（1）“不允许的支出”的有哪些？（2）“允许支出”的上限是什么——比如不得超过上年同期平均数？

“批准”的准确含义未被澄清，在其他方面也带来了许多问题。其综合后果是：将法定预算授权和人大角色边缘化与形式化，导致党政机关的自由裁量权远远超出合理范围。预算制度与和人大体制在限制权力滥用、防范腐败和决策纠错的独特作用，之所以长期被压抑，与此密切相关。

（十五）纠正认知偏差

与预算授权密切相关的话语包括“四审制”和“退居二线”的提法，从一个侧面反映出对预算与人大的认知偏差。四审制指部门预算的“财政一审、政府二审、党委三审、人大终审”，这确有必要，但问题在于：将内审（前三审）与人大终审并列起来，无形中矮化和扭曲了外部审查。来自出资人代表的权力机关、立法机关、审议机关和问责机关的外部审查，无论就性质还是地位与作用而言，全然无法与“自己审自己”的内部审查相提并论。此外，预算只有首先得到人大的审查与批准，之后才能被执行，这意味着人大代表在守护纳税人钱袋子——限制权力滥用、防范腐败和政策纠错——的崇高职责中，处于前沿阵地（第一道防火墙）的位置，在观念上应明确为“进居一线”才对，怎可描述为“退居二线”？

一并需要的还有：在公共官员与国民中强化“敬畏公款”、“敬畏预算”和“敬畏预算授权”的观念与意识。没有这些基本观念与意识革命，中国迈向民主和法治国家的进程将充满艰难与不确定性。

（十六）致力推进人大的“代表性、专业化与职业化”

从根本上讲，提高法定授权的质量，主要依赖旨在系统强化人大体制三大支柱——代表性、专业化与职业化——建设。只要在这些基础方面没有实质进展，甚至缺失基本认知和足够的政治意愿，就很难设想能够系统持续地提升法定预算授权的质量。对于促进良治（核心是问责）和改进公共支出质量（治理能力的关键方面）而言，改进预算授权质量至关紧要，对于发掘人大在限制权力、防治腐败和决策纠错中的独特作用也是如此。

五、权责分立（底线Ⅱ）下的预算与人大改革

法定预算授权的可靠性和质量，高度依赖两个前提：权责分立和动用监控，即公款管理的第二和第三条底线。其中，权责分立涵盖横向和纵向两个维度，合理分立的目的不是“分立”，而是有效分工协调以及制约权力——包括以权力制约权力和以责任制约权力两个基本范式，两者都不是西方的专利。滥用权力的高风险从来就是一切治理困境的总根源，尤其是腐败和决策“失误”。以下仅就权责的横向分立提出改革建议，也是理论与实践中问题甚多但甚少受到关注的方面，相对于备受关注的纵向分立——政府间财权、事权、支出责任划分，更是如此。

（一）扩展人大的财政权力清单并强化可实施性

我国《宪法》和相关法律赋予人大的财政权力应尽快落实。至少在公共财政（覆盖全部公款与公共资产）领域，人大应完整地享有作为国家权力机关、立法机关和审议机关的相关权力，特别是：

（1）知情权——有权实时免费获取履责所需的所有财政预算信息。

（2）问责权——有权认定并追究背离法定预算授权的行为与责任人（包括党政机关）。

（3）审计权——有权委派独立审计机关审计政府财政财务活动并向其报告和负责。

（4）预算修订与部分否决权——预算修订案以及预算审查决议具有与法定预算授权同等的法律地位。

（5）独立预算权——人大的预算应由特定法律保障其独立性以使其免受行政裁量的影响。

（6）分离并全权负责预算授权与预算拨款功能。

（7）程序强制权——有权强制预算单位遵从法定预算申报与调整程序。

（8）财政信息的强制披露——强制所有财政实体依据《财政透明度法》（目前尚无）等相关法律向社会公开披露。

至少就公共财政领域而言，“党人不分”（党委与人大的功能不分、党委代替或弱化人大功能）与党政不分的危害一样大。以上权力清单有助于改变这一局面，但只有依托法律与法律细节的支撑，才会真正有效，可以考虑在新《预算法》的实施条例中，明确规定这些特定权力和实施机制。

虽然没有标准答案，但党委、政府、人大间合理分配权责的大思路十分清晰：（1）党委负责“做正确的事”——代表执政党确定大政方针、战略优先性和政府政策重点；（2）政府负责“正确地做事”——制定与实施最适当的政策措施与工具（核心是公共规划）以达成预定方向与目标；（3）人大负责“负责任地做事”——通过制度化和常态化的“审议修批监”行使最紧要的权力：涵盖合规性和绩效的问责权。

（二）平衡法定责任与政治—管理责任

世上最困难的事，莫过于责任——担责和问责，公款管理更是如此。人大有责无权、党政有权无责的现象，本质上都是责任问题：人大的问责和党政的担责问题。

其中最为明显的一个是：法定责任、政治责任与管理责任间的平衡。公款管理中有两类主要的治理角色：政治家与管理者，前者就公共政策与服务交付向公众负责——政治受托责任；后者就政治家设定的目标担负执行责任，称为管理受托责任。另外，政治家与管理者都对相关法律负有责任——称为法律受托责任。

三类责任都源自委托代理关系。所不同的是，对于政治家（对应党委和人大）和管理者（行政部门）而言，如果被授予的是法律受托责任，那么就不能要求他们对遵从这些相关法律带来的负面后果负责，因为这些责任属于典型的不可控责任（必须依法办事）；政治受托责任和管理受托责任则全然不同，二者属于可控责任。不言而喻，法定责任越强，政治与管理责任就越弱，应该并且可被问责的空间越小。

这就是中国当前在公共财政领域遭遇的困境：《农业法》、《教育法》等部门法律和其他相关法律法规相当武断地规定了大量"法定支出"，连同其他高度碎片化的专款专用的支出——专项转移支付与政府性基金，共同形成了法定责任远远压倒政治与管理责任的格局：一种将财政问责制（政府问责制的核心成分）压缩到极不合理程度的格局。在此格局下，政治家和管理者的合规性责任相对而言过于强势，绩效责任（要求适当的管理裁量）则过于弱势。

后果是：没有人真正对公款管理的三个层次的绩效担责。三个层次对应三级预算：宏观预算即财政总量（收入、支出、赤字与债务），聚焦财政可持续性；中观预算聚焦支出配置，即是否充分反映战略优先性与政策重点；微观预算聚焦支出使用是否满足3E概念表达的运营绩效——经济性、效率与有效性。绩效问责的悬空削弱了人大问责的能力。"负责"远非向人大作报告那么简单肤浅。只要不可被追责，"负责"就无意义。

在此方向上的改革，应致力于消除法定支出以及将其他专款专用的支出控制在最低限度，从而大大拓展政治与管理责任的空间。迄今为止，这方面的改革成果十分有限。

要使预算过程的法律、政治与法律责任不至于落空，确立人大主导的财政问责机制极为紧要，其实际运作包括5个步骤：（1）人大定期或不定期组织财政事务听证会；（2）受人大委托的审计机构就特定财政事务进行审计并向人大提交审计报告；（3）责任部门的责任人就特定问题向人大作出解释；（4）人大提出整改意见与建议。最最紧要的是：需要赋予人大就财政事务“要求解释”和“实施惩罚”的独立权力。没有常态化的解释机制和惩罚机制，财政问责制必定落空。在某种意义上现状正是如此。

（三）强化预算程序集中化和财政部门的日程安排权

预算程序的集中化之所以特别重要，主要是因为分散化的预算程序不可避免地带来脆弱性，从而无力达成理想财政成果的三个层次：财政纪律、优先性配置和运营绩效。预算程序集中化的重中之重，在于赋予财政部门足够的日程安排权，以使其能够在人大法定预算授权的框架内，集中行使支出控制、支出配置和运营管理（投入组合、科目流用与结余管理）的职责；与分散模式相比，集中模式对于达成三个层次的财政成果具有无与伦比的优势。

如果环境合适（尤指很强的合规性和硬预算约束），运营层面的管理权（主要包括决定投入组合和结余留用的权力）应适当下放给部门与机构，以促进营运绩效。支出配置（打酱油和买醋各花多少）的权力，总体上应集中于核心部门（党政高层包括财政部门），尽管少量例外可以理解。宏观预算的权力则应实行完全的集中化管理。满足这些条件的预算程序即为集中化的预算程序。

与许多发展中国家一样，中国长期采用高度分散化（碎片化）的预算程序，导致预算程序的脆弱性，包括准备（行政部门准备预算）、预算审查（立法机关审查预算）、预算执行（行政部门执行预算）以及事后的预算评估与审计。

当务之急，应将预算过程的日程安排权集中于财政部门，以此形成集中性预算程序，作为消除预算程序碎片化和脆弱性的主要措施。具体地讲，目前高度分散于各部门的支出管理权（对应三级预算），原则上全部移交给财政部门集中行使，形成“部门管事不管钱”的权责分立格局。“部门管事”指集中精力在部门职责内制定、实施和执行政策，尤其是建立和监管公共服务的最低标准，监测和督促相关绩效目标的进度。

进一步的改革措施还应包括：预算与政策之间、预算与支出管理之间、预算与会计之间、预算与国库现金管理之间以及资本支出（形成资产）与营运性支出（不形成资产）间的功能整合与机构整合。多年来形成的“发改委定政策、财政部编预算、部门管理支出”的高度分散化与碎片化的治理难题，应通过整合从根本上加以解决。

（四）采用自上而下方法启动预算准备程序

除了强化财政部门的日程安排权和集成整合外，预算程序的集中化还要求放弃自下而上方法启动的部门预算准备程序（所谓“一上”），并以自上而下方法启动的预算准备程序取而代之，后者强调在预算准备的早期阶段（预算草案编制前），即由财政部门公布严格的预算限额。

当前方法下，支出部门与下属机构在缺失明确的政策导向和预算限额的情况下，几近武断地作预算编制与申报，而财政部门也在缺乏起码信息的前提下武断地进行削减。这一过程充满了过度的讨价还价和机会主义行为，典型地属于缺乏实质意义的作为。2015 年国发 3 号文（关于中期财政规划）颁布实施以后，这一方法的缺陷和不适应性更加暴露无遗。

（五）建立高规格和权威性的部门间协调机制

预算程序与报告机制的正常运转要求频繁有效的高层协调，“分管体制”更是如此。与多数国家相比，中国在从中央到地方的各个层次上，都有着更为发达的“分管体制”（各管各的不管别的），但却严重缺失至关紧要的高规格、常态化的权威性横向与纵向协调机制，成为碎片化和脆弱性的深层根源。

这种格局，在公共预算与支出管理上表现得尤其明显，后果也更加负面。若不尽快解决，即使花再多的钱、即使政府有再多的钱可花，原本可以妥善解决的麻烦、复杂而棘手的治理问题，也变得长期难以解决，有些甚至日益恶化。

（六）分清财政部门与支出机构间的财政权责

目前具有同等紧迫性的还有财政部门与预算单位（支出部门与机构）间的财政权责划分。新《预算法》提供的框架很不充分，留下很多“死角”和模糊地带，在实践中引发诸多问题。

综合多个因素，包括借鉴国际经验，预算执行（始于人大批准预算终于公款从国库流向供应商账户）过程中，财政部门的核心职责应界定为两项：“预算执行控制”和“关注政策实施”。前者大致包括七项具体职责，a. 管理资金释放系统——涉及预算授权与拨款约束与引导下的季度预算实施计划与月度现金计划；b. 准备年度财务计划（中期财政规划）；c. 监督现金流出（从国库流向供应商）；d. 准备年内预算修订；e. 管理中心支付系统和监督政府及部门的银行账目；f. 管理薪金系统；g. 会计账目与财务报告。

关注政策实施主要涵盖三项具体职责：（1）独立评估规划或与支出部门一同评估；（2）鉴别政策修订是否适当；（3）在立法机关授权框架内向政府高层提出重新分配资源的建议。

支出部门的核心职责概括为两大关注：“关注预算事务的行政管理”和“关注政策实施”，后者与财政部门相似，但具体职责不同。前者涵盖八项具体职责：（1）向下属单位分配资金；（2）做出承诺（签订合同、发出订单等引发支出义务的决定）；（3）购买与采购商品和服务；（4）核实商品与服务交付(“支出义务”转化为“应计支出”)；（5）准备支付申请以及在非集中性支付系统中办理支付；（6）准备预算执行进度报告；（7）监督绩效指标；（8）保持会计账目与财务记录。

与财政部门有所不同，支出部门“关注政策实施”有以下两项具体职责：a. 定期评估相关规划（programs）的实施、鉴别问题以及采取适当措施，b. 在预算确立的政策框架下重新分配部门内部资源。在任何情况下，支出部门均应就这些职责行使与财政部门保持充分沟通。

中国现行体制下还涉及一个特定问题：支付责任如何在财政部门（财政国库支付中心）与支出部门间作适当划分？支付差错（包括时间、金额、方式、收款人和科目等）属于谁的责任？财政支付中心未能审核出虚假票据导致错误支付的责任属于谁？这些在实践中纠缠不清的问题，至少未被澄清。我的答案是：两者都有责任；支出部门承担“核实责任”，财政支出中心承担“审核责任”。

理解预算执行过程的专业术语“核实”很重要，它有两重含义：(1) 核实供应商的商品与服务被正确无误（与合同、订单等规定一致）地交付，由此形成对供应商的运营性债务——理应在预算会计中记录为“应计支出”（目前全无记录）；(2) 付款前的会计人员内部审核，旨在确保收款人、付款科目和付款金额金正确无误。核实责任典型地属于支出部门与机构，财政部门不应卷入此类活动。但因为财政国库支付中心承担了“票据核实”的附带责任，所以出现任何审核差错，不可能被免责。大致界限：支付责任以支出部门与机构为主，国库支付中心为辅。

（七）与政府现金管理相关的金融服务应全部移交央行国库

财政部门与央行间围绕“国库经理制”与“国库代理制”之争由来已久，至今尚未完全平息。新《预算法》虽然延续了“人民银行经理国库”的表述，但并未真正解决实质问题：在中国，央行作为政府的直属部门（行政级别与财政部门相同）和担负“经理国库”之职的金融机构，其财政权责的边界划在哪里？

借鉴国际经验并结合中国的实际，答案其实并不复杂：与国库现金管理相关的金融服务，包括公款支付——财政存款从央行国库流向供应商账户过程，包括办理正常支付所必需的相关信息，应完整地划归央行国库。央行国库并非全然没有“财政监督”的职能，但这一职能仅限于作为国库“出纳机关”或正确地提供与现金管理相关的金融服务，不包括何时、向谁、在何科目下支付多少金额的款项——这些明显地属于财政部门的职责。更一般地讲，财政事务的政策方面划归财政部门，现金管理中的收入入库和资金拨付典型地属于非政策事务——由央行通过 TSA（国库单一账户）集中运作最为妥当，效率最高并且风险最低。

本来很清晰的这些边界，主要由于财政部门设置“财政国库支付中心”取代央行的管理服务而变得混乱了。

首先，政府现金管理的三个核心模块——现金流入（从缴款人账户到达央行国库的过程）、现金流出（从央行国库账户到达收款人或供应商账户）和剩余现金余额（超出安全支付所需的政府财政存款）投资，典型地属于最适合央行负责提供的“金融服务”，而且技术能力和经验十分成熟的央行完全可以更好地提供这些服务——将政府（财政部门）视为其客户并收取相关费用（实践中很少收费），并且通过国库单一账户（TSA）可以最优地完成这些服务，财政部门（代表政府）需要的只是：

（1）“发布指令”——指令央行国库在正确的时间确保正确的金额到达正确的地点。

（2）“配合”——包括向央行国库提供正确收付款项所必须的信息，一如商业银行向普通（非政府）客户提供金融服务亦需提供相关信息。

（3）“监管”相关的政府银行账户以及现金流入流出这些账户的过程。

日前机构与权责安排已经严重偏离正确轨道：财政部门通过自己设置与控制财政国库机构，直接选择商业银行来提供本应由央行承担的现金管理服务，包括收款业务与付款业务，这与国库体制改革的战略目标背道而驰。该目标是：通过 TSA（政府开设于央行并持有的唯一财政存款账户）实现现金余额的集中化管理：从缴款人账户直达 TSA 以及从 TSA 直达收款人账户。

对“两个直达”的系统背离，使得政府现金余额的集中化管理无法实现，而现金余额的集中化，正是任何良好的政府现金管理系统绝对不可或缺的前提条件，对于有效调配与监控政府现金流极端紧要；对于支持货币政策与财政政策协调以及管理政府债务，同样如此。与国库改革的其他方面相比，推进 TSA 基础上的现金余额集中化（核心是“两个直达”）带来的利益最为确切。

在此视角下，就财政权责横向分配的特定领域——政府现金管理——而言，亟需推进且最具价值的的改革，莫过于将目前由财政部门越俎代庖的相关金融服务，全然移交给央行国库办理，财政部门的职责限于“发布指令”、“配合”和“监督”，如此才能真正达成“两个直达”为基础、TSA 为核心的政府现金余额集中化。这项改革亦应与系统清理和严格限制财政专户的改革结合起来。对于建构人大有效监控公款动用的机制（公款管理第三底线）而言，这些努力同样必不可少。

（八）赋予人大委派第三方审计机构独立审计财政事务的法定权力

为确保法定预算授权不至落空，坚守“一府两院对人大负责”——以人大为中心的政府问责制——至关紧要，其正确起点和基本逻辑根植于我国《宪法》：既然一切权力归属人民、全国人大为国家最高权力机关，那么，政府合法的财政权力（以及其他权力）只能唯一地来自人民代表的授予；这些“一切权力”的清单中，自然也包括监督政府权力行使的权力，而问责正是监督权力运作的关键机制：不能被问责的监督是全然没有意义的监督。

政府问责须以人大为中心、由人大主导的逻辑同样清晰有力：对来源负责。具体地讲，既然政府的合法财政权力直接来自人大的授予（法定预算授权），也由于这些被授予和未被明确授权的权力被滥用的风险很高，约束与引导政府（或一府两院）对人大负责便极端重要并且绝对不可或缺。缺少了这种“以责任制约权力”的问责安排，权力滥用、腐败和决策“失误”的风险极高，这正是真实世界中反复呈现的情形。如果在公款管理这个特殊且紧要的领域中，如果连作为最高权力机关、立法机关和机关的人大也不能对政府和党委问责，那么，还有谁能够对党政领导滥用权力、腐败和决策“失误”的高风险有所节制呢？

党的一元化领导很重要，但决不应以牺牲或弱化权力机关、立法机关和审议机关的职能为代价，并且只能在《宪法》与法律框架内行使对大政方针的领导，这种领导地位也不应凌驾于“一府两院对人大负责”的制度安排之上。

没有这些明了的基本认知，并且这些认知转换为法律与法律细节的支撑，“一府两院对人大负责”将依然难以操作，或者变异为“向人大报告”。这正是当前的真实处境。走上正轨的改革，不应回避、而应正视这些关键问题。

当代中国亟须树立如下信念：一个强而有力的人大体制，无论对于执政党而言，还是对于国家利益与公共利益而言，都有百利而无一害。

为真正强化和改进人大为中心的政府问责制，应认真考虑将当前直接对政府负责的审计体制，转换为直接对本级人大负责的审计体制，并且先从财政审计事项开始推动。从任何意义上讲，包括从国家审计产生的历史根源上看，审计机关直接对出资人（公民或纳税人）代表负责，实在是再自然合理不过的制度安排了。没有独立公正并直接对人大负责的审计机关，“一府两院对人大负责”就缺失了极端重要的关键环节。

这项改革可先从地方试验开始，积累经验后自下而上予以推动。次优选择是：通过法律赋权各级人大有权委派独立的第三方审计机关，对政府预算执行和决算作平行审计，以确证政府“自己的”审计与第三方审计发现与审计建议的差异。这项改革可以也应该启动。

（九）问责重心从经济事务转向财政事务

中国最大也最灵验的指挥棒，莫过于问责制。治理体制的软肋和根源，亦可直接或间接追溯至问责制的内在缺陷。科研和教育领域如此，公款使用领域也是如此。所以，如果没有问责制的深度改革，其他改革举措的效果将十分有限。

市场经济对经济增长负责、党政机关对公款管理负责，实在是非常自然而合理的事情。以此言之，党政机关问责制的重心应从经济增长尽快转向财政责任。财政问责的主要工具，亦应系统转向经审计的政府决算报告和政府财务报告上来，并由本级人大直接考核本级党政领导和党政部门的责任。财政责任的焦点是：党政机关须就公款和公共资产的获取、配置、使用和使用结果负责，直接对人大负责，包括合规性责任与绩效责任。

六、动用监控（底线Ⅲ）下的预算与人大改革

底线Ⅲ的简要表述是：公款动用必须处于代表公民的立法机关的有效监控之下。如同逾越底线Ⅰ，逾越底线Ⅱ也会导致法定预算授权机制的悬空或弱化。有意义的法定预算授权，必须是能够被有效执行（依赖权责分立）和被有效监控（公款动用）的授权。三条底线法则因而紧密相连，相辅相成。以下系围绕该底线法则提出的相关改革建议。

（一）事前由人大常委会定期签署总额支付令

预算单位和整个政府每天都在花掉公款：公款从政府（包括部门）

银行账户流向收款人账户，这是一个公款变成“私款”即公款动用的过程。作为出资人（公民或纳税人）的代表机关、权力机关和立法机关的人大，至今对此全然没有事前的监控。早就该启动这项被严重滞后的改革了。

具体做法是：人大常委会定期（至少按季度）向本级政府（财政部门）和央行国库同时签发总额支付令；财政部门在此限额内代表政府再向各部门逐项签发支付令，否则，任何预算单位将不得开支公款。为此，财政部门和央行国库应向本级人大常委会或其他专门委员会提供正确无误的相关信息，以使总额支付令的签发符合客观实际。

（二）事后由财政部门和央行国库向人大常委会报告现金与投资账目

现金账目指政府银行账户的现金流出、现金流入、现金余额、剩余现金余额以及剩余现金余额投资，并与事前签署的总额支付令以及法定预算授权作适当比较，说明偏差并解释偏差原因。至少应按季度报告，最好按月度报告，而且应在每个报告期结束后的一周内报告。

一并需要报告的还有政府银行账户设置与维护状况，包括账户增减变化。现金账目的报告制式与内容应尽量标准化，并采取在线报告方式。信息技术的发展和应用，使得以低成本实时报告现金账目变得极为容易。

人大常委会或专门委员会应对现金账目（包括剩余现金投资及其损益）进行必要的审查，并出具审查决议，政府（财政部门）和央行国库负有严格遵从的责任与义务。

（三）建立与财政、税务、央行等互联互通的人大财政数据库系统

在公共财政领域，人大的核心角色与职责无非就是代表、授权和问责（监督亦问责的一部分），每个角色与职责都意味着巨大的信息需求。如果相关各方不提供必要信息，人大履责之难则有如登天。有鉴于此，各级政府应致力建设功能强大、与相关各方互联互通的人大数据库系统，并及时充实和更新相关信息。

财政数据库系统主要用以支持人大履责的关键方面，至少涵盖民意信息（确认支出需求与服务短板）、政策信息（支出审查的主要依据）、支

出标准（支持预算审查）以及财政总量信息，后者用以确认“需要花多少钱”以及“有多少钱可花”，对两者作适当比较非常重要：如果可花的钱不足，则表明现行政策不可持续，需要及时作出调整。

（四）基于“两个直达”和国库单一账户（TSA）的公款动用监控

如果人大的财政功能局限于审查“数字预算”，而无力有效监控公款动用，那么，其法定预算授权功能也无意义。改变局面的最好方法，莫过于在“两个直达”和 TSA 的基础上，建立人大有效监控公款动用的程序与机制，包括前述的事前签署支付令、事后的现金账目报告。

“两个直达”指：缴款直达 TSA、付款从 TSA 直达供应商账户。“直达”的准确含义是：消除浪费性的、全然没有必要的中间环节——通过财政国库部门与商业银行进行“过渡”或“中转”。当前的做法正是如此，其中的代垫体制——先由商业银行根据财政部门的指令办理向供应商付款、之后再由商业银行与央行的 TSA 办理总额清算，带来的问题尤其突出，包括将央行最为擅长的政府现金管理服务做空。这种做法不仅增加了大量管理成本，也创设了巨大的寻租空间，而且明显妨碍实时向人大报告现金账目的功能，这一功能正是立法机关有效监控公款动用（第三条底线）的重要组成部分。

（五）开发基于支出周期的预算会计并纳入人大数据库

完整的支出周期始于预算授权、经过支出承诺、交付核实，终于对供应商的付款。全面和实时掌控每个阶段产生的信息，正是预算执行控制最重要的前提条件。这些信息对于人大监控预算授权的执行情况，确保预算授权对行政部门产生最高规制（约束与引导其公款管理），至关紧要。中国各级政府的预算执行控制之所以长期脆弱而松散，预算授权的权威性和有效性之所以长期被低看、漏看和错看，均与缺乏真正意义上的预算会计技术密切相关。

基于支出周期的预算会计，才是真正意义的预算会计。当前的“预算会计”纯属财务会计的分支，有其名而全无其实，很少具有预算执行控制的功能。除了支持预算执行控制外，基于支出周期的预算会计，对于强化与改进预算编制、财政审计，同相至关紧要。要想对预算过程进行完整、实时和有效的追踪监控，开发真正意义上的预算会计技术，绝对不可或缺。对于强化和改进人大地位与作用而言，同样如此；至少，人大对公款动用的有效监控高度依赖这些基础性的预算执行信息。遗憾的是，这项似小实大的改革至今未提上改革日程。

（本文于 2016 年 8 月 16 日完稿）

全面推进预算公开的着力点

刘剑文　侯　卓*

一、预算公开制度的进步点

此次《预算法》的修改，是它颁布施行近20年来进行的第一次修改，由七十九条增加至一百零一条，改动共计82处。其中，涉及预算公开的有七条，对公开的范围、主体、时限等提出具体的法律要求，对转移支付、政府债务、机关运行经费等社会高度关注的事项要求公开作出说明，并规定了违反预算公开规范的法律责任。这些条文与修改之前相比，有了巨大的进步。

（一）理念上坚持权力监督与权利保障并重

一方面，要强化立法机关在预算权配置中的地位，从而对政府的财政活动实施有效的监督、规范。这一目的的达成，根本上看固然取决于人大制度的完善，但在预算法上也是大有可为的，比如新《预算法》新增第七十八条有关人大初步审查权的规定，即可改善过去人大代表看不懂预算的情况。另一方面，要确保普通纳税人可以及时、便利、完整地获取预算文件，并且有畅通的渠道表达自己的诉求，影响预算进程。公开本身不是终结，公开的目的是为了监督，最终是为了更好地实现社会公共利益和纳税人权利，所以，要让纳税人有机会就所公开的预算进程和预算文件表达自己的看法。新《预算法》第十四条规定的三种情形，所用措辞都是

* 刘剑文，北京大学法学院教授、博士生导师，中国财税法学研究会会长；侯卓，中南财经政法大学法学院副研究员。

“向社会公开”，这是很有进步意义的。同时，第四十五条规定基层人大审查预算草案前应该听取选民和社会各界的意见，这就是立法鼓励并支持纳税人就预算事项表达个人诉求的表现，该条限定在“基层”，一是因为基层预算事项最贴近纳税人切身利益，二是考虑到基层人大代表与其选民的关系最贴近，三是新制度的推广不能操之过急，待到该制度运行较为成熟后，可考虑逐步向较高层次推开。

（二）范围上以公开为原则、不公开为例外

新《预算法》明确规定“公开事项，涉及国家秘密的除外”，其制度逻辑是之所以某些预算事项不能公开不是因为预算本身是国家秘密，而仅仅是因为该事项涉及到国家秘密。至于具体界定哪些事项属于“国家秘密”的范畴，则是《保守国家秘密法》等其他法律、法规的任务。在不损害国家安全、国家利益的前提下，适当从严把握“国家秘密”的范围，是比较有利的。笔者认为，在预算公开适用“国家秘密”条款时，可以确立“存量清理、增量从严”的思路，即对于目前预算实践中认定为国家秘密从而不予公开的事项，逐步依法进行清理；对于新认定为国家秘密从而不予公开的事项，从严控制，应由全国人大及其常委会或国务院统一认定。

（三）内容上尽量完整、清晰，让人民代表和普通纳税人“看得到”、“看得懂”

预算编制细致与否，对于公开的实效影响很大。新《预算法》第四十六条要求一般公共预算支出按其功能分类编列到项，按其经济性质分类编列到款；其他三本预算按功能分类编列到项。这比修改前的预算法有较大进步，值得肯定。当然，制定或修改法律时既要考虑现实条件，也需要预留一定的调整空间，以免今后不断地修改法律。另外，预算公开不仅仅指静态的预算、决算等文件的公开，也包括预算过程的动态公开，也就是人大代表和普通纳税人能参与到预算编制过程中，实施“前期介入”。从本世纪初开始，不少地方的预算公开实践就在这方面取得突破。

（四）保障有力

“行为——责任”模式是法律规范的基本逻辑结构，一个“好”的预

算公开制度，必须要有强有力的保障措施。这无非依据两种制度安排实现：要么是通过启动行政诉讼程序，要么是通过追究行政责任。理想情况下，针对预算公开不规范的情形，应该可被纳入行政复议或行政诉讼的范围。但是我国当下的行政诉讼受案范围中不包括预算公开不规范情形，所以，对预算公开的保障主要通过法律责任、尤其是行政责任来实现。新预算法第九十二条特别规定了行政责任的承担问题。

二、全面推进预算公开的着力点

为贯彻落实新预算法，全面推进预算公开，未来需要做好以下六方面的工作：

（一）明确公开主体

根据新《预算法》第十四条，公开主体有四种情形：政府、财政部门、其他部门和单位。财政部发布的《关于推进省以下预决算公开工作的通知》中也有规定："省以下各级财政部门负责本地区公开工作，包括本级财政预决算公开、'三公'经费汇总预决算公开、以及对开展相关工作部门的工作指导，工作进度协调；公开地区各部门负责本部门预决算及'三公'经费预决算公开工作。"可见，财政部门是预算公开的基本主体，而各部门则分别承担各自部门预算的公开职责。在政府采购中，则是"谁采购谁公开"。

（二）确定公开期限

新《预算法》第十四条区分的三种预算公开情形中，对于前两种均作出明确的期限要求，也就是在相关文件被批准或批复后的二十日内，而对于政府采购情况是要求"及时"公开。有明确法律规定的，应当严格按照规定执行；对于"及时"的理解，在尚无进一步说明的情况下，可以参照前述"二十日"标准，结合各政府、各部门、各单位具体情况适当放宽，但不能过分延迟。尤其要注意，根据《关于推进省以下预决算公开工作的通知》要求，省以下预决算公开工作"原则上应于每年 10 月 31 日前完成"，这是硬性要求，应当遵守。

（三）明晰公开内容

根据新《预算法》的要求，所公开的内容覆盖面甚广，不仅包括相关的预算文件，财政部门还要就本级政府财政转移支付安排、执行的情况以及举借债务的情况作出说明，各部门要就机关运行经费的安排、使用情况作出说明。这是为了回应社会的关切，在预算公开同时应当一并进行前述说明，第九十二条的责任承担同样包括未依法作出说明的情形。

（四）创新公开方式

预算公开既应该有被动公开，也应该有主动公开。新《预算法》第十四条的规定为主动公开确立了法律依据。在具体的公开方式上，可选择在公开主体官方网站的显著位置，以能引起公众关心的形式进行公开。预算公开应当以公众易于获知、易于理解为基本取向，因而可以在具体的形式上大胆创新。比如江西省财政厅在人大会期间设置部门预算查询室，人大代表在此既可总体了解部门的收支情况，还可以详询各项明细收支安排情况。

（五）规范问责程序

根据新《预算法》第九十二条的规定，未依法进行公开的，需要承担法律责任。结合第十四条对预算公开的一般规定进行对照分析可以看出，对于新《预算法》上规定的需要公开和说明的预算事项，第九十二条的法律责任设置基本上是完整覆盖的。仅仅由于该条前置性表述是“各级政府及有关部门”，所以严格说来无法对应“各单位未依法公开政府采购”这种情形，这主要是因为该条规定的责任形式是行政责任，而单位主管人员可能并不适用行政责任。在实践中不妨参照该法第九十五等条“对单位给予警告或者通报批评；对负有直接责任的主管人员和其他直接责任人员依法给予处分”的追责方式处理。“未依照本法规定对有关预算事项进行公开和说明”有三种表现形式：应公开未公开；未按期限公开；公开内容不完整。根据第九十二条规定，均要承担行政责任，具体到这三种情形分别如何承责，不是作为上位法的新预算法所能解决的，应由相关规范性文件进行细致规定。此外，追责主体的确定也是规范问责程序的题中应有之义，对此，新《预算法》上没有明确表述。从第九十二条规定的责任形式是行政责任来推敲，立法者主要设计的是行政系统内部追责的模式，根据行政机关运作的一般规律，建议针对财政部门及其他政府部门的追责由同级政府决定；针对政府的追责由上级政府进行；必要时（比如中央政府未公开政府采购情况时），可以由同级人大及其常委会启动追责程序，不过这种情况很少见。

（六）建立回应机制

财政部《关于推进省以下预决算公开工作的通知》中要求，“对于预决算变动大、不同年度之间波动大等情况和项目，以及公开后公众提出的其他相关问题，由各公开主体妥善做好数据解释说明等工作。”该通知虽然是针对省级以下预决算公开工作所发，但是其体现的制度逻辑是可以推而广之的，也就是建立“谁公开、谁回应”的机制。目前，在新预算法和其他规范性文件中都只规定了预算公开的期限要求，在制定实施条例时，可以在新预算法第十四条规定基础上，进一步明确社会公众如何对所公开的预算文件中自己关心的事项提出质询、公开主体如何进行回应及回应的期限等相关必要的程序事项。

（本文原载于《中国财政》2015 年第 1 期）

中国省级财政透明度最新评估报告

上海财经大学《中国财政透明度评估报告》课题组

公开透明是法治政府的基本特征。全面推进政务公开尤其是财政信息公开，打造阳光政府对于发展社会主义民主政治，提升国家现代化治理能力，增强政府公信力执行力，保障人民群众知情权、参与权、表达权、监督权具有重要意义。《政府信息公开条例》赋予了社会公众提出政府信息公开申请的权利，中办和国办2016年2月颁布的《关于全面推进政务公开工作的意见》也明确鼓励支持第三方机构对政务公开质量和效果进行独立公正的评估。

为推进地方预决算公开工作，建立健全公开透明的现代预算制度，财政部2015年针对省市县三级政府2015年预算和2014年决算公开的完整性和及时性进行了专项检查，并表示将依据检查结果对各省级政府和部门预决算公开情况进行排序，并对社会公布检查结果。2016年9月8日，财政部通报的地方预决算公开检查结果显示，截至2015年10月31日，省、市两级政府预决算公开率均达到100%；县级政府预算公开率达到100%、决算公开率达到99%；全国有36 638个单位未公开2015年部门预算，56 481个单位未公开2014年部门决算，占比分别为14.48%和22.27%，并点名通报了触犯《预算法》红线的福建省、山东省、宁波市、贵阳市、南京市高淳区、厦门市思明区、湖南省临武县、呼和浩特市赛罕区。

为进一步了解2015年1月1日新《预算法》实施后省级政府财政信息公开质量的改善情况，2016年，上海财经大学公共政策研究中心“中国财政透明度评估报告”课题组依据《政府信息公开条例》，对2015年6

月以后全国 31 个省份公开 2014 年政府决算的情况展开了调查。《2016 中国财政透明度报告》是自 2009 年实施省级财政透明度调查以来的第八份评估报告。

一、省级财政透明度的评估方法

课题组依然采取以往七年的调查方式，即通过向有关部门提出政府信息公开申请、网络搜索和文献检索等多种方式全方位调查省级财政信息的公开程度。

（一）调查问卷的设计

与 2014 年和 2015 年的调查提纲保持完全一致，2016 年省级财政透明度调查问卷根据财政部统一颁发、要求编制的《2014 年度财政总决算报表》和《2014 年度部门决算报表》设计而成。为尽可能全面系统地考察我国财政透明度状况，课题组还根据国际财政信息公开规范设计了一些目前我国财政部门尚未统一填报的表格（公共财政支出决算经济分类明细表、公共财政支出决算部门分类明细表、本级政府直属企业主要指标表和部门各项目支出按经济分类的决算明细表），作为财政部以及有关管理部门要求各地方财政或部门编制的决算报表的补充。财政部要求编制的决算表格和课题组设计的决算表格两者共同构成了 2016 年省级财政透明度的调查项目。

（二）数据获取与评分指标体系设计

在得到各地财政厅（局）、人力资源和社会保障厅（局）、国资委以及政府信息公开办公室反馈信息的同时，课题组还搜集整理了各省份政府官方网站、报纸杂志、财政年鉴、统计年鉴公开的财政信息，最终得到各省份所有已公开在一级信息要素下的二级财政信息要素；然后，将所有财政信息要素按不同性质归集到 9 项一级信息要素，每个部分权重被列为一级权重，一级权重设计与 2015 年评估项目各部分的权重保持一致：一般公共财政预算调查 28 项信息，占省级财政透明度得分比重为 25%；政府性经济预算调查 27 项信息，占省级财政透明度得分比重为 8%；财政专户管理资金预算调查27项信息，占省级财政透明度得分比重为4%；国有资本经营预算调查27项信息，占省级财政透明度得分比重为2%；政府资产负债调查7项信息，占省级财政透明度得分比重为9%；部门预算调查26项信息，占省级财政透明度得分比重为15%；社会保险基金预算调查14项信息，占省级财政透明度得分比重为19%；国有企业信息调查8项信息，占省级财政透明度得分比重为15%；财政透明度调查的态度得分占省级财政透明度得分比重为3%。

二、省级财政透明度评估的总体情况

2016年31个省份财政透明度的平均得分为42.25分，分别比2015年的36.04分和2104年的32.68分高6.21分和9.57分；2016年31个省份财政透明度最高分为65.53分，分别比2015年的57.01分和2014年的59.37分高8.52分和6.16分；2016年31个省份财政透明度最低分为23.71分，分别比2015年的19.44分和2014年的11.52分高4.27分和12.19分。上述情况表明自2014年调整省级财政透明度调查提纲以来在2016年调查中首次出现了透明度得分高于及格分的省份，近三年省级财政透明度最高分、最低分和平均分也呈现出小幅稳步上升的变化趋势，但政府预决算信息公开整体情况仍不理想，财政透明度最低的省份仅公开不到四分之一的财政信息。

上海财经大学公共政策研究中心的调查结论与国际预算合作伙伴协会（International Budget Partnership，IBP）的调查结论是一致的——中国政府预算公开处于低水平状态而缺乏突破性进展。根据IBP对世界各国政府预算公开情况的调查，2008年中国政府预算公开指数为14，在85个调查国家中排在第64位；2010年中国政府预算公开指数为13，在94个调查国家中排在第79位；2012年中国政府预算公开指数为11，在100个调查国家中排在第86位；2015年中国政府预算公开指数为14，在102个调查国家中排在第92位，比排名第一的新西兰低74分。

三、省级财政透明度评估的分省分析

2016年宁夏、湖南、黑龙江等10个省份财政透明度得分超过50分，公开了省级财政透明度调查项目中超过一半的信息，其中宁夏回族自治区财政透明度从2015年的25.29分增加到了2016年的65.53分，湖南省财政透明度从2015年的22.52分增加到了2016年的64.90分，是全国仅有的2个超过及格线的省份；与之相对应，四川、江苏这2个省份的财政透明度低于25分，公开的信息不及省级财政透明度调查项目的四分之一，得分最低的江苏省透明度得分虽有提高但增长幅度很小。在大部分省份财政透明度得分有所提高的情况下省际财政透明度差异有所降低但地区间的信息公开力度差距依然明显，2014~2016年省级财政透明度最高分与最低分的比值分别5.15、2.93和2.76。

从各省份财政透明度得分的年度变化情况来看，宁夏回族自治区和湖南省属于典型的“逆袭”，宁夏回族自治区也从2015年的第23名变成2016年的第1名，公开内容也从仅公开四分之一的调查信息要素变成公开程度超过及格线60分；湖南省财政透明度排名从2015年的第27名变成2016年的第2名，得分也从22.52分提高到64.90分，42.66分的增长幅度不仅是该省上一年度透明度得分的2.9倍也高于2016年度31个省份财政透明度的平均分。湖南和宁夏“逆袭”的背后这两个省份对政府信息公开申请的重视。《湖南省财政厅2015年政府信息公开工作年度报告》和《宁夏回族自治区财政厅2015年政府信息公开工作年度报告》都将财政信息公开工作成效归结为以下三点原因（见表1）。

表1　2016年中国省级财政透明度排行榜　　单位：分

排名	省份	2016年透明度	2015年透明度	得分变化	排名	省份	2016年透明度	2015年透明度	得分变化
1	宁夏	65.53	25.29	40.25	17	海南	40.88	44.52	-3.64
2	湖南	65.18	22.52	42.66	18	天津	40.64	32.72	7.92
3	安徽	57.34	50.78	6.56	19	甘肃	38.21	42.39	-4.18
4	山东	56.82	57.01	-0.19	20	内蒙古	38.07	35.39	2.69
5	山西	55.39	51.38	4.01	21	吉林	35.41	39.26	-3.84
6	新疆	54.34	43.38	10.96	22	云南	34.74	22.77	11.97

续表

排名	省份	2016 年透明度	2015 年透明度	得分变化	排名	省份	2016 年透明度	2015 年透明度	得分变化
7	福建	53.82	53.65	0.17	23	贵州	33.96	19.44	14.52
8	辽宁	51.53	40.39	11.14	24	湖北	33.70	20.34	13.36
9	广东	50.47	45.13	5.33	25	浙江	33.03	33.31	-0.28
10	黑龙江	50.26	46.83	3.43	26	河北	29.16	34.43	-5.27
11	上海	48.40	44.23	4.18	27	西藏	27.94	41.07	-13.13
12	河南	44.62	36.92	7.70	28	陕西	27.92	19.76	8.16
13	北京	42.96	39.00	3.96	29	青海	25.21	20.73	4.47
14	广西	42.59	45.93	-3.35	30	四川	24.83	23.60	1.23
15	江西	41.65	32.14	9.50	31	江苏	23.71	22.82	0.89
16	重庆	41.33	30.22	11.11		平均	42.25	36.04	6.20

（一）提高财政信息公开意识，加强组织领导和队伍建设

湖南省财政厅成立了厅长担任领导小组组长、分管办公室的厅领导担任副组长政务公开领导小组和预算公开工作领导小组，成员为各处室、单位主要负责人；宁夏财政厅则明确一位副厅长分管信息公开工作，重大政府信息公开工作情况向厅长汇报，研究解决突出问题。安徽省财政厅党组书记、厅长亲自抓，分管厅领导直接抓，厅办公室具体抓的做法也保持了该省财政透明度的稳步提升，2015 年透明度得分比 2014 年高 26.93 分、2016 年透明度则比 2015 年高 6.56 分。不过，成立信息公开领导小组未必都能显著促进财政透明度提高，如西藏自治区财政厅同样成立了分管办公室工作的厅领导任领导小组组长、相关厅领导任副组长，各相关处（室）主要负责人为成员的财政信息公开领导小组，但 2016 年透明度评估中由于依申请公开力度下降而得分只有 27.94 分，是 31 个省份中透明度得分下降幅度最大的省份。

（二）完善制度，健全财政政务信息公开长效机制

湖南省财政厅按照财政部要求明确了主动公开和依申请公开财政信息具体操作程序及财政信息公开保密审查办法，就全省财政系统信息公开的方式、范围、内容和保密审查等方面进行了规范；宁夏财政厅则在《宁夏财政厅政府信息公开指南》中明确了政府信息公开的工作目标、基本原则、主要内容、形式和途径，规范公开程序，强化责任追究。当然，也存在财

政信息公开制度建设促进透明度提升的反例，如江苏省财政厅制发《江苏省财政厅关于推行财政政府信息依申请公开标准化管理的通知》（苏财办［2015］14号），从加强形式审查减少无序申请、完善内部流程杜绝工作差错、规范答复文书防范法律风险、坚持积极沟通解决工作难题等四个方面提出要求，统一制定依申请信息公开工作主要文书范本和格式21种，这一做法被被财政部在全国财政系统推广，2016年6月还颁布了《江苏省预决算信息公开管理暂行办法》，但江苏省财政透明度连续三年在低水平线上徘徊，2014~2016年的透明度得分分别为18.77分、22.82分和23.71分。

（三）健全政府信息公开绩效考核机制

为促进政府信息公开工作落实，湖南省财政厅加强考核，将政府信息公开重点工作的落实情况纳入处室、单位年度绩效考核范围；宁夏财政厅也把政府信息公开工作列入厅机关年度效能目标管理考核内容，督促各处室按时做好政府信息公开申请办理工作。不过，也有省份信息公开绩效考核没有很好地起到积极作用，如四川省财政厅将政府信息公开工作纳入厅机关绩效考核和政务运行通报范围，2016年财政透明度仅比2015年提高了1.23分，依然处于低水平状态；河北省财政厅同样将信息公开纳入绩效指标管理，强化督促检查，但2016年财政透明度得分只有29.16分，甚至比2015年低5.27分。

四、省级财政透明度评估的分项分析

省级财政透明度评估分为九项信息要素进行打分，各项得分情况如表2所示。在九项信息要素中被调查者态度得分最高，31个省份的平均得分为80.87分，说明大部分政府部门能够积极回复课题组的政府信息公开申请；其次是一般公共财政预算、国有企业资产信息、政府性基金预算、国有资本经营预算、社会保险基金预算和部门预算，得分均在30分以上；财政专户管理资金和政府资产负债的信息公开情况最差，平均得分不到13分，其中财政专户是九项信息要素中唯一一项得分要比2015年低的信息要素，这反映了相关部门长期以来忽视对财政专户和政府资产负债的统计和信息公开。

表 2　　2016 年中国省级财政各信息要素透明度评估结果　　单位：分

地区	一般公共预算	政府性基金	财政专户	国有资本经营预算	资产负债	部门预算	社会保险基金预算	国有企业	态度
北京	73.68	61.11	25.00	22.78	0.00	34.26	16.84	47.50	90.9
天津	57.89	38.89	2.78	0.00	0.00	24.49	27.86	75.00	90.9
河北	46.37	33.33	19.44	27.78	0.00	30.09	15.00	25.00	81.8
山西	73.68	72.22	19.44	72.22	42.86	32.88	75.00	25.00	72.7
内蒙古	56.58	50.00	41.67	44.44	0.00	36.71	21.37	37.50	72.7
辽宁	73.68	61.11	19.44	72.22	0.00	40.58	71.43	25.00	86.4
吉林	36.84	16.67	0.00	5.56	0.00	33.24	72.86	25.00	72.7
黑龙江	46.00	44.44	25.00	61.11	42.86	31.11	57.30	75.00	77.3
上海	52.63	44.44	25.00	61.11	0.00	45.10	40.00	82.50	90.9
江苏	30.37	27.78	0.00	5.56	0.00	36.05	9.29	25.00	95.5
浙江	56.14	44.44	0.00	25	0.00	34.65	11.43	35.00	77.3
安徽	73.68	72.22	19.44	72.22	42.86	52.10	68.65	25.00	81.8
福建	73.68	72.22	19.44	72.22	42.86	40.22	19.29	75.00	86.4
江西	38.71	16.67	0.00	5.56	0.00	21.66	71.43	75.00	81.8
山东	68.75	27.78	52.78	47.22	0.00	32.88	71.43	87.50	90.9
河南	46.38	33.33	5.56	61.11	42.86	29.02	35.40	75.00	90.9
湖北	36.84	27.78	19.44	47.22	27.86	36.37	35.71	25.00	68.2
湖南	73.68	72.22	19.44	72.22	42.86	50.38	75.00	75.00	61.4
广东	52.63	33.33	0.00	11.11	0.00	53.85	65.79	75.00	86.4
广西	73.68	61.11	19.44	27.78	0.00	14.68	11.43	75.00	77.3
海南	57.89	44.44	0.00	38.89	0.00	24.85	24.43	75.00	81.8
重庆	43.97	33.33	0.00	41.67	0.00	37.79	39.29	75.00	81.8
四川	31.58	16.67	5.56	11.11	0.00	46.89	8.67	25.00	90.9
贵州	61.40	44.44	0.00	44.44	0.00	39.89	8.98	25.00	90.9
云南	28.18	33.33	0.00	44.44	0.00	27.29	75.00	25.00	68.2
西藏	49.23	44.44	0.00	44.44	0.00	28.70	7.14	25.00	59.1
陕西	38.71	27.78	0.00	28.33	0.00	46.83	12.43	25.00	77.3
甘肃	73.68	33.33	11.11	83.33	0.00	39.88	14.14	25.00	86.4
青海	41.10	27.78	0.00	38.89	0.00	20.27	14.14	25.00	81.8
宁夏	73.68	72.22	19.44	72.22	42.86	37.06	75.00	87.50	77.3
新疆	68.42	72.22	19.44	72.22	42.86	40.59	49.84	50.00	77.3
平均	55.15	43.91	12.54	43.05	11.96	35.50	38.76	49.27	80.87

（一）一般公共预算透明度评估

2016年省级一般公共预算透明度平均得分为55.15分，相较于2014年的39.85分和2015年的48.77分表明一般公共预算透明度在持续改进。北京、山西、辽宁、安徽、福建、湖南、广西、甘肃、宁夏等9个省份除未公开8项预算支出经济分类支出科目信息外的其余20项调查项目均已公开，换算为按百分制得分高达73.68分，得分最低的云南省要比北京等省份得分低45.50分。就各项调查信息项目而言，省总预算部分的公共预算收入调查项目的信息公开状况远好于支出调查项目，功能类支出调查项目的信息公开状况远超经济类支出调查项目，省本级政府公共预算调查项目的信息公开状况远好于市县基层政府。

（二）政府性基金透明度评估

2016年政府性基金预算透明度平均得分为43.91分，较2015年的39.30分有所提高。在省级政府性基金预算透明度整体水平不高的情况下，通过进一步分省份考察政府性基金预算透明度状况发现，它在省际之间存在着明显差异。政府性基金透明度最高的山西、安徽、福建、湖南、宁夏与新疆除了没有公开8项经济性质分类的信息外其余19项信息都公开了，得分为72.22分；政府性基金透明度最低的省份是吉林、江西、四川这3个省份，通过现有渠道仅获取了调查项目中的3项信息，得分仅为16.67分。在政府性基金预算各项调查信息项目中，31个省份都公开了省总预算政府收支总额和省总预算收入款级科目这2项目信息但没有省份公开预算支出经济分类科目信息，收入类科目的透明度明显高于支出类科目，且支出按功能分类的透明度又明显高于按经济性质分类的透明度。

（三）财政专户透明度评估

2016年各省份财政专户管理资金透明度平均得12.54分，比2015年平均20.49分低7.95分。在所有省份中，得分最高的山东省财政专户透明度52.78分，信息来源为《山东财政年鉴》提供的相关专户决算表格；吉林等13个省份未公布任何关于财政专户管理资金的信息而透明度得分为0。由于财政部不再要求地方政府编制《财政专户管理资金收入明细表》、《财政专户管理资金支出功能分类明细表》、《财政专户管理资金收支分级表》和《财政专户管理资金收支平衡表》，直接导致了省级财政部门向课题组提供的专户资金信息锐减，山西、安徽、福建、新疆这四个省份财政专户透明度从2015年的63.89分下降为2016年的19.44分，上海财政专户透明度也从2015年的52.78分下降为2016年的25分。

（四）国有资本经营预算透明度评估

2016年国有资本经营预算透明度平均得分为43.05分，相较于2015年的34.80分和2014年的25.63分有了较大幅度提升。不过，省级政府之间信息公开存在较大差异，得分最高的甘肃省公开了省本级和地市级国有资本经营预算按经济分类的支出信息而高达83.33分；安徽、福建、湖南等7个省份的国有资本经营预算信息公开程度也比较高，得分为72.22分；天津市是唯一一个没有公开国有资本经营预算信息的省份。

（五）政府资产负债透明度评估

从省级政府资产负债透明度总体水平看，31个省份的平均得分为11.96分，分别比2015年的9.68分和2014年的5.53分提高了2.28分和6.43分。安徽、福建、河南、黑龙江、湖南、宁夏、山西、新疆通过“预算资金年终资产负债表”和“财政专户管理资金年终资产负债表”这两个表格提供了政府资产负债的部分信息，其中湖南、宁夏和新疆属于新增省份。上述8个省份提供的政府资产负债信息内容都一样，得分均为42.86分。湖北省是通过《湖北财政年鉴》“行政事业单位资产情况表”提供了部分政府资产信息。西藏和四川2015年提供了政府资产负债信息，而2016年没有继续提供。

（六）部门预算透明度评估

纳入2016年评估范围的341个单位的部门预算透明度平均得分为35.50分，相比2015年的27.3分和2014年的19.02分，基本上保持了2013年以来得分大幅度增长势头。在31个省份中部门预算透明度得分最高的广东省，其得分为53.8分，而得分最低的广西部门预算透明度仅为14.7分。在11类预算单位中，国税局、政协办公厅、人大常委会办公厅的透明度得分最低，31 个省份的平均得分依次为 6.9 分、18.5 分和 24.2 分；财政厅、教育厅和交通厅的部门预算透明度得分最高，依次为 53.5 分、46.3 分和 45.0 分，其中甘肃省财政厅、安徽省环保厅、福建省教育厅等 22 家单位的得分高达 100 分，得分满分的单位数比 2015 年 6 家单位多 16 个，但仍有 78 个单位的得分为零。从各部门预算信息公开调查项目来看，部门收支信息的透明度水平整体上要高于资产信息、人员信息与机构信息的透明度水平。

（七）社会保险基金预算透明度评估

2016 年全国 31 个省份的社会保险基金预算透明度平均得分为 38.76 分，略高于 2014 年的 32.58 分和 2015 年的 30.70 分。按照新《预算法》要求，大部分省份在 2015 年初两会提交的预算报告和 2014 年的决算报告中增加了国有资本经营预算、社会保险基金预算这“两本账”。不过，与一般公共预算相比，提交人大会议的社保预算在信息披露的规范性、详细程度等方面都要差不少。山西、湖南、云南、宁夏这 4 个省份除了未公布“养老基金的长期收支预测”、“社保基金收支分级信息”这两项信息外其他调查信息基本上都公布了，得分均为 75 分，而江苏、贵州、四川、西藏等 4 个省的得分低于 10 分。

（八）国有企业资产透明度评估

2016 年全国 31 个省份的国有企业资产透明度平均得分为 49.27 分，略高于 2014 年的 45.63 分和 2015 年的 41.94 分。山东、上海等 13 个省份达到 75 分或超过 75 分，而河北、辽宁等 14 个省份除了《中国国有资产监督管理年鉴》统一公布的国有企业的收入、费用、利润总额、资产、负债及所有者权益总额这 6 项信息外再无其他信息公开，得分仅为 25 分。由于目前没有一个省份政府直属企业达到上市公司信息披露的要求，得分最高的山东省和宁夏自治区的得分也只有 87.5 分。

（九）财政透明度态度与责任心评估

2016 年省级政府财政透明度态度得分整体上比较理想，31 个省份的平均分为 80.87 分，比 2015 年的 70.01 分提高了 10.86 分。31 个省份态度得分基本上都在及格线以上，其中北京、上海、四川等7个省份的态度得分在90分以上，得分最高的江苏省则达到95.5分；福建、广东等10个省份的态度得分在80分以上；广西、黑龙江等9个省份的态度得分在70分以上；湖北、云南等3个省份的态度得分在60分以上，得分最低的西藏为59.1分。各省态度与责任心得分差异主要在于部门预算调查中预算单位回复情况不一，政府预算调查中除湖南省只有1个部门（财政厅）回复外其他30个省份都至少有2个部门给予了回复，各省份政府预算一般信息调查态度与责任心的评分平均高达98.4分；部门预算调查中，北京、山东、上海等8个省份各有9个部门回复了财政信息公开申请，而西藏只有2个部门回复了财政信息公开申请。

五、制约财政透明度提升的相关问题

按照党的十八届三中全会全面深化改革的要求和十八届四中全会全面推进依法治国的要求，我国政府按照“谁制作、谁公开”的原则积极建设财政部门公开政府预算和转移支付预算、各部门公开部门预算的政府预决算公开体系，预算公开范围不断扩大、内容不断细化，初步形成了以《预算法》和《政府信息公开条例》为统领，以《国务院关于深化预算管理制度改革的决定》和中办、国办《关于进一步推进预算公开工作的意见》为指南的政府预决算信息公开制度框架，正在修订中的《预算法实施条例》将对预算公开作出更加细化的规定。在看到政府信息公开制度建设稳步促进省级财政透明度提升的同时，我们还应注意到政府预决算信息公开工作和公共资源配置使用情况公开工作与党中央、国务院的要求和社会公众的期望还有一定差距。根据各个省级财政部门对2015年度财政信息公开工作的总结，财政信息公开还存在以下几个问题①：

① 相关问题由各省（直辖市、自治区）财政厅（局）2015年度财政信息公开工作报告汇总而成，除辽宁省、江苏省、山东省外，其他省份或多或少指出了财政信息公开工作中存在的问题或不足，各省反映问题详见附表《财政信息公开工作中存在的问题》。财政部《关于地方预决算公开和新能源汽车推广应用补助资金专项检查的通报》提及地方领导预决算公开不理想的三个原因：地方党政领导和预算单位负责人认识不到位、预算单位“比照上级部门”拒绝公开、新闻媒体和社会公众对基层政府和部门预决算公开信息关注度不高。

（一）对财政信息公开的法律意识和责任意识不够

政府预决算公开是预算管理制度改革的核心要求，是促进财税体制改革和其他相关领域改革的重要抓手，为实现国家治理体系和治理能力现代化提供重要推动力。根据各省份财政厅（局）2015 年政府信息公开工作的年度报告，吉林、黑龙江、上海、福建、海南、重庆、云南、青海、宁夏等 9 个省份明确表示存在财政信息公开意识不够的问题，其中 2016 年财政透明度评估中得分较高的宁夏回族自治区和广东省也存在个别部门和部分市县部门没有在《预算法》规定时间内进行公开，甚至有的部门经过多次动员和督促后，才予以公开。当然，一些部门和地区财政信息公开意识不强的可能原因是他们深刻认识到了“阳光是最好的防腐剂”，预决算公开将给权力运行带上“紧箍咒”。

（二）政府预决算信息公开制度不完善、机制不健全

新《预算法》对政府预算编制提出了细化的要求，但并没有规定这些细化的内容要全部公开，地方政府也缺乏相应的规章制度，上海、安徽、河南、湖北、重庆、西藏和青海等 7 个省份表示信息公开制度不完善是财政信息公开工作中一大问题。2016 年财政透明度评估中得分较低的湖北省表示该省政府信息公开工作制度不够健全，透明度得分相对较高的安徽省财政厅也表示“配套机制建设对预决算公开的支撑力度不够，尚未形成‘公开促管理，管理推公开’的良性循环机制。此外，行政决策科学化民主化、阳光政府建设进程仍需加快，公开氛围还要进一步引导和培育”。

（三）财政信息公开范围、广度、深度不够，预决算信息公开的完整性和细化程度有待于进一步提高

这个问题是省级财政部门反映最多的问题，北京、天津、山西、内蒙古、吉林、上海、浙江、福建、江西、广东、海南、重庆、四川、贵州、云南、西藏、陕西、宁夏等 18 个省份都不同程度表示存在公开力度不够的问题。这一问题的背后其实是公开与保密的界定范围不清晰，地方政府缺乏哪些可以公开、哪些不可以公开的准绳。虽然大部分财政部门达成了

“以公开为常态，不公开为例外”的共识，但不公开的范围有多大仍是未知数。中办、国办《关于进一步推进预算公开工作的意见》在公开范围的规定中指出“依法确定为国家秘密的信息不予公开；涉密信息经法定程度解密并删除涉密信息后，予以公开”，这里所依之法是哪些法律法规没有明确界定，如果按照《保密法》的规定来判断则又存在保密范围规定不清晰的问题；在公开内容的相关规定中指出“各级政府预决算支出应当全部公开到功能分类项级科目（涉密信息除外），按规定公开到经济分类科目（涉密信息除外）”、“各部门各单位预决算支出应当全部公开到功能分类项级科目（涉密信息除外），按规定公开到经济分类科目（涉密信息除外）”，这里同样存在涉密部门和涉密信息的负面清单建设问题。江西省除人防办、国防科工办、专用通信局、通信管理局、统战部等5个涉密部门外，省本级117个部门在省财政厅网站集中公开了2015年部门预算，江西省明确涉密部门可以不公开部门预算，我们首先肯定江西省明确界定涉密部门、在省财政厅网站集中公开部门预算的积极意义，但我们也认为涉密部门不是所有预决算信息都是涉密的，涉密部门不涉密的财政信息同样需要公开。另外，江西省涉密部门的确定仍值得进一步商榷，同样是统战部门，四川省委统战部和安徽省委统战部在各自官方网站公布了2016年部门预算。

（四）缺乏预决算信息的统一标准，地区间、部门间公开形式差距较大

天津、安徽、江西、广东、广西、四川、云南、甘肃等8个省份表示存在信息公开形式问题，其中安徽省和广西自治区财政厅表示，由于中央尚未规范统一公开格式，各地因预算管理水平参差不齐，预决算公开表格样式、公开内容等差别较大，容易引起舆论炒作及公众误读。与之紧密相关的另一个问题是预决算信息公开口径难以把握。安徽省财政厅表示中央尚未建立科学统一的经费支出标准，不利于公开主体准确掌握公开口径，也不便于公众客观评价和公正监督；广西财政厅“三公”经费和行政经费属于近年来才提出的统计范畴，但中央一直未统一明确“三公”经费和行政经费的统计口径和统计方法，一定程度上影响了统计数据的准确性和可比性。

（五）信息公开载体建设滞后，便民性不强

《关于进一步推进预算公开工作的意见》要求财政信息公开以政府、单位门户网站为主要平台，并保持长期公开状态；各部门各单位要设立预算公开专栏，汇总集中公开信息，便于社会公众查询监督。山西、浙江、江西、湖南、广东、四川、云南、宁夏等8个省份表示存在财政信息公开载体问题。如山西省财政厅反映个别单位公开内容不在部门网站的醒目位置，不便于公众查阅；广东省财政厅反映部分地区和部门未按要求通过网络公开，仅在单位公告栏进行公开；江西省、广东省、宁夏自治区财政厅则表示应继续加大运用政务微信、政务微博等新媒体公开的力度。

（六）财政信息公开不及时

财政信息公开及时性虽不在上海财经大学公共政策研究中心财政透明度调查的评分范围内，但新《预算法》对预决算信息公开及时性进行了明确规定，政府预算、预算调整、决算和预算执行情况的报告及其报表，应当在各级人大及其常委会批准后20日内公开；部门预算、决算，应当各级政府财政部门批复后20日内公开。山西、内蒙古、黑龙江、河南、广东、云南、西藏、甘肃、宁夏、新疆等10个省份表示财政信息尤其是部门预决算信息和县级预决算信息公开的及时性较差，如西藏财政厅表示财政月、季报告等有些可以向社会公开的信息仅内部公开，未能做到及时向社会公众公开；贵州财政厅表示部分财政数据的保密审查要求较高制约了信息发布的时效性；内蒙古财政厅则反映个别地区、部门公开时间超过法定期限。

（课题组组长：刘小兵；课题组副组长：邓淑莲、杨丹芳；课题组成员：蒋洪、郑春荣、曾军平、温娇秀）

（本文于2016年9月15日完稿）

政府财务报告制度的目标与信息范围

徐曙娜*

党的十八届三中全会通过的《中共中央关于全面深化改革若干重大问题的决定》提出了建立权责发生制的政府综合财务报告制度的要求。这项制度的构建与国家治理体系和治理能力现代化目标息息相关，是成功推进和完成新一轮财政改革任务的必然要求。首先，随着我国公共财政体制的建立，政府与公众之间的委托代理关系日益明显。为了更好地实现受托责任，政府有责任和义务向社会公众解释其所控制的资源状况、财务收支状况和现金流量状况，说明其所控制的经济存量和流量，反映其提供的公共产品和提供公共产品的程度。而政府财务报告是实现政府受托责任、提高透明度的载体和手段。其次，我国近期地方政府债务风险不断累积，为了更好地管控债务风险，我们也必须全面拥有分析地方政府偿债能力的资产、负债信息。最后，为了提高我国财政管理能力，实现中期预算和预算的绩效管理，政府必须拥有科学全面规范的会计信息，而权责发生制的政府财务报告是更好发挥政府作用的信息基础，是实现财政管理能力现代化的重要推手。而我国现在只有预决算报告制度，所以非常有必要建立权责发生制的政府财务报告。

2015 年 1 月 1 日开始实行的新《预算法》第九十七条明确规定，各级政府财政部门应当按年度编制以权责发生制为基础的政府综合财务报告，报告政府整体财务状况、运行情况和财政中长期可持续性，报本级人民代表大会常务委员会备案。这奠定了权责发生制的政府综合财务报告制度的法律地位。2015 年 10 月财政部发布了《政府会计准则——基本准则》，并于 2015 年 12 月发布了《政府财务报告编制办法（试行）》《政府综合财务

---

* 徐曙娜，上海财经大学公共经济与管理学院副教授、上海财经大学公共预算研究中心主任。

报告编制操作指南（试行）》《政府部门财务报告编制操作指南（试行）》，至此我国权责发生制的政府综合财务报告制度雏形已基本建立。

我们必须先弄清政府财务报告的信息使用者及其信息需求，并按照内外部信息使用者的信息需求确定政府财务报告制度的目标，最后按照目标确定信息范围和财务报告内容。

一、政府财务报告信息使用者的信息需求

政府财务报告的主要使用者有负责监督和管理的上级政府及其有关部门、同级政府及其有关部门、国内外债权人和其他投资者以及作为政府最终负责对象的社会公众及其代表——立法机关等四大群体。这四大信息使用者群体可以分为两大类：内部信息使用者和外部信息使用者。上级政府及其有关部门和同级政府及其有关部门是内部信息使用者。债权人和其他投资者、社会公众和立法机关是外部信息使用者。他们各自有着各自的信息需求。

上级政府及其有关部门作为管理者，主要希望能了解下级政府及其各部门的运营情况和财务状况，同时也希望能够获取必要的相关数据和信息用以进行宏观决策。所以，上级政府对财务报告主要有宏观数据信息获取和对下级政府及其部门运营绩效评价两方面的使用需求。对于下级政府及其部门本身运营绩效评价的需求又可以分为两项：评价上一年度的运营成果和评价以后年度的行政能力。

政府机构对同级政府及其有关部门负有完成既定工作建设目标的责任。为了保证预期工作目标的完成，同级政府及其有关部门希望了解本级政府单位的具体运营细节、财务状况和运营绩效，判断其是否达到预计的工作目标以及要达到目标需要进行的改进措施。

政府的现时和潜在的投资者、信贷者及其他信息使用者对政府财务报告的使用需求，主要是希望通过政府发布的财务报告，获得有利于其投资和信贷决策及其他决策的信息。该类信息需求主要反映了财务报告所应当具备的决策有用的特质。债权人关心的主要是发债方能否如期还本付息。基于此，他们需要了解发债方资产与负债的总体结构，分析发债方资产的流动性，评价发债方的获利能力以及产生现金流量的能力，从而作出是否向发债方提供贷款、维持原贷款数额、追加贷款、收回贷款或改变信用条件的决策。

公众和立法机关想要获得的政府财务信息主要是政府资金的投入量、各项公共工程的总体建设成果和效益，以及财政可持续性的信息，以此来评价代理人受托责任的实现情况。

内部信息使用者追求的是内部管理所需要的详细信息，特别对于同级政府及其有关部门而言。而外部信息使用者的信息需求相对比较单一，债权人追求政府偿债能力信息，社会公众需要的则是投入效益信息和财政健康信息。

二、政府财务报告的目标

按照政府会计与传统的公共预算之间关系的不同，可将政府会计模式分为两大类：一是英美模式，二是德法模式。英美模式强调外部信息使用者的利益，而德法模式则强调政府会计服务于国家预算管理的需要。

2015 年 10 月颁布的《政府会计准则——基本准则》提到“财务报告的目标是向财务报告使用者提供政府的财务状况、运行情况（含运行成本）和现金流量等有关信息，反映政府会计主体公共受托责任履行情况，有助于财务报告使用者作出决策或者进行监督和管理。政府财务报告使用者包括各级人民代表大会常务委员会、债权人、各级政府及其有关部门、政府会计主体自身和其他利益相关者。”从上述的表述可见，我国的财务报告既强调服务于外部信息使用者如人大常委会、债权人；又服务于内部信息管理者即服务于国家预算管理的需要。但从 2015 年 12 月的《政府综合财务报告编制操作指南（试行）》《政府部门财务报告编制操作指南（试行）》提供的四张报表和报表附注及其他信息可见，我国的财务报告目标更倾向于服务于外部信息使用者。按照 2015 年 10 月的《政府会计准则——基本准则》，决算报告则有利于满足内部信息使用者的信息需求。

我们认为，财务报告的终极目标是为内外部信息使用者提供所需要的信息。所以我们必须按照内外部信息使用者对信息的需要设定财务报告的目标，政府财务报告的目标相应地也应该包括外部目标和内部目标。

（一）外部目标

政府财务报告的外部目标包括：（1）解除公共财政受托责任，实现对公众的回应义务。这就要求政府财务报告强调主动公开，主动回应社会公众所需要的信息。（2）提供债权人和其他投资者等外部报告使用者投资决策有用的信息，同样强调主动公开。

（二）内部目标

政府财务报告的内部目标是满足各级政府及其相关部门管理和监督决策有用的详细信息，这更强调财务报告的被动性。

虽然我国现有的预决算报告制度能够在一定程度上解决内部信息使用者的信息需求。但由于我国的预算和预算会计是收付实现制核算基础，只能体现政府及其部门的收支现金流情况，并不能真正反映政府及其部门的公共服务成本，从而无法为政府及其部门的绩效评价提供真实的投入信息，也无法真实体现和预估当期政策和规划活动对下期预算的影响从而影响具体的管理和监督决策。所以我们认为权责发生制的政府财务报告制度也应该具有满足内部管理的内部目标，不仅应该将预决算系列报表纳入财务报告，更应该增加权责发生制基础的成本明细系列报表。从这一点看，我国2015年的《政府会计准则——基本准则》和一个办法两个指南还需要从内部管理的角度完善相应的内容，特别详细的服务或项目成本明细表主要提供给内部信息使用者而非全部信息使用者，同时还应该增加满足内外部目标的绩效信息。

三、政府财务报告的信息边界

（一）政府财务报告的主体范围

分析政府财务报告的信息边界首先必须明确财务报告的主体范围。各国将单个公共部门是否纳入政府综合财务报告主体范围的类型有以下四种：（1）控制论。“控制论”认为，当一个主体有权力统驭其他主体的战略决策、经营政策，或者能够从其他主体活动中获得收益或承担损失时，就可以视为一个集团报告主体。所以按照控制论的观点，只要是政府控制的部门都应该并入政府综合财务报告的范围。（2）所有论。按照所有权认定政府财务报告的范围，认为只要是政府所有的部门，其相关的资产、负债、净资产、收入和支出都应包括在政府的综合报告中。所以只要其所有权属于政府，这一部门就将并入政府整个集团的报告。（3）职能论。“职能论”认为执行政府职能的部门都是消耗公共资源的，所以有必要将执行政府职能的部门作为单个公共部门报告主体纳入政府集团报告主体，即将其资产、负债、净资产、收入和支出并入政府财务报告。（4）需求论。澳大利亚政府就认为：以是否存在依赖政府财务报告做出和评估资源配置决策的使用者来界定报告范围，而不管该主体确立怎样的法律或行政结构来管理它能够控制的所有稀缺资源。可见，报告主体范围决定于外部使用者的决策需求。

我们支持需求论。既然政府财务报告的终极目标是为内外部信息使用者提供他们需要的信息，那么政府财务报告的范围应该取决于内外部信息使用者的需要。也就是，按照目标决定政府财务报告范围。按照我们前面对财务报告目标的分析，我们认为运用国家资源和权力（不仅仅是财政资金，因为公众委托的不仅是财政资金，还包括各种资源、权力）的部门都应该在政府报告的主体范围之内。为了更好地反映政府的资产和负债，拥有政府能控制的资产和政府需要承担的负债和或有负债的部门和单位，也应该在政府财务报告的主体范围之内。另外，其他外部信息使用者需要提供信息的产出单位也应该在政府财务报告的主体范围之内。

（二）政府财务报告的信息范围

为了更好地实现内外部目标，我们认为政府的财务报告应提供的信息包括财务信息和非财务信息两部分。

财务信息包括预决算信息、财务状况和运营情况信息和成本绩效信息。其中，预决算信息主要反映政府预算和财政专户资金的使用情况；要向公众清楚地反映财政收入的来源及其变动情况；预算的执行情况如何；财政支出的规模、结构及其变动情况等。财务状况和运营信息主要反映政府资产负债和政府财政活动的运营情况，在静态上要向公众完整客观地呈现政府所持有或掌控的各类资产。同时向公众全面披露政府的负债情况，包括债务类别和结构，对或有及隐性债务的估计等。在动态上要向公众披露当期政府收入和费用情况，及其对政府净资产的影响等。成本绩效信息主要反映政府提供各类公共产品和服务的规模、结构，及其为了完成上述职能所发生的各项成本情况和运作效率、效益等绩效情况。此外，为向外部使用者完整地呈现政府的情况，政府财务报告还需要提供多层次的合并信息。合并信息是将不同部门、单位以及各级政府间的信息进行整合，以反映政府活动的某一领域或者一级政府财务信息的全貌。预决算信息主要通过预决算系列报表体现；财务状况和运营情况通过资产负债表和收入费用表等财务报表体现；成本绩效信息则通过服务或项目成本明细表和服务或项目绩效表体现。按照上述分析，我们认为预决算系列报表应纳入我国的财务报告制度，按照不同的目标提供给不同的信息使用者。同时，从我国 2015 年的一个准则两个指南看还需要补充成本绩效类报表。

非财务信息包括各类财务报表和报表附注中不能提供的，但满足内外部目标必需的各类信息。如 2015 年的一个办法和两个指南中提到的政府部门报告中的财务分析、政府综合报告中的财政经济分析、政府财政财务管理。但我们认为除了这些非财务信息外，政府财务报告还应该提供其他非财务信息。我们可以把非财务信息分为微观非财务信息和宏观非财务信息。微观非财务信息包括政府部门的基本数字表、职能表、战略目标书、项目评审情况书、部门财务分析、政府财政财务管理等。宏观非财务信息包括政府国民经济核算统计信息、政府的基本信息、政府战略目标、财政政策、政府绩效和财政经济分析等（见表 1）。

表 1　　我国政府财务报告目标和财务报告信息范围

<table>
<tr><td></td><td></td><td colspan="2">实现内部目标
（仅提供给内部信息使用者）</td><td colspan="2">实现内外部目标（同时向内部信息使用者和外部信息使用者提供）</td></tr>
<tr><td></td><td></td><td>报表名称</td><td>提供的信息</td><td>报表名称</td><td>提供的信息</td></tr>
<tr><td rowspan="2">财务信息</td><td rowspan="2">预决算系列报表（收付实现制）</td><td>预算执行报表（旬报、月报）（经济、功能和部门分类）</td><td>年初预算数、预算调整数、预算执行数等</td><td>预算报表（年报）（经济、功能与部门分类）</td><td>前三年预决算数，预决算差异率；中期预算三年的预算数</td></tr>
<tr><td>项目执行报表（月报）</td><td>项目（政府报表的项目应该是大类项目，而部门报表的项目应该是明细项目）的年初预算数、预算调整数、预算执行数等</td><td>决算报表（年报）（经济、功能与部门分类）</td><td>前三年预决算数、预决算差异率；当年预算数、预算调整数、年初预算与决算的差异率、预算调整数与决算数的差异率</td></tr>
</table>

续表

		实现内部目标（仅提供给内部信息使用者）		实现内外部目标（同时向内部信息使用者和外部信息使用者提供）	
		报表名称	提供的信息	报表名称	提供的信息
财务信息	财务状况和运营情况系列报表（权责发生制）	资产负债表（月报）	资产、负债、净资产	资产负债表（年报）	资产、负债、净资产
		收入费用表（月报）	收入、费用	收入费用表（年报）	收入、费用
		净资产变动表（月报）	净资产变动情况（部门、基金和整级政府的净资产变动情况）	净资产变动表（年报）	净资产变动情况 净资产变动情况（部门、基金和整级政府的净资产变动情况，2015年两个指南中只要求部门提供这些信息
		当期盈余与预算结余差异表（月报）	差异产生各因素	当期盈余与预算结余差异表（年报）	差异产生各因素
		各类资产、负债、收入和费用明细表（月报）	所有资产、负债、收入和费用项目的明细表	重要资产、负债、收入和费用明细表（月报）	重要资产、负债、收入和费用项目的明细表
		功能成本表（月报）	按照功能分类列示各类功能支出的成本	功能成本表（年报）	按照功能分类列示各类功能支出的成本
	成本绩效系列报表（权责发生制）	部门成本表（月报）	按照部门分类列示各部门支出的成本（仅适用政府综合和基金报表，不适用部门报表）	部门成本表（年报）	按照部门分类列示各部门支出的成本（仅适用政府综合和基金报表，不适用部门报表）
		项目成本表（月报、年报）	按照项目列示各项目支出的成本（政府综合和基金报表是大类项目，部门报表是明细项目）		
		功能绩效表（月报）	按照功能分类列示政府各职能的年初绩效目标，期末绩效目标执行情况	功能绩效表（年报）	按照功能分类列示各政府各职能的绩效
		部门绩效表（月报）	按照部门分类列示各部门的年初绩效目标，期末绩效目标执行情况（仅适用政府综合和基金报表，不适用部门报表）	部门绩效表（年报）	按照部门分类列示各部门的绩效（仅适用政府综合和基金报表，不适用部门报表）
		项目绩效表（月报）	列示各项目的年初绩效目标、期末绩效目标的执行情况（政府综合和基金报表是大类项目，部门报表是明细项目）		

续表

		实现内部目标（仅提供给内部信息使用者）		实现内外部目标（同时向内部信息使用者和外部信息使用者提供）	
		报表名称	提供的信息	报表名称	提供的信息
非财务信息	微观运营信息	基本数字表、职能表、战略目标书、年度目标书、项目前评审和后评价情况书、部门财务分析书（适用于部门报告）	政府部门的具体详细信息	基本数字表、职能表、战略目标书、部门绩效评价情况书、部门财务分析书（适用于部门报告）	政府部门职能、战略目标、部门绩效评价情况、部门财务分析
	宏观运营信息	国民经济基本情况表、政府战略目标书、政府年度目标书、政府绩效评价情况书、政府财政经济分析书、政府财政政策效应书、政府财政财务管理情况书、税式支出书等（适用于政府综合报告）	向上级政府提供本级政府详细信息	国民经济基本情况表、政府战略目标书、政府绩效评价情况书、政府财政经济分析书、政府财政政策效应书、政府财政财务管理情况书、税式支出书等（适用于政府综合报告）	本级政府国民经济信息、政府的战略目标和财政政策、财政经济的分析情况、财政政策实施的效应、政府财政财务管理情况、政府目标实现的绩效情况

（本文于2016年3月1日完稿，2017年5月6日修改）

第三篇

建立激励与约束相容的中央与地方财政体制

中央与地方财政关系改革，应在相互关联的四个方面进行战略性调整：转换财政控制、财政分权（自主决策）、能力建设（自主财源）和对下责任建设，从而建立起中央控制与地方自主相容的政府间财政体制，在确保中央有效控制的同时，充分利用地方自主治理的优势与潜力。无效集权与无效分权都会极大限制这些优势的发挥与潜力的挖掘。

推进各级政府事权规范化法律化

楼继伟*

党的十八届四中全会通过的《中共中央关于全面推进依法治国若干重大问题的决定》明确提出，“推进各级政府事权规范化、法律化，完善不同层级政府特别是中央和地方政府事权法律制度”。我们要准确把握这一决策部署的内涵，认真学习、深刻领会，全面贯彻、有效落实，确保完成中央提出的目标任务。

一、充分认识推进各级政府事权规范化、法律化的重要意义

（一）推进各级政府事权规范化、法律化，是推进国家治理体系和治理能力现代化的必然选择

市场经济的本质是法治经济，现代国家治理要求科学界定国家公共权力边界，并实现国家公共权力的合理配置和规范运行。国家公共权力纵向配置就是事权划分，它不仅包括国务院及对应的地方行政序列这一狭义政府间的职责划分，还涉及党务、法务、防务等广义公共服务部门，是“大政府”的概念，是国家治理体系的核心构成要素。通过完善立法、明确事权，推进各级政府事权规范化、法律化，加快形成分工合理、权责一致、运转高效、法律保障的国家权力纵向配置体系与运行机制，是形成合理的行政秩序、市场秩序和社会秩序的基本前提，是推进国家治理体系和治理能力现代化的重要内容和必然要求。

---

* 楼继伟，财政部原部长、全国社会保障基金理事会理事长。

（二）推进各级政府事权规范化、法律化，是全面推进依法治国的内在要求

依法治国的重点是依法治权，深入推进依法行政、加快建设法治政府是全面推进依法治国、建设法治国家的重要环节。法治政府的最基本特征就是各级政府自觉维护宪法法律的权威，职权法定，严格依法办事，防止权力滥用。因此，推进各级政府事权规范化、法律化是建设法治政府的重要内涵。只有在明确政府间事权基础上实现政府机构、职能、权限、程序、责任法定化，才能让行政权力在法律和制度的框架内运行，并以政府带头守法、严格执法引导督促公民、法人和其他组织依法活动。

（三）推进各级政府事权规范化、法律化，是建立现代财政制度的重要支撑

财政是国家治理的基础和重要支柱，财税体制改革是全面深化改革的重点之一，而建立事权与支出责任相适应的制度又是深化财税体制改革、建立现代财政制度的重头戏。事权划分是现代财政制度有效运转的基础和支撑，是理顺政府间财政关系的逻辑起点和前置条件。只有明确政府间事权划分，才能相应界定各级政府的支出责任，并合理选择转移支付方式，确定财力与事权相匹配的程度，满足各级政府履行事权的财力需求，实施相应的预算管理。因此，要实现党中央、国务院提出的“2016 年基本完成深化财税体制改革的重点工作和任务，2020 年各项改革基本到位，现代财政制度基本建立”的目标，就必须既审慎稳妥又坚定果敢地推进各级政府事权规范化、法律化。

二、各级政府事权亟须规范化、法律化

1994 年实施的分税制改革，统一了税制，明确了中央和地方收入划分，奠定了中央财力权威，推动了基本公共服务均等化。但受客观条件约束，未触动政府间事权和支出责任划分，而是承诺分税制改革后再来处理。20 年来，这方面改革进展缓慢，成效有限。随着经济社会不断发展，政府职能逐步扩展，中央和地方事权划分存在的问题逐渐显露，给国家治

理带来潜在风险。主要表现在：

事权划分缺乏法律规范。我国宪法仅规定“中央和地方的国家机构职权的划分，遵循在中央的统一领导下，充分发挥地方的主动性、积极性的原则”，并授权国务院规定中央和省、自治区、直辖市国家行政机关的具体职权划分。实践中多以文件形式处理政府间关系，缺乏必要的法律权威和约束力，容易导致事权频繁上收下放，一些领域事权安排存在一定的偶然性和随意性，增加了各级政府间博弈机会与谈判成本，制度的可预期性、稳定性不足。

诸多事权划分不清晰。除对外事务、国防建设属于中央事权外，各级政府的职责并无明显区别，地方政府拥有的事权几乎全是中央政府事权的延伸或细化，“上下一般粗”。中央和地方职责同构严重，多级政府共同管理的事项过多，容易导致“几个和尚抬水”，权力不清，责任不明，效率低下。

部分事权划分不合理。一方面，应该由中央负责的国家安全、边防公路、国际界河维护、跨流域大江大河治理、跨地区污染防治、海域和海洋使用管理、食品药品安全以及跨区域司法管理等事关国家利益和要素自由流动的事务，中央没有完整统起来，地方承担了应由中央负责的事务，不仅造成权责脱节、地方动力不足，而且导致机构重叠、效率不高、职能异化、秩序紊乱。另一方面，学前教育、农村改水改厕、村容村貌等适宜地方管理的事务没有完全放下去，中央可以无条件介入，既不利于地方因地制宜发挥主动性，也导致中央部门陷入大量的微观事务。

一些事权执行不规范。部分领域事权划分虽然明晰，但执行中常常变形走样。如经济总量平衡、全国市场统一等宏观调控权集中在中央，但实践中部分地方政府基于地方利益变通落实中央政策的情况屡见不鲜，影响了宏观调控效果。又如，按照税收法定、税制统一原则，除个别中央授权事项外，税收立法权、税政管理权集中在中央。但一些地方在未取得授权情况下，越权制定减免税政策，或通过财政返还等方式变相实行税收优惠，制造税收“洼地”，干扰地区间要素自由流动和资源有效配置，不利于维护全国统一市场。

中央事权明显不足。目前，从中央支出占比和中央公务员占比都明显偏小的事实看，中央政府事权明显弱化。2013 年我国公共财政预算中央本级支出只占全国财政支出的14.6%，如果再加上基金预算，中央本级支出占比更低，而英国、美国和法国均高于50%，经济合作与发展组织国家平均为46%。从人员占比看，我国中央政府公务员仅占公务员总数的6%，而世界平均水平在1/3左右。事权履行的过度下沉，制约市场统一、司法公正和基本公共服务均等化，与推进国家治理体系和治理能力现代化的要求不尽吻合。

三、推进各级政府事权规范化、法律化的基本思路

（一）任何制度创新都必须立足本国国情

理顺中央和地方事权关系，推进各级政府事权规范化、法律化，需要从我国特有的制度基础出发，考虑独特的历史文化、特殊的现实背景等国情因素，坚持一般惯例与特殊国情相结合、制度创新与历史传承相衔接、近期改革与远景规划相统一、重点突破与综合施策相协调的原则，充分考虑各项事权的内在属性和外部性、管理信息复杂程度等因素，通过完善不同层级政府特别是中央和地方政府事权法律制度，建立各级政府分工合理、职责明确、各司其职、各负其责、控制有力、运转高效的国家权力纵向配置与运行机制。

（二）明晰各级政府事权配置的着力点

我国各级政府资源禀赋、功能特点不同，其事权配置的着力点也应各有侧重，这样才能更好地形成整体协同效应。一是强化中央政府宏观管理、制度设定职责和必要的执法权。我国是单一制国家，涉及国家主权、促进经济总量平衡和区域协调发展、保障要素自由流动、维护生态环境安全等领域的事务，必须完整集中到中央，减少委托事权，以加强国家统一管理，确保法制统一、政令统一、市场统一。要强化中央政府宏观管理职责和能力，推进宏观管理目标制定和政策手段运用机制化，提高相机抉择水平，增强宏观调控前瞻性、科学性、针对性、协同性，强化调控措施的权威性和有效性。要完善顶层设计和制度设定，通过制度供给、制度导向、制度创新来解决制度空白、制度缺陷和制度冲突。非国有财产征收征

用、民事基本制度、基本经济制度以及财政、税收、海关、金融、外贸和跨域司法、环境保护的基本制度等重要事项只能由中央制定法律或者授权制定行政法规。中央政府要着力抓大事、管宏观，进一步简政放权，最大限度减少对微观事务的管理。要强化中央在国防、外交、国家安全、关系全国统一市场、海域和海洋使用管理、食品药品安全、生态环境安全、跨区域司法管理等领域的执法权，合理配置机构，提高行政效能。二是强化省级政府统筹推进区域内基本公共服务均等化职责。我国幅员辽阔、人口众多、情况复杂、区域发展不平衡，必须注重发挥中央和地方两个积极性。省级政府作为地方行政建制的最高层，处于中央与地方关系的重要关节点，地位和作用十分重要，发挥着承上启下的作用。省级政府应当在中央统一领导下，在国家统一制度框架内，充分发挥主动性，因地制宜，有针对性地加强区域管理和统筹协调，理顺条块关系，把该管的事情管好管到位。要根据具体情况和实际需要用好地方立法权，统筹好区域内经济社会发展，促进基本公共服务均等化，但所制定的地方性法规和规章不得与宪法、法律和行政法规相抵触。要树立全局意识，破除本位主义和地方保护主义，维护好市场统一和公平竞争。要加快政府职能转变，对直接面向基层、量大面广、由下级政府管理更方便有效的经济社会事项，一律下放到下级政府和基层管理，不截留不梗阻。要积极探索省以下管理体制和管理方式创新，增强保障能力，提高行政效率。三是强化市县政府执行职责。市县政府直接面向基层，直接服务人民群众，必须强化执行职责，守土有责、守土尽责。要增强市县政府执行上级政策法规的责任意识，严格依法行政，严禁搞“上有政策，下有对策”的擅自变通。民族自治区、地方的自治机关只能依照宪法、民族区域自治法和其他法律规定的权限行使自治权。较大的市制定地方性法规应限于城市管理方面的具体事项。

在明晰各级政府事权和支出责任的基础上，深化行政执法体制改革，着力解决权责交叉、多头执法问题，建立权责统一、权威高效的行政执法体制。在纵向上，应当根据不同层级政府的事权和职能，按照减少层次、整合队伍、提高效率的原则，合理配置执法力量，推进执法重心向市县政府下移，着力提高基层政府执法能力；在横向上，应厘清执法机关职责权限，整合执法主体，相对集中执法权，深入推进综合执法，努力实现执法机构的精简和统一。要完善行政执法程序，创新行政执法方式，严格行政执法人员管理，全面落实行政执法责任制。

（三）完善政府事权划分的法律制度

具有临时宪法性质的1949年《中国人民政治协商会议共同纲领》规定，“中央人民政府与地方人民政府间职权的划分，应按照各项事务的性质，由中央人民政府委员会以法令加以规定，使之既利于国家统一，又利于因地制宜”。新的历史时期，应当继承和发展这一科学规定。一是在宪法中明确事权划分原则，对中央和地方各自专有事权、共有事权、委托事权等形态作出原则规定。其中，中央事权可以规定得大一些，除适当例举国防、外交、国家安全、货币等事务为中央专有事权外，宪法对其他中央事权可只做原则性保留的规定。同时，明确地方事权行使应以不损害政治稳定、市场统一和其他地区利益为原则。二是明确中央和地方事权划分必须以法律为载体。以立法程序中的公开透明、民主参与取代行政决策中的个别博弈、讨价还价；以法律的权威性保证政府间事权划分的稳定性和连续性；宜研究修改立法法，明确在行政法规与地方性法规不一致时，由全国人大常委会以事权划分为依据确定两者的适用问题，同时明确建立与政府事权划分相匹配、与行政区划适当分离的司法管辖制度，保证事权划分有效性与司法公正性。三是完善有关法律制度，明确相应事权归属。以宪法确立的事权划分原则为指导，通过立改废等多种形式，在各相关单行法律中具体规定该领域事务的事权划分：除中央事权外，将具有地域管理信息优势但对其他区域影响较大的公共产品和服务，如部分社会保障、跨区域重大项目建设维护等作为中央与地方共同事权，规定由地方组织实施，中央和地方共同承担支出责任；将地域信息性强、外部性不显著并主要与当地居民利益直接相关的事务放给地方，增强地方政府的责任与活力，满足差异化公共服务偏好。

（四）加快推动相关领域改革。一是切实推进政府职能转变

合理明确的政府职能是推进各级政府事权规范化、法律化的前提条件。要围绕使市场在资源配置中起决定性作用和更好发挥政府作用，处理好政府与市场、政府与社会的关系，加快政府职能转变，并通过法律方式界定政府职能边界，强调建立和维护统一市场、促进要素自由流动、价格

主要由市场决定等保障市场决定资源配置的核心要素，切实将政府职责和作用聚焦于保持宏观经济稳定、加强和优化公共服务、保障公平竞争、加强市场监管、维护市场秩序、推动可持续发展、促进共同富裕、弥补市场失灵。二是明确界定中央和地方的支出责任。在明晰事权的基础上，进一步明确中央承担中央事权的支出责任，地方承担地方事权的支出责任，中央和地方按规定分担共同事权的支出责任。中央可以通过安排转移支付，将部分事权委托给地方承担。根据事权和支出责任，在法律法规明确规定的前提下，中央应对财力困难的地区进行一般性转移支付，省级政府也要相应承担均衡区域内财力差距的责任，健全省以下转移支付制度。三是加强财税立法。首先，研究制定规范中央和地方财政关系的财政法律制度。总的看来，预算法是预算管理的程序法。在修订预算法的基础上，还应制定财政基本法、财政转移支付法等实体法，围绕规范中央和地方财政管理，明确各级政府财政管理权限、各级财政收支范围、政府间转移支付等内容，对政府性基金、行政事业性收费、国家资产、资源权益作出原则规定，营造严格财经纪律、硬化政府间预算约束的运行环境。其次，落实税收法定原则。研究制定税收基本法，完善税收征管法律制度，明确中央与地方的税收立法权限和税收征管权限，授权各省、自治区、直辖市在遵循国家统一税收法律的基础上，在坚持不对生产和流通环节课税、不实行地域歧视政策的前提下，就地方税的税目税率调整、税收减免等事项作出规定。此外，按照党的十八届三中全会要求，对其他立法中涉及财税事项的内容进行评估，清理规范重点支出挂钩事项等。

（本文原载于《人民日报》2014 年 12 月 1 日）

建立"中央控制与地方自主相兼容"的政府间财政体制

王雍君*

一、央地财政体制改革的核心问题

国家治理包括中央治理与地方治理两个基本层次，两者都有彼此无法取代的独特优势。就应性治理——回应地方人民对政策与服务交付绩效的关切——而言，地方治理的相对优势与巨大潜力远甚于中央治理。这些极其重要与宝贵的优势与潜力，只有在兼容"中央纵向控制"与"地方自主治理"——包括地方事务的自主决策、财源自主和对下责任三个支柱——的政府间财政体制下，才能被充分发掘与利用。但传统的集权分权概念和经常未得要领的改革思维，特别是对纵向财政控制的错误理解和片面强调，导致地方自主治理的独特优势与巨大潜力在改革议程中始终不能得到足够重视和开发利用，甚至被忽视、漠视和压制。

观察与评估治理改革成败得失的最佳角度，不是看改了什么，而是看是否在"做正确的事"：哪些最具重要性与紧迫性的事项未纳入改革议程。自秦以来的两千多年来，央地财政关系长期处于"一收就死、一放就乱"的困境中。究其根本原因，在于始终没能找到或寻求能够调和兼容"中央控制"和"地方自主"两大根本目标的政府间财政体制，即用以约束与引导政府间收入划分、支出划分、转移支付和财政规制的原则、

* 王雍君，中央财经大学公共财政研究院教授、博士生导师，中央财经大学政府预算研究中心主任。

规则、程序、机制与惯例的集合。

最近30多年来，央地财政关系改革尝试了许多方法并且从未间断，但根本问题——调和中央控制与地方自主的冲突以达成兼容——依然未能解决，甚至有局部性恶化。这是十八届三中全会《决定》把继续改革央地财政关系列入现代财政制度建构三项重点之一的大背景，作为旨在促进国家治理能力和现代化的雄心勃勃的改革计划中的关键一环。

在真实世界中，中央最关切的利益与目标莫过于对地方的有效控制，地方则莫过于对“地方事务”的自主治理——涵盖“自主决策”与“自主财源”两个关键成分。地方事务定义为不对其他辖区产生明显空间外溢的地方公共事务，即与地方人民偏好一致的地方政策与地方服务交付。空间外溢的例子包括河流上游保护水源与生态的活动给中下游辖区带来的好处，或者建设拦水大坝或防洪设施对其他辖区带来的负面影响。

处理公共事务乃是任何政府的天职，而日常的公共事务主要是地方公共事务，后者又以“基层公共事务”居多。平均而言，基层政府为70%以上的中国人提供了70%以上的地方公共服务。就服务型政府而方，基层政府的重要性超过了其他所有层级政府的总和。国家治理体制改革面临的主要挑战是：约束与激励地方政府、特别是基层政府有效回应地方人民对政策与服务交付绩效的关切。

为达成这一目的，治理改革应致力将地方和基层政府塑造为国家治理的中流砥柱，使其成为解决日益麻烦、复杂和棘手的治理难题的前沿阵地。中央最适当的角色是支持和辅助、而非替代和压制地方自主治理，特别是建立和监管公共服务的全国最低标准，以及为此提供必要的管理与技术帮助。

地方自主、中央辅助的新型治理体制的合理性与必要性，根植于一个简单有力的客观事实：至少就地方事务的治理而言，地方自主治理享有一系列中央治理无法比拟的独特优势与重大潜力，而且只有在“有效集权”和“有效分权”的体制中，才能得到最优的开发利用。传统的“无效集权”体制与“无效分权”体制，都严重窒息了地方为国家治理作出独特和重大贡献的潜力与机会。

作为客观存在，地方治理独特优势与潜力，与联邦制、单一制或其他国体形式的选择并无关联。以“中国系单一制国家所以必须实施中央集权”叙事，实属偏离正题，因为央地财政关系改革的核心命题，并非集权与分权体制的选择，而是“无效集权—分权体制”与“有效集权—分权体制”间的选择。两者的根本差异在于能否有效调和中央控制与地方自主间的冲突，进而达成两者间的兼容。两大目标的冲突纠缠了中国历史两千多年，而且“一收就死、一放就乱”的幽灵仍在四处徘徊。

集权体制的逻辑倾向于片面强调中央对地方的财政控制——政治控制与经济控制中非常关键的一个方面，大国尤其重要。与小国相比，大国保持国家统一和增强内部凝聚力的任务更为复杂棘手。然而，并非所有的集权体制都有效：那些以牺牲和扭曲地方自主治理、从而无法发掘其独特优势与潜力的集权体制，从根本上讲就是无效的，这正是传统的、以投入控制为基础的集权体制的最大弱点。投入控制指中央拿走或实质性控制本宜归属地方的财政资源与决策权，人为造成地方对中央不必要的纵向依赖，从而使其丧失自治治理的两个最重要的前提条件：决策自主与财源自主。

同样，并非所有的财政分权体制都有效。有效财政分权同时具备两个特征：有助于充分发掘地方自主治理的独特优势与潜力，同时又不至于弱化中央对地方的财政控制。任何一个不满足，都会招致无效分权。默许乃至纵地方追逐没有法定基础的财源（乱收费与乱担保等），即属典型的无效分权。体制外的财政分权、体制内的财政集权——基于投入控制的传统集权，一直是央地财政关系改革的重大误区，两者都导致无效。

任何国家都无法长期承受无效集权与无效分权的后果，即便中国这样“家大业大”的大国也不例外。有鉴于此，央地财政关系的改革思维，亟须调整到有效集权—分权的正确方向上来。这一新的改革战略要求抛弃无益的“集权”与“分权”之争，也要求抛弃主流话语中模糊混乱的思维。

朝着正确方向前进的央地财政关系改革，应在相互关联的四个方面做出深度的战略性调整：财政控制；财政分权（自主决策）；能力建设（自主财源）；对下责任建设。融合四个元素的央地关系改革，才是走向兼容性财政体制的唯一希望。在确保中央有效控制的同时，充分利用地方自主治理优势与潜力。而无效集权与无效分权都极大限制了这些优势与潜力。

二、致力激发地方自主治理的独特优势

政府的本质是服务人民。就国家治理体制改革而言，没有什么比以合理成本向公民交付最低标准的公共服务来得更为重要，至少在和平时期如此。正是在国家治理的这一首要目标上，地方治理享有中央治理所不具备的一系列独特的重大优势。这些优势在大国和基层辖区尤其明显、也尤其紧要，以致忽视、漠视甚至压制它们变得完全不合情理和不可接受，即便强调中央控制也是如此。

这些常被漏看、低看和偏看的独特优势至少有七项：贴近性、公民参与、试验与创新、受托责任、改善收入动机、更易监督结果、国家少数地方多数。这些优势虽然主要指向服务绩效目标，但对改善纵向财政控制和其他治理目标同样深具意义。

（一）贴近性

贴近性是地方治理独特优势的终极来源，包括贴现地方人民和贴现上级政策决策两个方面。两者分别带来了两个次级优势——回应性（responsiveness）优势和“知道错误”的信息优势。虽然中央政府可以利用现代信息与通讯技术来处理事务，由贴近性带来的地方次级优势也不会削弱、更不会消失，因为科技进步并不能取代面对面和日常的接触，包括对地方人民和上级政策的接触。只有贴近性才能带来更多更好的接触。

作为上级政策执行者和感知者，贴近性也使地方政府更了解这些政策的成败得失，其灵敏程度并不亚于对地方人民偏好信息的感知。如果说中央“知道正确多于知道错误”，那么，地方恰好相反：“知道错误多于知道正确”。任何政策都可能在制定、执行或者两个阶段出错，及时准确地获取何时、何处和为何出错的信息，对于建构宝贵的政策反馈和纠错机制至关重要，其重要性实际上远高于常规的绩效评价。现行治理体制十分欠缺这样的机制。原则上，此类机制只有在有效分权的体制中才会真正发挥作用。不当集权体制倾向于压制而非激活这类机制。

（二）公民参与

贴近性还带来了公民参与的独特优势。公民参与在高层级政府中会遭遇更多困难，尤其在发展中国和转轨国家，特别是高昂的参与成本，以及传统的等级式治理结构排斥参与的内在倾向。相对而言，基层治理的排斥倾向相对最弱。另外，民主治理背景下的地方公民对地方预算与服务绩效的关切与了解，远多于中央政府。利益关切和知情优势，共同构成发展公民参与不可或缺的前提条件。治理层级越高，这些前提条件越难被满足。

（三）试验与创新

全球化、地方化和民主化的发展和竞争的加剧，极大地提升了地方服务交付创新和制度创新的重要性与紧迫性，大数据时代的来临也为这些创新提供了前所未有的机遇。创新需要试验，而且所有的创新和试验都包含风险。当这些风险分散于数目庞大的地方治理者时，收益将大大超过风险。相反，中央或全国层次的试验与创新，引发“一损俱损”的系统性负面后果的风险相当高，这在集权体制下最容易发生。

（四）受托责任

地方人民多大对高层级政府与官员的所作所为几乎一无知，也没有起码的条件、能力与意愿去实施监管。相比之下，对基层政府与官员的情形要好得多。特别重要的是，由于对地方治理有着更多的利益关切，包括关切地方政府的政策执行、服务交付和财政融资，地方人民约束地方官员履责的积极性高得多，因而可以为建构和强化地方对下受托责任做出重要贡献。与关切对下责任的分权体制相比，集权体制更加强调地方官员对上级的责任，地方官员对上负责比对下负责的动机也强烈得多。可以合理推论，地方人民将很难理解和容忍一个“对上不对下”的政府（政绩）问责体制。

（五）改进收入动机

这一优势对于地方税建设意义重大。正如地方政府并不情愿把当地收入拱手交给上级政府一样，纳税人也并不情愿纳税，尽管这是他们必须履行的财政义务。纳税遵从（逃税）问题在许多发展中国家相当严重，中国更是如此。但这个问题可以通过很多方法应对，其中一个是设法让地方人民感知纳税与服务改善之间的清晰联系。隐含的逻辑是：感知的服务改善越多，更易于接受纳税或增税。当地方辖区的税收和非税收由中央政府征集、或者上缴给中央政府时，这种联系将很难看到。以此言之，强大的地方税制比强大的转移支付，更有利于增强地方人民的纳税意愿，非税收入也是如此。

（六）更易监管结果

民主治理要求政府得自人民的财政资源，须按人民意愿使用，并致力于产生人民期待的结果。财政结果集中反映由公共支出“转换”而来的公共服务：数量、质量、及时性、平等性、可得性和成本，以及这些产出（outputs）对诸如安全和健康等财政成果（fiscal outcomes）的影响。与监管中央政府负责的全国性公共服务相比，地方人民监管地方服务的产出与成果的能力和意愿都要好得多，尤其在基层治理层级上。当集权安排将过多的财政资源和权力从地方拿走到上面时，能力与意愿都将被严重削弱。

（七）国家少数、地方多数

中国是个多民族的大国。在中央治理的层面上，每个少数民族都是少数（相对于汉族人口），无形中会限制其发挥主导作用的潜力与能力。但在较低层级的地方治理中，他们完全可能成为多数，因而在治理中发挥主导作用的空间和机会大得多。“国家少数地方多数”问题，并非仅限于少数民族，也包括按其他标准（如年龄和职业）分类的任何特定群体。

为充分发掘和利用以上独特而重要的优势，当务之急，莫过于在四个方向上推动组合式改革：转换财政控制、赋权自主决策、保障财源自主、强化对下责任。

三、转换财政控制

首要的是转换纵向财政控制重心——从投入控制转向非投入控制，后者主要涵盖产出控制、总量控制和标准规制。作为传统的财政集权概念的基石，投入控制很难与地方自主治理相兼容，从而使其独特优势与潜力无法被充分利用。

投入控制指中央直接控制地方的财政资源，造成地方财政对中央财政的过度依赖。“小地方税、大转移支付”组合就是这一思维的直接产物。在中国，地方对中央的财政依赖程度远远高于其他国家。由此带来三个主要的负面后果：（1）弱化地方自主治理；（2）诱发与加剧地方以过度裁量（破坏正式体制）方式寻求预算外来源；（3）高昂的社会成本——财政资源纵向大循环即“层层集中再层层下拨”带来的腐败、寻租成本和其他成本。投入控制的宏观代价、包括显性与隐性代价正变得越来越难以承受。

表面上看，培植地方财政依赖性有利强化中央的财政控制，实则不然。地方的表面顺从并不能掩饰其隐性与软性反抗：想方设法将资源留在地方。这个最自然不过的反应一直在悄然进行中。强制上收的财政资源越多，地方“截留”和隐性反抗的动机越强。毕竟，分配财政蛋糕的权力与利益对每一地方都如此诱人。争夺财政利益的央地博弈如同没有硝烟的战争，从来就没有偃旗息鼓。不同的只是：有时中央为赢家、地方为输家，有时相反；长期来看，零和博弈中没有一方是真正赢家，因为整体的财政蛋糕被大大缩减了，各方最终都以失败告终。这种低水准的零和式博弈引发或加剧的经济衰落，古今中外甚为常见，但直到今天，央地财政关系中零和博弈的症状、根源与后果，包括或明或暗的纵向“跑部钱进”之类的作为，很少得到正视与关切。

即使从强化中央治理（“宏观调控”）的角度看，投入控制也弊大于利：强化部门权力和利益追逐，淡化对核心职责的关切：制定与监管服务标准，以及为此提供必要的管理与技术帮助。站在21世纪的高度，该是彻底告别历史上强大的“利出一孔”思维的时候了。这一思维的两个基本维度——“与民争利”和“央地争利”，在全球化和民主法治时代，早已陈腐落伍，负面后果日益严重。

产出控制指中央仅仅控制或拿走最低限度的财政资源，控制重心则转向公共服务最低标准。最低限度指：（1）国防、外交等须由中央本级承担的职能所需；（2）补助无力达成全国最低服务标准的地方辖区所需；（3）补助大范围外溢（治理沙尘暴和保护生态与水源）或中央委托事项所需。后两个形成“最低限度转移支付”概念，分别涵盖一般目的与专项转移支付。流行话语中的“公共服务均等化”既模糊又具误导性：“均等”并非适当目标，“补上短板”（达不到最低服务标准）才是。

微观的产出控制不能取代宏观的总量控制：严格控制地方的收入、支出、赤字和债务总量，以此形成硬预算约束。对促进财政可持续性和强化中央的财政稳定（逆经济周期）政策而言，确保地方政府在硬预算约束下运转十分重要，也是改进财政资源配置和运营绩效——支出使用的经济性、效率与有效性——的重要前提条件。

标准规制指中央规制地方遵从与中央相一致的四类基本财政标准：相关的法律规范、分类系统、会计与报告标准和审计标准。对财政标准的统一规制的意义重大，特别是有助于协调信息、提高分析与决策质量。

除了财政控制外，中央还可采用许多其他控制措施，包括政治、司法、人事方面的纵向控制，保障地方自主治理不至于变为“脱僵野马”。因此，“财政分权必定削弱财政控制”的说法，没有任何真正站得住的理由。

四、财政分权：地方事务的自主决策

财政控制重心的三重转换，为真正的财政分权创设了最重要的前提条件：保障中央控制不被削弱。真正的财政分权——定义为地方事务自主决策的法定权力，又为发掘利用地方治理独特优势与潜力创设了第一个基本的前提条件，另外两个基本前提分别是有意义的财政分权——定义为财源自主的法定权力，以及合乎需要的分权——定义为联结对地方人民受托责任的分权。只有一并满足真正的、有意义的和合乎需要的财政分权，才是有效财政分权。给定政治意愿与纵向财政控制，有效财政分权正是发掘利用地方治理独特优势与潜力的必要且充分的条件。

财政分权的改革要点：

（一）尽快制定实施政府间财政关系基本法和配套性法律

基本法应清晰规定处理央地关系的基本原则，其中最重要的有三项：“中央统一领导”、“地方自主治理”、“中央辅助”。前一原则应严格界定为大政方针层面而非具体事务的统一领导，大政方针应严格界定为“国家关切”的目标与利益，不应涉及“地方事务”——对其他辖区没有明显空间外溢（负面或正面影响）的事务，这些事务应严格界定为地方自主治理的范围。《基本法》亦规范央地财政关系的四个主要方面：收入划分、支出划分、转移支付和政府间财政规制——包括对地方债务的规制，重点阐明处理这些事务的基本原则，尤其应突出“地方自主治理”原则。

配套性法律至少应包括收入划分法、支出划分法、转移支付法和政府间财政规制法。地方债务管理法亦可单独制定，作为规制法之重要组成部分。作为框架性法律的基本法和支撑性法律的配套性，应从根本上取代长期以来“行政裁量”体制：由国务院及其直属部委主要通过庞大且高度碎片化的行政法律，自由裁量式地处理央地财政关系。这种貌似有利“中央宏观调控”、人治色彩深厚的体制，严重削弱了预见性（法治的基石），造成了央地双方的非稳定预期和短视（机会主义）行为盛行，引发巨大的显性和隐性社会成本。

（二）清晰界定地方自主决策的含义与清单

所有没有明显空间外溢的事务均应作为地方事务。所有地方事务，均应不受上级干涉地由本级地方辖区独立自主地制定和实施相关决策。“上面”对地方事务的干预，只应严格地界定为“明显空间外溢”的情形。自主决策应作为一般（无须举证）、“上面干预”只应作为特例（必须举证），无论这种干预以法律还是行政命令的方式实施。“听令行事的自主决策”概念荒诞不经，“缺失独立性的自主决策”也是如此。

作为真正的财政分权概念的基石，自主决策概念的自然质朴与充分合理性，几乎很难被合理反驳，正如消费者主权概念——市场经济正常运转的基石——那样。既然独立自主地作出购买决策——买什么、何时买、买多少——的法定权利必须得到尊重与保障，为何需要对本质相同的地方事务自主决策的概念，采取不合情理的两套标准呢？

世上原本没有、也不应该有什么救世主。真正的治理必须是自主治理：对自己的事（不影响他人）拥有、不受干涉的独立决策权。自主治理的诉求不仅来自工具理性（功利考虑），亦直接来自价值理性——本身就是目的而非追求功利性目的的手段。贫困县欢天喜地追逐“国贫县”

与“省贫县”的幌子，反映了当前治理体制深层缺陷：无力、也无意把地方人民带来入自主治理（自己解决自己的问题并对后果承担责任）的发展进程。

现行央地财政体制植入了太多的、与自主治理概念背道而驰的基因。在这种体制下，地方要么在体制内“等靠要”，要么在体制外“乱作为”，以至“中央控制”和“地方自主”两大根本目标，没有一个可真正达成。

广义的自主决策权包括地方事务的财政决策权[①]、管理（决策执行）权和融资权，完整地移交给地方政府、特别是基层政府。特别紧要的是，还应包括赋予地方“犯错的自由”和“自行惩罚犯错”的自由。前者本质上是防御性的：并非鼓励或纵容犯错，而是承认犯错不可避免。如果采纳不许犯错这一不切实际的预设，滑向过度集权体制的诱惑将会变得很高。这类体制虽然降低了地方犯错概率，但所制造的问题比试图解决的问题还要多。自行惩罚的自由定义为：尊重和保障地方人民（或其代表）享有自行惩罚犯错的地方官员的权利。这是有意义的地方问责制不可或缺的组成部分。

（三）自主决策权必须作为法定权利

时至今日，地方政府在体制内享有的正式财政权力十分有限，但在体制内外实际享有的财政权力远远超出了理论上应有的水平。规则内分权的不充分涉及财政决策权、管理权和融资权。法定支出、纵向专款和不当财政规制（只给政策不给钱）的盛行，将地方政府的自主决策权和管理权压缩在相当狭窄的空间内；弱势地方税、强势转移支付的组合，则意味着地方政府自主选择融资方式与渠道的余地很小。

与此同时，由于约束和引导财政分权的法律框架一直缺席、政治意愿也明显不足，现行决策机制将政府间财政体制的决定权，过多地留给了行政裁量。2015 年开始实施的新《预算法》继续采纳了这一立场（注释：“由国务院决定”），使得脱离法律规则的财政分权化得以延续和强化，加剧了滑向无效分权或回归无效集权的风险。时至今日，主流话语依然未能认识到将纵向财政安排置于法律规则之下的特殊重要性。

① 包括财政资源的总量决策权、配置决策权和运营决策权三个层次。

（四）赋予地方必要的税收和非税收入立法权

自主决策的一个关键方面，就是在不与上位法冲突的情况下，赋予地方在地方税和地方非税收入的立法权。广义的税收立法权包括制定、修订、变更和解释权。真正意义的地方税是地方拥有立法权的地方税。以此言之，中国至今没有真正的地方税；现行的地方税，本质上只是中央对地方的一种特定的、可高度裁量的转移支付，与地方自主决策概念格格不入，也与真正意义的“分税制”概念大相径庭。

这种表面上有利“中央宏观调控”的作为，其显性和隐性成本远远高于想象，而主要后果是压制和削弱地方自主治理及其独特优势与潜力。其他后果包括诱发广泛的“体制外创收”活动。所有缺失法定基础的财源筹措，本质上都属于这类活动。

五、能力建设：强化自主财源

如果说缺失独立决策之法定权力的财政分权不是真正的分权，那么，不与地方财政能力建设相联结的分权，就是没有意义的分权：欠缺与所拥有的权力相称的能力。与通常所理解的“能力建设”概念不同，地方财政能力包括三个层次。

（一）地方自主财源的充足性

充足性要求地方政府的自主财源，足以保障向地方人民交付最低标准的公共服务，以及有能力清偿自己的到期债务、尤其是中长期债务；底线是避免对上级财政的过度依赖——依赖转移支付。

强化自主财源的特殊意义之一在于：与非自主财源——“上面给的钱”和不通过预算程序配置的“死钱”——相比，自主财源有机会以切合当地人民偏好的方式加以配置的可能性高得多。有缺陷的集权体制倾向于以官僚主义和政治偏好配置权力与资源，导致背离地方人民偏好的风险剧增，回应性潜力因而受到极大限制。在“一刀切”的极端集权体制下，地方回应性的优势和潜力将丧失殆尽。

（二）地方官员的专业素质

地方官员的专业素质包括三个部分：专业知识（最重要）、实践经验和组织能力——合理分工与有效协调的能力。

（三）地方事务的财政统筹能力

以预算程序和中期财政规划（2015 年国发 3 号文的主题）为平台的财政统筹能力，既是统筹规划地方事务的前提、也是最重要的组成部分。由于种种原因——主要是强势的等级式垂直控制，地方和基层政府在很大程度上丧失了统筹规划本地公共事务的能力、积极性与创造性。各个治理层级上“政出多门”、“钱出多门”、“分散财力办小事”的碎片化体制，使情形雪上加霜。

能力建设的三个层次中，强化财源自主最为紧要。这方面的改革努力，应主要集中于：（1）强化真正意义上的地方税（地方享有立法权）；（2）大幅压缩转移支付、尤其是专项转移支付的规模；（3）增植具有法定基础的地方非税收入；（4）在法律框架内强化地方政府的自主发债权；（5）大大强化地方预算的灵活性和地方公共支出的自主性。这些举措中，最重要的是建设强势地方税（作为支柱）、弱势转移支付（作为补充）的组合，取消《教育法》、《农业法》等部门法律法规规定的法定支出，将政府性基金、特别是正在泛滥的各类政府产业（投资或创新）基金，以及其他形式的专款专用，控制在最低程度上。

专款专用的盛行反映了预算程序不能正常运转的事实。在这种情况下，需要做的恰好是深度改革预算程序，而不让其边缘化——矮化为计算程序，而以专款专用这种没有前途的方式去配置稀缺资源。专款专用泛滥的负面后果比想象的大得多，包括削弱透明度与竞争、加剧垄断与资源错配：妨碍资源流向优先级更高的用途。当前还应特别警惕政府性产业基金泛滥的另一个负面后果：加剧“国进民退”进而恶化整体经济的活力与创新能力。此类作为，也与十八届三中全会《决定》强调“发挥市场在资源配置中的决定性作用”，全然背道而驰。

六、强化对下财政责任

走上正轨的财政分权化改革，不仅要求分权与能力的一致性，也要求分权与责任的纵向匹配：与强化地方政府对地方人民的责任结合起来。缺失对下责任的财政分权和能力建设，意味着将地方政府置于地方人民无力监督约束的高风险环境中：地方治理的独特优势要么极难被充分开发，要么极易出现重大异化——被用于增进狭隘利益而不是地方人民的福利。

毋庸讳言，如同地方和中央利益的潜在冲突一样，地方政府和地方人民的利益也是如此。以适当方式调和这些冲突正是政府间财政体制的基本功能，也是走上正轨的财政分权化改革的根本目的。麻烦在于，这一功能和目的很容易落空：有缺陷的体制、无效集权和无效分权，经常将这些潜在冲突转换并放大为现实的冲突，以致冲突甚至以尖锐的形式呈现出来。

引发或加剧冲突的根本原因在于地方政府对地方人民财政责任缺失，其后果甚至比缺失基本财政能力来得更大：驱使地方政府追逐狭隘利益——权力寻租和满足上级偏好，两者都远远压倒了对增进地方人民福利的考虑。救济之道是：采纳“对出资人负责的责任观”——正确性和合理性最为确切的责任观，在“大地方税、小转移支付”的合理格局下，建设重心指向地方人民的对下财政责任观，包括合规性责任和绩效责任两个层次，并在“一府两院对人大负责”的指导下，系统推进人大主导的财政合规性与财政绩效问题程序与机制建设。

为支持其有效性，率先在基层推进旨在强化代表性、专业化与职业化的人大体制改革，应作为强化人大中心的财政问责制建设的关键一环。

（本文完稿于 2016 年 8 月 19 日）

现阶段我国中央与地方事权划分改革

贾　康　苏京春*

我国于1994年确立分级分税财政体制，初步理顺了政府与市场、政府与企业的关系，建立了中央政府与省级政府之间相对规范的分税机制并跟进了自上而下的政府间转移支付机制，可以说启动了财权划分过程，其后陆续的改革实际上也更多沿着财权划分的线索推进，而在事权明晰化方面却一直缺乏实质性进展。

党的十八届三中全会明确提出“必须完善立法、明确事权、改革税制、稳定税负、透明预算、提高效率，建立现代财政制度，发挥中央和地方两个积极性”的要求，强调“建立事权和支出责任相适应的制度”，这可说是继1994年确立分级分税财政体制、相继落实财权改革后首次正式将事权改革提上日程。在对中央事权（中央委托地方事权）、中央和地方共同事权、地方事权等作出具体规定的基础上，三中全会文件还特别强调“保持现有中央和地方财力格局总体稳定”，这也就意味着在本轮理清中央和地方事权划分的同时，对央地财力分配现状不予过多变动。党的十八届四中全会在此基础上进一步提出“推进各级政府事权规范化、法律化，完善不同层级政府特别是中央和地方政府事权法律制度”的要求，为事权改革明确了规范化、法律化的方向。党的十八届五中全会则进一步强调了中央事权，明确“适度加强中央事权和支出责任”。基于此，显然十分有必要在现阶段攻坚克难、“配套改革”的展开中，对我国中央与地方事权划分改革进行再探讨。

---

* 贾康，中国财政科学研究院研究员；苏京春，经济学博士，中国财政科学研究院副研究员。

一、对事权的再认识：要素和范畴

广义的事权即对应“全面国家治理”的政府职能范围，实际上并不仅仅包括中央与地方事权划分这样一个层面，若从事权要素进行观察，基于事权主体的划分，除了央地划分之外，还应包括涉及大部制改革的横向划分，而这些实际上都联通至国家治理层面，其内在逻辑是全视角、精细化水平上科学合理的事权划分，必然指向顶层设计而并无局部化处理的捷径可循。在此基础上，对事权范畴的认识，一方面包括基于政府职能而界定的边界，即明确事权的起点，另一方面还包括基于要素进行合理细化后的款、项、目即明确事权的终点，从起点到终点，由根、干到枝、叶，才可称是一个完整可考的事权范畴或体系。基于事权范畴，可进一步与十八届三中全会已明确的中央和地方事权划分标准进行认识对接。

（一）事权要素及联通至国家治理的认识

我们通常所说的事权，所指就是国家公共权力，是一个广义的概念。笔者以为，即使将对事权的探讨落到财政领域内，也并不缩小事权作为国家公共权力的范畴，若依“以政控财，以财行政”分配体系（贾康，1998）这一财政本质的认定，事权实应属于“政”的层面。“政”即为“政治”和“政府”，至此，钱穆（1952）将政治以“人事”和“制度”二分的智慧解析，为我们认识事权要素提供了十分有意义的启发：以制度与人事作为政治的两个要素，便可进一步形成两者不可分视、制度间相互配套而非孤立、制度必有渊源也必有流变等更深层的认识，也可以从历史视角窥得中国历来的“人治”色彩。由此思考，事权作为一种“权力”，也必是由要素构成的，从权力的对象、权力运转所依托的制度、权力行使相关的人员三个方面来考虑，那么至少应包括三个要素，即客体、主体和制度。事权的履行离不开财政，事权的对象、事权运转所依托的制度、与事权行使相关的人员，都是需要财力保障的范畴。例如，义务教育（不含基础设施建设）作为一项事权，它是一种国家公共权力，这种权力针对的对象是符合义务教育规定范围的青少年，这一权力运转所依托的制度包括管理教师的制度、管理学生的制度以及相关的行政制度，与这一权力执行相关的人员则包括政府工作人员、学校工作人员等，而以上三个方面都是需要财力保障的范畴。

基于事权的构成要素，不难发现事权必然、必须联通至国家治理体系。从主体来看，事权划分不仅存在纵向划分问题即中央与地方事权划分，而且存在横向划分问题即与大部制分工相关的事权划分；从客体来看，事权的范畴应建立在理顺政府与市场、企业、社会等多方关系，事权的水平则随着经济社会发展在不断提升，必然联通基本公共服务均等化等公共职能的行使；从制度来看，事权的决策、执行、监督、反馈、动态优化等一系列过程，联通至整个公共管理体系；从主体、客体到制度，三个要素及各自的联通又必须在法治化的大框架下有机运行，整合形成事权与国家治理的联通体系。这一体系必然指向顶层设计而并无仅作局部化处理的捷径可循，其是否能够达成体系性的科学、合理状态，会直接表现在经济社会发展的方方面面。“财政是国家治理的基础和重要支柱”这一判断的正确性，从以上分析中也可得到印证。

（二）事权范畴应明确起点和终点

我国现阶段事权改革的核心要求是合理划分事权，而这一工作首先需要建立在事权范畴正确界定的基础上。楼继伟（2014）所强调的“现代国家治理要求科学界定国家公共权力边界”，正是“实现国家公共权力的合理配置和规范运行”的前提和基础。事权范畴界定在实践层面的落实，往往是十分棘手的，划分中常常出现的“上下一边粗”、“你中有我，我中有你”、无限延伸等问题，实际上源自事权范畴不明。我们认为，对事权范畴的认识，一方面包括基于政府职能而界定的边界，即明确事权的起点，另一方面还包括基于要素进行合理细化后的款、项、目，即明确事权的终点，从起点到终点，从根（渊源）、干（主脉），到枝（分枝）、叶（末端），才可称是一个完整可考的事权范畴或体系。我国事权范畴的界定至少需要设计两张表：第一张是分门别类的事权表，第二张是每一项事权的细化表。表内分项、分类应尽量做到范畴互质，内洽周延，如此，我们才能说有把握看到我国事权边界的全貌。当然，这一实现过程是非常艰难的，但这是事权改革最基本的起步。

无论起点还是终点，在实践中都是难点：

首先，国家公共权力具体究竟包括哪些事权？对政府与市场、政府与企业、政府与社会等多方关系的科学处理，是回应这一问题的必要条件，却不是充分条件。这几对关系处理好了，国家公共权力所囊括的事权范畴界定不至于“缺位”或“越位”，但里面一项一项的事权，还需要分门别类，这些都是事权管理的基础。然而，我国是全球范围内极少见的大国，幅员辽阔、人口众多，决定了公共事务中待管事项的纷繁复杂，对事权分门别类的梳理，绝非一般中小经济体可以同日而语，加之我国又是全球范围内经济发展特别迅速的大体量经济体，伴随着不断提升的工业化、城镇化、信息化进程，置身于技术变革突飞猛进的时代，事权范畴的边界随时代变迁和经济社会转轨一直在发生变化，带有政府经费相对规模扩展的趋势，这种扩展既包括瓦格纳定律所说的比重增长，却不仅限于此，因为除了经费规模方面的增长，事权的种类也在发生变化。例如：在发展初期，生态环境治理尚不是一项重要事权，但随着粗放发展带来的污染因素在生态环境中的积累，便转变为一项重要的事权，且其囊括的内容还在不断扩充由大气、水流到土壤、气候与生物多样性等。

其次，每一类事权究竟包括哪些细分？对于某一类具体事权，还需要弄清楚到底可以进一步分解为哪几种权力，接着才有研究每一种权力由哪一个主体来落实更为合适的条件。例如：对国土资源管理这一事权而言，至少包括所有权、占有权、经营权、使用权等不同权力形式构成的“权力束”，每种权力行使的主体可能又有不同。对某一项事权所包含的权力种类的认识，也是财政职能有效发挥的基础。以资源税为例，其征收是针对所有权产生的收益、经营权产生的收益、还是使用权产生的收益，其征收由哪一个主体（国税或地税）完成更为合理，其收入由哪一个主体（中央或地方）来使用更为科学，等等相关问题，实际上都建立在对某一项具体事权及其与其他事务连带关系进行细化认识的基础上。这其中，对某一类具体事权所囊括权力种类的认定是第一个难点，不易分明，而认定后确定权力行使主体是第二个难点，必定会受到利益集团和现有利益分配格局的影响。

二、我国事权划分的现状

1992年邓小平南方谈话以来，随着社会主义市场经济体制建设，我国事权划分格局也逐步演变，但至今仍不得不说到其中存在的诸多问题。我国现行法律对事权的规定大都呈现“粗线条”的特点，且存在特别值得注意的“冲突点”；在中央与地方事权划分方面，存在不清晰、不合理、不完善三类“乱象”；在划分原则方面，我国已经历三阶段演变，每一阶段都颇具针对性地指向当期最为突出的问题，但因在很大程度上受到事权改革滞后的制约，所以几个关键关系尚未形成一种较合意的机制。

（一）相关法规的“粗线条”特征

党的十八届四中全会关于“完善不同层级政府特别是中央和地方政府事权法律制度”的进一步要求，具有深刻的内涵。《中华人民共和国宪法》（以下简称《宪法》）第二条首先明确规定了我国权力归属的主体，即“中华人民共和国的一切权力属于人民”，基于这一归属的行使权力的制度是人民代表大会制度，在实践中的表现形式就是“全国人民代表大会和地方各级人民代表大会”，第三条中提及的国家行政机关、审判机关、检察机关，作为由人民代表大会产生的机构，实际上可视为权力实际执行的主体。从《宪法》规定的权力归属逻辑来看，依托归属主体分为全国和地方两大层次，可再次体会中央与地方事权划分的必要性和重要性。

然而，若对现行法律中已有的与事权相关的规定进行梳理，则不难发现这些规定多是“粗线条”的。在方向上，依托事权的执行主体，《宪法》规定“中央和地方的机构职权的划分，遵循在中央的统一领导下，充分发挥地方的主动性、积极性”，其中首先强调了中央统一领导，其次再强调发挥地方主动性和积极性，内含我国中央与地方事权划分应以中央为主导之意，但却并未对如何体现统一领导、地方主动性和积极性如何发挥作出具体规定。

继续细化梳理则可进一步发现，在特定场景下，若推行中央与地方事权划分的改革，则现行法规之间会表现出种种不内洽之处，政府事权的法律化也难免陷入尴尬。《宪法》第八十九条对国务院行使的职权进行了明确规定：国务院可根据宪法和法律制定规定行政法规，并可规定中央和省、自治区、直辖市的国家行政机关的职权的具体划分。而按照《中华人民共和国立法法》第七十三条的规定，“其他事项国家尚未制定法律或者行政法规的，省、自治区、直辖市和设区的市、自治州根据本地方的具体情况和实际需要，可以先制定地方性法规。在国家制定的法律或者行政法规生效后，地方性法规同法律或者行政法规相抵触的规定无效，制定机关应当及时予以修改或者废止。”按照《宪法》第一百条所定，省、直辖市的人民代表大会及常务委员会可制定地方性法规，但这一地方性法规是作为行政法规的下位法而存在的。因此，事权划分以法律化来保障稳定性和连续性这一点，可能由于行政法规和地方性法规在特定场景的不对接、不内洽而难以达成。

（二）事权划分三类“乱象”

从我国中央与地方事权划分的现状来看，主要存在以下三个方面的问题。

首先，法定主体不清晰，履职主体不明确。从我国中央政府和地方政府职能关系来看，地方政府在很大程度上是中央政府的延伸，“上下一般粗”特征非常明显，地方政府职能部门的设置基本与中央政府一一对应。除了外交事务及大部分国防事务等突出的中央事权外，其他事务基本都是从上级到下级“多头管理”，“九龙治水”，易扯皮推诿权责不分明，导致效率低下。

其次，法定主体不合理，中央事权明显不足。从 2015 年数据来看，全国一般公共预算支出为 175 768 亿元，而中央本级一般公共预算支出仅为 25 549 亿元，仅占全国数额的 14.5%，与世界范围内大多数国家相比是一个非常低的水平。在中央和地方事权划分的视角下，国家安全、边防边境（包括公路、界河、海洋等）、跨地区生态环境治理、跨区域司法管理、食品药品安全等本应当作为中央事权的事务，在现在框架下的表现是中央“缺位”或“不到位”，地方在没有足够动力或具有扭曲式过高“积极性”的情况下一边承担事务工作、一边承担部分经费，很容易造成这些事务管理秩序紊乱，许多相关政策效力很低。

最后，制度供给不完善，“潜规则”往往起到极大作用。在尚未建立健全法律体制机制的情况下，现行中央与地方事权格局中，“上有政策，下有对策”的现象比比皆是，潜规则往往大行其道，极端说法是“政令不出中南海”，权力履行很不规范。究其原因，一方面是主动因素，由于制度供给缺失而导致地方政府可钻“变通”的空子，甚至不惜越权来制定一些有利于本地的“土政策”；另一方面则是被动因素，由于地方过多承担了中央的事权，地方在财力制约下势必选择降低标准执行，甚至对于某些只有指令而无配套资金的事权，地方政府选择不履行或敷衍了事，问责机制出于认定责任困难等因素，也很难切实发挥作用。

（三）事权划分的原则演变

在我国，事权划分原则已经历三个阶段的演变：第一阶段是强调“事权与财权相适应”，第二阶段是强调“财力与事权相匹配”，第三阶段是强调“事权与支出责任相适应”。这一演变过程与我国 1994 年分税制改革确立以来面临的阶段性问题有关，1994 年分税制改革时的事权界定基本上是对现状的白描（楼继伟，2013），事权改革可说一直没有真正得以启动，财权虽然在分税制改革之初得以划分，但是在分税制财税体制运行一段时间之后，财力的纵向分配已呈现明显缺口，针对基层财政困难的突出问题，原则由第一阶段过渡至第二阶段。随着我国均衡性转移支付工作的持续推进，久悬未决的基层财政困难等问题，使事权与支出责任之间的矛盾凸显，原则从第二阶段步入第三阶段。从事权与财权相适应到财力与事权相匹配，我国实际上在中央税、地方税和中央与地方共享税划分的基础上又加上转移支付，在试图逐步理顺中央和地方的财权划分，而从财力与事权相匹配到事权与支出责任相适应，我国实际上在逐步推进财权和转移支付在整体制度安排的合理化，所以当前走到已无可回避的事权划分的攻坚阶段。实际上，中央与地方事权的划分仅停留于理顺两两关系的思路，显然很难达成最终合意结果。就事权划分原则已经历的三阶段演变来看，每一个阶段都颇具针对性地指向当期最为突出的问题，但因在很大程度上受到事权改革滞后的制约，所以几个关键关系尚未形成一种较合意的机制。

三、财政联邦制事权划分的内在逻辑对我国的借鉴

在“财政联邦制”框架中，事权划分是一项极为重要的内容，世界范围内较为典型的财政联邦制国家，其中央与地方事权划分的实践为我们提供了许多可借鉴的经验，但这些经验与我国的实践在对接过程中是非常有难度的：首先，我国并不是联邦制国家，联邦制事权划分的许多根本原则与我国现行制度是完全无法对接的；其次，不同类型的联邦制国家，其所采用的划分事权的具体标准等也不同，可称得上是因国而异。鉴于此，本文试图在典型的财政联邦制国家的实践基础上，总结几条在一定程度上带有共性特征的“经验性规律”，以期为我国进一步理顺中央与地方事权划分提供一些可供借鉴的线索。

（一）事权划分中通常有法定主体和履职主体两种认定

在典型的财政联邦制国家，事权在联邦政府、州（省）政府和地方政府之间的划分通常是非常明确的。当然，无论事权和财权，在实践中大都表现出至多在三级政府之间的划分，这一点也是一项显然重要的值得借鉴的经验。学界早已对此有过许多探讨，并在很大程度上达成了共识，并在我国财权划分实践中推动了省直管县和乡财乡用县管的改革举措，因而事权的大框架实际上也应与财权相似，即应当考虑在三级政府之间进行划分，从经验上来讲，这更加有助于推动有效设计路径与方案的形成。然而，三级政府之间划分事权这一经验，对于中央和地方事权划分来说仅构成必要条件，而非充分条件。从国外经验来看，典型的财政联邦制国家在联邦、州（省）和地方的事权划分中通常还须将主体层面区分为法定主体和履职主体，每一项事权都有明确的法定主体和履职主体，权责十分明确。结合典型国家的实践，通过法定主体和履职主体两种认定，至少可在纵向事权划分中产生以下优化效果：

一是有利于缩小共同事权中模棱两可的地带。以加拿大为例，其移民这一项事权是作为联邦和省的共同事权存在的，法定主体是联邦和省，但履职主体则明确为联邦。加拿大地方服务这一项事权是作为省级事权存在的，法定主体是省，但履职主体则明确为地方。从法定主体来看，加拿大

似乎仅在联邦和省两级政府之间划分事权，而进一步从履职主体来看，就不难发现其事权是在三级政府之间的明确划分。

二是有利于在纵向事权划分的基础上进一步明确支出责任。以澳大利亚为例，其教育这一项事权的法定主体是州和地方政府，而履职主体则是州政府，且明确规定了州政府履职过程中，联邦政府对全国性目标进行财政支持。澳大利亚在医疗这一项事权的处理上与教育采取了相同模式。

三是有利于州（省）以下事权的进一步划分。以澳大利亚为例，对于公共秩序和安全这一项事权，明确规定了法定主体是州和地方政府，履职主体则是州政府，而对于住房和公共设施这一项事权，明确规定了法定主体是州和地方政府，履职主体仍然是州和地方政府。

（二）支出责任往往由事权的履职主体来承担

从典型国家财政联邦制的实践中观察，其事权与支出责任的匹配体现在由事权的履职主体来承担相应的支出责任，这一点，可说是将已经明确划分的事权进一步在实践层面落实的关键。事权法定主体的确认往往是认定其权力的归属，而权力的执行却没有明确，在归属划分中，共同事权的划分边界往往是模糊的，履职主体的认定能够明确至事权的执行层面，而这一主体也是承担支出责任的主体。以加拿大为例，其教育这一事权在法定主体层面是归属于省的，但从支出责任来看，省政府支出占比仅为52.6%，而地方政府支出占比则占42.1%，看似事权法定主体与支出责任并不匹配。实际上，教育这一事权的履职主体认定为省和地方，基于此观察，事权与支出责任的关系可看出是归之于高度匹配的。再观察澳大利亚的教育，其法定主体为州和地区政府，但其支出责任方面的表现则是联邦政府支出占比30%，而州和地区政府支出占比为70%，看似并不匹配，而从履职主体来看，澳大利亚规定教育的履职主体为州政府，但联邦政府要对全国性目标进行财政支持，与其现行的支出责任又是归之于高度匹配的。

当然，由于事权与支出责任的项、款、目等技术性细节在形式上并非完全重合，所以并非每一项事权都可如上述例子那样可以特别清晰地观察到，与支出责任相匹配的往往是事权的履职主体，但笔者认为，从诸多可以观察的例子追溯其逻辑意图，应当作出如此的框架性认识。

（三）财权的细化：决定权、征管权、使用权

纵向事权划分的落实，一方面要靠财力来保障，另一方面财权的划分也在很大程度上影响着履职主体落实事权的积极性。从国外典型的财政联邦制国家的实践来看，其财权并非只是粗线条地分为税权、收费权等，而是进一步将财权进行细化，如划分为决定权、征管权、使用权等权力种类，对于同一种税收收入的财权，其决定权、征管权和使用权有可能隶属于各不相同的政府层级，以此来结合不同税种的特性进行与事权划分相顺应的财权的精细化管理。以加拿大为例，其所得税收入的税基决定权隶属于联邦政府，税率决定权隶属于省政府，征管权隶属于联邦政府，而使用权即收入的划分则是在联邦政府和省政府之间以接近65%和35%的比例进行共享。再以瑞士为例，其增值税收入的税基决定权隶属于联邦政府，税率决定权也隶属于联邦政府，而征管权隶属于行政区和地方政府，其使用权全部归联邦政府，即联邦政府100%专享增值税收入。

（四）转移支付制度弥补纵向财政缺口和促进、保障横向均等

在联邦、州（省）和地方政府事权明确划分的基础上，循事权与支出责任相匹配的原则，由事权履职主体来行使支出责任，在财力细化量化的基础上结合事权划分合理划分财权，对于仍然存在的纵向财力缺口，采用转移支付制度进行弥补。可以说，转移支付收入与税收收入、收费收入等共同构成履职主体执行事权的财力保障。转移支付的初衷和作用就是弥补纵向财力缺口，且现行财政联邦制国家一般都有两级转移支付，联邦政府对省政府的转移支付和省政府对地方政府的转移支付（也不排除联邦直接对地方的转移支付），在精准计算纵向财力缺口的基础上，以此制度来保障财力与事权的匹配。

总结来看，财政联邦制国家在事权划分方面所遵循的原则并非两两关系的理顺，而是带有顶层设计意味的通盘体制机制，追求在联邦、州（省）和地方政府事权明确划分的前提下，事权与支出责任、财权、财力的整体匹配。从实践逻辑上来看，事权主体通常有法定主体和履职主体的划分，履职主体承担事权的支出责任，以此达成事权与支出责任的匹配，最终以财权划分和转移支付制度共同构成的财力水平与支出责任达成匹

配，从而完成事权的履行。本文认为，这种体制机制的设计和其内在逻辑的运转，对我国事权划分的实践而言是颇具框架性、前提性借鉴意义的。

四、我国事权划分的对策建议

基于以上分析，本文对我国现阶段中央与地方事权划分提出如下初步建议。

（一）事权划分应切实落实规范化、法律化

现阶段推进我国中央和地方事权划分的改革应当切实落实规范化、法律化，而法律化更是事权划分在较长时期形成稳定局面的关键。就我国相关法律对事权规定的现状来看，事权划分中的立法工作显然任务重大。首先，应当直面我国现行相关法律中存在的不内洽问题，在“一切法律、行政法规和地方性法规都不得同宪法相抵触”的规定下，应解决行政法规与地方性法规同时规定事权时面临的尴尬问题，理顺其他相关法律法规内容；其次，应考虑在上位法中明确中央和地方的专有事权、共同事权、委托事权等形态，并对相关原则作出明确规定，并特别注重解决合理扩大中央事权的问题，适度加强中央事权和支出责任，将该收的事权收上来，如国防、外交、经济案件的司法管辖权、关系全国统一市场规则和管理全局性公共品（如大江大河全流域管理）等，都应当明确其作为中央事权定位，而涉及部分社会保障、跨区域重大项目建设维护等的事权来作为中央和地方共同事权，并特别注重逐步理顺共同事权中不同层级政府之间的事权分工合作关系，带有无外援特征的区域性（辖区、社区）公共事务与服务则应作为地方事权。

（二）理顺事权、财权与财力、支出责任的关系

借鉴财政联邦制国家的实践经验，我国应当从两两关系的理顺推进到各种关系的整体理顺。总体上，应积极考虑实现中央、省、市县三级框架中，按“一级政府（政权）、一级事权、一级财权、一级税基（费基），一级产权，一级举债权（用债权），一级预算，再加上中央、省两级自上而下的转移支付”整体制度安排，达到各级、各地政府“财权与事权相

顺应，财力与事权相匹配，事权落实于操作层面的支出责任之上”的境界。在中央与地方事权划分的过程中，我国也可积极考虑明确法定主体和履职主体，以履职主体的形式来确定相关事权最终执行的环节到底落在那一级政府，那么就由该层级政府承担事权支出责任，以此达成事权与支出责任的匹配。在此基础上，是以财权划分和转移支付制度共同构成的财力水平与支出责任达成匹配，从而完成事权的履行。在我国，财权主要包括了税收、行政性收费、国有资产收入、举债收入等。

（三）优化和细化中央与地方的事权划分方案

依照对中央与地方关系的哲理，在理顺政府与市场、政府与企业、政府与社会等多方关系的基础上，明确事权的大分类即事权的起点，并继续细分事权一直对应到支出责任的项、款、目等，即事权的终点，总体形成事权的范畴。在事权范畴的基础上，明确事权的法定主体和履职主体，再进一步明确认定中央、省、市县的事权范围和一览表（明细表）。基于我国现阶段中央与地方事权划分中存在的问题，借鉴国际经验和财权划分的探索，结合党的十八届三中全会决定的明确要求，应当首先将事权明确地划分为中央事权、地方事权和中央与地方共享事权。其中，还包括较为特殊的委托事权，从归属上来讲，它应当是属于高端（中央、省）事权，而高端进行具体执行比之地方更加无效率，所以以委托形式交由地方执行更能体现效率原则。从中央和地方事权与支出责任相匹配的原则出发，中央事权应当由中央政府履行支出责任，地方事权应当由地方政府履行支出责任，中央和地方共享事权则应当明确划分履职主体和履职细则，由相应层级的政府来履行支出责任，中央委托给地方的事权应当由中央政府以足够财力保障地方相应履行支出责任。

对于具体的事权划分，应当注意：将涉及主权、统一市场、跨区域协调等方面的事权收归中央；根据所提供公共品是否外溢性来决定是否应将事权上提，具有明显外溢性的公共品提供的事权应当提上高端，由更高一级别的政府来提供；根据信息对称程度的必要性来判断事权的划分，要求基层、低端信息对称程度高的事权应当首选纳入低端事权范围。

事权最终的划分结果，一定应当是形成带有顶层设计性质的通盘划分的表格，其应当依次包括：事权的类、项、款、目，及其所对应的法定主体和履职主体，对接至现行财政体制中财政支出的具体项目以及所需财力，进而在此基础上进行最终的财力保障测算，配套安排转移支付。

（四）进一步理顺财权划分

在推进中央与地方事权改革的同时，亟需按配套改革逻辑继续理顺财权划分，一方面在考虑财力约束和财力分配的前提下深化税费改革和地方税体系建设，进行财权的划分，另一方面应当考虑在激励相容的原则下健全以财权划分制约事权履行的机制。如上所述，我国的财权主要由税收、行政性收费和国有资产收益、举借公债等构成，应当在全面减少、清理不合理行政性收费的基础上，依照每个税种、费种、债种的属性进一步理顺财权改革。我国税收的决定权基本在中央层面，税收收入分享的比例在很大程度上直接影响地方的积极性，所以整体设计上一方面要防止税收划分抑制这种积极性的正确发挥，另一方面也要防止这种积极性非正确的扭曲式的发挥。

（本文原载于《财经问题研究》2016 年第 10 期）

改革推进中的央地关系与改革央地关系

——走向水平性分工与当地化委托—代理

张文魁*

落实党的十八届三中全会和四中全会精神、将改革推进下去，无法回避中央和地方之间关系这个问题。更重要的是，中央和地方之间关系本身需要进行根本性改革。央地关系改革需要确定一个清晰的方向，这个方向应该是建立水平性分工关系和当地化委托—代理机制。在这个方向下，中央和地方可以实现清晰的事责划分并形成良好的问责体系，从而构建一种合理、可持续的新型央地关系。

一、引言：解释两个议题

本文先讨论两个相互联系但又各自独立的议题：一是如何按照党的十八届三中全会精神在改革推进时处理好央地关系；二是未来应该如何改革央地关系。

第一个议题是直接来自于推进改革时候的困窘。党的十八届三中全会要求全党同志把思想和行动统一到中央关于全面深化改革重大决策部署上来，正确处理中央和地方、全局和局部、当前和长远的关系，坚定不移地实现中央改革决策部署，中央成立全面深化改革领导小组，负责改革总体设计、统筹协调、整体推进、督促落实，各级党委要切实履行对改革的领导责任，完善科学民主决策机制，以重大问题为导向，把各项改革举措落

* 张文魁，国务院发展研究中心企业研究所副所长。

到实处；鼓励地方、基层和群众大胆探索，加强重大改革试点工作，及时总结经验，宽容改革失误。显然，地方和基层的大胆探索、重大改革试点与中央的总体设计、统筹协调存在一个如何理解和如何衔接的问题。在推进改革的实际工作中，地方上生怕没有准确推进改革，既担心该尽早推进的改革却拖延了，又要避免该中央统一部署的改革却抢跑、该试点的却仓促推开、该深入研究后再推进的改革却急于求成；而中央在一定程度上又希望地方大胆探索试验，以便于中央总结经验和全面推行。就国有资产管理体制和国企改革这一重点改革领域来看，地方上至十月底已经有二十多个省、直辖市、自治区出台了国资国企改革指导意见，有的地方早在2014年底就出台了这样的指导意见，但中央至今为止尚未出台国资国企改革指导意见。我国目前实行的是分级履行出资人职责的体制，中央的国企由国务院国资委等中央机构监管，地方上的国企由地方上的国资委等地方机构监管，到底地方政府和地方国资委是否有权力、有责任根据本地已出台的改革指导意见去按部就班地推进地方国企的改革，还是要等待中央出台类似的指导意见之后才能推进地方国企改革，并不是很清楚，至少在实际工作中地方上并不清楚，所以基本上处于等待观望状态。如果都由中央出台的指导意见为依据来推动地方国企改革，为何地方上还要出台各自的指导意见？又如金融领域改革，三中全会决定提出要在加强监管前提下，允许具备条件的民间资本依法发起设立中小型银行等金融机构，要界定中央和地方金融监管职责和风险处置责任。这些只是原则性的论述，当涉及区域经营的中小型民营银行这样的具体问题时，其牌照发放、日常监管、风险处置在中央和地方之间到底如何划分权责，并不清楚，以至于这项改革的力度与实际需求和社会呼吁相比仍然有很大距离。国资国企改革和金融改革只是许多事例中的两个。

第二个议题，更具基础性意义。党的十八届三中全会决定本身就对未来的央地关系有许多论述，这说明，中央领导层已经清醒地意识到央地关系需要进行改革。改革央地关系，显然比目前改革推进中如何处理好央地关系需要更加长远的眼光、更加宏观的框架。

本文打算先把第二个议题作为讨论的重点。第二个议题讨论清楚之后，第一个议题就可以迎刃而解。

二、议题二的提出

改革央地关系这个议题，直接由党的十八届三中全会通过的《中共中央关于全面深化改革若干重大问题的决定》所引出。值得注意的是，该《决定》并没有直接提出改革央地关系，但是在许多部分中，却都有央地关系的论述。这些论述如果拼接起来，是一块很大的内容，比有些辟出专题的论述还要丰富。梳理并简要评论一下这些内容，很有必要。

“加快转变政府职能”这一部分提出，要进一步简政放权，直接面向基层、量大面广、由地方管理更方便有效的经济社会事项，一律下放地方和基层管理；加强中央政府宏观调控职责和能力，加强地方政府公共服务、市场监管、社会管理、环境保护等职责；优化行政区划设置，有条件的地方探索推进省直接管理县（市）体制改革。上述内容提出了一个重要的方向，就是地方政府和中央政府各自承担适合于各自管理的经济社会事项。但是，由上向下转移的事项，是中央向地方“下放”，潜台词是有必要时也可以“上收”。事实上，过去就有很多轮的下放与上收，央地关系无法稳定化、缺乏明确的预期。虽然提出了“直接面向基层、量大面广、地方管理更方便有效”这些条件，但这些条件仍然是相当含糊的，另外如“加强地方政府公共服务”等职责，更是缺乏标准。总之，哪些事项在中央、哪些事项在地方，更像是取决于谈判，这会产生很大的随意性。

“深化财税体制改革”这一部分提出，要建立现代财政制度，发挥中央和地方两个积极性；建立规范合理的中央和地方政府债务管理及风险预警机制；完善一般性转移支付增长机制，清理、整合、规范专项转移支付项目；深化税收制度改革，完善地方税体系；建立事权和支付责任相适应的制度；逐步理顺事权关系，进一步理顺中央和地方收入划分。这些内容涉及的所谓“发挥两个积极性”，当然没有太大的实际价值；转移性支付和专项支付的改善和重整，以及地方税体系的完善、事权和支付责任的相适应、央地收入的合理划分，实际上都取决于央地“事权”能否理顺。这里对事权加引号，是因为笔者认为称作“事责”要更加合适。

“加强社会主义民主政治制度建设”这一部分提出，要发展基层民主，健全基层选举、议事、公开、述职、问责机制。这些内容意味着非常重要的改革，但是不清楚的是，基层问责如何与基层事责相对称，如果相应的事责并不属于基层，相应的收入也不归基层，就可能存在对基层的不当问责和过度问责的问题。这个问题长期以来在基层并不少见。

“推进法治中国建设”这一部分提出，要减少行政执法层级，加强食品药品、安全生产、环境保护、劳动保障、海域海岛等重点领域基层执法力量。现在还不清楚，这些内容中的基层执法力量，到底是中央政府部门在地方上工作、在基层工作的分支机构呢？还是地方政府的机构？抑或是所谓的“双重管理”机构？

“强化权力运行制约和监督体系”这一部分提出，要推动党的纪律检查工作双重领导体制具体化、程序化、制度化。这个内容也涉及“双重”问题。“双重”在实际运行中需要进一步的清晰化。

“加快生态文明制度建设”这一部分提出，要形成归属清晰、权责明确、监管有效的自然资源资产产权制度；健全国家自然资源资产管理体制，统一行使全民所有自然资源资产所有者职责；完善自然资源监管体制，统一行使所有国土空间用途管制职责；健全国有林区经营管理体制，完善集体林权制度改革。笔者认为，国有资产如何建立现代产权制度，在中国是一个尚未解决的严峻问题，本文在后面将要专门讨论。自然资源如何建立现代产权制度，比企业国有资产要复杂得多，目前所面临的问题也严峻得多。统一行使全民所有的自然资源资产所有者职责，如何做到？技术上是否可行？需要打一个大大的问号。

上述内容还不是十八届三中全会《决定》中涉及央地关系的全部。总的来看，笔者认为，中央和地方的事责划分，是一个核心问题。但这一核心问题至今为止并未有清晰答案。只有这一问题有了清晰答案，才能在此基础上讨论与事责相对称的立法权、行政权、司法权问题，以及财税体制问题。

改革央地关系这个议题，虽然直接从党的十八届三中全会的文件所引出，但并不意味着这项改革是教条主义的改革，因为三中全会的改革议题，特别是那些重大的改革议题，是经过深入调查研究、通过对现实问题的把握而提出的。实际上，前面对第一个议题的讨论，也印证了目前的央地关系存在许多不甚清晰、不甚明确之处。

三、思考央地关系的方法和视角

既然中国的央地关系存在问题、需要改革，而且中共十八届三中全会《决定》并没有提供清晰的改革图样，那么对央地关系的改革到底采用什么样的思考方法为好？有两种可供选择的思考方法：一个是理论的思考方法，另一个是经验的思考方法。所谓理论的思考方法，是从一种理论出发，拿现状对照这种理论所描述的合理状态，然后照这个合理状态去改革。关于央地关系，有一些非常成熟的理论研究。经验的思考方法是直接从现实问题出发来分析问题的根源和解决的方案。经验的方法可以认为是英国经验主义的方法，如约翰·洛克在《人类理智论》中就指出，对一些社会设计，不应该把判断建立于天生理念之上，而要把判断建立于经验之上。理论的方法可以认为是欧洲大陆理性主义的方法，如勒内·笛卡尔的思维方法。当然这里所谓的理论，并不是完全凭空想象的乌托邦，也是建立在实践的基础上，也带有经验的成分。讨论中国的央地关系，需要谨慎起见，所以下面会更多地是从经验的思考方法来讨论中国的央地关系，但最后的分析还是会与理论思考接轨。

经验的思考方法，需要建立一些视角。从中国的实际情况出发，可以有如下三个视角：第一是财政和公共服务及事责的视角；第二是国有企业和国有资产的视角；第三是权力分配和民主治理的视角。

先来看一下财政。财政部的数据显示，2013 年，全国财政使用的收入总量为 130 292.64 亿元，支出总量为 142 292.64 亿元；中央财政使用的收入总量为 61 173.77 亿元，中央本级支出 20 471.75 亿元；地方本级收入 68 969.13 亿元，加上中央对地方税收返还和转移支付收入48 037.64 亿元，地方财政调入资金 149.74 亿元，地方财政收入总量为 117 156.51 亿元；地方财政支出 119 272.51 亿元，加上地方政府债券还本支出 1 384 亿元，地方财政支出总量为 120 656.51 亿元。可以看出，全国财政收入总量中，中央占 47.0%；全国财政支出总量中，中央占 14.4%。各级政府的职能是提供公共服务，承担相应的事责，并发生相应的财政支出。因此，可以认为，中央所提供的公共服务和承担的相应事责只占全国全部公共服务和事责的 14.4%，其他 85% 以上是由地方各级政府来提供和承担。

但是，全国财政收入的近一半却是由中央政府收取，转移给地方政府使用。这种反差说明，除了外交、国防等少数公共服务和事责之外，中央政府基本上不直接提供其他公共服务，不直接承担其他事责，它更多是作为组织学中金字塔的最顶层，对下面各层级进行组织和行为管理，并对下面各层级分配财政资源。

政府收入的大量资金首先直接流向中央，然后由中央分配给地方，由地方政府去提供各项公共服务并承担相应事责，看得见的直接结果就是央地财政关系的扭曲：中央收入的大部分是用于转移支付，地方提供公共服务和承担事责的大部分资金是来自于中央。这种扭曲不但会导致效率损失和公平损失，也会导致道德风险和腐败。一些研究表明（“我国共同富裕道路问题研究”课题组，2014），大量的转移支付出现了明显的“逆效应”，城乡居民收入差距、不同阶层收入差距、地区间居民收入差距并没有缩小，反而因为转移支付而有所拉大，特别是西部地区、中部地区居民的人均转移性收入普遍低于发达的东部地区居民。

国有企业和国有资产的视角在中国具有很大的重要性，因为中国有很多所谓的国有资产，而且国有资产的概念还在扩张之中，国家的物权法等法律对国有资产又特别重视。所谓的“国有资产”的权属、权利、权力在央地间到底如何划分？这是一个并不清楚的事情。在实际当中，那些所谓的国有资产、国有企业，到底是国有、省有、市有、县有？所谓的国有资产、国有企业并不是分级所有，而是统一所有，但在实际工作中又不可能都由中央机构来履行所有者的权利和职能、获取所有者利益，要分配到各级政府当中去，这就造成了很多问题。名义上拥有所有者的却不行使所有者权利和获取所有者利益，甚至不进行所有者监督，而实际上占有者、使用者、受益者却没有所有权，这些占有、使用、受益从理论上来说随时可能被所有者拿走或进行重新分配，实际上也出现过这样的情况。这是典型的产权不清晰和产权错配。这种不清晰和错配，不但导致财产得不到珍惜和保护、收益得不到正确分配和使用，而且一些财产权利衍生出来的处置权变异为行政审批权，譬如说一个地方国资委监管的国有控股的上市公司的国有股要转让，也要到财政部来审批。这使得行政权力取代财产权利，这会侵蚀市场秩序和法律秩序。

特别是自然资源资产，权属、权利、权力在各级政府之间、各个部门之间的划分，非常紊乱。自然资源包括土地、矿产、水等等，现在一些部门把空气、阳光等等都包括进去了。2012 年 6 月，黑龙江省颁布《黑龙江省气候资源探测与保护条例》，其中规定企业探测开发风能及太阳能资源必须经过气象部门批准。土地的权属、权利、权力体系更复杂，也很不清晰，形成一个难以解开的结，各级政府各个部门都去抢占。如果不建立清晰的产权制度，这会成为一个解不开的死结。

中国有 15 万多家国有企业，这些企业的国有资产净值超过三十万亿元。但其中有十万家是地方国有企业，这些地方国有企业本来有许多就是由地方政府筹措资金而设立，并没有得到中央的资金，中国早就实行财政“分灶吃饭”了，这些地方国有企业到底是由一个省、市、县所有并由当地人去享有企业带来的收益呢？还是全国所有并由全国人民享有收益？以及这些企业的监管者到底是谁？这些企业的“收”、“放”以后还会不会出现？这些都是问题。

国有资产、国有企业与财政也是联系在一起的，因为政府的融资平台本身就是国有企业，而且国有企业的资本收益也可能通过国有资本经营预算的方法来充实财政。同时，财政资金有一些也会流向国有企业，比如上市公司补贴等。下一步还要编制中央和地方的资产负债表，就可以看得更清晰了。如果国有资产在央地间分不清，那债务、财税、公共管理和公共服务在央地间也就难以理清。即使地方债务由地方自己负责，这实际上并不能堵住地方政府放肆借债，并不能堵住道德风险，因为中央政府可以给地方政府注入各种国有资产、各种自然资源的收益使用权，还可以通过财政转移支付或承揽地方上的一些支出责任来帮助地方，这样边界就全模糊了，硬约束就全消解了。所以，央地之间的国有资产、国有企业不清晰，也会加重央地之间财政关系和事责的不清晰。

最后是权力分配和民主治理的视角。国家公共服务的绝大部分是由地方政府来提供的，相应的事责也由地方政府来承担，照道理来讲，地方政府应该有相应的行政权作保障。但实际上，行政权在央地间的划分很不清晰，也很不稳定，而且地方行政权的来源主要是中央，而不是当地的民众或立法机构。地方行政权与地方公共服务和事责的不匹配，与地方财政与地方公共服务和事责的不匹配是一样的状况。比如，地方上工商行政管理、食药监管方面的权力，实际上分不清是垂直体系还是非垂直体系，公安领域的权力也一样。工商行政管理方面的事责和权力，既包括商事登记——公司注册，也包括反垄断，还有市场秩序的维护如打击假冒伪劣。在大部分国家，商事登记肯定是在地方，这个没法垂直也不需要垂直；而反垄断，一个地方基层的工商局或工商所怎么去反垄断？打击假冒伪劣、维护市场秩序，它主要也不是地方基层的事情。至于公安，交警、片警的执法权，是很当地化的事情，而一些大的刑事案件，如跨地区、跨省的地方诈骗等，就不是当地化的事责和当地化的权力，并不是一股脑地把公安进行垂直化或者去垂直化就可以解决的，而是要划分哪些事责和相应权力应该归属于地方，哪些应该归属于中央。

与事责划分和权力划分相关的是民主治理。民主治理当然包括中央层面，这方面我们实际上早已形成了完整构架，只不过需要改进和改善。本文的民主治理视角，主要是指地方层面的民主治理。尽管地方层面也早已形成了与中央相同的治理构架，但与中央层面有一个本质的不同之处，就是地方上作为中央的下级，受到来自于中央的管理。那么就要理解，为什么需要强调地方层面的治理，而不仅仅是中央对地方的管理。哈佛大学教授马克·罗（Roe，Mark.，2004），在分析公司治理时说："治理是指处于公司顶部——董事会、执行官员、股东——的那些关系。"一个集合体、一个组织体的中层不存在治理，只存在管理，是上级对下级进行管理、下级执行上级的计划和指令，而一个相对独立的集合体、一个组织体的顶部一定需要治理，因为没有来自于更上层的管理和激励、约束，所以需要本层级自我产生激励和约束机制。我们需要思考，地方政府包括地方上的立法、行政体系在内，到底是中央的立法、行政体系的下级，也就是说，是作为一个整体性的科层体系的下层，还是作为一个平层而存在。当然这里所谓的平层是相对的，因为中央对地方无论如何都应该拥有至少某些方面的管理权力和约束力。如果是前者，就不存在地方治理问题，当然也谈不上民主治理；如果是后者，那么地方就需要顶部的东西——治理。党的十八届四中全会决定提出，要明确地方立法权限和范围，依法赋予设区的市地方立法权；要推进基层治理法治化。这应该看作一个建立地方治理的清晰信号。

目前我国的地方体系可以大致看作是一个下层—平层混合试验体。比如省长的产生也是经过本省人大选举，但同时也是上层来选择。市、县、乡也一样，只有村是自治体，其实现在村也慢慢变成乡一样的情况了，所以我们也可以把村也作为一个政府层级。中央、省、地级市、县、乡、村，有六个政府层级，在全世界也绝无仅有。如果这六层都属于一个整体性金字塔的一个层级，作为一座六层高的金字塔，组织行为学中的科层困境就会非常严重，我国就是这样的情况。所以我们应该考虑，哪些层级应该作为上级的下层？哪些层级更应该成为相对的平层。现在许多人只是从减少层级来对付这个问题，比如提倡财政省管县。其实，就说改革开放以来，计划单列市就是类似的尝试，不过到目前为止没有很好地解决这个金字塔的科层困境，根本原因就在于是下层还是平层、是管理还是治理，没有想清楚。笔者认为，单纯的科层体系是行不通的，我们需要把地方层面作为一个相对的平层来考虑，因此而引入更健全的治理，而不仅是改善上级对下级的管理，这样才有出路。其实我们一直在不自觉地往这方面走，才形成了目前的混合试验体，只不过没有建立这种自觉理念，因此就没有很好地进行方向清晰、构架明确的改革，就没能很好地各层级之间的事责和权力关系。

既然地方上的治理需要真正实行并得到强化，我们需要考虑民主治理。社会变得更民主，这是一个无法回避的大趋势，不管喜欢还是不喜欢。民主有时候是没有理性的，但如果它是一个潮流不可阻挡，就要接受它、引导它，而不是去堵它。因此，地方的民主治理必然也必须得到发展，这不是一个理论问题，而是一个现实问题。十八届四中全会决定也提到，要完善和发展基层民主制度，这反映了中央对地方的民主治理并不排斥。

四、央地关系改革的基本方向：水平性分工与当地化委托—代理

我们从上面三个视角分析了我国央地关系的状况与困窘，同时也揭示了未来改革需要处理的问题。笔者认为，解决这些问题的钥匙，是自觉的水平性分工的引入。

水平分工关系是什么意思？就是一堆公共物品摆在这里，不管是中央政府还是省政府、市政府、县政府，都排队各拿各的，然后送货上门，送

到千家万户。在这样一个分发公共物品送货上门的体系当中，中央政府、省政府、市政府、县政府，是肩并肩的水平关系。其实在很多现代国家，中央政府是作为提供公共物品集合中某些物品而存在，各级政府之间关系主要是作为提供公共物品集合的分工者之间的关系。当然，这里所说的分工者之间的关系是主要关系，并不否定上级政府对下级政府在某些方面、通过某些形式也保持着管理和被管理的关系。

水平性分工关系与垂直性管理关系有着本质区别。垂直性管理关系，就是上级给下级下达计划、指派任务，并对下级分配资源、授予权力以及进行考核和奖惩，包括问责、人事任免。水平性分工关系，就是不同的任务由不同层级分别独立承担，并拥有相匹配的资源和权力。

从党的十八届三中全会的决定来看，中国现在实际上已经准备进行类似的改革，比如很多人提到基本的养老保险应由中央政府直接承担，当然外交、国防早就是这样了。党的十八届四中全会决定进一步指出，要深化行政执法体制改革，根据不同层级政府的事权和职能，按照减少层次、整合队伍、提高效率的原则，合理配置执法力量；要推进综合执法，大幅减少市县两级政府执法队伍种类，重点在食品药品安全、工商质检、公共卫生、安全生产、文化旅游、资源环境、农林水利、交通运输、城乡建设、海洋渔业等领域内推行综合执法；要完善市县两级政府行政执法管理，加强统一领导和协调。笔者认为，这些改革举措，实际上已经蕴含了一些水平性分工的内容。但是，由于我们没有形成明确的水平性分工的自觉思路和确定这样的改革方向，所以还有许多不清晰甚至自相矛盾之处。

水平性分工思路可以确立，在于公共产品集合中的各种物品所覆盖的范围不一样。公共物品涵盖非常广泛的范围，从基础设施到生态、环境、治安、教育、卫生、风险管控、社会安全网、福利、安稳和谐的社会氛围以及更好的创业环境、更大的商业吸引力和文化吸引力，以及相应的信息收集处理和发布，等等。在这个公共物品集合中，存在大量的地方性公共物品（local public goods）。地方性公共物品概念至少可以追溯到查尔斯·台博特对社区所提供的公共服务的研究（1956）。他认为，小范围的社区公共服务，实际上是一种俱乐部产品，这比由更高层级在大范围提供统一的公共服务要更加贴近实际需要也更加有效率。当然，詹姆斯·布坎南（1965；2009）对俱乐部产品进行了更多的研究，进一步说明了小范围的公共物品的意义。华莱士·奥兹（1981）从地方财政的角度进一步分析了地方公共物品与财政体系之间的联系，认为地方化的财政独立性和财政约束性更有利于地方政府提供适应当地需求的公共物品，而人口的自由迁移有利于各地公共物品偏好的多样化的出现和公众自由选择的显示，从而出现各地公共物品的竞争，提高公共物品的适应性和财政效率，从而他也引出了财政联邦主义。他和罗伯特·施瓦布（Schwab，Oates，1991）进一步系统地研究了地方公共物品的提供和社区构成，他们认为，由于公共物品提供的地区化，民众可以通过居住迁徙即以脚投票的方式来表达自己对公共物品提供的满意度和对公共物品提供的选择，从而避免了用手投票的高成本、不现实的问题，这实际上也避免了社会选择中的阿罗困境（肯尼思·阿罗，2010）。

政府作用也与经济学中的外部性有关，所以也可以从如何从克服负的外部性、增加正的外部性的角度来考虑各级政府之间的关系。外部性也存在地方性的问题。譬如说，在大部分情况下，污染物的排放导致的是地方性的外部性。外部性与公共物品一样，也与使用者如何获得收益、是否支付成本有关，外部性问题与公共物品问题实际上是联系在一起的。从外部性的角度来分析，所得出的结论与公共物品的角度来分析，应该是一样的。

地方性公共物品，到底是应该主要由中央政府通过计划、任务、指令等方式布置给地方政府去提供，同时主要由中央政府进行资金分配和对地方政府问责？还是主要由地方政府根据当地情况自主提供，并主要由地方政府自主筹集资金和接受来自于当地民众的问责？笔者认为应该选择后者。道理是显而易见的。首先是信息处理的成本问题。选择前者将面临很大的信息处理成本，而后者当然要低得多，尤其是当不同地区民众有着偏好不同的地方性公共物品需求时，中央化的处理方式将会导致成本的大幅度上升。其次是公共物品提供的效率和科层困境问题。选择前者将人为地增加更多环节，会增加协调的难度，同时也可能使公共物品的供给指令与真实需求脱节（詹姆斯·布坎南，2009），这些都会降低公共物品的提供效率。还会面临所谓的科层困境问题（盖瑞·米勒，2002），因为中央化的体制带来了金字塔式的管理结构，特别是中国的层级特别多，科层困境会特别严重。再次是问责的有效性的问题。来自于中央的纵向问责，看起来可能非常严厉，但其实不然，纵向问责可以被许多的技术方法所缓解，这主要是因为在一个多任务的委托—代理体系中，代理人总有理由为其中一个任务的失败而申辩。某些大国，为了避免上述的问题，多会愈来愈自觉地在央地关系中引入水平性分工。中国是一个有着十三亿多人口的超大型国家，而且层级非常多，各地区之间发展很不平衡，存在着大量的地方性公共物品，更需要自觉地引入水平性分工。美国等国家也是这样的。艾丽斯·里夫林（1991）在分析美国的央地关系时就认为，随着地方政府对地方公共物品的自主选择，中央政府需要自己提供什么样的公共物品以及全国民众对中央政府所提供公共物品的评价，反而更清楚了，也更容易使民众区分哪些应该对地方政府问责、哪些应该对中央政府问责。实际上，这就揭示了水平性分工关系。

主要由地方直接提供公共物品并识别当地民众对公共物品的选择偏好，自然也要求财政方面的自主性必须提高，这样才能使财政体系更有效率，也更具约束性。事实上，中国目前的财政效率较低，财政资金中存在大量的专项转移支付，使得许多财政资金用非所需，浪费了大量财政资源，而且缺乏与公共物品需求变化相适应的弹性。因此，未来地方财政不应该继续主要依赖中央财政的转移支付，而是要通过增强地方自身的财政自主性来解决问题。当然，仍然会有一些具有全国性的外部性的公共物品，需要由中央政府直接承担而不是由中央政府下达计划和指令要求来由地方政府提供。这就是一个与公共物品提供的水平性分工相一致的多级自主性财政体制。当然需要指出的是，所谓地方财政的自主性只是相对的，在任何国家，哪怕那些联邦制国家，中央财政不但对地方财政仍然进行一定的资金支持，而且也进行一定的监督和约束。

在一个水平性分工体系中，问责体系需要作出相应的调整。在一个金字塔型的体系中，问责制度是单向化的，永远是上面打下面的板子，这当然是剩余收益权和剩余控制权不对称，其实更容易导致道德风险。党的十八届四中全会提出，要强化上级审计机关对下级审计机关的领导，探索省以下地方审计机关人财物统一管理。这似乎是在强化上级对下级的纵向问责，在一定程度上体现了对同级的横向问责的不信任，同时也并没有就上级审计机关对下级的“领导”作出清晰界定。而在一个水平性分工体系中，由于大部分公共物品将由地方政府直接提供并直接承担事责，并且需要财政体系的相对独立，那么，当地化的委托代理体制必须形成，这样才能使问责明确和有效。大卫·布朗和约翰·沃德威尔的研究显示(1980)，民众在不同区域间的迁徙的确与他们对各地公共物品的选择偏好和满意度有关系，这实际上使公共物品的供给出现了某种程度的市场化竞争和市场化问责的机制。当然，对于由政府提供的公共物品而言，这种程度的市场化竞争和市场化问责机制远远不够。如果有一种更加符合公义、由民众直接发声（voice）和积极参与的问责机制呢？迈克·詹森(1983）在研究组织理论时，引入了委托—代理关系框架，罗德里克·凯威特和马修·麦卡宾斯（Kiewiet，Mccubbins，1991）则直接将民众与政府之间的关系定义为委托—代理关系。如果把民众与提供公共物品的政府之间的关系定义为委托—代理关系，显然，地方政府直接提供地方化的公共物品并承担事责、行使相应权力，那么需要一种当地化的委托—代理机制。这种当地化的委托代理机制，不但意味着对当地公共物品偏好和强度的选择不是来自于中央，而且相应的权力也不是来自于中央，问责也不是来自于上级——中央，它们都是来自于本地民众或者本地民众的代表。一直以来的那种链条长、距离远的垂直化委托—代理关系，即从上到下、层层叠叠的委托—代理关系，应该被改革为链条更短、距离更近的本地化委托—代理关系，这种本地化的委托—代理关系就是本地的老百姓要成为本地政府的一个委托人，本地政府作为一个代理人来提供公共服务、丰富公共物品。当然，笔者再次澄清，一定程度的垂直管理关系将仍然存在的，水平分工关系的清晰化、稳定化并不会消除垂直管理关系的存在。这与前面所讨论的自主性的地方财政和当地化的民主治理是相吻合的。

此外，正如我们在前面已经分析过的，政府资产不但与财政密切相关，而且也涉及资产使用的道德风险问题，因此，水平性分工与自主性地方财政体制，必然要求国有资产在各级政府间进行清晰的产权划分，使资产的权属、权利、权力在各级政府间有一个明确的分配并稳定化。这其实就是国有资产的分级所有。

当然，地方政府也需要有相对自主的行政权力，这也是水平性分工和地方化委托代理的题中应有之义。地方相对自主的行政权力，主要受到来自于当地民主治理的约束和问责，因此不但不会失控，而且有可能比在垂直体系下得到更加规范和有效的行使。同时，要引入地方政府债券发行与交易制度及地方财政破产制度，使市场化问责能够发挥作用。

五、央地关系的愿景

因此，未来央地关系的改革，不仅仅是中央与地方之间某些具体事项的谈判和某些比例的调整，如税收分成比例的调整。也许调整是有针对性的，同时也有实效性，有它的好处。但是缺点也非常明显，即缺乏明确的方向和清晰的逻辑，导致央地间的谈判和调整并不会终止于一次，而是会不断重复进行，使得再谈判（renegotiate）不断地进行下去，导致收收放放、循环不止。

我们需要为中国的央地关系确立一个清晰的愿景，这个清晰的愿景能够为中央政府和地方政府指明一个可预期的合理方向。笔者认为，这个基本方向，应该是水平性分工关系的形成和当地化委托—代理机制的建立。在这个方向下，我国央地关系的愿景应该是这样的：一级政府、一级事责、一级财政、一级产权、一级公共物品、一级行政权力、一级民主治理。

我们需要通过立法等形式，将这样一个愿景和这个愿景的具体内容、落实这些内容的路线图，实行法制化。这将会有利于促进地方之间由过去的 GDP 竞争转向全新的竞争，即公共物品提供的竞争、地方问责体系的竞争、地方财政稳健性的竞争、地方委托—代理机制和民主治理的竞争。这些竞争将会进一步刺激民众在不同地区间的迁徙性居住，而进一步的迁徙性居住又会继续鼓励地区间在上述方面的竞争，这就有可能形成良性循环。这种良性循环的出现，不仅有利于形成合理的、可预期的、稳定的央地关系，更有利于建立形成现代化的国家治理和良好的国家秩序。

在这个逻辑之下，重建央地关系可做的具体事情有很多。实际上，中国已经有一些学者的研究具有了这方面的内容（贾康等，2014），提出了中央政府和地方政府之间职责划分的类型、原则、方案，明确提出中央政府和地方政府都有各自独立承担职责，另外还有共同承担职责、上级政府委托性职责和上级政府引导性职责，并提出尽量减少政府间职责共担。当然，光是这些方面还远远不够，现在所谓的国有资产，包括自然资源资产，应该实行产权的清晰界定，建立分级所有制度。党的十八届四中全会提出，要建立健全自然资源产权法律制度。我们应该以落实党的十八届四中全会精神为契机，使不同层级政府间的分级所有得以实现。此外，实行地方债务的证券化并进行市场交易也是有益的，这有利于透明度的提高，并为未来的财政破产制度做准备。

确立了这样的改革方向和基本框架，我们就可以据此来讨论第一个议题，即在当前全面深化改革的推进中，如何处理好央地关系，以使改革能够有合适的路线图和时间表推进下去，到 2020 年完成十八届三中全会确定的任务，实现目标。

六、议题一的讨论：顶层负责设计基层负责试验吗？

沿着央地关系的基本方向和愿景，议题一的困窘不难解决。总的来说，那些明显带有地方性外部性的事项，那些未来明显应该由地方提供公共物品的事项，从现在起就应该由地方自主地推进改革。而那些明显的带有全国性外部性的事项，以及未来显然应该由中央提供公共产品的事项，并不应该由地方去大胆地尝试再由中央来总结经验教训和在全国推广。对于这些事项的识别，尽管不会太简单，但远远谈不上有多复杂。贾康等人（2014）有关财政改革方案的设计，实际上大致勾勒了这样的线条。当然，更加清晰明确的识别工作，还需要进一步的进行下去。

这意味着，我们通常所强调的“中央顶层设计，基层大胆探索”以及“中央统筹协调，地方勇于试验”的推进改革的方法，可能存在严重的误区。事实上，过去三十多年里，许多重要的成功改革并不是按照这样的方法推进的。譬如国企改革那些比较成功的举措，如最初的放权让利、承包制、租赁制以及后来的股份制、混合所有制、“双重置换”、破产重组，从来都不是顶层设计或者统筹协调的。中央在国企改革方面是否发挥过重要的作用？当然有，譬如说股份制改革过程中，中央制止了胡乱发行股票和胡乱进行股票交易的行为，但这些工作严格来说属于维护法律秩序，是中央政府应该做的工作。而另外一些领域的改革，特别是宏观经济领域的一些改革，根本不需要地方探索和试点，因为这在水平性分工体系中，与地方政府的事责没有关系。

在水平性分工和地方化委托—代理的思路下，落实党的十八届三中全会精神、推进全面深化改革，完全可以有新的做法。

下一步推进改革，在金融方面，那些与货币政策有关的改革，明显是全国性的事项而不是地方性的事项，这个不存在地方尝试和试验。金融监管涉及金融风险的管理，也是全国性的事项，所以至少基础性的金融监管和风险防范，是全国性的。而地方行金融机构，如果其经营的区域范围可以限制在区域内的话，则可以由地方上根据地方金融服务得到满足的程度、当地金融市场竞争的激烈程度等因素来决定是否应该增加金融机构数量和种类，根据当地申请者的资本、管理、历史信誉的信息来决定给谁发放牌照。当然，随着互联网影响的不断扩大，金融机构的区域经营范围越来越难以限制，但是毕竟存在可以对经营的地区范围进行监管的手段。

下一步推进改革，在国资国企方面，最重要的是应该确立分级所有，这与水平性分工、财政的相对独立、当地化的委托—代理是一致的。在此基础上，地方国企应该由地方政府自主决定是否进行改革和如何进行改革。中央可以决定中央国企深化改革的重点内容和节奏，譬如说主要是进行薪酬改革而不是所有权改革，而各地方应该也可以决定各自所有的国企深化改革的内容和节奏，经过各自的调查研究和相应的决策程序，有些地方决定少保留一些国有企业，而有些地方决定多保留一些国有企业，应该都是可以的。至于防止国资流失，要靠惩治腐败的法律来处理，那是刑法，当然是全国性的法律。

下一步推进改革，在财税和社保领域，更值得深思。如果某个地方经过民主治理的程序，决定更多地进行自主负债，或者决定自主征收某一税种、增加某一税种的税率，相应地增加某些本地公共物品，譬如说增加本地化的医疗保障水平，而其他有些地方则相反，这是否可以？在新的思路下，应该鼓励这样做。美国各地不但财产税不一样，而且销售税也不一样，甚至一些地方没有销售税以吸引零售业的发展，这样做是非常正常的。

下一步的土地改革更应该秉持新思路。特别是农村集体所有制的土地，到底应该怎么改，应该更多地由地方来决定，实际上应该由农民集体自己来决定。集体对土地的所有权，本来就应该包含集体对土地进行交易的自然权利，集体决定把土地出售给集体中的个人或者出售给其他个人，都属于交易权利，甚至集体决定把土地分割给集体中的个人，也是作为所有者的集体的自然权利。而国家所要管的只是土地使用规划，同时由法律来规范交易秩序。因此，土地改革大有文章可做。

【参考文献】

[1] 詹姆斯·布坎南．公共产品的需求与供给（中文版）[M]．上海人民出版社，2009.

[2] 肯尼思·阿罗．社会选择与个人价值（中文版）[M]．上海人民出版社，2010.

[3] 贾康等．“深化财税体制改革的基本思路和政策建议”，比较70，中信出版社，2014.

[4] 盖瑞·米勒．管理困境：科层的政治经济学（中文版）[M]．上海人民出版社，2002.

[5] “我国共同富裕道路问题研究”课题组．财政转移支付的“逆效应”及改进建议，2014.

[6] Brown, David., John Wardwell, eds, 1980, *New directions in urban - rural migration*, New York, Academic Press.

[7] Buchanan, James., 1965, “An economic theory of clubs”, *Economica 32.*

[8] Jenson, Michael., 1983, “Organization theory and methodology”, *Accounting Review 3.*

[9] Kiewiet, Roderick., Mathew Mccubbins, 1991, *The logic of delegation*, Chicago, University of Chicago Press.

[10] Oates, Wallace., 1981, “On local finance and the tiebout model”, *American Economic Review 71.*

[11] Rivlin, Alice., 1991, “Strengthening the economy by rethinking the role of federal and state governments”, *Journal of Economic Perspectives 5.*

[12] Roe, Mark., 2004, “The Institutions of Corporate Governance”, John M. Olin Center for Law, Economics and Business, Discussion Paper, No. 488.

[13] Schwab, Bobert., Wallace Oates, 1991, “Community composition

and the provision of local public goods", *Journal of Public Economics 44.*

[14] Tieout, Charles., 1956, "A pure theory of local expenditures", *Journal of Political Economy 64.*

（本文原载于《改革》2015 年第 6 期）

第四篇

建立公平统一、调节有力的现代税收制度

轻税是制度问题，减税是政策问题。中国税负问题的要害不在于采取某些减税措施，而在于实行轻税制度。这才是中国的希望和机遇所在。实行轻税体制，就是要从现行复杂的间接税制转变为单一税制——以单一法定税率向个人征收直接税。为了向轻税体制转型，可以由全国人民代表大会或其常委会通过一项决议，对我国宏观税收负担设置一个上限。

从重税体制向轻税模式转型

张曙光　张　弛*

一、现行财税体制是一种重税费体制

从企业家的主观感受来看，2016 年天则中国企业家研究中心课题组发布的《中国民营企业税负问题与税制改革研究报告》显示，在所调查的 113 家企业中，认为本企业税收负担很重的占 45%，较重的占 43%，合计占 87%；认为税负可以接受的占 8%，认为较轻的占 4%，很轻的占 1%。从实际税负来看，2009 年我国一般预算收入 68 518.3 亿元，占 GDP 的 19.66%，并不算高，但全口径的宏观税负却相当高。据中国社会科学院财贸研究院发布的《中国财政政策报告 2009/2010》的数据，1998 ~ 2009 年中国全口径的政府收入从 1.73 万亿元增加到 10.8 万亿元，占 GDP 的比重从 20.4% 提高到 32.2%，上升了约 12 个百分点。当时国外一家杂志发布了税负痛苦指数排行榜，中国为 159，在公布的 65 个国家中排名第二。2015 年，一般预算收入 152 269.23 亿元，占 GDP 的 22.21%，比 2009 年提高 2.65 个百分点，而宏观税负上升到 33.31%（参见表 1）。

表 1　　2010 ~ 2015 年中国的宏观税负

	2010 年	2011 年	2012 年	2014 年	2015 年③
A. 国内生产总值（亿元）	413 030	489 301	540 367	643 974	685 506
B. 一般公共预算收入（亿元）	83 102	103 874	117 254	140 370	152 269

* 张曙光，中国社会科学院经济研究所研究员；张弛，中国政法大学商学院副教授。

续表

	2010年	2011年	2012年	2014年	2015年③
C. 社保基金收入（亿元）	19 276	25 153	30 739	39 828	43 088
C1. 社会保险费收入（亿元）	14 610	19 556	23 697	30 039	32 518
C2. 财政补贴收入（亿元）	1 899	5 216	6 349	8 447	10 198
D. 国有资本经营预算收入（亿元）	559	765	951	1 411	2 560
E. 国有企业实现利润（亿元）	19 871	22 557	21 960	24 765	23 028
宏观税负①1 = (b + c1 + d + f) /a	37.37%	38.29%	37.09%	38.71%	36.49%
宏观税负②2 = (b + c1 + d) /a	32.56%	33.68%	33.03%	34.86%	33.13%
发达国家宏观税负（%）	34%	35%	35%	36%	36%
发展中国家宏观税负（%）	27%	29%	29%	29%	28%

注释：①系李炜光教授计算的结果；②笔者按另一口径计算的结果；③数字按2016年《统计年鉴》计算。

资料来源：国家统计局，财政部，IMF。

上表中宏观税负①包括了国有企业实现利润，其道理在于国企是政府资产，其利润自然是政府收入，且由于其处于产业上游的垄断地位，国企利润中既包括了大量资源要素租金，也包括了下游企业的利润转移。为与前述的资料相比较，宏观税负②去掉了国有企业利润。从表中资料可以看出，不论用哪个计算口径，我国的宏观税负都远高于发展中国家，虽与发达国家不相上下，但在民生领域，如教育、医疗、养老等社会保障支出，无论在数量和质量上都与发达国家有很大差距。而且，经济增长快时，政府税费收入的增长大大快于GDP，而经济增长减速时，财政收入增长的减速比经济增长要慢，导致宏观税负不降反升。另据普华永道和世界银行最新报告“Paying Taxes 2017”的数据，中国企业各种税费负担占其净利润的68%。正因为如此，中央提出降低宏观税负的方针和任务。这是完全正确的，那些认为中国宏观税负不高的言论究竟何为？

最近，天津财经大学李炜光教授关于“死亡税率”的一席谈话，引发了一场关于中国税制问题的大讨论。接着，曹德旺到美国投资的发声更是火上浇油，把争论推向了高峰。大家关注税负问题无论是对政府，还是对个人，都是一件好事。李炜光教授指出，我国企业的税费实际负担过高，过高的税负对企业意味着死亡，相应的税率或可以叫做“死亡税率”。其意思是说，如果让企业按照政府规定的税率交税，则企业很难生存。此话很深刻、很形象，具有明显的警示作用。2/3以上的净利润都给政府拿去，除了给政府打工以外，企业家还有什么奔头？只有全部净利润都给政府拿走，才叫死亡税率？GDP 的将近 33% ~40% 都成了政府收入，企业和个人辛劳一年，只能得到 60% 多一点，他们分到的收入还多吗？大量资本外逃的现实说明了这一问题，不值得惊醒吗？有人拿外资进入来证明税负不重，难道外国投资增加与政府的税收优惠政策无关？况且，2016 年全年预计引进外资 7 850 亿元，而非金融类对外投资 1.12 亿元，还不包括外逃而没有投资的资金。当然，在什么地方投资是企业家的理性选择，无可指责，也不能指责，但我们的投资环境却值得反思。其实，中央经济工作会议强调，2017 年在降低成本面，要在减税、降费、降低要素成本上加大工作力度。如果税收不多，各种费用很少，为什么要减税降费呢？

观察税负重不重还有一个重要角度。既然税收是企业家和劳动者用自己创造的经济剩余换取政府提供的公共产品和服务，那么，政府提供的公共服务是否等价，就成为判断的另一个标志。应当肯定，政府提供了一些公共服务，比如，提供的硬件基础设施的确不错，为企业经营和个人活动提供了很大的便利，也为弱者提供了一些保障，尽管不足。但在保护产权、实施契约、建立法治、维护市场秩序上则做得较差，甚至有些还在背道而驰。所以总体来看，这是一种不对等交易。如果从民营企业来看，这种不等价交易则更加明显。因为民营企业交纳的税收占全国税收的 51.43%，但与国有企业相比，民企仍然是“二等公民”。《中共中央国务院关于完善产权保护制度依法保护产权的意见》明确承认，对非公有产权保护弱于对公有特别是国有产权保护，强调要平等保护。关键在于使其真正落实实施。

我们之所以认为现在的税制是一种重税体制，一个重要的原因是，我们的政府机构过于庞大。一方面加重了纳税人的负担，另一方面也有了征重税的意愿和能力。比如，我们的一个县有 194 个单位，人大、政协、法院、检察院 4 个，政府委办局 54 个，县委部委办局 10 个，县政府其他委办局 22 个，人民团体（公务员编制）15 个，县事业单位（财政列支）35 个，县其他办 54 个。这么多的单位，不知有多少吃官饭的，不重税才怪哩！所以实行轻税首先要减政府机构。

我们为什么主张轻税而不是减税，是因为减税的主动权在政府和税务官员的手中，不仅是一种难以监督和约束的自由裁量权，而且似乎是政府的一种恩赐和仁政，这就颠倒了政府和纳税人的关系。特别是在一个强政府、弱社会的制度环境中，减税往往是徒有其名。我们的结构性减税减了多少年，但是，2010～2015年，一般性公共预算收入仍以年平均12.88%的速度增长。政府提出营改增后税负“只降不增”，减税5 000亿元。但有些企业的税负不是减少了，而是增加了。最近政府提出对营改增进行检查，凡税收增加的企业一律退还。但愿此举能够真正落实。

总之，不论是绝对税负，还是相对税负，我们的税制都是一种重税模式，税制改革应当明确提出和坚持推进向轻税模式转型。这并不是所谓的“跳蹦级”，而是政府能不能从自身的真正改革入手取信于社会。这才是中国真正的希望和机遇所在。

二、现行税制及其实施中的问题

首先，现行税制偏重纳税人义务，轻视纳税人权利。我国《宪法》第五十六条规定了“公民有依法纳税的义务”，但没有规定纳税人的义务。要知道，公民和纳税人并不等同。我国现有18个税种，只有《个人所得税法》、《企业所得税法》和《车船税法》是以法律形式规定的，其他15个税种都是部门规章。这就违背了税权法定等基本原则。我国没有税收基本法，只有《税收征管法》，这是一部程序法，是行政部门出台的部门规则，规定了税务机关的征收、管理和检查的权力，以及纳税人依法申报纳税的义务，赋予了税务部门过大的自由裁量权。如“税务机关规定的其他情形”，“主管税务机关要求报送的其他材料”，“主管税务机关按照……法及相关规定处理”，“税务机关有权对其收入、财产进行核定”，等等。什么是“其他情形”和“其他材料”，由税务人员说了算。企业和个人的收入和资产，税务机关有权力核定吗？即使个人违法犯罪，也得依法行事。这种漠视纳税人权利而赋予税务部门过度自由裁量权的立法思想和司法实践，不仅是乱征滥罚、强征多征、税收竞赛、征过头税的原因，而且为税收官员寻租腐败打开了方便之门，同时也是重税的一个方面。

其次，重复征税和税负不公。现在，包括增值税、企业所得税、个人所得税等在内的重要税种都是对同一税源重复征税。其流程是，企业先得对其价值增值部分交纳最高税率为17%的增值税，其后再对企业所得部分征收25%的企业所得税。就此而论，国企民企是平等的。接下来，差别就出现了。由于国企最终投资人的代表是政府的国有资产管理部门，根据现行规定，投资方是法人的所得利润不再交税，而民企的最终投资人是自然人，根据个人所得税法规定，所得利润还要交20%的个人所得税。也就是说，国企的税负是25%，而民企的税负是40%。这与税负公平的基本原则相去甚远。

再次，税制混乱，规定繁琐，征管不规范。这方面的问题很多。一是对实体企业征税，对网商企业不征税，造成不公平竞争，企业规范纳税则对竞争不利，不纳税则造成法律风险。二是规定股权溢价转为股本免征个人所得税，各地实际操作不一，使企业无所适从。三是物流业出现多式联运和“无车承运人”等新型业态，不仅私人企业必须挂靠方能经营，而且条块分割，征管体制跟不上，使征纳双方无法可依。四是增值税有5档税率（17%、13%、11%、6%和0%）和2档征收率（5%、3%），导致进项扣除不统一。五是“以票定税”以“增值税专用发票”作为抵扣的前提，但很多进项无法取得增值税专用发票，如员工工资、贷款利息、初级资源产品（煤、砂石等），小微企业和个人不能对外开具专票，导致虚开增值税发票泛滥成灾，屡禁不止，成为一大社会公害，毁掉了社会经济的诚信基础。这也违背了便利原则和费用最小原则。

从理论上讲，现代税制一般有十大基本原则：一是纳税人权利保护原则，二是同意原则，三是无代表不纳税原则，四是税收法定原则，五是法制原则，六是低税原则，七是平等原则，八是确定原则，九是便利原则，十是最少费用原则。我们的实际情况在相当程度上不符合十大基本原则。这也是重税的原因之一。对此值得我们高度重视。

三、从重税体制向轻税模式转型

应当指出，轻税是制度问题，减税是政策问题。中国税负问题的要害不在采取某些减税措施，而在实行轻税制度。

首先，税收是企业家和生产经营者创造的经济剩余，交给政府以换取政府提供的公共产品和服务。这是社会中最重要、最基本的关系。须知，企业家和生产劳动者是税收之本、之源。要使税基不断扩大，税收不断增长，就要给企业家和劳动者以充分的激励，让他们能够创造更多的经济剩余。如果其他条件不变，税负的轻重直接关系到企业的盈利和劳动者可支配收入的多少，也就决定了激励的大小。税负轻，企业的利润就多，劳动者的可支配收入也多，生产和创利的积极性就高，税基就广，税源就大。这是一种放水养鱼和养鸡生蛋的做法。反之，税负太重，企业家的利润和劳动者的可支配收入也就很少，谁还有动力去创造价值？因此，重税体制是一种竭泽而渔、杀鸡取蛋的制度。正如清代思想家魏源所说，“善赋民者，譬植柳乎！薪其枝叶，而培其本根；不善赋民者，譬剪韭乎！日剪一畦，不罄不止”。事实上，无论中外，古往今来的思想家、理论家和聪明有为的统治者都懂得轻徭薄赋、藏富于民的道理，都反对横征暴敛、搜刮无度的暴政。“拉弗曲线”也证明了存在最优税负的道理。其实，历史上的很多民变以及改朝换代都是官府苛捐杂税、横征暴敛逼出来的。可见，轻税是税制之纲，执政之魂，而重税是税制之弊，执政之害。到了现代，由于交通信息发达，已经打破了地区限制，产业的国际转移成为一种普遍现象，企业家的理性都是选择成本低盈利高的地区，税负的高低就成为衡量投资环境优劣的重要标准以及吸引投资和留住企业的重要条件。事实上，改革开放以来，“三减两免”也成为各个地方吸引投资的基本手段和经济发展的重要杠杆。其道理也在这里。

实行轻税体制，就是要从现行复杂的间接税制转变为单一税制。所谓单一税制，是指“以单一法定税率向个人征收的直接税”。其操作原则有二，一是坚持消费税的原则，即对人们从经济中拿走的部分征税，而不对人们投入到经济中的部分征税；二是其征管必须仅对所得征税一次，且尽可能接近来源征交。这样一来，基本税种就要从增值税和营业税变为所得税和消费税。所有税种都要按照是否重税和重复征税，收入是否来自消费环节加以梳理和改革。

为了向轻税体制转型，可以做出一项安排，由全国人大通过一项决议，对我国宏观税收负担设置一个上限。每年“两会”对国务院的预算报告进行审查时，首先审查是否超过上限。至于具体上限是多少，可以讨论，按照前述两个口径，也许以25%～30%为宜。

（本文于2017年1月10日完稿）

构建现代税制体系

林兆华*

从1978年开始，我国税制建设经历了30多年的伟大历程，先后实施了“利改税”、分税制改革、统一内外资企业所得税、“营改增”等一系列重大税制改革，初步建立了一套与我国国情和经济社会发展要求基本符合的税制体系。随着经济新业态不断产生，需要加快税制改革。

一、目前我国税制存在的主要问题

（一）税收法制建设需要进一步完善

迄今为止，我国现行18个税种中，经全国人大及其常委会审议通过的税收法律，只有《企业所得税法》、《个人所得税法》及《车船税法》三部实体法和《税收征收管理法》一部程序法，其他的税收制度大多为行政法规、部门规章和地方性法规。

（二）税收制度仍不完善

我国现行税制自1994年构建以来，经过20多年的调整完善，取得了显著发展，但还存在不完善之处：一是税制结构不合理，间接税比重较高；二是地方税体系不完善；三是国际税制建设薄弱。

（三）与构建现代税制体系相适应的税收征管能力亟须提升

随着我国税制改革的深入推进，特别是个人所得税综合与分类征收改

* 林兆华，广东省肇庆市地方税务局党组书记、局长。

革、房地产税改革的逐步实施，将会有越来越多的自然人成为直接的税收管理对象，现有的征管体制和征管能力难以满足税制改革的需要。

（四）税制复杂程度不断攀升

自1994年分税制改革以来，我国的税制虽然进行过简化，但税收承担职能较多。

二、不同视角下构建中国现代税制体系的思路

（一）站在国家治理体系的高度构建新税制

党的十八届三中全会从推进国家治理体系和治理能力现代化的高度部署税制改革，强调财政是国家治理的基础和重要支柱，科学的财税体制是优化资源配置、维护市场统一、促进社会公平、实现国家长治久安的制度保障。要实现这些目标，我国的新税制构建要着力解决三个问题。

一是落实税收法定原则。新税制构建必须坚持税收法定原则，增强税法的稳定性、规范性和统一性，进而维护全国统一市场。

二是逐步提高直接税的比重。目前我国直接税比重偏低，在缩小贫富差距，促进社会公平方面未有效发挥作用，因此逐步提高直接税的比重就成为了新税制建设的必然选择。

三是提高税收征管效能。随着税制改革日益深入，应尽快建立一套适应现代税制体系需要的税收征管制度，实现由主征间接税向间接税与直接税并重转变，由主征企业税向法人税与自然人税并重转变，由主征流量税向流量税与存量税并重转变。

（二）站在适应社会主义经济体制发展的角度构建新税制

一是优化税制结构。逐步建立综合和分类相结合的个人所得税制度，加大对高收入者的税收调节力度；加快房地产税改革，适时在全国范围内开征居民个人房地产税；研究开征遗产税、赠与税。二是降低税费负担。全面清理各级政府不合理的收费项目，消除企业税费重叠的现象；深入推进结构性减税，适当减轻企业和个人的税收负担。三是加快环境保护税制

建设。要加快环境保护税的立法。

（三）站在让纳税更便利的角度构建新税制

随着社会不断进步，纳税人对纳税服务的要求越来越高，构建新税制必须让纳税人更加方便快捷。一是适当简化税制。对个人所得税、土地增值税、增值税等简并税率级次。要对现有税收优惠政策进行全面清理规范。二是大力发展税务中介。应积极借鉴国际经验，注重发挥税务代理机构的桥梁作用，建立以政府为主导、税务机关为核心、市场中介为补充的多元化纳税服务供给模式。三是强化纳税人权益保护。建立健全纳税人诉求的征集、分析、响应、处理机制，快速有效地处理投诉和举报问题，及时回应纳税人的关切。

（四）站在“互联网＋税务”的大背景下构建新税制

新税制应从以下几个方面进行完善：一是加快完善新兴业态的税收法律体系。二是转变税收管理模式。充分利用“互联网＋”在数据的抓取和增值应用方面的优势，由“以票控税”的传统税源管理向“数据管税”的现代税收管理模式转变。三是强化“互联网＋税务”深度融合。积极推进“互联网＋”与纳税服务、税收风险管理、科学决策、队伍建设等多个领域的应用融合，充分发挥信息技术的乘法效应和聚变效应。

（五）站在构建现代税收文明角度构建新税制

现代税收文明应包括征税文明和纳税文明两部分。从提高征税文明的角度来看，着力提升税收管理文明。进一步明确征纳双方的权利义务，严格规范税务机关的执法行为。从提高纳税文明的角度来看，一是完善税收信用体系；二是完善不遵从惩戒机制；三是营造税收文化氛围，建议将纳税人的权利义务等内容纳入中小学教材，从小培养公民的依法纳税意识。

（六）站在与国际税制接轨的角度构建新税制

随着“一带一路”和“走出去”战略的实施，我国经济全球化程度越来越高，需要加快推进我国税制与国际接轨。一是健全国内税法中的国际税收规定；二是完善支持“一带一路”和企业“走出去”的税收举措；

三是积极参与全球税收治理和多边税收事务。

三、构建现代税制须加快完善地方税体系

地方税是税制体系的重要组成部分，构建现代税制体系，必须加快完善地方税体系。完善我国地方税体系应着力解决三个问题。

（一）培育地方主体税种

建议地方税主体税种的选择，采取先易后难，分步实施的策略，短期目标是提高增值税和个人所得税的分成比例，弥补“营改增”后留下的地方财政缺口；中期目标是加快推进房地产税立法和个人所得税综合与分类改革，构建以房地产税和个人所得税为主要收入来源的地方税体系；长期目标是进一步深化资源税改革，扩大资源税的征税范围，建立以房地产税、个人所得税和资源税为主体税种的地方税体系。

（二）优化地方税税种设置

在推进房地产税的同时要将现有的房产税、城镇土地使用税进行归并，避免重复征税；加快环境保护税的立法开征，将大气污染、水污染、固体废物、噪音等纳入征税范围，采取幅度比例税率的形式，同时环境保护税的推出应与费改税的进程同步；鉴于耕地具有资源品属性，宜将耕地占用税并入资源税，将耕地列为资源税税目，依照从价计税方法征收资源税；根据当前经济社会发展需要重新设计印花税制，并上升到法律层次。

（三）赋予地方适当税收管理权限

推进税制改革的同时，应同步赋予地方政府税政管理权限。对于在全国范围普遍开征但税源流动性影响较小的税种，宜由中央政府确定税收法律框架，由地方政府制定实施细则。对于各地税源差异较大且不宜在全国普遍开征的税种，允许地方政府依法增设地区性税种。在中央政府授权下，允许地方政府有一定的税目和税率的调整权。

（本文原载于《中国经济时报》2017 年 1 月 10 日）

房地产税改革总体框架研究

贾　康　李　婕*

一、房地产税改革的目标

（一）服务于房地产调控的长效机制和制度建设

我国房地产调控应当明确地树立起宏观调控层面的“双轨统筹”框架目标——“让政府的归政府，市场的归市场”，并以政府的顶层设计来统筹。“顶层规划”之下，住房的“保障轨”上，政府要管托底（近年抓紧建设的以3 600万套保障性住房代表的低端有效供给）、管甄别与进退（何人何阶段应享受保障房待遇及如何进入、退出）；住房的“市场轨”则由市场主导，政府的职责重点在于管规则、管收税，做好基于公平竞争和运用经济杠杆机制的调控和监管。优化房地产调控，追求房地产市场持续健康稳定发展，理应以经济手段为主，其中必须包括税收的手段，特别是保有环节上税收“从无到有”的制度建设。从土地开发到商品房的交易和保有各环节上的税费，应系统地加以合理化。调控中原则上宜区别住房的居住需求、投资性需求和投机性需求，采取差异化政策区别对待。

“保障轨”由政府主导，政府的职责在于组织资源、制定规则和实施对入住者的“进与退”的管理。建设上应发挥财政资金的杠杆效应和引导作用，带动地方政府、金融机构、相关企业等多方参与，组织资金、土地、建设主体、社会组织等资源进入保障房运营。同时，应明确保障对象

---

* 贾康，中国财政科学研究院研究员；李婕，中国财政科学研究院助理研究员。

和保障标准，设置合理的准入退出标准，制定科学有效的工作机制，加强监督管理，努力确保公平。

而对于“市场轨”，长效调节机制要求建立健全保有环节的税收，形成持有成本，促使政府实施的房地产调控体现应有的“治本”水准，落实制度建设内容。在房地产保有环节开征房地产税这样的财产税，可以在房地产供需双方行为合理化导向上形成一种依法、规范、可预期的经济参数和税负约束，实现促进房地产业健康发展方面的正面效应。

在全面配套改革理念上，要把中国不动产税或者房地产税的改革放在积极建立公共财政框架和现代财政制度这个总体要求上来把握。中国的公共财政，顾名思义，首先是要以“公共性”为导向，解决中国各级政府职能定位如何跟市场经济配套的问题。它需要去做的事情，应该是满足社会公众需要，政府职能在表现形式上首先主要体现为提供公共产品和服务。而这种目标怎么样才能通过制度保证其顺利实现呢？应有一整套制度或规范的公共选择机制，即法治化、民主化这一套公共财力的决策与管理机制建立和完善起来。这些要求落实到操作层面上就是要建立一个规范的、现代意义的、有透明度、有公开性、能够接受公众监督、事先确定并能够得到严格执行、事后可以问责和做绩效考评的预算制度。这几大要点都应放在公共财政的现代框架内考虑。房地产税应该是在这个框架内的规范的地方公共收入重要来源，应该将它塑造成为今后地方政府的收入支柱之一。

（二）与优化税制、深化分税制改革密切配套

房地产税是我国社会主义市场经济体制建设和通盘配套改革中不可或缺的地方税体系的支柱之一。通过房地产税改革，有望为解决中国地方税体系不成型、分税制在省以下不落实的问题发挥突出作用，为地方政府提供支柱税种。

我国近些年税源格局和社会收入分配方面所发生的重大转变，迫切要求有利于逐步提高直接税比重的财产税税制改革。一个国家的税制设计必须与财源结构及经济社会发展要求相吻合，这是衡量税制合理与否的基本标准。改革开放转轨时期特别是20世纪90年代中期以后，我国的税源结构加快演变，其中突出的表现就是个人货币收入快速增长和居民持有的不

动产规模不断扩大。收入流量和财产存量如影随行相互激励，大量个人可支配货币收入已转化为不同类型的不动产，表明在社会财富总量中以不动产形式存在的社会财富在增加，特别是提高了房地产在财富总量中的比重，而房地产的溢价在城镇化提速和高速推进期又特别明显和有利可图，大量的收入流量在房地产低价变高价的过程中涌现，但目前我国来自房地产的税收收入却不够大，特别是住房持有环节的税收基本为空白。这说明了两个问题：一是以流转税为主的税制结构不能确保税制充分发挥税收汲取能力与全程调控能力。二是一定阶段上经济越发展税源越向后移。在这种背景下，如果我们不适时改革房地产税税制，那么后果不仅仅是税收收入的流失，整体税收增长乏力，而且财产税税制的不作为会使税制在新阶段理应发挥的功效严重丧失。而且，我们需要认真研究改革财产税税制特别是房地产税以缓解财政制度性矛盾、配合深化分税制改革的重要作用。

中国 1994 年财税体制改革建立了与市场经济配套的、以分税制为基础的分级财税框架，但是改革走到现在，对分税制的抨击不绝于耳。其问题是省以下地方各级迟迟未能进入分税制状态，还是五花八门、复杂易变、讨价还价色彩非常浓厚的分成制或包干制，指责分税制带来了地方财政困难、隐性负债、“土地财政”、短期行为等等，板子是打错了地方。因为现在人们所抨击的地方土地财政、政府职能扭曲等等，实际上主要都是省以下的分成制、包干制带来的。那么，为什么省以下迟迟不能进入分税制状态？简要分析，一方面是由于我国财政层级太多，五层级分税制难以形成，必须以扁平化改革减少层级；另一方面，是由于地方政府层面没有成型的地方税体系，没有大宗稳定具备支撑力的主体税源支柱。这样一来，地方政府不得不搞了很多隐性负债，还必然特别看重土地批租。所以，对症下药深化分税制改革必须构建地方税体系，打造财源支柱，这也绕不过房地产税改革问题。

我国地方税收缺乏主体税种，地方税体系不健全，迫切要求改革房地产税税制以增强地方税收增长能力。如果培育起房地产税，按市场经济国家的经验，每隔若干年都要重新评估不动产税税基。地方政府会意识到只要按市场经济客观要求专心致志优化投资环境，提高本地公共服务水平，进而就会使辖区内的不动产进入升值轨道，那么房地产税的税基会不断扩大，地方政府的税源也就随之扩大，“财源建设”问题随政府职能的合理定位与充分履行自然而然就解决了，地方政府的职能导向自然而然就理顺了。因此，这是一个使地方政府职能和地方税功能“内洽”于市场经济的改革选择。

（三）发挥优化收入分配和财产配置的经济杠杆功能

房地产税也是在我国发挥财产税再分配调节作用所不可或缺的税种，有利于增加直接税的比重，从而降低我国中低收入者的“税收痛苦指数”，优化收入和财产的再分配机制，抑制收入差距扩大。

现在大体已有这样的基本共识——中国的税制结构里面，直接税的比重偏低，但消费品里以间接税形式所含的税负比重很高。可以认为这是导致中国社会成员“税收痛苦指数”过高的重要原因。因为在我国间接税收入在全部税收收入中占比高达近70%的情况下，我国的消费大众实际上成为向国库作税收贡献的主要群体，而其中的大多数人又属于低中收入阶层。低收入阶层的恩格尔系数较高，他们当期收入中有60%～80%甚至更高的比重要用于基本消费品的支出，而不得不承受里面所含的间接税负担，这是他们在满足基本生活需要层面上不得不作出的利益让渡，所以形成较高的“税收痛苦”。越是低收入阶层，实际的“税收痛苦”程度越高。此外，与市场经济国家相比，直接税比重过低，可能还会带来宏观调控的缺陷。以市场经济条件下的“自动稳定器”功能为例。从美国的调控模式来看，最明显的“自动稳定器”就是联邦政府收入盘子中40%以上来自个人所得税。因为有超额累进的税率设计，在经济高涨的时候，自动使很多社会成员的税负跳到更高的边际税率上；而在经济萧条的时候，则自动落档，落到比较低的边际税率上。这就成为一个很好的反周期宏观经济运行自动稳定器。然而，中国在这方面基本是无从谈起。我们现在超额累进税率只在工资收入这个很窄的范围里存在这样的设计，对于工资收入以外的其他个人所得则按照比例税率征税，税收的“自动稳定器”的功能非常微弱。增加中国直接税的比重，法人所得税、个人所得税等方面的空间不大，遗产和赠与税也难有作为，增加直接税的重任必然落在房地产税上。

我国收入分配差距的扩大，实际上与财产分布状态的差距扩大如影随形而且相互激励。在很大的程度上，人们所讨论的收入差距扩大，最主要的原因之一是来自于不动产财富的实际分布情况。财产性收入特别是不动产收入差距越来越大，与其他收入综合在一起，形成了收入差距扩大状态。这显然需要一定的再分配机制进行优化调节和制约。不动产税这样一个税种，显然应该发挥收入分配以及再分配过程中的优化作用。

（四）培养地方辖区公众积极参与下“依法理财、民主理财”的制度机制

房地产税制度建设与公众的不动产形成了十分直接的关联，客观上可以形成推进“税收法定”、税务法治化建设的重要切入点。特别是此税是适合于配置在地方、基层的直接税，牵动千家万户利益的同时，十分需要在社区、地方辖区层面广泛、实质性的公众参与，以高透明度引发公众的知情权、质询权、建议权、监督权、问责权，自然客观地形成法治化、民主化制度要素的累积与提升，带动公民意识、公众参与式预算等民主机制的培育，这对于必须大力提升国家治理体系和治理能力现代化水平的当代中国，弥足珍贵，意义重大，不啻是以“民主税”的制度建设推进法治化、民主化历史进程。

二、房地产税改革的基本原则

（一）法治规范原则：正租、明税、少费、加快立法

租、税、费之间具有本质的区别。地租、土地税和使用费三者之间的差别，是十分明显的。土地和不动产税收，是国家借政治权力，依靠立法强制、无偿、固定地取得的一部分国民收入，它是国家政治权力的体现。只要国家存在，不管社会制度如何，税收就必然存在，土地税也就会以各种形式存在，这是各个国家发展的一条基本规律。地租则是土地所有者依据经济原则，向土地使用者索取的一种收入，是土地所有权在经济上的体现。只要存在土地所有权垄断，只要存在土地所有权与使用权的分离，就必然存在地租，这是商品经济存在和发展的基本规律和原则。使用费与上述两者不同，它是对土地投入资金、劳务、工本之后所产生的，没有投入就不能取得收入，它完全是一种对于投入的补偿回报。正因为如此，应明

确，税收是一种依法强制规定的权力和义务关系，收税是政府的权力，交税是纳税人的义务。纳税人交税，并不是因为使用了国家的各种资源或财产，需要给政府以经济补偿，而是一种应尽的义务，它是以法律规定为依据无偿交纳的。地租是一种协议之上的经济关系，是由于土地使用者，使用了土地要向土地所有者交纳的一部分收益，是纯粹的经济关系，是以协议的土地出让和使用关系为基础的，当协议撤销时这种关系就自然消失。使用费是对使用土地、不动产设施及其相关服务的补偿，是以自愿和购买的形式出现的，不以所有权垄断为基础。

目前，我国政府的土地出让收入是指市县人民政府依法出让国有土地使用权取得的全部收入，主要包括：招拍挂和协议出让土地收入、划拨土地收入、土地年租金等。土地税收收入是指与土地和房地产业相关的税收收入，涉及土地增值税等 10 个税种。土地收费是指与土地和房地产业相关的收费收入，主要包括城市基础设施配套费等政府性基金以及耕地开垦费等收费。我国作为集体所有与国有并存的土地公有制国家，土地出让收入规模远大于西方市场经济国家。土地税收相关收入由于税制不完善等原因，目前的规模相对较小。土地收费项目近年来逐步减少，政府收费行为随着“收支两条线”改革的深入推进也趋于规范。

我国在改革中已推出的“土地出让金”，其性质是土地使用权的价格，即国家凭借所有者身份对使用权持有人收取的地租；而在地皮之上的不动产，包括消费住房保有环节征收房地产税，其性质是不动产保有环节上使用权持有人所必须交纳的法定税负，收取者（国家）凭借的是社会管理者的政治权力，在立法授权下强制地征税调节。“租”与“税”两者是可以合理匹配、并行不悖的关系，不是非此即彼、二者只能取其一的关系，不存在所谓不可克服的“法理障碍”和“不能容忍的重复征收”问题。其实关键问题不是重复不重复，而在于重复搭配得合理不合理。中国早已经形成了多种税、多环节、多次征收的复合税制，只需讨论如何合理地“重复”。至于具体启动、实施过程中，由于有税、无税境况会对住房的价格形成产生不同影响，有必要的话，可以考虑采取“老地老办法、新地新办法”区别对待，在税负上做出必要的差异化，调节“出让金生成机制”前后变化带来的价位差。

在房地产税改革中，要坚持“正租、明税、少费”的原则。明确土地出让金的特点，在房地产税改革中，合理调整相关房地产税的计税基础、税率等，简化与房地产相关的税、费体系。城镇土地使用税、房产税等都存在着部分以税代租的现象，其中尤以城镇土地使用税最为突出。城市维护建设税实际是向享受城市建设设施利益的从事生产经营的企业、个人征收的一种费。在诸如上述租税费没有一定明确的界限的情况下，需要以“正租、明税、少费”为原则来全盘整合和理顺，以使整个房地产税费体系适应我国的市场经济发展和政府职能转变的需要。

（二）区别对待原则：坚持住房保有环节税收只调节高端，基本住房层面不涉税，给社会公众吃“定心丸”

应该非常清晰地给社会公众一个“定心丸”：以后所有社会成员的第一套房或者家庭人均计算下来的一定标准之下的基本住房，是不被房地产税覆盖的。对二套住房能不能税率从轻？也完全可以探讨。对高端征税，也不会硬要“伤筋动骨”，应该完全符合市场经济税制的“支付能力”原则来“抽肥补瘦”。

我国对消费住房的房产税可否实行“普遍征收”，这直接涉及房地产税改革的方案设计思路问题。推进房地产税改革，我们认为综合权衡考虑之下，在中国可以预见的未来一个时期内，主要是调节高端。作为牵一发而动全身的改革，在这个事项上只调节高端的原则非常重要，应及早明确，给全社会吃“定心丸”。美国式的“普遍征收”不适合中国国情，会使这一改革无法施行。也就是说，在可以预料的时间段内，开征房产税时应该有“梯级差别”，比如第一套住房不征收，或是人均居住面积的指标应该放得相对宽松一些予以免税。如果比照重庆试点办法，对独立别墅征税，也有必要像重庆试点那样划出一个“起征点”，即免税规模（重庆为180平方米）；第二套的税率也可考虑从低，因为第二套房征收税率从低具有适应“改善性需求”的一定合理性和可行性；从第三套开始则按标准税率征收，这样可以使房产税的框架建立和征收工作较顺利推进。那些因房地产税的经济负担作用而由原空置转为出售或出租房子的情况，可以减少房屋空置率，提高租房市场上的供应量，从而平抑房租的涨幅，是明显的资源配置优化和提效。

（三）渐进性原则：在加快立法进程中，必要时允许进一步试验和分步推进

要肯定房产税改革的大方向、必要性，同时考虑此项改革的复杂性、渐进性。当下的关键在于，一定要将短期目标与中长期目标通盘考虑，并勇于、善于化解既得利益阻碍，进而考察开征房产税的可行性或相关条件。

要先从已经具备条件、能形成决策层共识与决心、容易操作的地方试行，同时也需要从住宅高端及增量为主入手。除了这些策略要领外，十分重要的是需要给中低收入家庭、中等收入阶层和“先富”阶层都吃“定心丸”——中国未来的房产税改革绝不可能覆盖低收入人群，而且还应当借鉴日本模式，明确地给所有人留出至少“第一套房不实征”的“基本待遇”。

上海、重庆两地以房产税名义启动的改革试点，是在全国人大对国务院授权的法律框架下实施的，不存在有些人声称的所谓“违法”问题。通过房产税试点总结经验、改进调控和推进制度建设的房产税探索、开拓路径已见端倪。今后在总结试点经验加快立法的同时，还应积极征求各方意见，开诚布公地展开讨论、作情况通报、安排听证等。这一税种由全国人大制定和通过相关的税法，自然十分重要，但客观地说可能还需要等待一段时间，走完程序使相关的立法审批条件成熟。实际上，我国近二十种税中上升为“法”的形式的，尚屈指可数。在启动“加快立法”工作后，如有必要，还是不应排除法制建设的阶段性特点，允许后续阶段上新的试点，支持这项难度较大的改革，经过试点走完必要的经验积累和方案优化过程，有效地支持动态优化立法。

三、房地产税费租的协调

房地产开发、交易、保有全链条上各个环节的税收、收费、租金，应形成相关的负担和调节机制。税、费、租应该按照经济性质各归其位。税是政府凭借社会管理者的政治权力征收的；租是凭借土地所有者的财产权利索取的；费是作为政府系统正税之外的收入补充形式，应该以规范的规

费形式收取，数量应该不太大，并且还应该允许和引导“使用者付费”的规范形式逐渐发展，使收费更体现它与特定服务供给的直接对应性——这也是公共财政框架下与公共部门提供服务有关的一种收费形式。房地产领域这三个大的政府收入种类（税、费、租）应该按照经济性质，各归其位，并注重总体的协调、整合、体系化。

（一）在改革中完善房地产税收制度

首先，需考虑合理简化税种。归并、整合现有的城市房地产税、房产税、城镇土地使用税、契税、耕地占用税和房地产开发领域一部分行政事业性收费，以房产税课税税基，覆盖部分高端消费住房，实行可以减少征管成本而又与市场经济相适应的新房产税（房地产税）。将城市维护建设税并入增值税、消费税，将土地增值税并入企业所得税、个人所得税和房地产税，并取消房地产领域不合理的行政性收费。通过上述简化措施，不仅可以减少与房地产有关的税收和收费的数量，减轻纳税人的经济负担，而且还可以优化税负结构，即减少房地产转让、出租环节的税收，增加房地产持有、使用环节的税收。

房产税、房地产交易中现行的契税、印花税、营业税等等，可考虑合并成一种或两种。房地产交易中，只要交纳契税（税率可提高），就应当给予办理过户手续（原来划拨的土地应补交出让金），因为转让价格包含了土地使用权的价格。为控制农业耕地的减少，耕地占用税应保留。土地使用税，是国家向使用国有土地的单位和个人征收的税种，其有利于调节土地使用方向和促使用地单位合理使用土地，充分提高土地的使用效率，可以考虑保留——它的含义不是地租，对原划拨和出让的土地应一视同仁都收取土地使用税。需要说明，存量土地中未交纳地租的原行政划拨的土地，应确定使用年限，按期或按年分期收取一定量的地租（土地租金），这样就完全形成了一种平等的市场竞争机制，有利于使市场经济的运行走向规范化。

其次，应当统一税制，逐步扩大税基和征收范围。需通盘设计相关的税基、税率、减免税优惠政策。房地产税的征税范围应当按“调节高端”原则扩大到城镇个人住宅（未来也不排除扩大到农村地区），同时，通过规定适当的免税项目和免征额将低端的“第一单位”排除在纳税以外。

房地产税的税率可根据不同地区、不同类型的房地产分别设计，各地可在规定的幅度以内掌握，如中小城市房地产的适用税率可以适当从低，大城市房地产的适用税率可以适当从高；普通住宅的适用税率可以适当从低，高档住宅和高端房地产的适用税率可以适当从高，豪华别墅和高尔夫球场还可以适当加成征税。在设计税基和税率的时候，应当兼顾纳税人的负担能力和财政收支的需要并参考其他国家，特别是发展中国家和周边国家同类税收的做法。此外，应合理调整计税依据，确立根据房产评估值计征的制度框架。评估时要考虑面积、地段、朝向、楼层、市场影子价格等多种因素。参考国际经验，评估可 3 至 5 年进行一次。具体年数，可依据经济周期等方面的情况而定。

再次，适当下放税权，加强征收管理。未来通过立法程序和改革过程，应当将房地产税逐步打造为中国地方税的主体税种之一，精心培育，使之随着经济的发展成为市（县）政府税收收入的主要来源，并且在全国统一税制的前提下赋予地方政府较大的管理权限（包括征税对象、纳税人、计税依据、税率、减免税等税制基本要素的适当调整），以适应国家之大、各地经济发展水平之高低不同的实际情况，促使地方因地制宜地通过此税增加财政收入和调节经济。

加强房地产税的征收管理，堵塞漏洞，减少税收流失。为此，税务机关要基于统一登记制度信息平台加快完善有关管理制度和信息化建设的步伐，并加强与各有关部门的工作配合。通过加快立法、整体设计、渐进推动、多方配合，可以优化完善中国的房地产税制度，加强房地产税管理，从而适当扩大房地产税收入的规模，提高房地产税收入占地方税收收入和全国税收收入的比重，更好地发挥房地产税对于增加地方财政收入和调节经济与社会生活的作用。

（二）规范房地产收费体系

坚决取缔不合理的收费项目。现实生活中仍存在的不合理收费项目，不仅推动房价的上涨，制约居民住宅建设和房地产的健康发展，还助长腐败现象和不正之风的蔓延。要坚决取缔不合理、不合法、属“三乱”性质的收费项目，以减轻纳税人的税外收费负担。同时，要将具有经营性质的房地产收费从行政事业性收费中分离出去，以规范政府行为。政府的收费项目要严格以成本来核定收费标准，坚决按照收费的范围和标准足额及时征收，禁止有关部门巧立名目设立多余的收费项目乱收费。严格管理经营性收费，政府行政管理部门不应以任何明示或暗示的手段要求开发企业到某些特定机构办理业务，如房屋买卖、预售等的公证行为，应本着自愿的原则，由当事人自己决定，不得强制公证并收取公证费。

合并简化收费项目。将一部分名费实税的房地产收费改为税，如可以将耕地复垦基金、新菜地开发建设基金、征地管理费合并到耕地占用税中一次性征收，将土地闲置费改为土地闲置税。同时，可根据费用的征收环节和征收部门，合理归并房地产收费项目，如房屋租赁登记费、房屋租赁手续费、房屋租赁证书费等，完全可以统一征收，简化收费程序。

保留合理的收费项目，并纳入预算管理。对确需保留的收费项目则通过“规范费”的办法分别纳入“规费”和“使用费”系列，并纳入财政预算内管理。同时，应该把合理的房地产收费项目以国家法律或地方法规的形式确定下来，使房地产收费真正做到有法可依、有法必依、执法必严、违法必究。

（三）完善土地出让制度，积极探索土地年租制

我国在改革中已推出的“土地出让金”，其性质是土地使用权的价格，即国家凭借国有资产所有者身份对使用权持有人收取的地租。现阶段的土地出让制度存在一定的缺陷，土地出让金的利益分配机制不够合理。土地出让金是若干年（在我国目前为 40～70 年）土地使用期内的地租之和，某一届政府获得的土地出让金，实际上是一次性预收并会一次性预支未来若干年内的土地使用权收益总和。一次性收取后马上用光，是一种对土地收益的“透支”，这对于往后多届政府显然是不公平的。土地批租环节其他的弊端，还有设租寻租使土地隐形成本提高，开发商囤地导致土地垄断加剧等。

当前，从资金视角完善我国土地出让制度的重点，首先是着手解决土地出让金的预算管理、支出安排和运行监管等方面的问题，提高其规范性与合理性。

要落实土地出让金收支预算制度，加强土地出让金收支管理。必须将土地出让收支全额纳入预算，实行“基金预算”管理，提高其管理的透

明度和规范性。其次，由于受土地供应规模、外部宏观经济情况等因素影响，土地出让收入波动较大，不利于收入预测和支出安排。为此，财政部门要参与同级国土部门的土地利用计划的筹划与制定，加强国有土地投放控制，力求使土地出让平稳增长，提高土地出让收入预算的准确度。第三，为了保护土地出让金预算制度的约束刚性，土地出让金收支预算不得随意变动。对于政府在土地出让高峰期获得的超预算的收入，应建立“土地出让收益基金”制度，并应要求各级政府不得将当期出让土地使用权获得的土地收益全部用于当期支出，可将一定比例的部分作为土地收益留成进行专项管理，留作以后年度地方政府纳入预算安排使用。

规范土地出让金的支出使用方向，提高土地出让金的使用效率。对土地出让金应明确各使用用途的支出比例，确保惠及民生的项目资金到位。在征地过程中，要依法落实土地补偿费、安置补助费以及地上附着物和青苗补偿费标准，切实保障失地农民利益。土地补偿费和安置补助费之和达到法定上限，尚不足以使失地农民保持原有生活水平的，当地政府可以用土地出让金收入予以补贴。地方政府土地出让金的支出使用应以“取之于民，用之于民”为原则，重点加大对棚改、保障房、政策性租房补贴的投入力度，缓解城镇中低收入者住房压力。政府税收收入中来自农村土地相关税收的部分应主要用于农村土地的整理、农田改造和水利等基础设施建设，避免以往土地出让金使用过度向城市倾斜的弊端。

要积极探索土地年租制。地租按年支付即为年地租，是对当年利润的一种扣除。若将未来无穷年或若干年的地租的贴现总值一次性支付，即是地价。在无穷年情况下相当于土地所有权价格，若干年或有限年情况下相当于土地使用权价格。因此，不论是地租，或地价，本质上都是土地所有权（在我国是一定年期的土地使用权）让渡所反映的经济价值，是土地所有权在经济上的实现形式。年地租按年度计算和收取，地价（土地使用权格）则是若干年地租贴现值的一次性支付或缴纳。土地年租制与土地使用权出让，从本质上而言，都是国家对地租的收取，是土地国家所有权在经济上的体现，只是二者收取方式不同而已。土地年租制以年为单位，是地租的直接表现形式，有偿出让是一定年期地租贴现值之和，是地租的间接表现形式，其实质是地租的资本化。在无每隔若干年重评一次税基的房地产税制度框架制约的情况下，土地出让金的生成价位较高，如果采取土地年租制，可以动态地调整年租，进而反映经济的发展状况，有利于保证政府财政的长期稳定收入，即可以把一时、一次性的土地出让收入分散到40～70年期限内，进而有利于稳定房价，缓解住房压力，促进居民住房等家庭消费更加合理。

四、房地产税改革中不同环节税种的协调

在保有环节交税的同时，确保流转环节的税收合理化，二者应该共同发挥作用，形成抑制房地产过度投机的机制。

（一）流转环节税收

房地产开发阶段实际上是房地产商品的生产过程，如果课税，将会影响房地产商品的供给，从而也可以起到控制投资规模和调节投资结构的作用。开发环节重在建立对土地资源进行合理补偿的税收机制，对土地资源进行合理利用的调节机制，建议在突出主体税种的同时，合并印花税和契税，最终在流转环节仅保留印花税和转让所得税（在企业所得税或个人所得税中征收）。与此同时，应积极推动开征土地闲置税，研究开征遗产税和赠与税。

房地产交易（转让和出租）阶段是房地产价值的实现环节，国家应该利用税收手段参与价值的分配，通过征税，一方面可以影响房地产市场的供给和需求，另一方面也可以抑制某些房地产投机行为。

在房地产转让环节对房地产开发商征收营业税及附加税，增加了房地产企业的税收负担，其结果是：一方面提高了商品房的价格，抑制了市场需求；另一方面，如果市场需求水平低，对税负转嫁的承担能力较弱，缩减了房地产的利润空间，反过来又阻碍了市场供给。应通过“营改增”全覆盖解决这方面的问题。在房地产转让环节对购房者征收契税，将增加购房者的购房成本，从而使消费者的有效需求减少，同时也将影响到房地产商品的供给水平。相反，在房地产转让环节的税收优惠政策，则可以促进住房市场的供求平衡。对住宅转让征收的个人所得税实行有差别的税收待遇，在实现打击住宅投机交易、稳定住宅市场价格、提高住宅利用效率、缓解住宅供求紧张等社会经济目标方面，具有积极意义，可以在设计

上借鉴国外经验。对转让国有土地使用权及其地上建筑物、附着物所取得的增值收入开征的土地增值税，目的是有效抑制房地产业投资过热，促进产业结构、经济结构协调发展，但可行性存在问题，效果打折扣，应当更多地从公司、个人所得税的规范化覆盖上打主意来优化相关设计。

（二）保有环节税收

从供给方面看，保有环节征税可以增加开发商和投机者持有土地、房产的机会成本，鼓励不动产的流动，刺激土地和房产市场的有效供给，优化资源配置。从需求方面看，保有环节形成的税负会对三类人造成影响：一是自住者（永久持有）。如果自住者对保有环节的税负有清醒的预期，在做购房决策时就会更考虑实惠，一般的购房自住者将继续倾向于按好的地段与合意的朝向、位置购房，但会更多选择中小户型。二是投资者（中长期持有）。这一类购房者是把买房看成购买商业性的社会保险，这在经济上有道理，但房产税的出现会改变一部分长期持有者对于空置住房无所谓的态度，以持有成本的压力迫使其出租自持的房屋，从而减少空置率。无论是因房产税导致的小户型倾向还是空置率降低效应，都是值得肯定和应该追求的积极、正面因素。三是炒房者（短期持有）。这种购房者作为需求方是大量买进与卖出的炒房者。有观点认为炒房者并不在乎一点房产税，因为这部分人是获高利的。但其他人行为的改变会影响炒房者，使之收敛自身的行为，因为炒房者要跟随市场走，市场总体的氛围会随房地产税的推出而趋于沉稳。另外，市场上接盘的人有相当大部分是自住，自住者又主要需要中小户型，那么上述的种种因素会促使供方的开发商顺应市场需求结构的变化而在建设安排上使中小户型增加。而从供给优化的角度来看，使开发商为适应市场需求更好地集约利用土地，提供更多的中小户型，正是调控应追求的正面结果。这样，土地集约化利用水平上升，同时空置率降低，可用资源在租房市场上更活跃，于是社会中即使并不增加一分钱投入，也会使市场供给量增加，资源配置更合理，客观上使配置综合绩效上升，市场上更平衡、更沉稳、更少泡沫。

五、房地产税改革中不同环节的税负水平设计

房地产的持有行为属于存量财产领域，为了平衡存量财产与流量财产的税负，有必要建立对存量财产进行调节的税收机制。目前“轻保有，重流转”的房地产税制模式，一方面，相当于给土地保有者以无息贷款，导致土地利用的低效率；另一方面，国家无法对房地产保有期间的自然增值部分参与分配，导致财政收入的流失。因此，从长远来看，必须加大对房地产保有环节的课税。重在建立对存量财产进行有效调节的税收机制，确保房地产供求平衡的约束机制，强化公平分配功能的实现机制。

（一）流转环节税收

目前，我国房地产流转方面的税种多税率比较高，而且层层征、不规范。比如契税，特别是大中城市的房地产交易环节上的契税税率明显偏高。北京市目前在商品房销售环节规定购买者要负担房款2%的契税，其中超过120平方米部分契税税率高达4%，这种做法极大地抑制了房地产市场的正常发展。可以考虑扩大契税征税范围，降低契税税率水平，取消对房地产产权交易征收印花税的规定，避免契税和印花税对房地产产权取得行为的重复课税。

交易环节的税收应积极探讨“区别对待”的调节。如果购房者买房后，在很短的时间内就出手，则可能带有炒房或者投机色彩。依据国际经验，对这种短期内出手的行为，应该课以较重的交易税；如果持有两年以上再交易，可以在税率上降低一个台阶；持有五年以上，再降一个台阶；八年以上，就降到一个相对低水平的常规税率。

（二）保有环节税收

鉴于我国房地产价格偏高的现实情况和有必要利用税收政策刺激房地产业不断发展以缓解房地产供求矛盾并有效促进经济增长的客观要求，房产税税负不宜确定在高限，为此，我国应采用低税率、宽税基的思路确保房产税收入的正常增长。可区分住房性质实行不同的比例税率：对经营性房产，可采行1%～3%的浮动税率，具体选择值的确定由省级政府进行；

对自住商品房，普通住宅可采行1%的税率，因拥有多套而闲置的房屋、豪宅和高档公寓可以按照面积或单价施行1.5%~3%的分档税率，2年以上未开发的空地按照3%的税率征收。并应进一步明确对首套房不征税或按照一定人均居住面积予以免税的政策，确保个人的基本居住需求。

同时，需进一步完善房地产保有环节的相关税收优惠政策：一是对用于农业生产的土地和农民的宅基地和住房免税，对农村地区的非农业生产的房产可以先暂免，今后条件成熟时征税。二是对学校、公园、宗教的房产免税，但是对行政机关及其他事业单位所用房产征税。三是对房产税占个人收入的比重规定一个上限，超过上限的可进行税收减免。由于历史原因我国许多居住大面积房的离退休人群收入不高，所以要对这部分人群进行税收救济。四是房产税税款应允许在个人所得税税前扣除。

六、相关的配套改革

（一）土地流转制度改革

与房地产税密切相关的土地流转制度的改革，其难度很大，但必须在这方面走出一条路来。目前我国土地的实际使用权在它的法律形式上往往是出现严重背离的，非常混乱，一旦发生纠纷，不能通过低成本的、有规则的法律程序来解决，而是在紊乱失序中摩擦解决，甚至酿成一些恶性事件，需要通过上级政府来“救火”等极端的形式解决。

从长远来看，最终需要研究允许集体建设土地直接进入一级市场流通的办法和途径，减少政府征地范围，使农民能够直接分享土地转让取得的收益。比如，可以通过修改《土地管理法》等相关法律法规，规定除政府因公共利益需要必须征用集体土地以外，允许集体土地在符合土地利用总体规划、城市总体规划、村庄和集镇规划的前提下，通过统一规范的土地市场采用招拍挂方式（如复垦地的“地票”机制）转让集体建设用地的使用权，政府主要通过所得税等进行调节。

（二）建立健全财产法规和财产登记制度

宪法已经明确写上了私有财产受保护的要求，如何落实，需要具体化到一系列的法规体系上。如果这方面的保障做到位了，那么政府再进一步征收房地产税，乃至以后考虑遗产税、赠与税就都有了稳固前提。

确立现代房产登记制度是完善房地产产权体系，科学合理征收房地产税的一个重要前提。根据我国《物权法》中有关不动产登记的相关制度安排，健全现代房产登记制度。现行的房屋登记办法就本行政区域内城乡房屋建立统一的房屋登记簿，推动建立了我国的统一不动产登记制度，进而在2018年完成覆盖全国城乡的统一的不动产登记并信息联网的目标已经确立。目前多数地区还是实施土地上有建筑物的由房管理局登记，无建筑物的由土地局进行登记的办法。登记机构的分设，给当事人登记带来不便。房屋、土地登记机构有待统一，需要通过进一步的立法和信息系统建设，形成全面监控和管理优化的支撑条件。

（三）完善房地产评估制度

完善房地产评估制度方面，中国不仅要积极借鉴国际经验，还需充分结合自身条件，在由点到面的发展过程中去解决。

一是建立房地产评税机构。由于税基评估既需要借助于税务部门对纳税户基本信息的掌握，也需要借助于房地产或土地管理部门掌握的相关数据资料，加之房地产税评估结果关系到政府的税收收入与个人应纳税额，因此，大部分国家或地区都设立了专门的不动产税基估价机构，这些评估机构主要归属于政府部门，具有较强的专业性。鉴于我国还没有设立专门的房地产税基评估机构，建议在我国房地产税制改革中，设立隶属于政府部门的独立税基评估机构。为了保证评估环节和征税环节相互独立，该机构应该与地方税务机关和房地产管理机构并列，既能保持密切联系又可以相互监督制约，保证评估结果的公允性。

二是培养专门的评估人员。房地产税基评估采用专业的实地查勘估价对象的程序，评估过程中依据的评估标准和采用的具体方法与一般不动产评估不同。人员的培训也是一个非常重要的问题。我们现在尚缺乏一大批具有专业知识和管理经验的工作人员。一般来说，房地产税基评估人员需要通过考试取得执业资格，并接受专业的后续教育课程培训，周期性地接受执业资格审核。在这方面，我们要借鉴发达国家的经验，建立评估师注册登记制度，完善评估人员培训与继续教育制度，建立起符合我国国情的税基评估从业人员管理制度。

三是建立税基评估争议处理制度。由于房地产状况比较复杂，评税问题涉及面广，纳税人产生争议是较普遍的现象。各国和地区在对待纳税人争议时，都采取了设立相应争议调处机构的方法，使纳税人有申诉和获得仲裁的机会。我国开展税基评估活动时，必须建立一套税基评估争议处理制度。首先，对评税结果进行公示，将应课税房地产位置、产权状况、实物状况、纳税人姓名等内容以公示形式在特定网站、报纸杂志等媒体上公布，以便增强信息透明度，鼓励纳税人对评税机构进行监督。其次，建立税基评估争议的复议和仲裁制度，以解决税基评估争议问题，更好地保护纳税人权益。

（四）建立健全公共财政的制度程序

公共财政在有关事项上的制度程序非常重要。如果中国今后走到财政和政府的三层级结构，每个层级都要有相关的、代表公众意愿的机构以及立法程序来规范和监督制约政府行为，即是由一个法治化、民主化的制度与程序来形成分权情况下相关的理财决策和监督机制。很多成熟的市场经济国家，房地产税的开征过程中，代表民意的地方议会、市政会议等有较大的决定权，民众具有发言权和表决权。房地产税的有关事项是作为透明的信息传递给辖区内的公众的。这其中就存在一个地方政府之间的博弈，如果某一地方政府不考虑其他合理调整与制约因素，不形成体现民意诉求的全套机制而简单地提高自己的房地产税，那么居民就会用脚投票，从而影响本地投资环境的评价与繁荣局面的维持。这里面基本的要求就是要使之透明和加入规范的民主理财与公共选择。中国的实际情况和这个境界的差距还很远。在这一改革事项上，需要逐步建立一套公共财政制度，来体现民意，促使地方、辖区公共事务领域形成规范化的公共选择制度与机制。

（本文于 2014 年 7 月 28 日完稿）

房地产税制改革的思路和路径

朱为群*

2015年8月，房地产税纳入第十二届全国人大立法规划，引发社会各界广泛关注。房地产税制改革不仅是国家和地方税制改革的重要组成部分，更是关系到中国房地产行业以及相关群体的切身利益，是牵一发而动全身的改革。必须在厘清我国房地产税制基本情况的基础上，明确改革的目标，兼顾各方利益，采取切合实际的改革策略，并把房地产税的征缴管理纳入改革的通盘考虑中。

一、房地产税的立法宗旨

税收的立法宗旨主要体现为征税。一般来说，税收总是服务于国家公共利益，具有筹集财政收入和调控社会经济的作用。虽然我国大多数税收法律、法规并未特别表述立法宗旨或目的，但是这并不是说没有税收的立法宗旨，也不意味着房地产税法无须专门的立法宗旨条款。事实上，我国现有的土地增值税、城市维护建设税、耕地占用税和城镇土地使用税的相关条例均有征税目的的表述。房地产税作为一种新型的直接税，其开征理由必须加以特别说明，否则不仅缺乏征税的正当性，而且难以获得社会公众的理解和认可。

房地产税最直接的功能应该是为地方政府提供公共服务筹集必需的资金。作为一种地方税，房地产税应该有对应的特定支出范围。基于我国实行相对集中的财政分配体制，那些维持地方政府运转而必需的基本支出需

* 朱为群，上海财经大学公共经济与管理学院教授。

求，应该通过上级政府的转移支付或者其他税收收入来予以满足；同样，那些由法律规定或者由上级政府委托本级地方政府举办的公共事项所需要的支出，也不能用向当地居民征收的房地产税来为其筹资，而应该由上级政府拨付必需的资金。此外，那些当地特定群体受益的、非普惠性的公共支出项目，应该通过行政事业收费或者政府性基金来筹集资金。只有那些当地政府自主决策的、当地民众普惠性的、非基本的公共支出项目，即当地民众“看得见、摸得着”的公共支出项目，才应该由房地产税这样的地方税来筹资。

上述论断并非纯学术的逻辑推演结果，而是国外成熟的房地产税制度的经验总结。房地产税应该具有清晰而有针对性的公共支出目标定位。因此，将房地产税的立法宗旨明确表述为服务于地方政府筹集当地公众普遍受益的公共支出项目，就容易获得正当性支持。

二、房地产税改革的基本目标

从长期或者终极意义上说，房地产税收入必须“取之有道”，房地产税制改革要将构建收支对应、民主透明的税收决策与运行机制作为基本的政策目标，在此基础上制定出切实可行的改革方案。

逐步建立收支对应、民主透明的房地产税管理机制，目的在于突出房地产税的专款专用性特征，加强收支管理和监督机制的完善。建立和完善房地产税的管理机制，在房地产税改革中处于核心地位，应该贯穿改革的各个阶段。房地产税管理机制的建立和运行情况，直接关系到房地产税改革能否顺利推进及实施效果。良好高效的房地产税管理机制是促进达成征纳共识、构建良性和谐的征纳关系、建立纳税人和政府共同遵守的征纳机制的前提，不仅是房地产税改革顺利实施的主要保障，而且也是房地产税发展为地方主体税种的基础，更是推动地方服务型政府建设、提高地方治理能力和推进地方治理手段现代化的重要支柱。

从地方政府角度来看，在征收房地产税之前，就应明确税款要为当地居民提供服务的内容和数量。应事先征求纳税人意见，限定房地产税的支出用途，严格按照事先确定的用途专款专用，并且保证其支出规模和结构在事中和事后都具有可控性。地方政府还应按时按规定公布房地产税收入的使用情况，确保民众的知情权，接受纳税人监督，建立纳税人参与的房地产税征纳及使用评估机制，从而确保房地产税改革的顺利实施，同时推进地方政府职能转变，真正实现向服务型政府的过渡。

从纳税人角度来看，房地产税类似于物业费，通过缴纳房地产税，纳税人可从中受益，享受更多更好的公共服务。此外，纳税人可通过房地产税管理监督机制，实现其在公共选择方面的话语权，从而有效传达地方居民公共需要方面的偏好。一旦形成纳税人广泛参与到地方公共事务管理和决策活动中的机制，就会有利于实现纳税人经济、社会和政治方面的权利，也有利于纳税人认识自身在社会治理方面义务，提高其社会责任意识。

三、房地产税的立法原则

房地产税法条款的制定需要良好的原则予以指导和规范。好的税收原则可以产生好的房地产税。因此，房地产税的立法原则对于房地产税制的构建起到关键作用。无论人们怎样表达心目中好的房地产税，都会把公平当作好的立法原则。公平的房地产税能使纳税能力相同者承担相同税负；纳税能力不同者承担不同税负，纳税能力强者比纳税能力弱者承担更多税收。这就是所谓“量能负担”的原则。由于房地产税的计税依据是房地产的市场价值，因此房地产价值相同者税负相同，房地产价值高者承担更高税负。

房地产税的立法要贯彻公平税负原则，就必须遵循“简便透明”的原则。简便透明是公平原则的具体要求。一个复杂的税制很可能会因为征收成本过高或者漏洞过多而产生现实执行的种种困境，使一个名义上看起来很公平的税制成为现实中不合理的税制。此外，复杂的税制还会因应纳税额的不确定，引发大量税收争议，引起纳税人的不信任以及可能存在的冲突。因为复杂的税制不仅需要良好的纳税遵从，也需要严密的征收管理机制和手段作为保障，因此，在税收征管水平和资源有限的情形下，应该特别强调税制设计的简便性，以避免实施过程中的各种烦扰。而税制越透明，就越能体现税制的公平性。反之，一个模糊不清的不透明的税制，就会使纳税人怀疑税制的合理性，也容易引发征税行为的不规范，刺激纳税人的逃避税冲动或者增加征纳双方的税收争议。

房地产税是基于现有的税制安排而进行的一项改革。因此，房地产税改革必须考虑现有的税制结构和税负水平，秉持“稳定税负”的原则逐步推进。考虑到我国目前房地产交易环节税费种类较多、负担较重，因此房地产税制的改革要按照“有增有减”的改革思路落实“稳定税负”的基本原则。具体来说，要逐步取消包括土地增值税在内的房地产交易环节的不合理税费，为开征持有环节的房地产税腾出空间，以免徒增公众负担，引发不必要的恐慌和可能的抵触。

四、房地产税决策机制的构建和完善

在当前纳税人权利意识日益增强和利益诉求更趋多元的背景下，传统的封闭型精英决策方式不能充分体现公平公正公开，需要构建和完善切合公共政策属性的税制改革决策机制。为了有序推进房地产税制改革，应该着力构建法律控制下“三位一体”的地方自主决策机制、整体协商的公众民主参与机制、明确和公开的税款用途约束机制和以支定收的税负总规模控制机制。

（一）法律控制下的“三位一体”的地方自主决策机制

构建中央依法控制、地方人大主导和当地民众参与的“三位一体的”房地产税自主决策机制。构建地方自主决策机制可以使决策更切合地方实际、提高决策效率、降低决策风险，实现地方财政的自我负责。但鉴于我国的特殊情况，房地产税制的地方自主决策机制还不可能一步到位，需要在中央制定基本房地产税法的框架下进行，并且由地方人大发挥主导作用，同时广泛寻求当地民众的认可或支持，以改变传统的由地方政府或少数官员自行决策的方式。这种地方自主决策机制包括：

1. 省级人大根据国家制定的房地产税法律和本省、自治区、直辖市的实际，遵循《立法法》及《地方各级人民代表大会和地方各级人民政府组织法》的规定，负责制定本区域范围内房地产税地方性法规，报全国人大审核备案。省级人大负责审核下级市县房地产税开征申请及具体实施方案。

2. 市县级人大可启动房地产税征收议程，通过认真审议并经由规范的公开征询程序，由人大代表投票决定本地区的房地产税开征并通过实施方案，报请省级人大审核。市县人大有权在法律、法规的限度内享有本地区的税率调整权及减免税权。

3. 区域范围较为集中的直辖市直接向全国人大提出开征及试点申请并负责制定本地的具体法规。

4. 各级政府及行政机关仍应该发挥资源优势，在政策议程的启动、实施方案的设计、决策的论证、管理执行等方面与各级人大积极配合，提供支持。

构建地方自主决策机制的重要保障。需要做好以下工作：首先，需要中央高层决策者凝聚共识和坚定改革决心，克服对地方适度分权后的担心，充分信任地方；其次，规范中央与省级、省级与市县层级的税权划分；再其次，由全国人大或其常委会授权，突破现有国务院文件规定，允许在地方权力机关的主导下开展自主决策；最后，加强省级人大对市县人大决策的指导，提升地方人大自主决策的规范性。

（二）“整体协商”的公众民主参与机制

整体式协商参与机制，即由决策者主导决策过程，吸引公众参与，尊重公众的意愿，体现一定程度的公众偏好，与公众分享一定的决策权力，从而保证政策的可接受性。这是一种比较稳妥的公众民主参与方式，因为公众参与税制改革决策还缺乏经验积累，未经良好设计和运作的公众参与反而会造成决策质量下降和时间拖延。

整体式协商参与机制的运作要求。第一，界定相关公众的范围，保证各相关方有代表参与，防止发生重要的遗漏，尽量降低代表性不足所带来的决策风险；第二，判断相关公众的相对重要性，防止由于吸引过多的相关方参与而导致利益关系过于复杂，并影响决策推进；第三，正确识别公众意见，判断不同的参与者所代表利益，决定在决策中如何考虑他的诉求；第四，做好制度保障，要求有关部门制定详细的公众参与计划，在提交有关部门审议时，除了税收法律草案本身，还要有公众参与的情况汇报；第五，保证决策信息的公开，通过参与体验，逐渐培养公众的参与习惯和能力。

房地产税制改革决策应采取多种公众参与形式。这些形式包括但不限于：（1）开展民意调查。借助这一手段可以了解公众对房地产税制改革的大致看法，发现相关公众，但需要保证问卷设计、调查样本、调查程序的科学性。（2）成立决策咨询委员会。可以由地方商业团体、房地产协会、公共部门官员及公众代表组成决策咨询委员会。其主要功能是便于不同群体的利益表达，相互协调沟通，以达到相互了解，达成妥协和作出意见决定。（3）举行听证会。听证会是公共政策制定中常见的公众参与形式，在房地产税制改革中同样可以采用，但需要提升参会人员的代表性，确保听证的实际效果。

（三）“明确公开”的税款用途约束机制

构建税款用途的约束机制意义重大。这不仅可以达到约束征税权的目的，而且可以让纳税人感受到受益与纳税的对应性，提升政策接受度。

房地产税款的用途需要遵循“受益原则”并事先明确、事后公开。在一些国家，房地产税款主要用于地方教育和公共服务设施。房地产税的用途必须秉持“受益原则”，即税款所提供的公共产品或服务能够为绝大多数的地方公众带来收益。鉴于我国各地区情况差异较大，完全由地方民众通过民主决策来决定房地产税的用途还有很大难度，至少应该做到事前明确和事后公开，从而提高民众认同度。

（四）构建“以支定收”的税收负担控制机制

控制房地产税负担的总体规模，应体现“以支定收”的原则。即要求地方根据预算支出和其他来源收入情况确定需要通过房地产税筹集的收入规模。首先，确定地方需要的公共支出规模；然后，考虑除房地产税外的其他自有收入、接受的转移支付等收入来源，其缺额才考虑运用房地产税来筹集；最后，通过控制房地产税税基和税率的变化来有效控制其税收总规模。控制纳税人的负担水平，应将综合考虑其他税收和特殊人群。由于纳税人要用现时的收入来缴纳房地产税，而自用的房地产并不能产生现金流，所以，需要把房地产税和其他税收负担综合考虑在内，科学测算纳税人群的负担能力，否则容易侵害到公众的基本权利，引发公众反对。此外，还需要考虑老年人、残疾人和其他低收入家庭等特殊人群的照顾。

五、房地产税制改革的策略和路径

房地产税改革应以“顶层设计和基层试点相结合”为策略。房地产税改革不只是一个税种的改革，也不只是相关税制的局部调整，而是事关发挥财政的国家治理职能、理顺中央和地方财税关系和进一步完善地方税收体系等一系列重要改革；房地产税又是涉及普通民众基本权利的直接税改革，其艰巨性不容小觑，必须慎之又慎。因此，房地产税改革的路径必须站在顶层的高度来进行研究和设计，充分考虑改革的复杂性，先易后难，逐步推进。

房地产税制改革的顶层设计，重点在于明确房地产税在整个税制中的定位，确立房地产税制度要素设计的原则，制度房地产税制改革的路径，提出房地产税制决策机制和运行机制。房地产税制的基层试点，是在顶层设计所明确的基本原则、路径和机制的约束前提下，由乡镇或县市基层政府为主体，结合当地实际情况，提出改革试点方案经上级政府批准和当地人民代表大会审议通过后实施。

鉴于房地产税制具有极强的地域属性，顶层设计和基层试点相结合的策略，可以使房地产税制既有顶层的框架和原则约束，又有基层的实际操作规则相配合；既可以防止基层地方政府征税的随意和混乱，也可以避免高层政府设计的房地产税制不切实际和不公平；既可以在中短期内积极推进房地产税制的有序改革，又有利于构建长期稳定的房地产税制决策和运行机制。由于房地产试点改革局限于基层，不会出现全国整体改革可能造成的社会风险，而且有利于逐步积累共同经验，并在更大范围内推进房地产税制的改革和完善。

房地产税改革应按照“先经营房后居住房，先高端房后普通房，先城镇后农村”的路径逐步推进。房地产税改革具体可分为经营性房地产税改革、高端住宅房地产税改革和城镇普通住房房地产税改革三个阶段。

（一）经营性房地产税改革阶段

这一阶段的主要改革设想是：（1）取消从租计征的房地产税，所有应税的经营性房产统一按原值征收房地产税，但个人出租的住房仍按原税收政策执行；（2）将农村经营性房产纳入征税范围。这个阶段的改革主要解决两大税收歧视问题：一是租赁房产的税收歧视问题，二是城乡地区税收歧视问题。房地产税属于财产税，应该以存量财产价值为计税依据，因此，按照租金收入流量计征房地产税，不仅违背了房地产税的财产税性质定位，而且造成房产租赁业承担了额外的税收负担，形成产业税收歧视；至于居民个人房屋出租仍然保留现行政策不变，主要是基于三点考虑：一是将居民住房的房地产改为从价征税，并按照房产原值扣除一定比例后的计税余值计算税额，与原来按租金收入计税相比，可能会造成纳税人税负的较大变动；二是纳税人数量众多分散，房产原值信息的核实也会遇到很多障碍，不利于税改的平稳推行；三是按照房产原值征税本身是不合理的，因为同样市场价值的房产，高原价房产比低原价房产会承担更多的税。按原值计税，就造成纳税人因为购房时间的差异出现税收负担不公平的现象。而且，先购房者一般属于经济能力相对较强的群体，而后来购房者在承担高房价的同时还要承担更多的房地产税，不管从横向来说还是纵向来说都存在不公平。至于农村经营性房产长期不纳入房地产征税范围，显然是不合理的，这事实上歧视了城镇拥有经营性房产的纳税人。这项改革不仅理由比较充分，而且契合实际，操作难度不大，易于推行。

（二）高端住宅房地产税改革阶段

此阶段房地产税改革的设想是对高端住宅在保有环节按交易价格征收房地产税。高端住宅房地产税的改革在具体实施时，可按口径由小及大、先增量再存量、先城镇再农村、先原值再评估值分步进行。高端住宅的标准，可以参照重庆房产税试点改革方案，具体包括两种住宅：一是个人拥有的独栋或联体别墅；二是指建筑面积交易单价达到上两年本地区新建商品住房成交建筑面积均价 2 倍（含 2 倍）以上的高档住房。此阶段改革要达到的主要目的是：取得一定规模的税收收入，建立起税收与支出联系的机制，赢得当地较富裕阶层民众对房地产税改革的支持，为下一阶段的改革创造良好的征纳氛围。由于此阶段的改革主要针对高档住宅，涉及受众群体较少且相关纳税人负担能力相对较强。尽管这部分纳税人税负有所增加，但只要控制在适当范围且支出体现一定的受益性，就容易为其所接纳。此外，对居民住宅征收保有环节房地产税可以提升征管水平，并为第三阶段改革积累经验。此阶段不能对获取财政收入寄予太高期望，而是应该多从逐步推进改革的战略角度考虑。

（三）城镇住房的房地产税改革阶段

此阶段房地产税改革的主要内容是：将城镇普通居住用房纳入征收范围；统一按照评估价值征收房地产税，包括对外出租的居民用房；取消城镇土地使用税、土地增值税。该阶段的改革涉及广大公众的切身利益，需要稳妥进行。

要在总结前两个阶段改革经验的基础上，完成若干准备工作，如建立房地产登记和房地产评估系统；还要特别注重充分体现公众意见。即便到了房地产税全面实施阶段，也不可操之过急，苛求达到一定的收入规模，而是应该把重点放在确保税制公平及公众接受方面。

六、房地产税的征税范围与征收主体

现行房产税的征税范围有两个限制：一是只在城市、县城和建制镇（简称城镇地区）征收，不包括农村地区；二是在城镇地区也只针对经营性房屋，包括自用经营和出租他人两种情形。未来的房地产税是否会在征税范围上突破这两大限制？是否要在全国范围内针对所有的房地产存量价值征收房地产税？这是房地产税立法要明确的基本问题。

要解答这个问题，需要先探讨另一个问题：房地产税的征税主体。这就引出两个相关问题：一是房地产税的征税范围应该由地方政府来决定还是全国统一规定？二是如果房地产税的征税范围由地方政府决定，应由省（直辖市、自治区）、设区的市、县（市）、乡（镇）哪一级地方政府决定？从一般道理上说，既然房地产税是一种典型的地方税，其征税范围就应该由地方政府来决定。相应地，房地产税也应该由地方人民代表大会大会来审议。从国外成熟的房地产税制度的实施情况看，确实也是如此。

然而，基于目前我国的地方政府并无税收立法权，因此房地产税法的制定仍然由全国人民代表大会相关工作机构和国务院财税主管部门负责起草，并交由全国人民代表大会审议。这也是目前正在进行中的事情。如此说来，地方政府在征税范围的确定上是否就完全没有发言权了呢？全国统一立法的房地产税究竟是要全国范围统一开征还是可以将具体征税范围的确定权授予地方政府因地制宜呢？鉴于中国地域辽阔，各地差异很大，房地产税即使在全国层面立法，也不能完全无视巨大而复杂的地区差异，因而较为妥当的处理就是由各地方政府根据实际情况在公正规范的决策模式下自行决定征税范围，而不是强求全国统一。

借鉴国外成熟的房地产税制度的建设经验，应该将房地产税的开征权赋予较为基层的政府，例如直辖市或者计划单列城市的区级政府、县（市）级政府甚至乡镇政府。之所有要将房地产税的制定权下沉到基层政府是基于以下几点理由：

第一，有利于纳税人认同和接受房地产税征收的正当性和合理性，减少征纳税对抗，因为基层政府征收房地产税必须有相应的公共支出项目与此相对应，能够真正让纳税人体会到“税收取之于民而用之于民”，从而就不会把纳税当成是一种额外负担；

第二，一旦房地产税的制度设计或征收有违公平原则，在基层也容易被发现并得到纠正，当然这需要有适当的机制予以保障；

第三，有利于培育普通公众的纳税意识和公共意识，让普通公众通过房地产税这一载体来维护自己的权益并履行作为一个公民应承担的义务。

第四，房地产税在基层政府按照一套合理的机制良好运作，有利于推动基层政府治理，缓解基层政府和民众的紧张与对立局面，构建权责清晰、合作共赢和官民和谐的现代基层公共治理模式。

七、房地产税的免征额和免税对象

一旦房地产税的征税范围确定之后，还会遇到一个设置免税范围的问题。针对这个问题，有两种主张，一种是对所有的纳税人给予一个最基本的免征额，这是一种普适性的税收优惠；另一种是针对特殊用途的房地产或者特殊人群所拥有的房地产。对所有纳税人规定一个基本的免征额，其理论依据是保障个人最基本的居住需求，是人权保障所需。按照这个理论，应该只针对超出个人基本住房需求以上的部分才能征税。至于免税标准是按人均居住面积还是价值各有说法。主张按居住面积的人认为，作为人的基本居住需要总是有一个最起码的物理空间才能得以在其中生活而不论其居住在何处。主张按照价值确定免征额的人认为，不同地区相同居住面积的价值可能相差很大，按照人均居住面积免税，就会有利于高价房主而不利于低价房主，存在“欺贫爱富”之嫌。因此，按照相同的金额确定免征额相对比较公平。当然，也有反对设置统一免税额的意见，认为一旦实现统一免征额就会增加相应的监管成本，还容易被人不当利用，造成税负不公。事实上，国外不少实行房地产税的地方，并没有统一免税额的规定。

国外成熟房地产税制的免税规定大都针对某些特别房地产，主要分两类：一类是特殊用途的房地产，给予完全的免税，例如由政府部门、宗教或慈善机构、农业生产所使用的房地产；另一类是针对特殊人群免税，例如对65周岁以上的年长者、退伍军人或者残障人士（有的限制条件较为严格，规定必须是残障退伍军人才能享受免税规定），这种免税在金额或比例上通常是有限的。至于我国应该制定怎样的特殊减免优惠政策，还需要结合各地的情形而定，可以借鉴但不能简单照搬国外做法。

八、房地产税的征缴管理

在制定房地产税法条款时，还要考虑房地产税的征收和缴纳问题。虽然税收征缴属于程序性规定，但是作为一种全新的税收，其征管程序带有新的特点而不宜贸然照搬现行税收征收管理法的全部条款，必须制定特殊的征管规定。

要明确纳税登记规定。统一的不动产登记是房地产税开征的前提之一。这对于保障房地产税法的普遍和公平实施，具有重要意义。在办理税务登记时，将业主的身份信息与房地产的权属信息加以核对和匹配，从而构建起最基本的房地产税征管系统。

要构建纳税申诉程序。由于房地产税的计税依据是核定或评估价，因此若纳税人有异议，则应有相应的申诉程序。这方面，国外有很多经验。在我国，可以按照现行《税务行政复议规则》的原则性规定，结合房地产税的具体实施情况制定专门的房地产税申诉复议规程，详细规定纳税申诉复议的时间限制、信息提供要求、相关受理主体的权限及其具体办事流程。

要明确税款支付方式。应纳税额由税务机关计算并向纳税人寄送纸质或电子税单。为了保证税款支付的及时，最好是在国家层面建立一个全国集中的税款支付系统，除了允许纳税人以现金直接向税务机关办理支付手续外，也应该者通过银行或第三方支付平台将税款划转到地方政府国库。

（本文完稿于2017年5月28日）

开征房地产税：选择阻力和风险较小的方案

周天勇*

党的十八届三中全会《决定》提出，“加快房地产税立法并适时推进改革”。这里我们试图系统地设计各方互让权力、平衡多方利益，各方都能接受和大体满意的城乡房地产税征收方案。

一、出让金小改与两极分化及其经济泡沫化

从目前地方财政收入的正规渠道看，增值税的75%归中央，营业税改革为增值税后，如果没有新的税种，未来地方财政收入在全部财政收入中的比例将进一步下降，几乎没有稳定的税收收入。地方政府目前的开支，除了税收部分外，65%到75%来自于卖地、收费和借债。地方财政中，2010到2012年三年土地出让金收入为年平均3万亿元，2014年近4万亿元，已经高达地方政府年收入的40%到50%，有的地区更高。而且，从历史的更长时间看，年度间收入很不稳定；未来，城市化进程总有一天将基本完成，卖地财政也将终结。并且，目前的土地财政，形成地方政府扩大城区、大上项目、强征强拆、垄断出让、推高房价、实业趋落、房地泡沫等一系列问题。那么，如何改革呢？

一些学者不主张房地产税改革，而是进行微调，在其他方面开源节流。这种思路遇到体制和社会格局的变化：（1）按照党的十八届三中全

* 周天勇，中共中央党校教授、博士生导师，国际战略研究院副院长。

会《决定》部署的农村土地体制改革，农民同地同价，减少征地范围；（2）强调用地红线、用途规划管制，约束政府用地；（3）农民抵制强拆强征，征地难度越来越大；（4）一些三四线城市，住宅总体过剩，土地已经出让不出去，土地财政枯竭；（5）一线二线城市人口流动集中，加上行政寡头垄断卖地，持续推高房价，三线四线城市人口收缩甚至流出，出让金很少，形成不同地区和规模政府间收入的极不公平。

结果是地方政府的土地出让金部分将大幅度下降，并越来越少，征地囤地储备抵押给银行借债的行为也将受到限制，其他借债行为也会因债务审计和考核，大大减少。一方面，地方政府财政将遇到前所未有的困难，行政公务经费紧张，交通补助等公共服务开支将缩减，生态保护环境污染治理支出将不保，低收入人员保障将受到影响，城镇基础设施无法建设和维护。另一方面，住宅投资性需求也无法抑制，房价继续快速上涨。

而如果不落实《决定》的规定，仍然维持原有征地制度，仍然收取3万亿到4万亿元的土地出让金，则一方面还是在过多地夺取农民群体的利益并转移到城市，另一方面，地价房价不断上涨，或者使城市中需要买第一套房的群体变成房奴，地方政府实际从他们手中征了很高的“税收”；或者因房价太高，使他们沦为城市中长期的租客。不改革废止收取土地出让金体制，对农村农民、进城农民工和新进入城镇的大学毕业生及其他青年人群体是不公平的。特别是未来迁移到城市的数亿农民和买不起住房的群体，租住在有多套房的2亿左右居民家中，租房者将收入的40%到50%交给房东，形成城市中新的房主和佃户两个阶层。

目前，在城镇中的2.77亿农民工，在自己务工城镇买房的只有1%左右，约为100万套；在自己的家乡城镇城郊等买房的估计在20%到35%之间；按照2015年城镇住宅存量，除去农民购买的城镇住宅，城镇居民平均每户为2.1套住宅。而据有关抽样调查，前三四年，1.38亿户城镇居民家庭中，13%没有自己的住宅，租住房屋，大多是青年人和极低收入的家庭；66%左右的只有一套房，大多为中低收入者；21%的城镇居民有多套房，并且平均6.8套。城镇中住宅资产的分配极不公平。而城镇中，2015年各种性质的住宅有3.4亿套，在建52亿平方米，新开工10亿平方米，即使以后一个住宅项目不开工，建成后新增6 200万套住宅，届时城镇将有4亿套住宅，每户3.5人，仅城镇住宅就可以容纳14亿人口居住。如果将全部住宅作为消费产品，实际已经严重过剩。加上城镇居民独生子女格局，老人过世越来越多，未来由于独生子继承上一代和两代房产，房屋将更加过剩。

2016年住宅在这样过剩的情况下，其价格为什么还会暴涨呢？（1）地方政府低价征地，囤地，饥饿供地，土地市场行政寡头垄断，一家高价倒卖地，千家竞价，报价最高者得，不断地推动地价房价上涨；（2）银行贷款利率，投资企业产业，搞实体经济高，实际上民营企业、中小微企业的贷款利率高达10%到20%，而贷款买房投资利率低，目前只有5%以下；（3）投资实体办企业，要交很高的税收，17%增值税，有的要交消费税，要交工资42%的社保费；过去投资生育抚养两个以上的孩子要交高昂的社会扶养费，而投资房子，不管多少套，持有都不用缴税交费；（4）由于22岁到44岁的经济主力人口持续萎缩，总需求收缩，传统工业化提前结束，制造业全面过剩，股市不温不热，教育卫生文化等服务业相当程度上没有开放，新的投资领域还没有拓展和放开，相当多的人换外汇投资国外不熟悉，或者换不出外汇或者钱出不了境，国民经济杠杆率很高，唯恐人民币不保险，只好投资房产避险；（5）国家规定几千万党政事业机关干部和其家属近亲不能投资做实体办企业赚钱，这个阶层的巨额资金只能炒股炒房，股市不行就炒房产；（6）由于地方政府寡头垄断卖地等原因，人口流入集中密集的城市，还不根据需求增加供地，但有不断增加的住宅需求力，价格有持续循环上涨的预期，人们有不断追投的动力，甚至不惜加杠杆危险地追投，认为政府土地财政，只能让土地房屋不断高速涨价，而政府不能自己断自己财路，跟着政府高价卖地风向标，肯定赚钱；（7）房价会持续上涨的炒作和恐慌，赌博侥幸心理，羊群追涨效应，形成全社会炒房热，而且，特别是一些刚需的居民也不惜借钱贷款跟风买房；（8）为了促进经济增长，央行大量发行货币，但为防止人民币贬值限制换汇流出，而地方政府和商业银行则恰逢时机去房地产库存，减少房地产企业在银行呆坏账，增加地方政府的销售等税收，放出的货币没有流入实体经济，而是由房地产领域的资产涨价加以平衡和消化，也即资产价格上涨形式的通货膨胀；（9）许多商业银行因风险太大和风险责任的所有制规避，不愿意将款贷给民营企业、中小微企业，而是贷给国企，一些大的央企得到贷款后，不投实业，而是高价买地做房产，又进一步推动地价和房价的上涨。

这需要尽快出台房地产税，一是抑制房地产泡沫，脱虚归实，避免金融危机，使国民经济健康发展；二是房屋尽快归于消费产品，而不是投资产品；三是调节财富分配，控制和缩小住宅拥有不同和出租食利形成的资产和收入吉尼系数扩大趋势；四是尽早废除推高房价的土地出让金体制，阻断地方政府土地财路，使市县级地方政府有一个稳定的收入渠道。

过去通过购买房改房、后者低出让金及低房价时购买商品房等途径积累了不断增值的两三套甚至更多套房子财富的城市人不交税，而农民却要通过耕地林地宅地低价地给政府转移集中收入，没有住宅要买第一套居住房的城市新居民，实际则要向政府交纳高额的“税收”—出让金。如果不进行较为彻底的改革，税负和财富的分配是不公平的。

目前研究开征房产税另一方案的思路是：居民住宅年期不永续化，基本居住消费部分免征房产税，对多套房累进开征房产税，对企业开征房地产税。思路是：（1）现有土地管理法使用年限40到70年，到期重新申请，按照使用期结束时的价格再交纳出让金，再继续使用，否则国家收回土地使用权和地面建筑的规定不变。（2）住宅法定面积，或者第一套不征，从第二套起，按市价累进征收。比如，一居民，在北京有4套住宅，都为150平方米，价格均为5万元。第二套按市价2%征收，则需交税金15万元；第三套按市价3%征收，需交税金22.5万元；第四套住宅，按4%税率征收，需交30万元。

这个方案的结果是：（1）开征的前数年中，由于累进征税，加上房产税挤出住宅交易，房产税和房地产交易税收入会大幅度增加。（2）房产税开征后，为了降低持有成本，多套房的居民将二套以上抛出，一是地方政府的房产税减少，如果大部分都将一套以上房抛出，只保留居住房，由于第一套免税，政府住宅房产税部分又陷入枯竭；二是如果仅开征企业的房地产税，税收负担就会全部压在企业身上，税负过重会影响企业经营和就业岗位的稳定；三是房屋供应量大增、房价下跌，可能使银行坏账增加，金融风险加大，房产税征收水平下降，政府收入也会减少。（3）城镇居民基本消费的住宅不交房产税，其余要交税，不论一套多套，只是在规定期限内有土地使用权，过期不补则土地和建筑物无偿收归国有。

按照这种思路，一则虽然无损基本居住居民，但持有多套房的中产阶层财富再分配过猛，将严重损害中产阶层利益，不利于中产阶层的扩大。二则中产阶层抛完一套以上房产后，居住房产方面失去了地方财政的稳定税源，不符合“居住并有房屋财产，政府就要提供公共服务，居住人相对应需要交纳税收”这一原则。这种思路方案的改革，虽然易于启动，但是后患无穷。

显然，房产税改革不启动，或者基本居住消费部分不改革而对多套房累进大改，这两种思路，都是行不通的。我们以下设计了一个克服这两种思路困境的第三方案。

二、永续使用权和继承权换取征税权

废除土地使用权的年期体制，实行土地使用的永佃制。对城镇自然人和法人目前使用的城镇国有和有限使用年期的房地产，以给以永续使用产权换取政府的征税权。而对不愿意选择政府征税改革的城乡居民和法人，可以保留其目前到期收回和按未来土地出让金价格重新交出让金后再继续使用的体制。但是，如果到期后，城镇居民不再继续申请租期使用权的，改革目前法条中规定的无偿收回地面建筑的规定，由政府以成本重置价收购地面建筑物；而对工商金融用地不选择国有永续使用而不交房地产税的，由于企业有提取建筑物折旧收回的财务制度，地面建筑政府不进行收购，到期无偿收归国有。

不含土地出让金的各类集体土地产权、军产、工业产权、房改房等等，率先进行改革，并且只有一种选择，即土地不改变集体或者国有性质，但是永续使用权，按规定交纳房地产税，予以合法化。

总之，土地所有制改革的方向，是国有和集体所有性质不变，取消年期，永续使用。新中国成立以来几次修宪，对于城乡土地的所有制性质规定有所不同。对原有的保留土地私有性质的一些房产，特别是“文化大革命”时住户不断变更，继承代际和人数增多，城镇和农村中遗留的住宅和宅地所有权方面的问题不少。对此，应当进行研究，制定方案，在大方向一致的前提下，妥善加以解决。

三、区分消费与投资并按居住面积分类征税

一个非常重要的原则是，不能按照泡沫价格征收消费性房地产的税收。中国各城市，由于多年来政府行政寡头垄断卖地炒地，价格泡沫特别严重，对于合理面积的自住房而言，价格与使用价值严重偏离。因此，在中国城镇，应当按照合理房价收入比的房屋价值征税，才能为居民所接受。

笔者认为，另一个重要原则是，要区分消费性住宅资产与投资性住宅资产。消费性的住宅资产，即使价格奇高，但是居民只有一套并居住使用时，并不能变现为市价水平的价值性财富。这里表现的是居民自己居住消费的使用价值。只有将住房出售、出租，或者持有多套而等涨价时，才能表现为投资价值性质的财富。因此，对前者应当按照消费性住宅以能够承受的合理价格水平征税，而对后者则按照投资性住宅资产市场价格水平征税。

对于居民用于居住消费的房子，一定的法定面积，包括无法分割的法定面积外的套内面积，应当挤出房价虚高的水分，就是以当地上年的人均可支配收入，及合理的房价收入比例，来确定下年应征房产税的房价。

居住消费性质的第一套住宅，按家庭人均可支配收入 6 年可买一套 50 平方米的住宅，计算房价，并且面积不论多大，都为消费性质，因此以消费性质定房产价格、按每年 1% 税率征税。如北京市 2012 年城镇居民人均可支配收入 36 469 元，法定适当的居住面积为 50 平方米，合理的房价收入比为 6，则每平方米应征税为 4 376 元，如果为 50 平方米，则征税房价为 218 800 元，按 1% 税率，2013 年应征房产税额为 2 188 元；三口之家，150 平方米的居住面积，2013 年应征房产税额 6 564 元，而 200 平方米则征 8 752 元。平均来看，即使 1% 税率分 6 年改革到位后，房产税为北京三口之家年总可支配收入的 0.6%。在可以承受范围之内。(当然，考虑人均可支配收入线以下居民的承受能力，我们后面设计分 6 年到位。)

当房地产泡沫消失，房价收入比稳定在 6，甚至低于 6 时，由于人均可支配收入是增长的，消费性质房产税率的确定与每个上年不断增长的人

均可支配收入挂勾，也是不合理的。到那时，就不再挂勾收入而以真实的房产价格征税。然而，可能房价不断上涨，泡沫经常性存在，这种情况下，仍以房价收入6确定的税率征税比较合理，因为它对城乡居民的利益是一种保护机制。

第一套住房以外的住宅，视同投资资产，按市价1%征税，考虑价格泡沫因素，我认为不宜累进征税。前面已述，有的方案提出累进方案，对第二、三、四及以上多套房分别按年2%、3%、4%征税。我认为，这是不合理的。一是因为地方政府的高出让金，已经推动房价过度高于居民平均收入水平，价格中包含着泡沫；二是世界上对居民多套房累进征税的国家极少，都采取普税制；三是累进税太猛烈，将会导致房价大跌，引起金融动荡。因此，我以为不论有多少套住宅，税率都应当为市价1%。比如，150平方米的住宅，在北京某学区，市价每平方米10万元，1 500万元市价，年房产税15万元；在住宅小区，市价每平方米4万元，年房产税6万元；而在昌平区，市价只有1万元，则年房产税为1.5万元。而一家庭有五套房，共1 500平方米，市价平均5万元，则需要交75万元税收，实际就是不累进，业主纳税也很沉重。

此外，不论消费性房产，还是投资性房产，其进入交易环节，均按照市场交易价格征收房地产交易税。

四、消费性房产税低起步、小步走和分六年到位

一个城市中人均可支配收入中，含有工薪以外的许多收入，因此，就是消费住宅资产，按照合理价格水平征税，对一些实际收入在该城市人均可支配收入水平线以下较多的居民，负担可能要大大超过0.6%。因此，设计按照居民收入的不断增长，分6年到位，使消费性质房产税逐步达到目标的1%税率水平。

达到目标税率的时间为2022年。在2017年到2022年中，即2017年，基本150平方米面积内，按照0.167税率征收，即1/6税率征收；按照目标税率，每年税率上调1/6，在2022年达到1%目标税率。

这样的征税方案，起步低，小步走，分六年到位，使城镇居民逐步适应；城乡居民收入增长（特别是工资增长），消费支出结构调整，将分年

消化消费性质房产税部分；期间，可以工资增长与消费性质房产税增加联动，减轻工薪阶层房产税负担。

对于投资性资产，按市价1%的税率，不实行低起步和分年小步上调的方式，一年一步到位。

五、低收入人群减免

对于退休金较低，甚至没有参加退休社保的，以及参加以房养老的老年城镇居民，对于失业无收入的城镇家庭，对于统计在最低收入范围的城镇居民，严格甄别，适当减免其房产税。鼓励城镇退休居民将房间出租给大学生和农民工等获得收入，对所得收入免收个人所得税。业主去世，由子女继承；或者卖出，新业主恢复按前述规定的房产税征收。对有两套房并养老金较低的退休居民，以及有两套房的低收入居民，鼓励出租另一套房，出租收入免征所得税和投资性质房屋的房产税，但需要交纳消费性质的房产税。

六、原实际征税性质的高土地出让金部分逐年退税

对于按照市价征收的住宅房产税，以及对工商金融商业等地产，因政府出让金是将若干年租金一次收来，因此需要从土地收取出让金改革以来，对地价构成进行动态梳理，分清和合理测算土地出让价格构成：（1）所有权地价；（2）由于交通、位置等因素形成的级差地租；（3）实际是对农民过低价格收购部分的转移；（4）拆迁、安置和整理等成本；（5）实际是向购房屋土地者征取税收性质的部分。特别是高地价时购买住宅和金融商业用房的自然人和法人，房产税实行在设定的年限中，对构成（5）实行先征后退的体制，以避免双重征税。

对于工业用地出让金，应当分类考虑，如果政府优惠，或者价格较低的，不考虑退税；如果价格较高，没有优惠，则应当考虑适当予以退税。

七、方案选择自由，不同征税和交易办法

对于目前合法的城镇国有商品房，可以给业主设计两种方案让其选择，一种是上述方案。另一种是，对于不选择国有永续使用产权改革方案的城镇居民：(1) 征收住宅消费税，比照永续使用权房产减半征收。(2) 房屋在国家规定的使用年限中，有继承权；到期，土地国家无偿收回，地面建筑按照建筑造价由政府回购，继承权消失。(3) 由于这类房产土地国家没有将永续使用权交易给业主，业主在房地产市场上抵押、出租、入股、出售等交易时，只能有剩余的使用年限产权，不能有永续使用年限产权，其价值也按照剩余年限来评估。

八、非住宅房地产的永续产权和不动产税

对目前使用权为40年到50年不等的非住宅用房地产，特别是工商金融房地产，除极特殊的以外，也都改革为法人永续使用产权制。经营性的房地产，各投资者按照股份拥有永续使用产权；各党政军事业社团等等，永续使用权为组织和法人所有，其中非盈利基金会的，由基金投资人所有；无投资人的，其政府机构归并、营地变化、事业和社团变更等时，除了清算负债所用之外，国家无偿收回土地的永续使用权，但不包括建筑物价值，除非解体或变更后无主。

非住宅房地产（不包括个人在家创业的住宅），因房地产的产出率不同，对工业、商业和金融地产，按市价1%、2%和3%的税率征税（世界大多数国家2%到5%）区别征收。工商金融等地产，不得减免。党政事业社团等地产，房产税按照市价的0.5%征收，都要先交纳房地产税，按照有关用房面积标准，包括教育卫生等公益和半公益用地，即征即退或者即征即减；超标准面积的，由使用单位，或者使用个人交纳。

还应当以降低增值税换取对非住宅不动产交纳房地产征税。其中一部分实际是中央和省一级向市县进行收入的结构性转移。目前来看，增值税税率太高，一直是国内外诟病的问题，应当往下调2个百分点，就2013年数据框算，影响中央收入2 700亿元左右，影响地方政府收入840亿元

左右。但是，从地方政府财政收入接替上看，仅城镇工商金融房产就达100多亿平方米，均价8 000元，80万亿元资产平均征2%税率，除去减免，约有1.4万亿元税收。

九、地方财政可一次性稳定交替

从2010年到2013年的国有土地使用权出让收入看，分别为29 398亿元、33 477亿元、28 886亿元、41 000亿元，2013年的形势比较特殊，即各地政府为了还债，大规模卖地。去掉特殊情况，年平均出让金收入30 000亿元左右，是为地方政府的财力。

2015年，全国城镇各类住宅面积达340亿平方米左右，即使全部按照2015年全国居民可支配收入近2万元，房价收入比6的水平，征税房屋价格水平应当为每平方米4 200元，应税总资产达142.8万亿元，按照1%的消费性质房产税率，城镇房产税总额就为1.428万亿元。当然，按照消费性质房产1%税率及其阶梯累进税率分6年到位的方案，第一年，只能征到其中的1/6税收，之后每年动态增加。但是，刚开征时，多套房较多，按照市价征收的投资性的房产税较多；持有成本增加，抛售多套房，所收的房产交易税也较多。随着多套房的减少，和交易量的相对下降，虽然这方面的税收相对增加放慢，甚至绝对量可能下降，然而，消费性质住宅房产税税率（从1/6到1）是每年上调的，因此，动态看，6年内每年之间的房地产税及其交易税仍然可以大体平衡。

城郊和农村应当纳税的超面积住房和二套宅基地等，按照城镇、城郊和农村法定面积内外不同的税率征收，征税额在2 000亿到3 000亿元。

那么，假如2017年开征，全国房地产税和国有土地收入总额：（1）城镇工商金融房地产可征14 000亿元税金；（2）即使假定全部住宅为消费性质资产，起步年按1/6征收，城镇、城郊和农村住宅房地产税15 000亿元左右；（3）城郊和农村的非农业的经营性的房地产，最低估计可征收2 000亿元税金；（4）全国房地产交易税，最低估计2 000亿元；（5）国有土地永续使用权在交易中心的销售收入2 000亿左右（包括盐碱地改造、填海造地、废旧工矿土地整理等出售）。共计35 000亿元，因为土地出让金中包括了征地拆迁补偿等成本，除去此部分，完全能够接替地方财政目前的土地出让金部分，甚至有余。废除土地出让金与开征房地财产税和交易税之间，可以一次性实现平稳交替。

此外，在改革过程中，需要对房地产业，对土地和房屋，以及对房屋交易的各种现行政府收费和税收，进行清理、废止和归并，形成房地产税（不动产财产税）和房屋土地交易税（对交易所得征税）两个税种。

结语：选择阻力和风险较小的改革方案

为什么要进行废除土地出让金转变为开征房地产税的改革？一方面，是改变目前地方财政收入从农民和刚需买房人等低收入人群收取这样的不合理渠道的需要，是避免财富两极分化的需要，是抑制投资性房产需求而平抑房价的需要，是克服地方政府卖地冲动的需要，也是节约宝贵土地资源的需要。另一方面，在改革中，（1）国家让出了永续使用权，给了城乡居民以真正意义上的财产权和继承权，也给一部分居民保留了选择年期使用产权而不进行改革的选择自由权。（2）考虑了城乡居民的承受能力，区分了消费性房产和投资性房产，居住的房产按照挤出泡沫的房价征税，对低收入人群实行减免。（3）消费性质房产税，由于分 6 年逐步调到 1%税率，考虑了工资等收入增长与税率逐步上调的联动，防止突然一步到位，对城乡居民其他生活消费方面的影响。（4）对于中产阶层的投资性房产，包括工商金融地产，国家考虑价格因素，按世界各国较低税率征收，并且不进行累进征收，对于土地出让金特别高时投资性住宅和非住宅房地产，进行适当的退税。（5）考虑企业开征房地产税后的税收负担，降低 2 个百分点的增值税率，社保费率降低到 30%，进行平衡。（6）对于农村和城郊住宅宅地及生产性、农业性质的房地产全面免税，非农业性质的进行减免。（7）中央政府让一部分利，换取地方对企业的房地产征税，完善地方房地产税种。

（本文摘自周天勇、郭雪剑：《富民与安居——中国土地住宅体制改革研究报告》，大连出版社 2016 年版。作者根据最新情况和数据进行了补充修改）

尽早开征遗产税

北京师范大学收入分配研究院课题组

一、遗产税改革促进我国税收结构的优化

税收是政府依法强制向公民和机构征收资金的一种财政手段，一般公认并通行的原则是公平征收，即：公民应按各人的负担能力缴纳税赋，能力大者多纳，能力小者少纳，无能力者不纳。从世界范围来看，这一原则更为世界上的市场经济国家在税收研究与制度建设中所广泛接受。遗产税在面向居民财产的税收中属于累进税率最高的课税，是税收公平的重要体现。在我国，由于历史原因和改革滞后，在税制设计与税收结构中贯彻公平税负原则很不够，因此在税收调节贫富差距和促进社会公平上效果不佳，甚至存在逆向调节的现象。因此，遗产税改革对于我国税制公平将是一个正确开端，对优化税收结构上也是一个良好契机。

（一）我国间接税比例过高，特别是增值税类比重高，而直接税比重低，累进制的个人所得税更低，有违税负公平

间接税的纳税义务人实际并不是税收的真实负担人，他们虽然表面上负有纳税义务，但是实际上是将自己负担的增值税、营业税都加到了其所销售商品的价格中，传导给下家，最终由消费者负担。在我国税制中，增值税、营业税、消费税等都具有这样的特性。既然间接税是以流通中的商品和劳务价值为征税对象，并且将税负层层向下转嫁，所以也就不可能根据消费者的个人情况决定纳税水平，只能不论贫富、“一刀切”地使用同

一税率，自然就不能体现税负公平和量能纳税的原则。从这个意义上说，增值税比例越高，离税负公平就越远。从我国近些年的税收结构可以看出，增值税、营业税、消费税三项税收占各项税收收入的比重虽然有所降低，但仍是税收大头，占到一半左右。

直接税一般指直接向个人或企业开征的税，如所得税，也有针对劳动和资本收益的征税。财产方面的房产税、遗产税、赠与税也都属于直接税的范畴。与间接税可以把税负转嫁给下一环节、直至消费者不同，直接税的纳税义务人就是直接的税负承担者。同时，在世界各国的税法理论与实践中，个人所得税、房产税、遗产税等直接税多有按应纳税额累进计税的惯例。因此，直接税更符合税负公平和量能课税的原则，对于收入以及财富的再分配，对于缩小社会贫富差距有着较好的调节作用。目前，我国居民间贫富悬殊非常大，近年居民收入基尼系数高居不下，一直在近 0.5 的附近徘徊。在这样的背景下，改变直接税和间接税的比例关系就尤其迫切。目前企业和个人交纳的所得税的占各项税收的 25%，而以累进方式计税征收的个人所得税只占 6% 左右。

（二）我国财产税畸型发展，对财富固化起着一定的维系作用

财产税是指以财产为征税对象的税收体系。财产税类的课税对象是财产的占有、使用以及取得等相关环节，主要包括房产税、土地税、车船税、遗产和赠与税等税种。对财产课税，在于加强财产管理、促进财产流动，改善财产配置，提高财产使用效果。目前我国的财产税包括房产税、城镇土地使用税、车船税、契税和土地增值税等五个税种。但由于财产税改革目标不明确，改革进程缓慢，仅仅对土地使用环节和财产购置环节进行课税，对于财产持有和遗赠等维持既定财产分布的现象，几乎没有任何税收手段。从我国财产税收入情况看，20 世纪初占税收总额也只在 3% 左右，只是随着房地产业的超常发展才带动了契税、城镇土地使用税、土地增值税等项税收金融的快速提高，从而在没有居民物业税、没有遗产和赠与税的情况下，却使得财产税收入连年大幅增长，近年在税收总额已经占到 8% 的水平（见表1）。

财产税是所得税的补充税，是在所得税对收入调节的基础上，对纳税人占有的财产作进一步的调节。目前我国财产税征收的特点是，课税对象

表1　我国财产税收入总量及结构变动情况表　单位：亿元

年份	契税	土地增值税	城镇土地使用税	房产税	车船税	财产税合计	占税收总额（%）
2000	131.1	8.4	64.9	209.6	23.4	437.4	3.5
2002	239.1	20.5	76.8	282.4	28.9	647.7	3.7
2004	539.9	75.1	106.2	366.3	35.6	1 123.1	4.4
2006	867.7	231.5	176.8	514.9	50.0	1 840.8	5.3
2008	1 307.5	537.4	816.9	680.3	144.2	3 486.4	6.4
2009	1 735.1	719.6	921.0	803.7	186.5	4 365.8	7.3
2010	2 464.9	1 278.3	1 004.0	894.1	241.6	5 882.8	8.0

中对企业征收较多，对个人征收很少，且对个人多有减免措施；课税环节中对财产交易征税多，对持有财产的环节极少甚至没有，如果个人长期持有财产，或是在家族里馈赠传代而不上市交易，则几无税收。这就使得富人长期持有巨额财富、且永久性地在家族内分享财富可以不受任何税收政策的调节干预。从这一特点说明，我国的财产税制度与国外财产税制度在税种、结构、功能等方面多有不同，我国现行财产税制度是起着固化社会财富格局的作用，而遗产税和赠与税的缺失更是有违鼓励勤劳致富、反对不劳而获、促进财富流动的社会宗旨。

（三）从中外税收结构比较看我国遗产税改革的必要性

将重点国家税收资料进行了分组，对个人所得税、增值税类和财产税类在税收结构中的比重进行分析，可以发现不同类型的国家在税收结构中有着各自的特点。

1. 美国是以征收直接税为主的国家。因此，美国的个人所得税和遗产税都占有很高的比重，增值税类收入所占比重不大（见表2）。

表2　美国税收结构比较　单位：%

国家	税占 GDP 比例	个税占税收比例	增值税类占税收比例	财产税类占税收比例
美国	24	33.1	17.6	13.5

2. 北欧国家个人收入调节力度很大。社会收入及财产的贫富差距较小，从而在税收结构上形成了个人所得税比重最大，增值税类其次，财产税适度调节、比重不高的结构（见表3）。

表 3　北欧国家税收结构比较　单位：%

国家	税占 GDP 比例	个税占税收比例	增值税类占税收比例	财产税类占税收比例
丹麦	49	54.4	29.9	5.5
芬兰	43	31.0	30.0	2.6
冰岛	34	38.0	34.6	6.2
挪威	41	24.9	27.9	2.9
瑞典	47	43.0	35.1	2.7
平均值	42.8	38.3	31.5	4.0

3. 欧洲发达的市场经济国家直接税调节比例稳定。总体上呈现出个人所得税与增值税类平分秋色的税收格局，欧洲国家绝大多数都征收房产税和遗产税，因而财产税也在税收中占不小的比例（见表4）。

表 4　欧洲国家税收结构比较　单位：%

国家	税占 GDP 比例	个税占税收比例	增值税类占税收比例	财产税类占税收比例
英国	36	28.7	27.8	12.0
德国	41	24.2	27.0	1.9
法国	43	17.3	24.3	10.4
意大利	43	27.2	26.7	3.3
荷兰	39	22.3	30.7	3.4
瑞士	29	31.1	18.4	7.4
平均值	36.4	26.3	24.6	7.4

4. 转型国家具有增值税类税收比重较高的特点。但是，其对个人所得的税收调节也达到了10%以上，保、匈、波三国有遗产税，捷克有不动产税和不动产转让税，俄罗斯有个人财产税，因此财产税占到3%左右。目前捷、匈、波三国已成为高收入国家，保、罗、俄为中上等收入国家（见表5）。

表 5　转型国家税收结构比较　单位：%

国家	税占 GDP 比例	个税占税收比例	增值税类占税收比例	财产税类占税收比例
保加利亚	31	10.2	50.5	4.9
捷克	32	10.9	33.4	1.2
匈牙利	39	18.5	39.5	2.1
波兰	32	14.6	37.0	3.7

续表

国家	税占GDP比例	个税占税收比例	增值税类占税收比例	财产税类占税收比例
罗马尼亚	28	13.1	39.6	2.3
俄罗斯	28	14.9	23.4	4.6
平均值	31.7	13.7	37.2	3.1

5. 亚洲的日、韩、新三国均重视直接税征收。三国不仅个人所得税占比高，并且都征收房产税，日、韩一直征收遗产税，新加坡近年取消。三国总体结构近似美欧国家（见表6）。

表6　亚洲国家税收结构比较　单位：%

国家	税占GDP比例	个税占税收比例	增值税类占税收比例	财产税类占税收比例
日本	18	39.1	24.5	3.5
韩国	24	16.8	9.9	11.3
新加坡	14	20.8	34.4	5.5
平均值	18.7	25.6	22.9	6.8

6. 南美三国在分组中个人所得税占比最低。增值税类收入占比最高，虽然巴西、智利开征遗产税，秘鲁也有财富税和资产转移税，但总体上财产税调节力度弱，故税收占比不高（见表7）。

表7　南美国家税收结构比较　单位：%

国家	税占GDP比例	个税占税收比例	增值税类占税收比例	财产税类占税收比例
巴西	22	7.6	35.2	0.2
智利	18	8.5	54.9	3.2
秘鲁	16	9.8	43.7	1.5
平均值	18.7	8.6	44.6	1.6

通过以上比较可以看出，我国的税收结构最为接近南美国家，主要特点是：增值税类收入占比最高，个人所得税占比仅为个位数，财产税调节力度不强。其中微有差异的是我国个人所得税的比重较这三个拉美国家还要低3个百分点。如果再剔除我国因房地产市场过热而形成的财产税收入较高增长，则真正调节居民财产差距的财产税收入及其占比也并不高。同样作为税收收入主体的，是不能根据居民个人情况决定纳税水平，即不论贫富“一刀切”地进行征收的增值税，也包括同一类别的营业税和消费税。

上述国家的税收资料比较完整，所以易于比较。综合来看，这些国家的个人所得税占比都高于或大大高于我国。美国、日本的占比超过税收总额的30%，挪威和瑞典的占比都超过50%和40%，即使是其中最低的巴西7.6%，也高于我国近两个百分点；增值税类收入占比高于我国的只有智利的54.9%，以及与我国持平的保加利亚50.5%，其他国家的增值税类收入比重均大大低于我国；这些国家的财产税中，全部都有征收房产税，其中20个国家征收遗产税，其余国家还有征有个人财产税和转移税。这说明房产税、遗产税都是成熟市场经济国家对财产课税中的通用税种。

（四）遗产税改革将带动税制改革和结构优化

税收制度及其税收结构是与经济体制、发展模式紧密联系的。我国现实社会的深层次矛盾和问题已经说明，我们迫切需要深化经济体制改革，转变经济增长方式。否则，税收增长是不可持续的。党的十八届三中会关于深化改革的决定在关于完善税收制度中提出：深化税收制度改革，逐步提高直接税比重，推进增值税改革，逐步建立综合与分类相结合的个人所得税制，加快房地产税立法并适时推进改革。早在2013年初，国务院批转发改委等部门《关于深化收入分配制度改革若干意见》也提出了研究在适当时期开征遗产税问题。在世界经济再平衡与我国经济的转型调整的大背景下，为改善我国收入分配格局，加强对社会贫富差距的调节，我国需要积极优化税制及其收入结构，推进遗产税改革，以保护市场竞争，支持创业创新，促进经济社会的可持续发展。

1. 从国际经验看，我国应逐步增加直接税，减少间接税。这类税制结构实际也是经济社会发展中的必然演变。美国是当今世界有重要影响力和竞争力的国家，其财产税和个人所得税分别高达13%和33%以上，其中遗产税为联邦和州两级征收。我国近邻韩国的税收比重第一位是个人所得税16.8%，第二位是财产税11.3%，第三位才是增值税9.9%。而前苏东转型国家捷克、波兰、匈牙利均对遗产等个人财产课税，其个人所得税的比重分别为18%、14%和10%，现在这三国均已进入高收入国家行列。即使是传统上以征收增值税为主的法国，其增值税占比也只有24%，而财产税和个人所得税也分别达到10%和17%的水平。有报导称中国富人每年购买世界47%的奢侈品，200多架私人飞机，1 200至1 500艘豪华游艇，76亿美元的海外房产。对此我国不仅未能进行必要的税收调节，反而使具有累退调节性质的间接税收入比重高居不下，以至广大普通群众在日常消费中承担了大量的价内税负，加剧了分配不公与贫富分化。从国际经验来看，我国遗产税改革符合税制发展的大趋势，也能适应国内经济社会的变化需要，为持续发展和社会进步打造正向的政策基础。

2. 我国经济运行的减速化趋势，也将带来税收结构的变化。我国多年的经济高速发展正在向中速调整，旧的经济运行模式将逐步向新模式转变，经济保持7%左右的中速发展可能常态化，与发展速度直接相关的增值税类收入必然受到直接的影响。近十年间，我国在国内生产总值年均增长10.4%的情况下，增值税保持了16.4%的年均增长。随着2013年经济减速至7.7%，增值税当年增速降为9%。我们之所以接受这一增速，主要原因是放慢增速可以使中国经济摆脱对大规模投资的依赖，转而更多地依靠居民消费。目前居民财产与收入持续增加，2012年末我国居民仅金融资产就高达65万亿元，比上年增加9万亿元；2012年城镇居民可支配收入将超过32万亿元，比上年增加4万亿元；改进我国对财产和收入的直接税政策，已日益成为经济转型的需要。在这种形势下，遗产税改革可以作为直接税改革的一个先行探索，从发生遗产的富裕家庭入手，既突出了社会财富的重点，又不影响广大中低收入家庭和人群。由于课税比例只占遗产个案的1%~2%，不会造成太大的征管压力，有利于税务部门组织力量，逐步熟悉和建立起以家庭为单位的税务软硬件系统，为个人所得税和财产税改革创造条件，也可为税务部门积累工作经验。

3. 我国房地产过热带动的财产税增长状况极有可能出现变局。我国现行财产税的主要税种是以房地产交易为课征对象，因而房地产市场的持续过热导致土地增值税和契税等财产税收入超常规增长。在房地产市场“泡沫”不断增加、风险日益积累的情况下，以房地产交易活动为税源的财产税在超常增长的背后，存在着较大的“风险”或“隐忧”。一旦房地产市场出现波动，现行财产税收入的持续增长将难以为继，甚至出现变局。2008年国内房地产市场一度“下滑”，当年财产税收入增速即明显放缓。2013年我国财产税中征收契税2 874亿元，房产税1 372亿元，土地增值税2 719亿元，转让所得税664亿元。在未来房市存量增加、市场分化、货币偏紧、社会预期改变的情况下，我国现行财产税制的基础将受到考验，而遗产税等对存量财富调节的必要性则会日益显现出来。为加强财富调节，均衡财富占有，我国应将交易型财产税为主尽快改变为持有型财产税为主的税制结构，这样既可以长久获得稳定税源，又能以调存量促流量，配套出台遗产和赠与税，形成规范完整的财产税制度体系。

4. 遗产税改革可与相关税制改革互相促进，稳定财政收入。遗产税虽然是一种小众税，但其对于财富的积累、利用、传承和观念都会产生根本性的影响，并且使经济生活与人们的行为发生改变，从而给税收制度的变革与完善创造条件。因累进课税而对遗产期望值的减少，会提高投资实业的积极性，也会增强技术创新的推动力，这就为企业所得税和个人所得税扩大了税源。遗产税的最终调节可能改变个人的财富积累方式，财产赠与和流动性更加经常，与财产日常转移相关的税收调节就会水到渠成。遗产税征管中要求对财产信息联网以及继承者财产登记，这就对个人财富保有的税制建立和实行打下管理基础。中央已经明确了加快房产税改革的方针，若遗产税改革能够并行推进，则在遗产申报与认定中，房产信息及应税额即可直接联入房产税系统，用于继承人房产税的征管与计税，起到事半功倍的效果。以遗产税改革作为社会对存量财富调节的突破口，可以带动财产税、所得税制度建设与管理，优化税收结构，促进实现十八届三中全会提出的深化税收制度改革，逐步提高直接税比重的目标。

二、我国遗产税制研究

税收制度通常有三个要素：纳税人、课税对象和税率。纳税人，即纳税义务人，是税法规定的直接负有纳税义务的单位和个人。课税对象，是确定对什么征税，即规定征税的目的物是什么，这也是税种特点的标志。税率，是应纳税额与课税对象数额的比例，体现了税收调节的强度。在直接税中的累进税率设计，更是体现了差别化的税收公平性。

（一）遗产税的纳税人

遗产税的纳税人即是遗产继承人，我国遗产税改革如考虑与赠与税一并出台，则可能扩大为遗产继承人或财产受赠人。从国际经验看，该项税收的纳税人当中，一种是不论遗产人与纳税人的关系，适用于统一税率；

另一种是可以在继承人中区分与遗产人的亲疏关系，而适用不同的税率。有些国家将纳税人区分为直系、旁系、其他人三类；也有更细化的区分，如配偶、子女和父母、孙辈、非直系亲属、其他人。如果要对纳税人区分与不区分亲疏关系中选择的话，在我国的遗产税制的设计，似应选择区分亲疏关系的模式。这样做的理由有三个方面：一是共同生活的亲情与遗产形成毕竟可能存在些许的因果关系，给配偶或子女较多的扣除额也体现了制度的人性化。二是这种遗产税模式有利于将中国传统的亲属远近关系与社会经济关系结合起来，在差别化中体现税收公平。三是遗产税作为税收制度，总是具有组织收入的目的，而只将较多的扣除给予配偶和子女，其他人则少有享受或无权享受，将会有利于增加税收收入，提高该项税收的调节效果。

在社会纳税人群的选择上，美国是不足1%的人群，而日本是5%的人群，从对贫富差距的调节效果看，美国基尼系数在0.42，日本的基尼系数只有0.33。从目前我国贫富差距的情况看，我国的基尼系数在0.47左右，故应将调节力度适当加大。考虑到我国遗产税改革是从无到有，需要一个渐进探索的过程，不可能将纳税人群一步达到日本水平，但美国不足1%的比例也显过低，因此我国可以考虑设定2%左右的人群占比目标，这样有利于缓和我国社会的贫富矛盾，切实缩小居民收入和财产的基尼系数。我国近年的死亡率在7‰左右，每年去世人口980万。按照只对其中遗产最高的2%群体征税，则预计每年遗产税征管案例不到20万个，数量不大。

（二）遗产税的课税对象

从理论而言，遗产税的课税对象是逝者留下的全部财产。但在具体细化的认定、鉴别和计税中，往往需要按不同的财产分类，制定不同的税收政策。我国遗产税改革中需要对以下财产给予税收减免。

第一类是直接给予免税的财产，如公益性的遗产，即遗产人开办并管理的医院、学校、慈善机构等公益组织，在不改变用途和公益性质的情况下，改由家庭其他成员管理；这一类财产中还有遗产人捐赠给政府或社会公益组织的财产。

第二类是国家通过免税保护的财产继承，包括特有的传统工艺、文化遗产、技术设备，农业生产资料等，对于这些用途的土地、厂房、设备等给予免税。

第三类是国家支持的实业性财产，如生产、流通、研发企业的固定资产等，具有拉动经济、促进就业的作用，也可给予免税或减税。

第四类是人性化财产的税务免除，如配偶共有或是不能区分的财产、发明，特定的艺术品、纪念物、手稿，虽然具有较高的市场价值，但由亲属保存不出让，也不予征税。

第五类是共同生活与居住房产的减免税。配偶、子女与遗产人共同生活或居住，为保障继承人今后的正常生活和居住，只要不超过规定的面积标准，也可考虑对一处房产列入免税。

以上五类遗产经过鉴别和区分之后，分别给予税收减免。然后，余下的其他遗产，扣除这一过程的有关花销，就可进行估价和统计，而后进入继承人基本扣除的计税程序。

（三）遗产税的税率设计

遗产税税率决定中较为关键的两个问题是起征点问题和最高税率问题。起征点实际就是遗产税累进税率中0税率的最低一级，属于给继承人的基本扣除。一般给配偶的扣除额最高，其次是子女和遗产人父母，再次是隔代和旁系，最后是其他人，在这一过程中扣除额往往成倍递减。其中，继承人如属于无劳动能力或无收入来源者，可在基础扣除上加倍或另行给予赡养扣除和残疾扣除。实际上，按继承人亲疏的倍数扣除，可以还原出一个遗产税基本扣除的标准，大体相当于规定遗产税的起征点。

1. 遗产税起征点的标准与调节。在我国遗产税设计中，对起征点的确定要考虑扩大中产阶级比重的社会目标，但是中产阶级的形成并不能完全靠遗产的积累，而是要有社会综合的分配制度与调节手段。以我国的个人所得税为例，一个农民工月收入超过3 500元，就成为个税的纳税人。但若其农村家庭有老人、配偶、子女需要赡养，平均收入就连中等水平都达不到。个税若考虑对不对中低收入者征税，起征点可能要在现有基础上再提高2到3倍。遗产税起征点也是这样，只能是政策设计相对有利于中等群体积累财富，而不可能完全不对这种非劳动财产所得进行调节。同时，遗产税的起征点也需要从国际经验的视角出发，做出现实而科学的规定。根据我们收集到的有关资料，对有关国家遗产税的起征点和该国人均GDP的关系进行了以下统计和比较（见表8）。

表8　各国遗产税（财产转移税）起征点与人均GDP的关系

序号	国家和地区	遗产税起征点（万美元）	2011年人均GDP（万美元）	遗产税起征点与人均GDP的比例（%）
1	卢森堡	2.64	11.42	20
2	挪威	7.89	9.87	80
3	瑞士	0.86	8.31	10
4	丹麦	4.34	6.00	70
5	荷兰	15.6	5.02	310
6	奥地利	6.6	4.97	130
7	芬兰	2.64	4.88	50
8	爱尔兰	1.43	4.84	30
9	美国	500	4.83	10 350
10	比利时	2.31	4.68	50
11	日本	193	4.61	4 190
12	德国	66.1	4.41	1 500
13	法国	13.2	4.40	300
14	冰岛	0.85	4.31	20
15	英国	61.6	3.88	1 590
16	意大利	131.5	3.62	3 630
17	西班牙	6.32	3.21	200
18	韩国	46.3	2.24	2 070
19	捷克共和国	6.45	2.06	310
20	中国台湾	13.9	2.00	700
21	巴巴多斯	6.3	1.56	410
22	智利	0.076	1.46	10
23	立陶宛	0.38	1.41	30
24	克罗地亚	0.91	1.40	60
25	匈牙利	18	1.39	1 290
26	波兰	10.83	1.33	810
27	委内瑞拉	0.02	1.09	2
28	土耳其	13.9	1.05	1 330
29	黎巴嫩	2.7	0.99	270
30	博茨瓦纳	1.2	0.96	130

续表

序号	国家和地区	遗产税起征点（万美元）	2011 年人均 GDP（万美元）	遗产税起征点与人均 GDP 的比例（%）
31	南非	46.9	0.80	5 900
32	保加利亚	16.91	0.73	2 310
33	伊朗	0.05	0.66	10
34	牙买加	0.15	0.54	30
35	马其顿	0.67	0.51	130
36	厄瓜多尔	5	0.49	1 030
37	突尼斯	2.2	0.43	510
38	萨尔瓦多	0.25	0.37	70
39	危地马拉	0.61	0.32	190
40	摩洛哥	0.28	0.31	90

总的来看，各国的遗产税起征点与人均国内生产总值的比例取决于各国实际的收入差距水平和财政状况。一般来说，贫富差距逐步拉大的国家会从促进社会正义的角度出发，选择合适的时机提高遗产税征收力度，并选择相对比较低的遗产税起征点。从上表 40 个国家遗产税的最高起征点和人均 GDP 的比较，由低倍数到高倍数排列如下：

- 0 到 10 倍的国家有 29 个，占 72.5%；
- 10 倍到 20 倍的国家 5 个，占 12.5%；
- 20 倍到 40 倍的国家 3 个，占 7.5%；
- 40 倍到 100 倍国家 2 个，占 5%；
- 100 倍以上国家 1 个，占 2.5%。

按这些国家的经验倍数，以我国 2012 年人均 GDP 水平推算，我国遗产税起征点的设计可有以下 38 万元至 380 万元的标准（见表 9）。

表 9　　按人均 GDP 倍数推算遗产税起征点

我国 2012 年人均 GDP	遗产税起征点为人均 GDP（倍）	遗产税起征点（万元）
38 000 元	10	38
	20	76
	40	152
	100	380

我国遗产税起征点150万元是可考虑的政策选择。同时，我国如在遗产对象物的减免税政策中，能够给予共用房产税收优惠，保障继承人以后的正常居住，如在不超规定的面积等情况下，对一处房产列入免税，则也能解决因房产价值虚高对于遗产税改革的干扰。如给一套市场价值500万元的房产税前扣除，则加150万元起征点，实际相当于税前扣除了650万元。最后，遗产税起征点设计调低至适当水平可与低税率5%起步相配合，则最初几个计税阶段合计只会调节10%左右。

2. 遗产税最高税率的确定因素。遗产税的税率设计的另一个焦点是最高税率问题。从国际经验看，遗产税最高边际税率普遍高于个人所得税最高税率，欧洲国家个人所得税最高税率一般在30%到50%之间，而遗产税的最高税率就达到40%到60%的水平，其中：英国实行单一税率就为40%，比利时高达80%。日本和韩国遗产税的最高税率都是50%，但也是由80%左右的高水平调降下来的。台湾地区现实行单一10%的税率，其遗产税最初几十年也是执行50%的最高税率。美国联邦个人所得税与遗产税的最高税率曾高达55%，近年降为35%，但许多州还要征收州遗产税，最高税率也有16%。

我国个人所得最高税率是45%，按照遗产税率高于个人所得税率的规律，则我国遗产税的最高税率起码应在50%以上。若从加强社会贫富差距调节出发，将遗产税最高税率定在60%也是可行的，无论是对比国外的历史经验，还是现实做法都不为过。

3. 遗产税税率表的初步考虑（见表10）。

表10　拟定的遗产税税率表

级距	应纳税遗产额级次（万元）	税率（%）
零	遗产额≤150	0
一	150万元<遗产额≤300万元	5
二	300万元<遗产额≤500万元	10
三	500万元<遗产额≤800万元	20
四	800万元<遗产额≤1 300万元	30
五	1 300万元<遗产额≤2 000万元	40
六	2 000万元<遗产额≤3 000万元	50
七	3 000万元<遗产额≤5 000万元	55
八	>5 000万元	60

（四）房产价值虚高的处理

在设计我国遗产税改革方案中，需要根据国情和社会经济政策，考虑不同遗产对象物的课税政策。近十年来，我国房地产市场持续过热，不动产价格过快上涨，居住功能与市场价值呈现分化，大大抬高了家庭财产金额。虽然经济规律的作用与未来变化有可能出现变局，但只要这种状态尚未还原正常，就要考虑遗产中不动产的评估与处理政策，保障继承人的基本居住权和改善性权益。如保障继承人基本居住的措施：一是配偶继承一套住房的（不限标准）可全额扣除，不需要变现抵税；二是子女继承，则可考虑一套住房（设最高标准）允许扣除。三是隔代继承人与其他继承人不考虑住房扣除，房产统一计征遗产税。

三、遗产税与财产差距的模拟分析

我国连续 30 多年的经济高速增长，使我国居民财产水平迅速提高，但财产差距也在显著扩大。20 世纪 80 年代，全国居民财产分配基尼系数还在 0.3 以下，但到 2010 年时，全国财产基尼系数已达 0.77 的水平。财产分配格局的调整，虽然改变了旧体制下不合理的财富分配机制，为发展提供了动力，但是居民财产差距过大也对经济发展以及社会公平产生了消极影响，成为集结多种社会矛盾的根源。在经济发展增速放缓的背景下，财产分配与占有的不公平很可能成为社会矛盾爆发的导火索。因此，社会上多有呼吁建立合理的财产再分配制度，包括房产税、遗产税等财产税制度，以缓解当前日益恶化的财产差距，从源头上遏制财产差距的代际传递，从而保障社会的起点公平、机会公平和结果公平。为此，我们利用 2010 年中国家庭面板数据（CFPS），对中国居民的财产存量及其不均等状况进行描述。在此基础上，我们进一步模拟了不同遗产税方案对我国财产差距的影响，据此提出改革与政策建议。

（一）模拟分析因素的设定

由于我国没有开征遗产税，所以通过数值模拟的方法，在实验环境下对遗产税的财产分布效应进行研究。在模拟方案上，我们综合考虑国外遗产税制度，结合我国遗产税改革的可能或方向，对有关税制等因素进行了多种不同的组合分析。

1. 遗产税制。世界各国遗产税大体分为三种不同的制度模式：总遗产税制、分遗产税制和混合遗产税制。在本文中，我们只模拟分析总遗产税和分遗产税制的不同效果。

2. 遗产征收对象。根据 2010 年国家统计局第六次全国人口普查数据，2010 年我国居民的人均寿命为 74.8 岁。我们在分析中只追溯去世年限在 5 年以内的样本，并假定个体去世在 70 到 80 岁之间呈自然正态分布。

3. 遗产价值评估。在遗产价值评估中动产一般用市场价，不动产用重置价。我们在模拟中也是先对各类财产类型的价值分别进行核算，然后加总获得按市场价格折算的遗产价值总额。

4. 对实业遗产的折扣。大多数国家在遗产税征管中都会对正常运营的实业遗产给予基准税率 50% ~80% 的折扣，所以我们在对各项财产进行核算的时候，也对与实业经营有关的遗产额进行 70% 的折扣计算。

5. 遗产的初次分割。总遗产税制只按照遗产总额计征。但是分遗产税制就涉及总遗产在不同继承人之间的分配问题。在模拟过程中，我们设定配偶首先获得 50% 的遗产，剩余 50% 遗产由其他直系子女平分，未考虑直系外人员的继承问题。

6. 遗产税起征点。根据我国财产差距状况和课题研究成果，借鉴国外确定因素的基础上，排除了 100 万元以下的起征点，将设定范围从 150 万元到最高的 1 000 万元进行了模拟计算。

7. 税级设计。根据世界各国的经验，一般的税级都在 4 ~8 级，也有极少数国家税级达到 8 级或以上。我们在模拟中设定为 6 级累进。

8. 税率水平。大多数国家都把它设定为较低的 5% ~15%。为简化计算，我们把最低级的税率确定为 10%。起征点后的税级与税率按表 11。

（二）数据与变量描述

在数据调查过程中，使用了分层线性随机抽样的方法来获取样本，并要求访谈员入户并询问关于个体与家庭的相关信息；另外，该数据也同样

表 11　　遗产税的税级与税率设置

税级（税距）	应纳税遗产额	税率（%）
1	小于起征点 1 倍的部分	10
2	超过起征点 1 ~ 3 倍的部分	20
3	超过起征点 3 ~ 5 倍的部分	30
4	超过起征点 5 ~ 10 倍的部分	40
5	超过起征点 10 ~ 30 倍的部分	50
6	超过起征点 30 倍的部分	60

调查了村庄/小区层面的数据。总体上看，该问卷包括了个体和家庭的人口学特征、收入和财产等方面的信息。由于样本具有较好的随机性和代表性，所以用来分析全国的财产分布情况。我们将与财产数据有关把样本限定为年龄 15 岁以上的人群，最终选取个体样本量为 16 739 个。

1. 财产水平与财产差距。关于财产定义使用家庭人均净财产的概念，由 7 种分项财产构成，分别是净房产、金融资产、生产性固定资产价值、耐用消费品价值、其他资产的估计现值、非住房负债和土地价值。从表 12 来看，2010 年家庭人均财产现值超过 14.8 万元。这表明，在经济和生活水平多年增长的背景下，居民财产的积累也达了一个较高的程度。

表 12　　居民人均财产与财产结构

类别	2010 年/PPP 折算	占总财产比例	财产差距基尼系数
总财产净值	147 562 元	100%	0.76494
净房产	114 485 元	77.6%	0.87862
金融资产	23 225 元	15.7%	0.63049
耐用消费品价值	4 265 元	2.9%	0.90047
土地价值	3 663 元	2.5%	0.73803
生产性固定资产价值	2 280 元	1.5%	0.84822
其他资产的估计现值	608 元	0.4%	0.80892
非住房负债	-964 元	-0.7%	0.93635

从财产内部结构来看，房产在居民财产总额中占据了绝对的主导地位，2010 年它占总财产的比例达到 77.6%，财产结构畸形。而且，从财产分层继续进行考察后，我们发现越是富有的群体，其房产占其总财产的比例则越高，最低 10% 群体房产价值占的比例只有 60% 左右，而最富有

10%群体房产价值的占比高达近93%，越是财产富有的群体，其财产来源极端化的现象越是严重。进一步从财产差距的角度来看，2010年财产差距基尼系数为0.76494，可以说中国居民的财产虽然呈现出高速增长的态势，但也经历了一个异常显著的分化过程。

2. 财产的年龄分布。调查数据反映，居民财产总额越大，寿命也越长。当财产额小于80万元时，人均寿命只有68.1岁；而财产总额超过1 000万元的个体，其预期寿命则达到80.5岁。预期寿命与财产水平呈正相关关系，但寿命延长对财产增加有递减效应。我们从人口年龄结构计算了2010年户主的平均财产，发现居民的财产水平与生命周期存在一个正U型关系。年轻人起初占有相对较多的财产，在经历了结婚、家庭等重大事项后，个体的财产存量开始下降。然后，在家庭下一代所有负担都已经释放后，个体的财产总额又开始上升，并一直持续到生命的末端。因此，在75岁及往后，个体的财产总量达到峰值。最后，我们还进一步计算了超过起征点的样本比例，超过150万元和300万元财产的样本比例为1.74%和0.83%，财产总量超过500万元的样本比例为0.58%，而超过1 000万元和1 500万元的样本分别占0.34%和0.13%（见表13）。

表13　　预期寿命与遗产价值

去世时的财产总额（万元）	去世时平均年龄（岁）	当前户主的年龄结构（岁）	当前户主的平均财产（元）	当前财产总额（万元）	样本比例（%）
0～80	68.1	15～25	156 107	>150	1.74
80～150	71.9	25～35	125 483	>300	0.83
150～360	74.8	35～45	119 833	>500	0.58
360～500	77.2	45～55	125 872	>1 000	0.34
500～1 000	79.1	55～65	148 940	>1 500	0.13
1 000～2 000	80.5	65～75	156 675		
所有样本	74.4	75～105	389 767		

（三）遗产税模式对财政收入、财产差距的影响

模拟计算发现，从起征点的纵向角度来看，起征点越低，组织的财政收入就越高；而且，总遗产制的财政收入要高于分遗产税制。如果简单按照样本量扩大至全国所有人口，那么遗产税能组织的财政收入占所有的财

政收入比重为0.4%～3.4%。从国际经验来看，遗产税收入一般占国家财政收入的1%左右，我国若将期望值设在2%，可能150万元起征点能与财政收入预期基本吻合（见表14）。

表14　不同遗产税制和起征点的影响

	总遗产税制		分遗产税制		
				基尼系数	
	平均遗产税收（元）	基尼系数	平均遗产税收（元）	不考虑直系亲属差别	考虑直系亲属差别
起征点为150万元	2 805 917	0.73002	2 695 881	0.73083	0.73065
起征点为300万元	1 336 152	0.74902	1 157 691	0.74947	0.74923
起征点为500万元	739 012	0.75169	666 899	0.75184	0.75146
起征点为1 000万元	272 049	0.75437	271 377	0.75508	0.75484

从调节财产差距的角度来看，征收遗产税的效果明显，无论哪种方式的征收，都会使财产基尼系数的显著下降。而且，在对财产差距的调节效果方面，总遗产税制调节后的财产基尼系数都明显要低于分遗产税制。如起征点为150万元，按照总遗产税制的方案，那么财产差距的基尼系数会显著下降至0.73。按照分遗产税制调节后的基尼系数比之略高，但仍不到0.74。主要是由于我们使用的累进税制，总遗产税制往往使得纳税人会处在一个较高的财产水平上，并适用较高的边际税率，从而对高财产者能征收较多的税收，财产差距由此下降的更多。

在征收细节上，我们比较了税制设计中是否考虑亲疏差别所带来的不同影响。可以看出，无论采用哪一个起征点，考虑亲疏差别后的调节方案都要明显更优，调节后的财产差距水平也要更低，其原因在于考虑亲疏差别后，一些非亲属继承人因起征点降低而税率提高了，从而加大了遗产税的调节力度。

（四）遗产税改革中有关因素的影响分析

1. 赠与行为漏出的影响。上节模拟我们在理论上没有考虑在去世前的赠与行为，然而现实中是客观存在的，据有些研究就发现，95%的个体都存在5%～10%的生前财产赠与行为。所以，我们也考虑有5%～10%的遗产赠予漏出，并在总遗产税制下进行了模拟，结果发现，无论起征点被设定为多少，不同比例的赠与行为对整体财产差距的调节效果总会产生负面影响。生前赠与行为比例越大，总遗产税制的调节效果就越弱化。从这个意义说，遗产税改革需要赠与税的配合，或是在遗产和赠与税的统一税制下推进改革。

2. 引导慈善行为的影响。按照遗产税的国际惯例，世界各国都会运用减免手段引导并鼓励对社会公益事业的捐赠，以此来促进慈善组织的发展。与生前赠与行为不同的是，慈善捐款的财产不会直接成为居民个体的收入，而是成为社会公益性财产的一部分，有利于广大公众的使用和受益。因此，引导慈善行为后的财产基尼系数显降低。从这个角度来看，在遗产税改革中，通过制定鼓励各种公益性捐赠行为的优惠条款，可以发挥税收以外的调节效果。

3. 遗产税对收入再分配的影响。在研究中，我们假定被征收的遗产收入进入财政，纳入统一开支使用。但是，社会上有很多声音主张将遗产收入更公平地分配给广大居民，这样就能有效地调节贫富差距。表15第3栏给出了遗产税在调富与济贫双重作用下的调节效果。

表15　遗产税改革有关因素对财产差距的影响

	生前赠与行为		引导慈善捐赠		税收分配使用	
	赠与5%	赠与10%	捐赠5%	捐赠10%	财政统一使用	居民平均分配
定义1：起征点为150万元	0.73376	0.73509	0.73281	0.73362	0.73118	0.71897
定义2：起征点为300万元	0.75638	0.75965	0.75404	0.75609	0.74902	0.72303
定义3：起征点为500万元	0.75966	0.76279	0.75610	0.75911	0.75169	0.72591
定义4：起征点为1 000万元	0.76140	0.76443	0.75874	0.76024	0.75437	0.72683

4. 开征遗产税时机的影响。我们使用数据来模拟不同时点开征遗产税所带来的不同效果。由于经济发展、人口结构和财产分布的动态变化，要精确模拟未来10年乃至50年后的财产结构非常困难，这里我们进行一定的简化。首先，我们假定未来的财产结构和财产分布不会发生大的变化；其次，遗产税改革不会对个体预期及其行为产生显著影响；再次，人口结构保持大体稳定；最后，允许不同人群的财产增长率存在异质性差异。模拟中运用了历史数据，得出各组样本的年平均财产增长率。以此分别计算各组在2015、2020和2030年的财产水平及其分布，给出了不同时

点开征遗产税所带来的不同效果（见表16）。

表16　不同时间开征遗产税对居民财产差距的影响

起征点	2015年开征	2020年开征	2030年开征
当年税前原始样本	0.7909	0.81889	0.86168
150万元	0.73546	0.76642	0.81268
300万元	0.75141	0.77721	0.81931
500万元	0.75442	0.77969	0.82285
1 000万元	0.75548	0.78355	0.82694

注：本表为总遗产税制、考虑5%赠与行为和5%慈善捐赠，并设遗产税收入平均分配给居民。

表16中所示，遗产税开征的时间越晚，社会财产差距就越大。遗产税改革还会出现效果递减的现象。以起征点150万元为例，在总遗产税制下、考虑5%赠予和5%慈善捐赠、并考虑遗产税收入公平分配的条件下，遗产税调节可以使得2015年的财产基尼系数下降0.055；而到2030年，同样的遗产税方案只能使得财产基尼系数下降0.049。这说明，我国的遗产税应尽早决策出台为好。

（五）简要结论与建议

（1）2015年我国财产差距基尼系数预计为0.79，财产差距过大，亟待政府出台遗产税等改革措施进行调节。

（2）开征遗产税能有效缓解财产差距。不论采用总遗产税制还是分遗产税制，都会使得财产基尼系数明显下降。

（3）遗产税带来的财政收入受比例和数量的局限。但可通过遗产税改革，加快调整税收结构，推动完善财产税的制度建设。

（4）遗产税起征点不宜过高，150万元到300万元的起征点设计，对财产差距的调节效果显著，优于500万元到1 000万元。

（5）总遗产税制的调节效果优于分遗产税制，考虑亲疏差别可以使得遗产税的调节效果更强。

（6）高比例的生前赠与会使得遗产税的定向调节作用打折扣，因而遗产税改革应和赠与税改革同步推进。

（7）通过遗产税引导慈善捐赠可对缩小财产差距产生积极广泛的影响。

（8）遗产税收入的公平分配使用，能进一步加强遗产税对调节社会贫富差距的效果。

（9）遗产税改革的时间进程与调节效果显著相关，因此，我国的遗产税应尽早决策出台，不宜久拖不决。

（本文的中国税收统计资料均来自国家统计局网站；外国税收资料均来自《外国税收概览》（第四版），该书由国家税务总局税收科学研究所编译，中国税务出版社2012年版）

（课题组顾问：宋晓梧、李实；课题负责人：刘浩；课题组成员：刘强、万海远、冯毅）

（本文于2015年3月完稿）

第五篇

防范政府债务风险

任何金融危机本质上都是债务危机，而政府在危机中负有最后贷款人的责任，显然，政府的债务规模和杠杆率的演进值得高度关注，这直接涉及政府有没有能力应对债务增长过快而引发的危机。

深刻认知财政新常态

高培勇*

对于当前经济形势的分析判断，当然离不开财政形势。作为最具综合性的经济指标之一，财政形势还是一个重要的观察点。

按照一般公共预算收入口径计算，2014 年全国财政收入 140 349.74 亿元，比 2013 年增长 8.6%。相对于同期 7.4% 的 GDP 增速而言，似乎还说得过去。然而，透过这一表面现象深入到其背后的实质内容，则不免令人警觉起来。

财政收入的 8.6% 增速，是在采取了包括部分金融机构增加上交利润等一系列特殊措施的背景下实现的。倘若坐视财政收入增势下滑而不主动出手采取特殊措施，则不仅达不到这样的增速水平，而且，极可能完不成 2014 年全国财政收入增长 8% 的预算指标。此其一。

回望“十一五”时期，全国财政收入年均增长 21.3%，比同期 GDP 增速高出近 10 个百分点。即便进入“十二五”之后，2011 年，全国财政收入增速也曾经一度达到 25%。从 25% 下滑至 2014 年的 8.6%，只有 3 年时间。下滑的势头如此之快，在世界财政发展史上绝对是罕见的事例。此其二。

2015 年以来，下滑速度进一步加快。1 月份，全国财政收入增速只有 3.4%。不仅低于同期 GDP 增速，而且，如果注意到以往年间财政收入运行的常态是“前高后低”，2015 年还要力争全面完成减税 4 000 亿元左右规模的“营改增”，并且要对小微企业实施进一步减税。在此条件下，完成 2015 年全国财政收入增长 7.3% 的预算目标的难度可想而知。此其三。

长期以来，在一系列体制因素的制约下，我国始终没有建立起如欧美

---

* 高培勇，中国社会科学院学部委员、经济研究所所长。

国家那样的随财政收入下降而自动削减财政支出的机制。实际上，与财政收入增速的下滑形成鲜明对比的是，无论去年还是今年以来，财政支出的增速均未有实质性削减。由财政收支增速反差而带来的巨大压力，绝不可小觑。此其四。

放眼全局而不计局部得失，必要时宁肯以财政收支的不平衡来换取经济社会的稳定发展，一直是改革以来我国在财政政策选择问题上始终遵循的基本原则。基于实现保增长的需要，在过去的一年中，财政通过减收增支的一系列扩张性行动做出了努力。2015 年，面对经济下行压力持续加大和通货紧缩威胁步步紧逼的严峻形势，积极财政政策加力增效势在必行。无疑，这又将进一步加大减收增支的压力，使得今年的财政运行陷入更紧状态。此其五。

上述种种，均系当前财政形势趋于严峻的表现。对此，我们既不可掉以轻心，更需以新的理念和新的视角作出新的判断。跳出财政收支的视野局限而将其放在经济发展新常态的背景下加以审视，如下的认识或结论可能是适当的：

第一，经济决定财政，这是一个早已为人们熟知的基本规律。经过 30 多年的改革开放，中国经济已经步入发展的新常态。人口红利减少、劳动力成本上升，大力发展服务业的调整又不可避免地导致社会劳动生产率增速以及经济整体增速的放缓。换言之，随着中国经济由高速增长转为中高速增长并进入个位数增长的阶段，财政收入的增速自然会相应减低。

第二，持续多年的中国财政收入高速甚至超高速增长现象，是从 1994 年开始的。在此之前，我们也曾经历过持续多年的财政收入增速下降。一减一增、先减后增，30 多年间所走出的这一“V”状财政收入运行轨迹，告诉我们两个基本事实：其一，1994 年之后的财政收入持续高速增长，在很大程度上是对以往财政收入增速持续下降的矫正，具有相当的补偿性质。既然是补偿，那么，这种高速便不会是无止境的。在补偿到达某一节点之后，增速必然要回归正常轨道。其二，1994 年之后的财政收入持续高速增长，在很大程度上可以归结为 1994 年财税改革的产物，具有相当的改革红利性质。既然是改革红利，那么，这种红利效应的释放便不会是持续放大的。在红利效应释放一段时间之后，它肯定要步入递减状态。这即是说，财政收入的持续高速增长，特别是高于甚至远高于经济增速的财政收入增长，都系某一发展阶段的特殊现象。只有与经济增速相适应的财政收入增长，才是生活中的常态。

第三，当前中国财政收入的主体是税收收入。在中国的现行税制体系下，70%以上的税收收入来自增值税、营业税和消费税等间接税。这样一种“向间接税一边倒”的税收收入格局，意味着我国税收收入的绝大部分要作为价格的构成要素之一附着于价格之中。它既与商品和服务的价格绑在一起，随价格的涨跌而升降，随价格的轻微变化而剧烈动荡，那么，当经济高速增长时，税收收入的增速便可能高于经济增速。当经济增速放缓或低于以往增速时，税收收入的增速便可能低于经济增速。故而，只要我国的现行税制体系以及由此决定的我国现实税收收入格局不改变，中国经济增速下滑带来税收收入和财政收入增速更大幅度的下滑，当属意料之中的事情。

第四，算宏观经济社会发展的大账，以财政的加力增效求得整体利益实现，当然是财政值得且必须付出的代价。但这并不意味着我们可以为实现宏观目标而对可能遭遇的压力和可能面临的困难心中无数。相反，尽可能全面而详细地分析影响财政收支形势的各种因素，以此为基础，对可能面临的各种风险早做预案并采取积极主动的行动加以防范，则有助于相关的决策和措施更趋稳妥、更加可靠。也即是说，鉴于本轮积极财政政策是在经济发展进入新常态和财政形势发生转折性变化的背景下启动的旨在拉动经济的扩张性行动，本轮积极财政政策理应走出一条与以往大不相同的新路子。

可以认为，当前财政收入增速下滑以及由此形成的财政收支严峻形势，并非仅仅是我们不得不被迫接受的现实，而且是经济发展规律的作用使然。当前所说的过紧日子也好，过苦日子也罢，实际上要过的都是财政的正常日子。或者说，相对于以往相对宽松日子的“旧常态”而言，紧日子和苦日子则是我国财政的新常态。

面对这一切变化，我们必须全面调整理念、心态、战略和政策，学会在新常态下生活，学会与新常态共处，以不同于以往的、主动适应并引领新常态的一系列行动，把当前财政日常工作和财政政策操作的着力点落实到步入财政新常态的轨道上来。

（本文原载于《经济日报》2015 年 3 月 13 日）

中国政府的债务与杠杆率

张晓晶　刘学良*

我们最新估算，2016年底，实体部门债务余额（剔除地方融资平台重复计算的部分）168.8万亿元，实体部门杠杆率为226.9%，实体部门的利息支出为8.24万亿元，占GDP的比例为11.08%。① 其中，2016年政府部门债务41.4万亿元，占GDP比重55.6%，政府部门杠杆率比上一年下降1.2个百分点。

任何金融危机本质上都是债务危机，而政府在危机中负有最后贷款人的责任，显然，政府的债务规模和杠杆率的演进最值得关注，因为这直接涉及政府有没有能力来应对债务增长过快而引发的危机。

一、政府部门微弱去杠杆，恐非趋势性变化

我们估算，2016年，政府部门债务41.4万亿元，占GDP比重55.6%，政府部门杠杆率比上一年下降1.2个百分点。考虑到数据的一致性与可比性，这里政府部门的债务包含了融资平台债务。显然，融资平台债务不能既纳入在企业部门，又纳入政府部门。因此，在图1中，我们将2015年以来的融资平台债务均纳入到了企业部门。如果不包括融资平台债务，那么，政府部门的杠杆率就会有较大幅度的减少。

* 张晓晶，国家金融与发展实验室副主任、国家资产负债表研究中心主任；刘学良，国家资产负债表研究中心研究员。

① 这与JP Morgan，以及法兴银行（Societe Generale）Wei Yao的计算基本一致。其中法兴银行Wei Yao的计算中包括了利息和本金的偿付两部分，其计算认为中国在2012年时利息偿付支出占GDP比例达到11.1%，本金偿付支出占GDP比例18.8%，利息和本金偿付占GDP比例共计达29.9%。

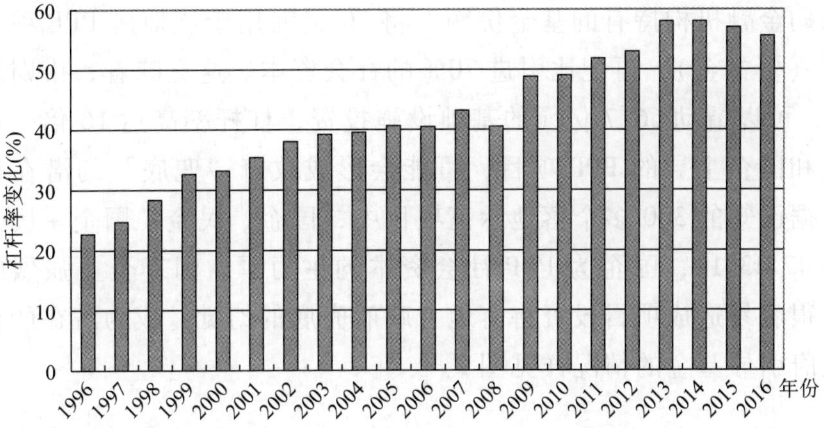

图1 1996～2016年政府部门杠杆率的变化

资料来源：WIND数据库，CEIC，国家资产负债表研究中心。

不过，值得注意的是，虽然新《预算法》的出台，使得融资平台债务与政府债务完成了法律上的“切割”或分离，单从数字上，政府债务比以前“好看”了，但后融资平台时期地方政府新的或有债务风险需要格外警惕。

这主要体现在，地方政府通过设立各类政府性投资引导基金，规避新预算法的有关规定，并与PPP相结合，或成地方债务的新风险点①。一是基金数量和规模野蛮生长。有关统计显示，截止2016年6月，基金数量达到911只、规模为2.56万亿元。其中70%以上由地级及以下政府设立，基金种类覆盖天使投资、创业投资、产业投资、PPP基金、城镇化基金等。二是部分基金名股实债，形成地方政府隐性负债。2015年11月财政部发布的《政府投资基金暂行管理办法》明确规定，地方政府不得向其他出资人承诺投资本金不受损失，不得承诺最低收益。但实际操作中，仍有不少政府性投资基金通过隐性回购条款，变相向其他出资人承诺保本固定收益，实际上成为地方政府的一种隐性负债。三是地方政府投资基金与PPP项目结合，极大推高了一些地方建设项目的投资杠杆率。例如，假如某地方政府成立总规模20亿元的基金，财政出资4亿元，占基金份额的20%，其余80%份额（16亿元）由金融机构认购，政府承诺在今后几年

① 《地方政府引导基金与PPP结合或成新的债务风险点》，付兵涛的博客，http：//fubingtao.blog.caixin.com，2017年2月17日。

逐步回购金融机构持有的基金份额。将 20 亿元用于该地区 PPP 项目的政府出资（资本金），再配比引进 70% 的社会资本。这意味着，市财政出资 4 亿元，可以撬动 66.7 亿元的基础设施投资，杠杆率高达 16 倍。四是地方政府和国企主导的 PPP 项目，可能会形成政府“兜底”的潜在债务负担。根据已知的 300 多个落地示范项目中，国企、民企、国企 + 民企三者之比为 47:43:10，国企为 PPP 社会资本的主力军。国有企业强烈的政府背景，很容易造成项目投资将有地方政府兜底的幻觉，成为潜在的债务负担。政府引导基金的情况详见图 2。

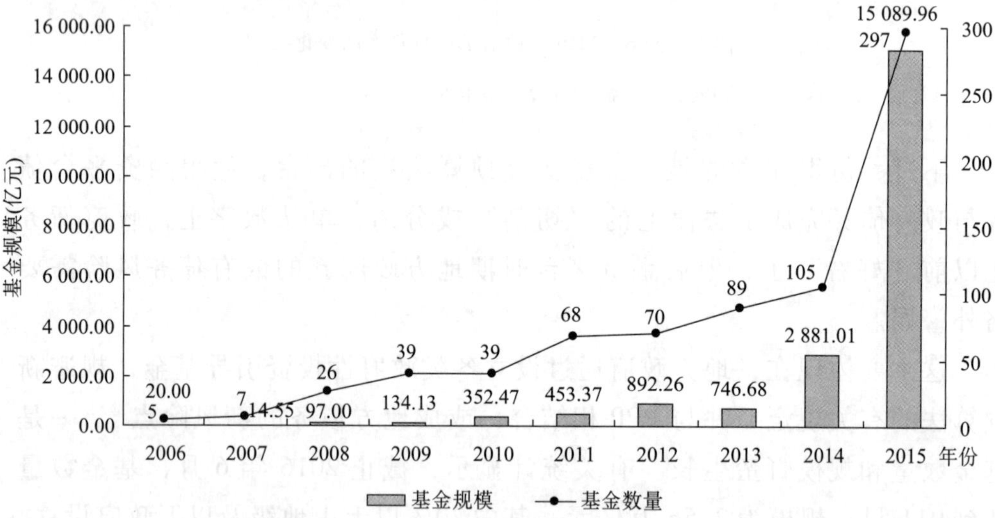

图 2　2006～2015 年政府引导基金设立情况比较

资料来源：私募通 2016.01。

从国际比较看，政府部门加杠杆是危机以来的基本趋势。就中国而言，尽管地方政府债务问题是较大隐患，但中央政府仍有加杠杆空间。如果分部门看，在企业部门去杠杆的同时，政府部门需要加杠杆以维持相对稳定的总需求。从这个角度，当前政府部门微弱去杠杆只是暂时的现象，并非趋势性变化。未来看，政府部门仍可能是一个渐进加杠杆的过程。

二、政府债务的利息支付估算

政府部门可分为中央政府和地方政府。其中，中央政府债务余额来源于财政部的中央财政债务余额数据，截至2016年中，中央财政债务余额11.2万亿元。由于中央政府债务的主要形式为国债，因此，我们利用WIND数据库统计了2008年以来历年的国债余额的到期期限，然后用中债国债的收益率曲线数据并按月平均得到各期限的国债到期收益率，从而计算得到当年的利息支出。估算结果显示，2016年中央财政支付的债务利息为3 111.95亿元，利息支出占当年GDP的总额达到0.42%，而2016年中央财政债务余额占GDP的比例为15%，中央财政债务的平均利率为2.8%。图3显示了2008～2016年中央政府利息支出占GDP的比例和中央政府债务余额占GDP的比例。

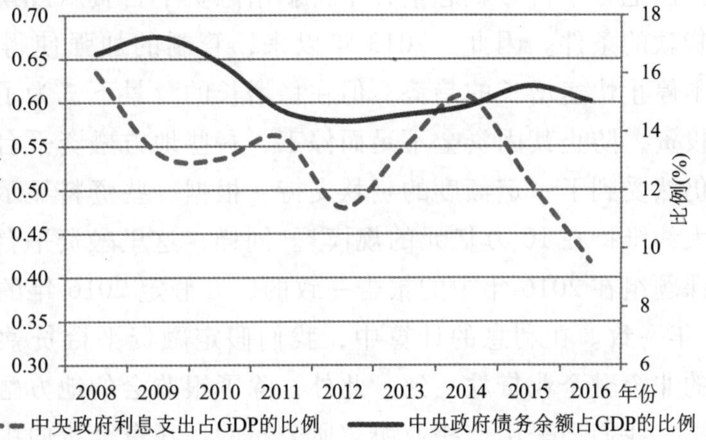

图3　中央政府利息支出和债务余额分别占GDP的比例

注：左轴为利息支出占GDP的比例。

资料来源：WIND数据库，CEIC，课题组估算。

地方政府的债务包括两部分，一部分是地方政府的非融资平台债务，另一部分则是地方融资平台的贷款和公开发行的城投债（因此需注意这里地方融资平台和非金融企业部分有重复计算）。其中，非融资平台债务的部分，我们采取课题组在2016年中的研究报告《去杠杆：数据、风险与对策》的结果。至于融资平台债务，首先，我们利用WIND中定义的城投债数据，计算得到城投债余额从2008年底的1 861.3亿元增至2016年底的城投债余额有6.5万亿元，增长了35倍。不过，因为按照新修订的《预算法》和国发［2014］43号文的规定，自2015年1月1日起，地方各级政府不得再通过融资平台公司举债，因此自2015年来城投债余额的增速大幅放缓。我们利用 WIND 数据库计算城投债的历年平均到期期限，同时，除去没有评级的债券（多为债项主体评级），城投债的评级平均来看同样接近 AA +，因此，我们采用 AA + 城投债的收益率曲线中相应期限的到期收益率来计算债务的利息支出。

地方融资平台从金融机构贷款的数据只在如 2008、2010、2012 和 2013 年等部分年份有官方的公布，对于缺失的中间年份我们用插值法补齐，而 2013 年后一直没有官方数据公布。由于地方融资平台贷款的快速增长，为了防范风险，监管当局开始对平台贷款进行总量控制。银监会 2013 年发布的《关于加强 2013 年地方融资平台风险监管的指导意见》要求各银行控制地方平台贷款总量，不得新增融资平台贷款规模并严格了新发放平台贷款的条件。因此，2013 年以来，管制的加强使得地方融资平台贷款基本停止快速增长的趋势，但在稳增长的背景下，为了支持一些重要的基建投资，防止其因资金不足而停工，一些地方融资平台公司的存量在建项目仍然受到了一定额度的贷款支持。根据一些资料显示，平台贷款在近年来大约维持在 10 万亿元的规模[①]。同样，这里融资平台贷款的计算方法是与课题组在 2016 年中的报告一致的，并假定 2016 年的贷款余额增速与 2015 年一致。在利息的计算中，我们假定融资平台贷款的期限和利率与上面的非金融企业贷款一致。此外，除了银监会的地方融资平台贷款余额的数据，我们还采用信托业协会所公布的信托资金投向中基础产业的余额作为融资平台信托贷款的粗略测量，这一数字在 2016 年为 2.66 万亿元。

由于融资平台的借款渠道在 2014 年以来被严格控制，在“开正门，堵偏门”的政策方针下，地方政府债券的发行额度和实际发行规模大大增加。地方政府债券 2009 年底余额 2 000 亿元，2013 年底为 8 616 亿元，但到 2016 年底，地方政府债券余额已达到 10.6 万亿元的规模，三年时间扩张超过 12 倍[②]。由于地方政府债券所包含的政府信用，地方政府债券的利率很低，仅比同期限国债稍高。2016 年的 5 年期地方政府债券的平均到期收益率为 2.9%，略高于同期国债平均 2.65% 的收益率，但明显低于同期的 AA + 级企业债 3.77% 和城投债 3.58% 的到期收益率。我们用

① 2013 年 6 月时全国地方融资平台贷款余额为 9.6 万亿元。

② 其中包括 2015 年后大量发行的地方政府存量债务置换债券。

WIND 数据库来计算历年地方政府债券余额的平均到期期限，并以年平均的地方政府债券收益率曲线中相应期限的到期收益率来计算地方政府非融资平台债务的利息支出。

综上，计算得到的地方政府债务利息支出和债务余额占 GDP 的比例，如图 4 所示。从图 4 中可以发现，2015～2016 年近两年地方政府的杠杆率基本保持平稳并有轻微下滑，但由于宽松货币政策和债务结构变化影响，利息支出占 GDP 比例则大幅下降。

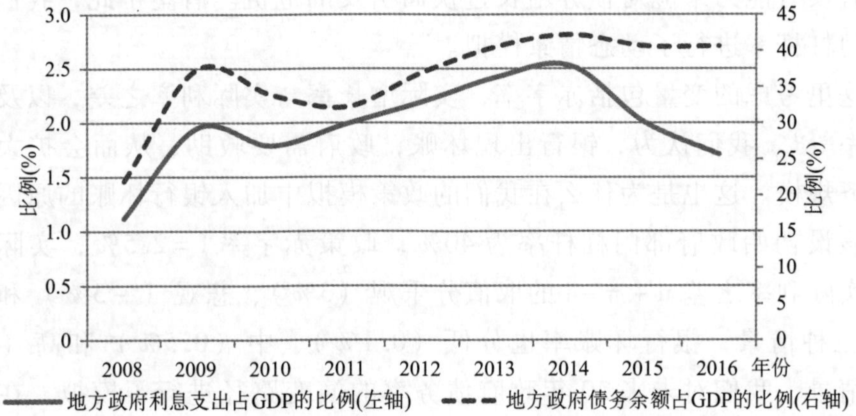

图 4　地方政府利息支出和债务余额分别占 GDP 的比例

资料来源：WIND 数据库，CEIC，课题组估算。

显然，地方政府债券的利率明显低于融资平台贷款和城投债的利率。其中，2008～2016 年地方政府所有债务的平均利率水平为 6.2%，而同期地方政府债券的平均利率水平为 3.39%，两者有近 3% 的利率差异。若再考虑到部分信托贷款等具有的更高利息成本，部分研究得到的利率差异更接近 5%①。其中，地方政府债券余额从 2014 年底的 11 623.5 亿元扩张至 2016 年的 10.6 万亿元，增量接近 10 万亿元，因此，2015～2016 年发行的地方政府债券或可为地方政府节省利息支出达 6 500 亿元②。

① 若按 5% 的利差计算，则每一万亿元的地方政府债券置换被认为可为地方政府节省利息支出 500 亿元。

② 这与 2016 年底财政部公布的有关地方政府债务的情况基本一致（依法厘清政府债务范围坚决堵住违法举债渠道——财政部有关负责人就地方政府债务问题答记者问，2016 年 11 月 4 日），其中财政部初步匡算认为 2015～2016 年发行的地方政府债券将累计为地方节约利息支出 6 000 亿元。

三、政府债务可持续性分析

（一）政府债务可持续性视角

任何金融危机本质上都是债务危机，而政府在危机中负有最后贷款人的责任，显然，政府部门杠杆率的动态演进最值得关注，因为这直接涉及政府有没有能力来应对债务增长过快而引发的危机。有鉴于此，我们对政府部门杠杆率进行了动态情景模拟。

这里考虑的变量包括赤字率，实际增长率与实际利率之差，以及银行坏账率等[①]。我们认为，银行出现坏账，政府需要救助，从而会扩大政府的债务规模。这也是为什么在我们的政策模拟中加入银行坏账的原因。

假设初始政府部门杠杆率为40%，政策赤字率 $f=2.5\%$，实际增长率与实际利率之差 $n+\pi-i$ 的取值分乐观（3%）、悲观（-3%）和中性（0）三种情景，银行坏账率也分低（0.1%）、中（0.5%）和高（1%）三种情景，我们对未来20年政府债务率的演变路径进行了模拟。在三个乐观情景中政府部门杠杆率会收敛到一个均衡值，其中，高坏账率为116.7%，中坏账率为100%，低坏账率为86.7%。收敛的条件是实际经济增长率大于实际利率。即 $n+\pi-i>0$。不过，要指出的是，在未来的20年，政府部门杠杆率还是会逐步攀升，并未出现收敛。收敛时间的长短，既取决于初始的政府杠杆率，也取决于实际增长率与实际利率之差。而在悲观和中性情景中，政府部门杠杆率会持续走高，出现爆发性增长。

关于中国政府杠杆率演进动态的情景模拟有以下两个政策含义：其一，增长的重要性。只有实际经济增长率大于实际利率，政府部门杠杆率才会出现收敛，否则会出现爆炸性增长。因此，从长期看，债务问题的化解靠的是持续增长。其次，银行坏账率的上升也会导致政府杠杆率的攀升。因此，加强监管，规范地方政府行为，减少道德风险，清理僵尸企业等方式，扼制坏账率上升，也是控制政府部门杠杆率攀升的重要途径。

① 《去杠杆：数据、风险与对策》，国家金融与发展实验室/国家资产负债表研究中心，2016年8月31日。

（二）主权资产负债表视角

从图 5 我们可以看出，2000～2015 年，中国主权负债从 19.3 万亿元上升至 126.2 万亿元，上升 5.5 倍；中国的主权资产也同步增长，从 35.9 万亿元上升至 229.1 万亿元，上升了 5.4 倍。这样，中国政府所拥有的资产净值在该段时期显著上升，从 16.5 万亿元上升到 102.9 万亿元，上升了 5.2 倍。需要说明的是，以上主权资产都是按宽口径估算的。如果考虑到行政事业单位国有资产变现能力有限以及国土资源性资产使用权无法全部转让的情况，我们再进行一系列抵扣，得到窄口径主权资产净值就会小得多。2016 年，窄口径主权资产净值仅为 20.7 万亿元，其中国有企业权益占了很大比重。

无论宽口径还是窄口径，中国的主权资产净额为正。表明中国政府拥有足够的主权资产来覆盖其主权负债。因此，相当长时期内，中国发生主权债务危机的可能性极低。但是，包括养老金缺口、银行显性和隐性不良资产在内的或有负债风险，以及后融资平台时代地方政府新的或有负债风险值得关注。

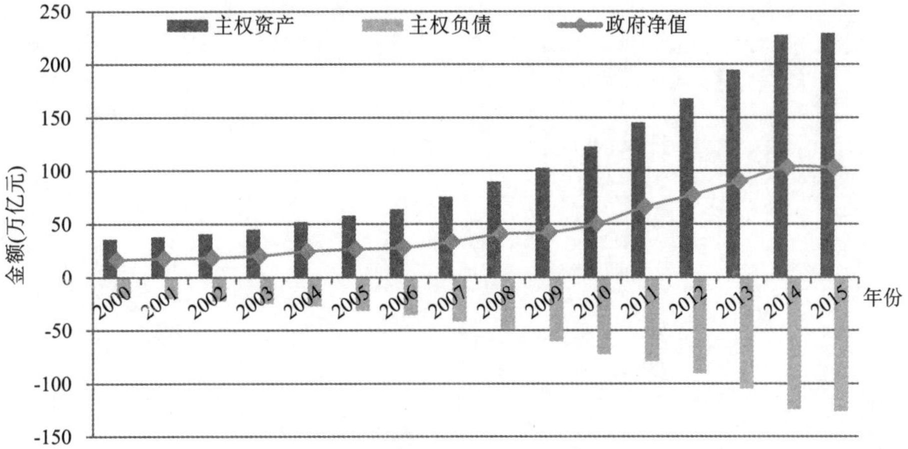

图 5　中国主权资产、主权负债及政府净值

资料来源：WIND 数据库，CEIC，课题组估算。

综合以上三个维度，从利息支付角度，未来利息负担可能有所加重，从而不利于债务的可持续性。从政府债务率看，中期仍然处在一个不断上升的态势，也意味着债务风险在上升。但结合国家资产负债表，一方面，政府资产也在不断上升，另一方面，如果政府创新配置资源方式，即通过大幅度减少政府对资源的直接配置，更多引入市场机制和市场化手段，提高资源配置的效率和效益，则政府应对风险的能力就会提升，从而债务的可持续性得以保障。

从政策应对角度，一是要坚决去企业杠杆，使之处在一个相对稳健的水平（OECD标准是低于90%，中国作为发展中国家以及融资结构的差异，企业杠杆率或可以略高于这一水平）；二是优化融资结构，加强影子银行监管，千方百计降低社会融资成本，使金融更好地为实体经济服务；三是区分好杠杆与坏杠杆，使高效率企业杠杆率保持平稳和上升，低（无）效率企业有序退出市场，释放生产性资源，提高全社会的生产效率；四是大力推进供给侧结构性改革，释放改革红利，促进经济持续稳定发展。这一条是化解危机、保证债务可持续性的根本。

（本文于2017年初完稿，2017年7月24日修订）

地方政府融资体系问题详解

胡恒松*

一、地方政府融资体系的现状

地方政府通过合理举债筹集发展所需资金，是经济快速增长的重要途径。但是近年来，我国地方政府过度负债引发的债务问题正备受社会关注。根据国家审计署公布的资料，截至2015年12月31日，由政府承担偿还责任的债务规模约为16万亿元，与2014年相比增加0.6万亿元，这是地方政府具有明确偿还责任的债务。截至2015年底，政府的或有债务为8.6万亿元，两者合计为24.6万亿元。截至2015年底，全国34个省（直辖市）已完成280支债券的发行，债务规模共计37 537.03亿元，其中地方政府公开发行债券的规模和地方政府定向发行债券的规模分别为29 625.24亿元和7 911.79亿元。新增债券金额6 220.00亿元，占地方政府已公开发行债券的20%，超过财政部关于新增地方政府债券限额水平为6 000亿元的规定。在已发行债券规模层次排名中，居前五位的分别为江苏省、贵州省、浙江省、山东省和四川省，发行债券的金额分别为3 194.00亿元、2 320.00亿元、2 243.60亿元、1 994.00亿元和1 790.00亿元。

政府债务都是通过不同的举债主体形成的，在政府性债务余额的举借主体中，地方融资平台占据了主导地位。截至2015年6月底，全国地方融资平台的数量已超过11 787个，融资平台数量位居前五名的分别是浙

* 胡恒松，国家发展改革委员会PPP专家库成员、申万宏源证券固定收益融资总部市场发展部总经理。

江省、四川省、江苏省、广东省和福建省，其中浙江省的融资平台数量为1 519个，占比达到12.89%（参见表1）。通过融资平台融资，在一定程度上解决了地方政府的资金困境，将低成本的债券资金投向城市基础设施建设能够有力推动地方经济的发展和城镇化的步伐。但是目前我国部分融资平台存在治理结构不完善、担保行为不规范、项目投资效率不高及负债规模过大等问题，而多数融资平台与商业银行关系密切，一旦融资平台发生违约，就容易引发系统性风险，成为经济增长的不稳定因素。

表1　截至2015年6月底全国各省市地方政府融资平台数量表　单位：个

地区	融资平台数量	地区	融资平台数量	地区	融资平台数量
浙江	1 519	山东	440	山西	223
四川	793	贵州	423	吉林	205
江苏	775	辽宁	397	陕西	205
广东	718	河南	390	新疆	183
福建	642	湖北	326	北京	159
河北	561	安徽	306	甘肃	154
云南	557	广西	286	天津	145
湖南	556	黑龙江	229	青海	88
江西	500	上海	229	宁夏	74
西藏	446	内蒙古	226	海南	32

数据来源：WIND数据。

二、当前地方政府融资体系存在的问题

纵观我国近40年的改革发展历程，通过地方政府融资体系配套资金供给，有力推动了社会事业发展和地方经济建设，有效增强了地方城镇化和现代化的进程。近年来，虽然我国地方政府融资体系逐步发展完善，但是在快速发展的过程中仍然暴露出一些不容忽视的问题，这都严重抑制了政府融资效率，使市场在资源配置中的决定性作用未能得到很好的发挥。

（一）地方政府对平台公司定位模糊

1. 地方政府是平台公司的实际控制人。地方政府一般是通过各类资源的整合，将平台公司组建为一个能够进行融资活动的经济实体。这样虽

然成立了平台公司，但由于地方政府平台公司的独立法人地位和融资主体地位不能充分得到保障，以至于不能与高效的资本市场对接进行融资，甚至直接越过平台公司而介入到了经济活动中。平台公司虽然是地方政府融资体系中的一个部分，但它不能被简单看作政府部门或者被政府代替。地方政府设立融资平台的目的是为了规避法律壁垒，解决城市建设融资主体缺位、基础设施建设缺乏资产经营机制和机构、城市建设资金投入形成的大量存量资产没有盘活等问题。本应为国有独资企业的融资平台事实却是介于行政、事业、企业性质之间的混合体，拥有着半行政化的法人治理结构，从而出现产权、经营权、收益权的脱节和不统一等现象，平台公司整体运行效率低下，不符合市场发展规律。基础设施项目的决策、融资、建设、经营和管理由政府的不同部门执行，难以形成真正意义上的、风险与收益一体化要求的融资主体。同时，在平台公司进行银行借款活动过程中地方政府还会通过多种非合规方式提供帮助，由于市场层面的约束机制的缺失、错位贷款主体等问题的存在，导致银行对融资平台的贷款后续管理困难重重。由于融资平台复杂的混合体性质，职能定位不清晰、“越位”和“缺位”交织并存，平台公司一直在不明确的定位中摸索前进，发展定位不明晰。其产生的特殊历史背景和所肩负的特殊使命，使其“中间型”公司的特征明显，平台公司治理结构不规范以及管理体制和运营机制不健全等问题亟待解决。

2. 地方政府对平台公司转型的定位不清晰。地方政府职能按照市场化改革的要求，在职能上贯彻“有进有退”、“有所为有所不为”的原则，从微观经济领域退出来，作好“裁判员”和“仲裁人”的角色，为市场经济主体尤其是企业服务，为企业创造一个宽松的市场竞争环境。

融资平台公司面临着转型的压力。这主要表现在以下几个方面：一是融资能力下降。市容改善、城市发展外加政绩考核等因素使各级地方政府要不停地进行城市投资，平台公司是实施的主要载体之一，承担的融资压力愈来愈大；大多数平台公司经过几年的折腾，负债率偏高，财务状况不理想，继续融资的能力明显下降。二是过度依赖土地。土地出让收入被称为地方政府的“第二财政”，弥补了许多城市建设资金的缺口。在房地产市场起伏不定的情况下，以土地出让金作为还贷资金主要来源的“时间换空间”模式具有极大的不稳定性，风险显而易见。三是引发社会问题。

土地是平台公司最重要的资产之一，这些土地往往是城市周边居民用地或老企业土地，涉及拆迁安置、旧城改造、老企业搬迁等问题，关系到老百姓的切身利益，处理不好，可能导致群众上访等社会问题。因此，融资平台必然会面临转型。

融资平台公司作为转型主体，其自身的发展方向仍不明朗。因此，地方政府如何处理好与融资平台转型的定位问题，对融资平台公司的发展而言也有着重要的意义。而在当前，地方政府对平台公司转型的定位问题不清晰，这使得融资平台的进一步发展变得愈加困难。

（二）中央政府与地方政府的权、责、利不对称

地方政府是在平衡公式“资本（财政收益与土地收益）＋负债（债务融资）＝资本形成”的基础之上构建其基本融资模式的，投资需求的扩张和融资供给的增长相互制约达到均衡。因此，地方政府基本融资模式的存在意义，就是要根据投资扩张的需要扩大资金的供给以实现资金供求的均衡。但是，随着筹资供给愈加赶不上投资的扩张，政府融资陷入功能失灵的困局。

在分税制体系下，中央政府和地方政府可以看作是两个相互割裂又相互联系的机构。总的来说，中央政府财权大、事权小，又掌握一些优质资产，所以资产负债表很健康；地方政府财权小、事权大，优质资产未必多，所以资产负债表存在问题。由于此前地方政府走基建托 GDP 的捷径，不惜以高成本负债，远远超出自身实际负担能力，导致债务越来越繁重。中央政府与地方政府的权、责、利不对称，造成地方政府投融资脱节、负债不断增加。

地方政府与融资平台之间的权责关系也不明确。地方政府融资平台身负政府和市场的双重身份，在多方的约束下实现融资目标。一方面，平台融资资源结构单一。地方融资平台主要是通过商业银行借款和发行债券进行融资，单一的融资渠道和融资模式致使平台公司还本付息金额逐年增加，公司抵抗融资风险的能力逐年降低和财务风险逐步凸显，最终可能转化为政府风险和财政风险。此外，如果国家宏观经济政策和金融政策进行调整，政府“供血”渠道受阻，很可能导致地方建设资金融资来源困难；另一方面，平台资金投入基础设施项目多，且投资频率高和规模大。但是

项目本身大多盈利性低、现金流入滞后，且项目大多是准经营性和公益性的，这些项目的意义在于能够带来社会效益，难以用经济性来衡量。地方政府融资平台尽管名义上是国有独资企业，但事实还是介于行政、事业、企业性质之间的混合体，产权、经营权、收益权的脱节和不统一，治理结构不规范，管理体制和运营机制紊乱。因此，这种不明晰的职能定位和散乱的管理架构，导致银行贷款的后续监管面临较大的困境，贷款资金回收蕴含较大风险。

（三）地方政府对债务问题缺乏有效管理

1. 地方政府债务管理面临的问题较多。不同地方政府对于债务问题认识不一，有的根据建设项目确定融资规模，有的根据融资能力建设项目，可怕的是有的地方政府缺乏对债务问题的认识，对于外来资金来者不拒，不计成本的融资。问题主要表现如下：一是地方政府举债随意性大。部分地方政府在项目立项时没有根据地方经济发展战略和财政承受能力来合理确定，没有全面进行投资估算和考虑政府债务负担规模，盲目举债上项目。随着债务到期，偿债资金难以保证，政府面临较大的还本付息压力，偿还数额逐年上升，只能通过融资平台公司垫付、“借新还旧”等方式偿还债务。二是地方政府债务管理缺位。地方政府为了地方经济的发展或在任领导提高政绩存在强烈的举债需求。当地方政府无力偿还债务时，最终将会由国家来兜底，存在着严重的道德风险。此外，政府债务管理存在多头管理、各自为政的情况，造成政府债务存量不清、权责不明、规模失控等。举债行为的决策缺乏监督机制是造成政府性举债规模不断扩大的根本原因。三是债务构成结构日益复杂。地方政府举债主体多元化，除了大量政府融资平台公司参与，地方政府还可以向银行贷款，事业单位的债务也有可能转换为政府债务。四是缺乏预算管理制度。对于地方政府的大量债务，多数地方政府没有将其债务纳入预算管理。正是由于地方政府的大量债务游离于预算体制之外，使得地方政府债务很难给出准确的统计数据，缺乏准确的数据很难进行有效的预算管理。五是缺乏债务风险预警机制。目前，许多地方政府没有建立起有效的债务风险预警机制；虽然有些地方政府建立了早期预警机制，但由于预警指标选择不够科学和规范，导致预警机制的设置过于复杂，执行时却很难实现有效的预警效果。

2. 融资规划缺乏系统性。融资规划缺乏系统性主要体现在以下几点：

（1）地方政府融资管理不规范。一是决策主体不明确。地方政府财政部门作为融资的主体，其地位没有得到强化和突出。实际上，地方政府很多职能部门都具有融资的权力，多头举债的问题十分严重。地方财政部门对各项融资仍然负有兜底责任，最终融资成本还是要由财政部门来承担。二是决策方式不够规范。在决定投资项目时，常常是领导拍脑袋决定的，而没有经过可行性研究和论证，时有发生到工程竣工后才补办科研及相关手续的情况。三是投资范围过于宽泛。政府投资范围不仅包括公益性或准公益性项目，而且涉及一些经营性领域，总体来看对民生项目的投入仍然不足。四是具体融资方式不科学。从融资结构看，资金高度依靠银行贷款间接融资而很少使用其他直接融资方式。从融资成本看，只注重能够借到资金而不考虑融资成本。从融资期限看，中短期融资所占比重较多，没有做到短期融资与长期融资的相互结合。

（2）地方政府平台公司缺乏完善的资本市场环境。地方政府通过平台公司发行债券融资，不仅需要完善的地方债法律制度作为防范地方债务风险的保障，完善的资本市场环境也是地方政府平台公司顺利融资的重要前提。基于整个宏观经济环境角度来讲，我国地方平台公司已经具备通过资本市场发行各类债券实现融资的条件。目前我国资本市场经过二十多年的发展，虽然已经成为了以股票和债券为主体的品种多样的全球第二大资本市场，并且也初步形成了包括多元化主体在内的全国性资本市场体系，但我国地方政府平台公司融资主要依赖于此环境下的债券市场。尽管如此，与国外成熟资本市场的对比，我国资本市场还存在很多需要完善的地方，单就债券市场来说，首先表现为投资产品的种类较少且结构不合理，前期主要以国债为主，企业债券和公司债券的发行占比较低，2015 年来产品结构有所改善，尤其是公司债券发行量井喷。其次为投资者结构不合理，我国债券投资者主要是以机构投资者为主，个人投资者却屡屡被挡在门外，在这一情况下可能会导致投资机构之间联合操控债券收益率，造成债券市场混乱。具体到债券的市场流通方面，债券的投资者主要是投资机构，债券的平均收益率虽高于国债平均收益率，但高出的幅度不大，对投资者不具备很大的吸引力。

（3）地方政府融资缺乏匹配的税制结构。各级政府间事权与财权的合理划分是地方政府合理举债发展经济的基础，否则地方政府只能被迫通过举债解决资金缺口，如果没有匹配的税收支撑，地方政府融资多少合适是没有标准的，只能看主要领导想做多大事，随之就通过平台公司举债，至于债务如何偿还问题考虑甚少。自1994年施行分税制改革后，中央和地方的财政收支体制进一步明确，在基础设施建设方面的责任也逐渐清晰，财权层层上移至中央，而事权层层下放至地方。一方面，地方政府在分税制改革后无权开设新税种，也无权举债；另一方面，中央政府在分税制改革后掌握了所有税收政策的制定权和举债权，使得地方政府不仅征税权限和范围狭小，而且课税能力和潜力有限。地方经济的发展要求地方政府必须加大财政投入，没有同财政支出相匹配的税制结构就必然导致作为基础设施建设主力军的地方政府财政的紧张，地方政府无法单靠本级财政收入来满足财政支出，地方政府通过平台公司发行债券融资只是用来解决地方政府短期的资金问题，但不能从根本上解决财政收入问题，因而地方财政必须要能够保证债券到期时能够足额支付。

（4）地方政府缺乏对融资模式的自我约束。从本质上说，地方政府基本融资模式的形成是一种客观环境造成的结果。一是由于地方财政资源收缩，扩大财政预算内资金来源的路子走不通。二是由于按照《预算法》（修改前的）地方政府不能从债券市场融资，这就意味着地方财政扩大融资来源的体制通道被堵住了。于是地方政府根据自身资源状况，成立了集经营、融资、建设以及债务偿还为一体的城市投资公司，利用企业融资平台进行各类市场化融资，这样就绕开了现行体制和政策的限制，实现政府的融资目的。但是，我国绝大多数基础设施项目仍然是由附属或受控于政府的平台公司独家垄断，政府投资负担过重，随着投资预算安排逐年膨胀，从而给地方政府带来了空前的融资压力，这迫使融资平台不惜成本进行风险融资，通过融资规模的不断扩张来减轻“投资饥饿症”，这就使地方政府融资模式实质上是在没有约束状态下进行的。由于融资平台与政府实际上是同一主体，因而融资平台是无法对融资风险进行负责的。

（5）地方政府对融资资源难以充分有效利用。第一，融资体制滞后，融资资源分散。由于全国范围内，各区域的融资平台都具有自己的特点，差异性明显。相对于东部地区，西部地区的发展更加依赖行政化手段，融资平台也相对于偏向行政化的企业而非市场化企业。由此带来的问题便是在各行政部门指导下的融资平台林立、融资资源分散，不利于地方政府整合有效资产和提高企业整体信用级别，有些西部城市经济水平、发展水平有限，但却存在十多家融资平台，将有限的资源分散，加大了企业融资的难度。第二，融资缺乏层次，尚未充分利用有限资源。由于市场化程度不高，融资平台相对较难实现集团化管理，即便实现了集团化架构也并未完全实现集团化管理，从而造成了资源的闲置或利用不充分。同时，融资需要动用大量资源，缺乏层次的融资模式远远无法满足需求。第三，金融市场创新有限，制约融资方式的改进。西有西部大开发、中有中原经济区、东有经济改革试点，各个地区的政策条件和经济金融条件各不相同。相较于东部经济较为发达、金融市场发展较为迅速的特点来说，西部地区的金融市场仍然比较落后，创新能力有限。

长期来看，金融市场的资金量是充足的，融资并非一件高风险高成本高难度的事。但是，如果不做好融资规划将会使得企业持续地陷入“资金紧张—紧急融资—偿债困难—资金短缺—再次紧急融资”的恶性循环之中。

3. 融资体系不合理。融资体系不合理主要体现在以下几点：

（1）缺乏正规的融资方式和途径。由于缺乏相应的法律规定和规范的操作方法，地方政府只能在国家政策的禁止范围之外，寻求融资渠道和变相发债。地方政府不符合借款人条件，因而地方政府直接向银行借贷也是被禁止的。同时，地方财政对也不得为债务提供担保。1995 年通过的我国《担保法》第八条规定：“国家机关不得为保证人，但经国务院批准为使用外国政府或者国际经济组织贷款进行转贷的除外。”一系列法律法规限制了地方政府发债及担保行为，导致地方政府变相寻求各种变通的非正常的方式实现融资目标。

（2）市场化融资方式运用不够。银行贷款是地方政府融资的主要方式。在融资平台银行债务猛增的同时，通过债券市场发行城市投资债券的数额虽然总量较小，但也在成倍增长。地方政府的其他融资方式没有充分发展。除地方政府融资平台债务外，地方政府其他债务还包括经费补助事业单位自行举债、政策性粮食亏损挂账、国债转贷以及从 2009 年开始的财政部代理发行地方政府债券。但这几种融资方式融资规模并不大，且地方政府的自主性和便利性很低，特别是国际上使用较多的发行地方政府债券这种方式发展较为缓慢。尽管此次地方政府债券比较顺利的在一级市场上发行，但在二级市场上的流通却显得不尽如人意，地方普遍存在零成交、破发的现象。地方债在二级市场交易冷淡，意味着投资者并不认可，这在一定程度上对日后发行地方政府债券产生了负效应。

（3）地方政府融资平台问题严重。首先，融资平台信息不对称现象突出。第一，对融资平台公司贷款进行风险评估时，银行通常不是依据企业法人贷款的标准进行，而是根据地方政府财政收支状况来判断偿还能力的。第二，融资平台债务结构分散、不透明。第三，即便是同一个地方政府融资平台，也可能会将资金统一运作于多个项目，暂时缓解或掩盖了信用风险。

其次，贷款的急剧增长使银行信贷风险和政府信用风险扩大。第一，融资平台债务规模加快膨胀，加之陆续到期的原有债务，加剧了债务兑付压力。第二，银行基于财政收入与政府担保作为融资平台还款保证，往往给予地方政府融资平台与地方政府相同的信用等级，争相给与信贷上的支持，一定程度上促进了融资平台的融资需求和信贷额度的加速度膨胀，加大了地方财政的隐性或有负债。

（4）缺乏对政府融资的外部约束。从社会整体来看，地方政府融资具有很强的外部性的融资行为，涉及债权人（金融部门）与受益人（老百姓）的切身利益，需要全社会的共同监督与约束。但是，在现阶段，来自外部的强力约束严重缺位。一是银行约束太弱。二是地方人大对融资平台的约束缺失。三是法院和审计系统的作用发挥不足。

（四）债券违约事件频发，缺乏债务违约管理机制

随着中国经济增长速度的逐步放缓，不少企业面临着营收下降、利润降低、甚至亏损的不利局面，这些因素增加了他们偿债压力，可以预期在今后将会出现更多的债券违约事件。扩大债券融资，提高直接融资比例是中国金融改革的重要方向，但是违约事件的不断的增加提醒我们需要健全债务管理和违约处理机制，促进债券市场稳健发展。

（本文于 2017 年 6 月 1 日完稿）

化解地方政府债务风险

魏加宁　杨　坤*

一、地方政府债务占政府总债务的比重过高

中国的政府债务风险主要体现在地方政府债务问题上。2013 年底，国家公布了有关地方政府债务的审计结果，虽然从规模上看目前尚处于可控范围之内，但由于其具有形成原因复杂、增长速度过快、道德风险巨大、解决难度极大等显著特征，因此值得给予高度关注。

（一）增长速度过快

我国地方政府债务规模 2003 年时大约为 1 万亿元（国务院发展研究中心宏观经济研究部）；2006 年大约为 4 万亿元（财政部财科所）；2010 年达 10.7 万亿元（国家审计署）；2013 年合计为 17.89 万亿元（国家审计署）。2003 年到 2010 年，中国地方政府债务的平均增长速度为 29.5%，增长速度之快由此可见一斑。若按当前的速度发展下去，大约到 2020 年，中国政府的总体债务规模就有可能超过目前的居发达国家之首的日本。但是，与日本有两点不同，一是日本的政府债务主要是中央政府债务（地方政府债务只占 20% 左右），而我国的政府债务主要为地方政府债务（地方政府债务占到大约 60%），二是日本的政府债务大多是在高速增长期结束以后、因刺激经济增长而快速形成的，而我国的政府债务则是在高速增长期尚未结束时就已形成的，一旦经济增长速度放缓，那么在高速增长下

* 魏加宁，国务院发展研究中心研究员；杨坤，西南财经大学中国金融研究中心博士研究生。

掩盖着的财政风险和金融风险就会统统暴露出来。

（二）形成原因复杂

我国地方政府债务风险的形成，既有财政方面的原因，也有金融方面的原因；既有地方政府方面的原因，也有中央政府方面的原因；既有经济体制方面的原因，也有政治体制方面的原因。尤其是财政与金融，你中有我，我中有你；若财政方面强调是或有负债，则有可能引发金融危机；若金融方面强调有地方政府担保，则有可能引发财政危机，并且，二者之间存在着交叉传染的可能性，因此，中央政府面临两难选择。

（三）道德风险巨大

由于我国现行体制为单一制国家，中央政府与地方政府之间的关系就好比总公司与分公司的关系，中央政府管着地方政府的人财物，因此从法理上讲，中央政府对地方政府债务必然负有兜底责任，由此而引发的地方政府道德风险十分巨大，就如同一艘大船，下面的船舱都是通的，因此，一旦有船舱进水，就会迅速蔓延，并有可能导致整个国家这艘“大船”迅速沉没。相比之下，联邦制国家由于各级政府之间“打着隔断”，筑有“防火墙”，因此，尽管几个船舱甚至十几个船舱进水，国家这艘“大船”都不会沉没。

（四）流动性风险凸显

虽然我国的地方政府债务与国外有所不同，大多投向了基础设施建设，有一定的投资回报，但由于其中大多属于固定资产，资产方流动性较差；而债务方却多为中短期负债，因此存在着严重的期限错配。更加令人担心的是，一旦因通货膨胀或资金紧张或经济下行等原因推动利率上升，就有可能导致一些高风险地区资不抵债、甚至连利息都无法支付，以至于直接引发个别地方出现债务危机；或者由于利率上升导致房地产泡沫破裂，进而导致土地出让金大幅度减少，从而导致过度依赖土地财政还款付息的地方政府债务普遍出现违约，引发大面积的政府债务危机。

2014 年各省曾公布截至 2013 年 6 月底政府性债务审计报告。2016 年初，25 个省相继披露截至 2015 年底的地方政府债务数据。

从各省债务规模来看，无论是2013年6月底还是2015年底，江苏省的债务规模都最大，2015年底达10 954.3亿元；宁夏省的债务规模最小，2015年底为1 138.9亿元。从平均债务规模来看，2013年6月底平均债务规模为3 910.3亿元，2015年底达5 697.5亿元，增加了近1 787.2亿元。

从各省债务增速来看，两年半间，25省平均债务增速达53.78%；其中宁夏省债务增速最快，为126.78%，其次为广西壮族自治区，为115.61%，贵州省也逼近100%的增速。重庆市、湖北省债务增速则出现负增长，分别为-5%和-9%。

从各省负债率水平来看，2015年底贵州省的负债率为86.98%，超过60%的警戒线水平，也远高于其他省份，是全国平均水平的三倍多。与2013年6月底相比，北京市、重庆市和湖北省2015年底负债率出现明显下降。

二、如何化解地方政府债务风险

化解地方政府债务风险，不仅涉及财政体制改革、金融体制改革，还会牵涉到中央与地方关系调整、以及政务公开、财政透明等一系列根本性制度改革，解决起来十分复杂，必须有短期危机预案、中期化解方案和长期改革方案在内的“一揽子”综合解决方案。

（一）近期对策

1. 成立债务管理委员会，着手应对突发性风险。建议由国务院领导牵头，由财政部、人民银行、国资委、发改委以及金融监管部门和专家学者共同组成“地方政府债务风险管理委员会”（“地方政府债务风险管理委员会”应当是一个跨部门的临时决策机制，而不是一个常设的行政机构），以应对近期内可能出现的局部突发风险和推进中期的风险化解工作以及长期的治本之策。该委员会的职能主要有：对各地地方政府债务进行风险评估，决定是否对发生债务危机的地方政府提供紧急救助，以及如何进行紧急救助等。此外，在允许地方政府发债时负责总量控制、发行审核、以及信息披露真实性监管等工作。

2. 设立风险处置基金，多方筹措救助资金。建议在“地方政府债务风险管理委员会”下面设立“地方政府债务风险处置基金”，其资金来源可以多方筹措，包括动用现有财政盈余、转移支付资金，国有资产变现，中央银行贷款，以及中央政府担保发债等。基金主要用于对发生债务风险的地方政府提供临时救助贷款、财政救助资金，以及减债奖励资金等。

3. 制定风险应急预案，确立危机救助原则。尽快制定地方政府债务风险的应急处置预案，确立救助的基本原则、审批程序和具体方式，并且以救助资金为手段，对发生债务危机的地方政府提出整改要求、数量指标、改革措施以及债务重组计划等，制定相应的路线图和时间表，并负责检查监督落实情况。

4. 判断风险性质程度，采取不同处置方式。根据国际经验，对于地方政府债务风险可以采取三种不同的处置方式。

首先，对于债务指标已经超过警戒线，但尚未发生债务危机的地方政府，可以借鉴“存款保险模式”，在强调“责任自负”的基础上，由“地方政府债务风险管理委员会”出面进行“早期干预”，对重债地区提出“财政重建”要求，由地方政府制定财政重建规划，报“地方政府债务风险管理委员会”审批，审批通过后，由地方政府负责实施，“地方政府债务风险管理委员会”监督落实。对于那些能够在规划期限内完成财政重建任务的地方，“地方政府债务风险管理委员会”可以进行适当奖励。

其次，对于已经爆发债务危机，但不具备系统性风险的地方，可以借鉴“IMF 模式”，即由“地方政府债务风险管理委员会”承诺提供必要的救助，但是同时提出一系列整改要求，要求地方政府必须在规定期限内分阶段达到中央政府提出的阶段性整改目标，否则就不给予救助或停止继续救助。

最后，对于债务危机已经十分严重，并且有可能引发系统性风险的地方，可以借鉴“美国纽约市债务危机处置模式”，对发生债务危机的地方，宣布实行“财政紧急状态管制”，由“地方政府债务风险管理委员会”全面接管危机地区的财政收支、人事任免以及其他所有重要事项的决策权，并组建“债务重组领导小组”作为“托管人”，全权负责应急处置及债务重组等相关事宜，直到危机平息以后再将相关权限逐步交还给当地政府。

（二）中期对策

由于目前地方政府债务风险成因复杂，如果仅从财政角度去处置，把所有风险称之为“或有债务”一推了之，就会引发金融危机；如果仅从金融角度，把所有风险统统归之为“政府债务”，就会引发财政危机。因此，必须由跨部门的“地方政府债务风险管理委员会”来统一制定包括财政、金融在内的“一揽子”综合化解方案，并制定《地方政府债务风险化解中期规划》，力争在五年内逐步化解全部已有债务风险。

一方面，从地方政府资金来源的角度讲，首先，要加快推进税制改革，尽快实现“费改税”，实行全口径预算管理，培育地方政府主体税源，以增强地方政府的自主财力。其次，要规范转移支付，减少专项转移支付，增加一般性转移支付，建立横向转移支付，并增强转移支付的规范性、公式化和透明度，以增强地方政府的财政能力。最后，对于已有地方政府债务，也可以通过资产证券化方式盘活存量，把现有的隐形债务“暗翻明”，增强流动性，防止资不抵债，防范银行风险。值得强调的是，吸引民间资本进入市政建设等领域的政府与社会资本合作模式（即所谓“PPP 模式”），在当前不失为化解地方融资平台风险的一种最佳选择，但也要注意其“双刃剑效应”，在政府依然控制服务对象、服务内容和服务价格的情况下，PPP 并不能完全解脱政府的偿债责任，只不过是将政府的偿债责任长期化和隐性化而已，其远期风险值得关注。

此外，由于目前我国的外债水平尚处于较低水平，因此有利于我国地方政府债务风险的化解，可以允许外资通过 QFII 的形式适当购买地方政府公开发行的市政债，作为吸引外资的新方式，从而为化解地方政府债务赢得宝贵时间。

另一方面，从金融机构化解风险的角度讲，首先，要进一步推进国有银行股份化进程，尽快降低各级政府在商业银行的持股比例，直至完全退出，以防止政府间的关联交易行为（即：各级政府通过对商业银行持股控股——控制商业银行的高管任免——命令商业银行将贷款贷给政府项目），从而切断地方政府债务风险的主要资金源头。其次，有条件地将因地方政府债务所形成的银行不良资产再次剥离到资产管理公司，由资产管理公司进行市场化处置、回收。对于不良资产过多、救助无望的商业银行，在建立存款保险制度的前提下，果断实施破产处置。最后，推进地方政府债务证券化试点，盘活资产存量，增强流动性，以分散和减轻商业银行所面临的流动性风险。

需要强调的是，有关部门在实施债务置换的过程中，不是依靠市场化手段，而是采取计划经济的手法，由政府部门摊派给各家商业银行，这样做，既不利于对地方政府区别对待和市场约束，也不利于商业银行的风险防控。与其如此，不如实行“中国版 QE”，即，由中央银行公开宣布将有选择地收购这些地方政府债券，但同时指出，哪个地方财政信息披露做的好，地方资产负债表编制并予以公布，国有资产重组做的好，国有企业改革做的好，中央银行就优先、优惠收购那个地方的债权，如此一来，商业银行、金融机构等投资者就会踊跃购买，但是有选择地购买，于是那些上述方面改革做的好的地方政府，其债券就能够顺利地发行出去。这样做可以做到“一石三鸟”：一可以缓解或化解地方政府债务风险，二可以解决人民银行货币投放渠道因资本流向的改变而消失的问题，三可以调动地方政府推动改革的积极性，使改革者有利可图，形成正向激励。

（三）长期对策

在现代市场经济国家，对于地方政府债务通常存在三种约束机制，一是自上而下的债务管理，二是来自市场的投资者约束，三是自下而上的民主监督。

首先，必须建立起中央政府对地方政府的债务管理体系，包括风险监测指标和有效监管体制，最好能够（像日本等国那样）将中央财政与地方财政实行分开管理，由独立于中央财政的专门机构来负责监管地方政府债务。

其次，通过允许地方政府在资本市场上公开、自主举债融资，形成来自信用评级机构、金融中介机构以及广大投资者的市场约束机制。

最后，地方政府债务风险的治本之策还在于推行地方财政自治，强化地方政府自我约束机制，在各级政府之间打造“防火墙”，其中包括：强化地方人大对地方政府举债融资的监督约束；建立地方财政局长对地方行政长官的制衡机制；引进地方政府发债的民主投票机制；以及建立地方政府的破产处置机制。

总而言之，冰冻三尺非一日之寒，地方政府债务风险的形成有其复杂成因，因此，应对之策既不能放任自流，也不可急于求成，必须长短结合、标本兼治。

各省债务情况详见图 1、图 2、图 3。

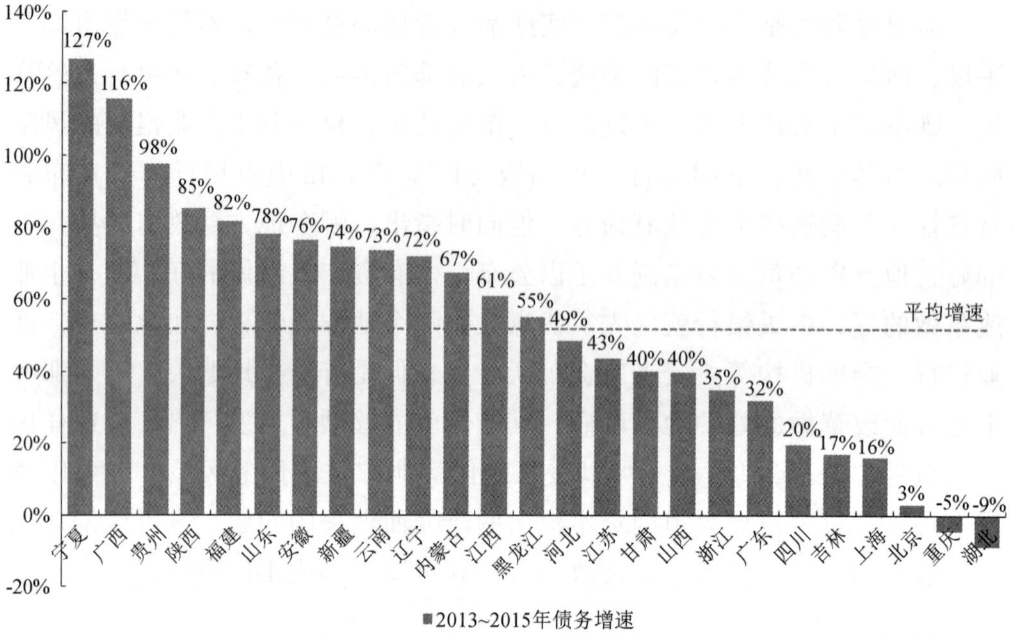

图 1　各省负有偿还责任的债务规模

资料来源：WIND 及作者测算。

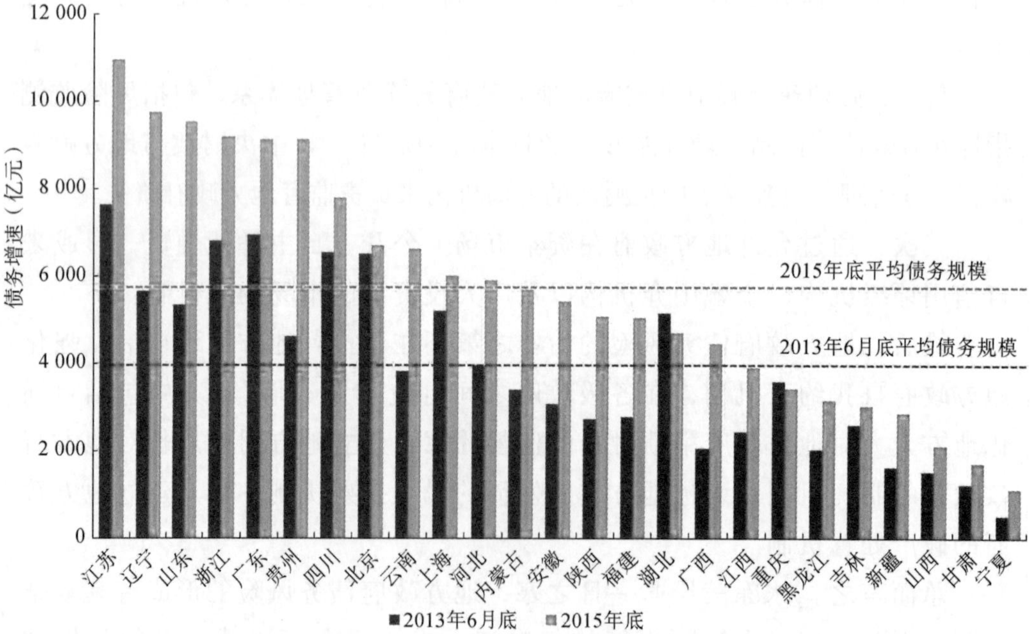

图 2　各省负有偿还责任的债务增速

资料来源：WIND 及作者测算。

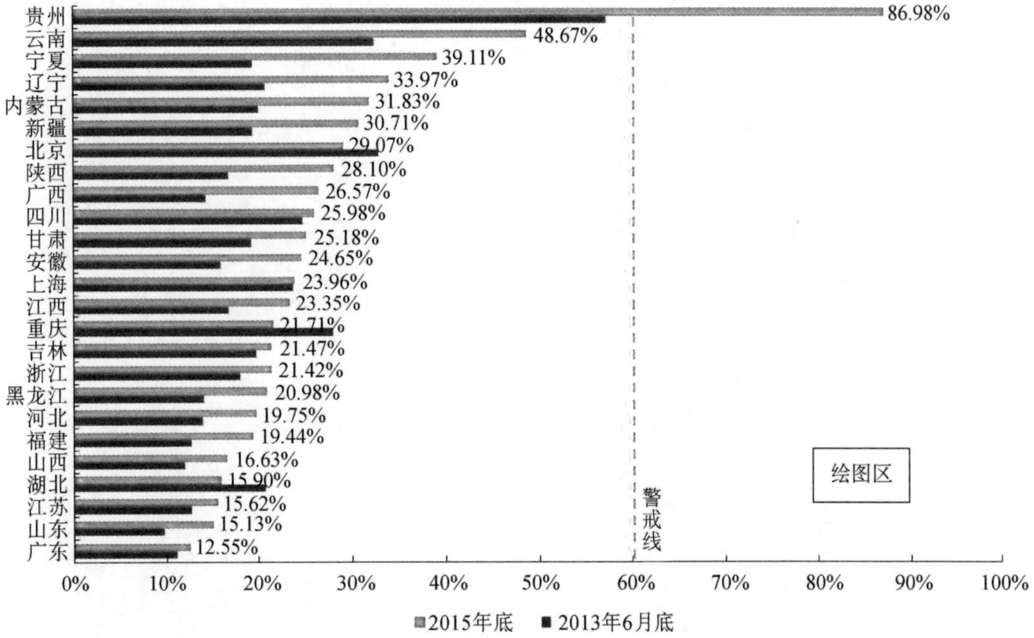

图 3　各省负有偿还责任的债务负债率

资料来源：WIND 及作者测算。

（本文摘自魏加宁、杨坤著：《如何实现国家治理现代化》，中国发展出版社 2017 年版》）

第六篇

大国治理需要大国财政

大国治理需要大国财政，大国财政需要为大国治理发挥基础性作用，并上升到全球治理发挥世界性作用，成为撬动人类文明进步的杠杆。

转变观念，构建大国财政

刘尚希*

谈到“大国财政”，很多人觉得这是一个新提法。其实，中国的“大国财政”已经在实际政治经济生活中发挥作用，只不过全社会对此缺乏足够的意识和认识，亟须转变观念。

过去讲财政，多从一般的意义上去理解，不区分“大国”还是“小国”，但是在全球化的视角下，大国和小国财政所发挥的作用不一样，需要承担的责任也不尽相同。作为全球第二大经济体，地广人多的中国在综合实力上已经是一个大国，必须从观念上有意识地审视在全球化和区域经济一体化中大国财政的作用。没有大国财政的意识，就谈不上在国际事务中的责任和担当。

在计划经济时期和改革开放后，无论是前三十年遭遇封锁，不得不自力更生，还是后三十年的“埋头苦干搞建设，一心一意谋发展”，财政政策都局限于国内，仍然是封闭经济下的思维。在开放经济中，财政政策不能只局限于一国来考虑。一个大国任何财政政策变化，都必然对周边国家和世界经济产生影响，国外的财政政策变化也会传导到国内。大国财政思维要突破“国内”的界限，从区域化、全球化的角度来思考问题，从更加宏观的视野去看待财政的职能和政策。

不谋全局者，不足谋一域。要做好我们自己的事情，必须从全球着眼。财政弱小的大国难以成为真正的强国。现在的全球化，已经超越了过去的商品贸易市场，经济金融体系、劳动人口、文化思想等在全球范围内迅速扩散和传播。全局的概念正在发生变化，如果继续就中国的问题谈中

---

* 刘尚希，中国财政科学研究院院长、研究员。

国，就国内财政来谈财政，其后果必然导致思维、战略与实际情况之间的隔罅、公共政策与实际效果之间的背离。只有首先具备大国财政的意识，才能有相应的整体战略筹划，进而体现在战术执行层面。因此，大国财政并非一个抽象概念，要通过具体的国家行为来体现，让中国老百姓和全世界都感受到大国财政带来的好处。

要理解大国财政的概念，最直接的例子是美国。在其政治、经济、社会层面中，美国财政部在许多问题上都起到了主导作用。比如中美战略经济对话，美国方面出席的是财长，对应中国出席的是副总理。按照我们传统的观念，一个财长为什么要到其他国家来对话？他难道不是管好自己国家的财政政策就可以了？但美国不这样看，他们从全球视野来看财政问题，而不仅局限于美国国内。这就是大国财政的体现。

全世界都密切关注美国财政政策的调整，包括预算、赤字、减税等，这是由美国的经济影响力、综合实力决定的。美国是最大的发达国家，中国是最大的发展中国家，随着中国经济总量跃升世界第二，政治、文化方面的影响力也越来越大。如果还用传统眼光看财政，不仅会在国际事务上陷入被动，国内的事情也很难做好。

在封闭的经济环境中，一心一意搞好国内建设，财政的任务就算“万事大吉”。经济开放后，国家利益不再局限于国内，国与国之间利益关系的调整，需要财政出马；防控全球风险，在全球范围内提供公共服务或公共产品，无一不与大国财政密切联系在一起。举一些现实的例子，非洲爆发埃博拉疫情，中国派出了医疗队，这背后需要财政支撑；亚丁湾海盗猖獗，威胁包括中国在内的各国航运安全，中国派出军舰护航，这涉及财政支出；马尔代夫发生供水危机，中国海空两路进行送水，依然需要财政予以配给。这些全球性公共服务都不局限于国内，直观上很少有人把它和“财政”联系在一起，但其实都是当下正在发生的、需要用大国财政思维去进行部署安排的实际案例。

2008 年美国金融危机爆发后，美国财政部迅速拨款救市。如果任由危机蔓延，对全球经济的破坏会更大。面对这种全球风险，国与国之间要进行协调，每个国家尤其是大型经济体的财政政策不能“一意孤行”，需要同时考虑对他国的影响。2008 年中国迅速采取了积极的财政政策，带动了整个全球经济。现在有人批评“4 万亿元”政策造成国内产能严重过剩，消化起来需要时间，但如果从大国财政的角度去评价，其积极意义同样明显：这一政策阻止了当时全球经济的进一步下滑，提振了全世界的信心，中国的影响力也由此进一步扩大。尽管是歪打正着，但也起到了大国财政战略的作用。我们应当尽量地把从国内来看的“坏事”变成从全球来看的“好事”，进一步扩大中国的影响力和话语权。当前我国产能过剩，若能成功实施国际产能合作，则不只化解过剩产能，而且可大大扩展中国在全球产业链中的影响力。这需要大国财政开路，尤其在风险防范方面，需要大国财政保驾护航。

当前中国的国际地位已经得到极大提升，无论从自身的角色，还是国际社会的要求，都理应承担更大的责任（与此同时也获得相应的权益）。正所谓“兵马未动，粮草先行”，兵马为“政”，粮草为“财”。在2013年的APEC会议上，中国倡导的两件大事——金砖国家开发银行和亚洲基础设施投资银行，都与财政密切相关。在2016年G20杭州峰会上，提出的中国方案，创新、活力、联动、包容，都需要大国财政来支撑。世界结构性改革，全球可持续增长，都离不开大国财政发力。此类国与国的双边、多边协作在传统观念看来，似乎应该是外交部的事，但这些事宜都突破了传统的外交概念。中国派出副财长专门负责此事，与相关国家协商、谈判，推动国家间的合作，实现区域经济一体化。通过设立金砖银行、亚投行等国际机构，将不同国家的资源整合在一起，通过有效合作，形成合力，化解风险，避免危机，实现各国的共同发展。在国与国的合作中，市场和政府这两只手都要发挥作用。政府这只“手”的核心就是财政。对于当前中国已经宣布实施的各项战略而言，通过“一带一路”大战略把多个国家连接起来，实现贸易、投资便利化，降低成本。在这个过程中，如何在国际范围内进行资源配置？如何让国内资本走出去？如何将PPP等模式推广到国外，鼓励国内的私人资本跟外国政府合作，带动产品、技术出口，消化过剩产能？如何在经贸规则和技术标准方面发挥中国的更大影响力？诸如此类，都是需要从大国财政角度考虑的问题。

在传统财政的收支问题上，同样需要大国财政思维，不能仅仅局限于国内。例如美国就采取了很多方法防止跨国公司转移资产、逃避税收。中国也面临同样的问题，2014年曝出的“中国反避税第一大案”，中国向微软补征了8.4亿元人民币税款。过去我们大国财政意识不强，在未来这一点必须得到转变，否则，中国的税收主权就有可能遭到损害。

大国财政绝不仅限于收支问题。从国内考虑，政府职能的正常发挥和有效履行，财政是基础；同样，从国际考虑，大国责任在国际上的担当，也是以财政为基础的。要让大国财政真正发挥作用，涉及对当前制度的改革。大国财政战略提出之后，要考虑的就是如何实施：如何将财政资源在全球范围内进行有效配置，为中国公民提供更多、更好、更及时的公共服务；如何加强国与国的联系、促进区域经济一体化。在这些事情中，有一些是现在才开始筹划的；还有一些事情从前是各个部门孤立地分别去做的，而如今需要我们将分散的力量整合起来，整体谋划，各部门共同行动。

党的十八届三中全会通过的《中共中央关于全面深化改革若干重大问题的决定》把财政定位为国家治理的基础，这意味着财政的职能已经突破了原有的经济学框架，而是上升到国家的长治久安。如果有意无意地抑制财政发挥作用，国家治理就存在重大风险隐患，将变得十分脆弱，潜藏着治理危机。中国经济要进一步发展，从中等收入国家变成高收入国家，一定要和全球经济协同发展，不可能单打独斗。如前面提到的，中国搞 PPP 模式、“一带一路”、基础设施互利互通等，都是国家行为，需要财政政策配套实施，这些政策同样受到国际社会的高度关注。在这种情况下，我们更应当以国际视野来认识财政，不仅让财政发挥应有的治国安邦之用，而且，应当发挥“中国财政”在全球治理中的更大作用。

财政发挥应有的作用，并不意味着其他部门无所作为。大国财政所需要的体制调整，本质上是一个配合与协调问题。政府公共部门要进行合理分工，进而提高效率。最近几年，有中国公民的生命财产在诸如利比亚等国家遭遇危险，国家承担救护责任，及时撤退海外公民，给老百姓留下了很好的印象。但老百姓只看到了“国家出马”，并不清楚背后的财政运作机制。在这些事情的具体实施过程中，需要总揽全局。比如，救援遭遇海外政局动荡的中国公民，调动力量向马尔代夫紧急供水等，这些财政支出是否总在“一事一议”？哪些事情该中央议？哪些事情该地方议？是否应该建立一种机制？要建立机制，就需要事先有战略考虑，再转变为可操作的政策，然后在预算中相应体现，并通过法律去监管执行。

这也正是国家治理水平的体现。大国财政应当有能力从战略层面进行一揽子的考虑，有制度安排，有法律，有程序。一旦发生事情就启动相应程序，有条不紊地去做，不需要手忙脚乱。如果每件事都临时抱佛脚，不仅严重影响效率，也会导致一些做法的效果相互抵消。

大国伐谋。大国治理需要大国财政，大国财政需要为有效实现大国治理发挥基础性作用，并上升到全球治理发挥世界性作用，成为撬动人类文明进步的有力杠杆。这是时势赋予我们的责任和任务。

（本文摘自刘尚希等著：《大国财政》，人民出版社2016年版）

我们离大国财政有多远

“大国财政、大国经济与大国治理”课题组

从中国现实来看，我们具备了一定的基础和条件，但大国财政没有建立起来，与大国经济地位、大国治理不相匹配，导致了配置全球资源的能力不足、化解全球公共风险的能力不强、参与全球治理的深度不够、统筹全球利益分配意识和能力尚待提升等问题，这些制约了中国的影响力。未来中国大国财政的任务非常艰巨。

一、配置全球资源的能力不足

在经济全球化背景下，资源在全球范围内配置成为必然。一个国家的发展能力，并不仅限于对国内资源的配置能力，而是在很大程度上依赖于全球资源配置能力。

“全球资源”在此是一个广义的综合性概念，既包括化石能源、非能源矿产资源等在内的自然资源，也包括资本、人才等社会经济资源和技术资源。资源已成为中国经济发展的一个硬约束。随着中国人口增加，工业化、城镇化进程加快，经济总量不断扩大，资源消耗呈刚性增长，中国已经是诸多初级产品的最大消费国。从资源储量看，重要资源人均占有量低。虽然中国主要矿产品产量总体保持增长态势，但是大宗矿产品的供需缺口依然较大，对外依存度居于高位。随着中国经济不断发展和规模日益增大，对资源依赖程度显著上升。在这种情况下，中国未来经济发展状况在一定程度上取决于中国利用全球资源状况。然而，与这种需求相比，全球资源配置能力不足已成为中国经济发展的短板。一旦资源供给国掐住我们的“脖子”，中国经济发展将会陷入困境。

市场与政府是配置全球资源的“两只手”。市场是配置全球资源的基础方式，企业通过市场机制，实现资源的跨国流动。政府则通过规则制定权、能源定价权以及一些政策的实施，影响全球资源配置。这“两只手”在全球资源配置中是相互依赖、相互支撑的关系。一方面，“市场之手”是“政府之手”发挥影响力的基础。如果一个国家的企业实力强大、技术先进、处于产业链的高端，则就在全球市场竞争中处于有利地位，在资源配置中掌握主动权。企业在全球资源配置中的实力增加，也就增加了本国政府的影响力，可以使政府在国际规则、能源定价等方面具有较大的话语权；另一方面，“政府之手”为“市场之手”提供保障。政府在全球具有较大的影响力和规则制定权、能源定价权，就意味着给企业提供了更为坚实的后盾，可以提升其全球资源配置能力，使其在国际经济活动中有了更多的发展空间，这也就是常说的“有大家、才有小家”的道理。埃克森·美孚、摩根大通、通用电气、丰田汽车等行业巨头的背后，总有政府的影子。如果一个国家的影响力较弱，那么该国的企业很难在全球资源配置中占有主导地位。

从现实来看，中国全球资源配置能力不足主要表现在两个方面：一方面，市场与政府这“两只手”在配置全球资源中的失衡。目前，中国在全球资源配置中主要依赖“市场”这只手，而“政府”这只手的配置能力相对不足，使中国在全球资源配置中处于不利的局面，这也在一定程度上，抑制了企业“走出去”的能力。另一方面，政府与市场这“两只手”自身都存在一些缺陷，制约了中国的全球资源配置能力。首先，从政府层面上来看，中国全球资源配置能力不足主要表现在以下几点：一是中国对于全球规则制定、能源定价等方面的影响力还不强。例如，从全球贸易规则上来看，国际多边贸易体制主要是在美国等西方发达经济体主导下建立起来的，主要服务于西方的利益，中国的话语权还不强。二是中国政策的独立性和自主性受到影响。例如，2015 年 8 月，中国对汇率政策的调整，完善人民币中间价的报价机制，向市场决定汇率前进了一大步，本来是符合西方国家由市场决定汇率的观点，但却仍遭到一些国家的质疑和不满。三是采取的国际合作受到一些国家的歪曲和抵制。例如，与非洲在能源、基础设施等方面的合作，被个别国家歪曲为“新殖民主义”；实行“一带一路”，也遭到一些国家的暗中抵制。四是对于人力资源和科技的吸引能力还不足。其次，从企业层面上看，企业“走出去”参与全球资源的配置，还面临着一些约束和障碍。例如，企业大而不强的问题比较突出，缺少国际知名品牌，对于资源的吸引能力还有所欠缺；企业“走出去”之后的战略考量不是很清晰，经营不能根据环境和市场的变化及时调整，存在文化上的水土不服等问题，这些都困扰着企业在海外配置资源，使其面临着战略困境、文化困境和经营困境。

中国在全球资源配置中能力不足，原因在于：一方面，不公平的国际规则制约了配置能力的发挥。包括世贸组织规则在内的许多国际贸易规则，都是在发达国家的主导下制定的，中国参与得比较晚，这些贸易规则主要为了保护制定国的利益，在一些规定上对中国及其他一些发展中国家是不公平的。例如，为了保护环境，中国加强对稀土的开采管理，却被世贸组织裁定为违反世贸规则。联合国《建立新的国际经济秩序宣言》第四条第五款规定：“每个国家对自己的自然资源和一切经济活动拥有充分的永久主权。为了保卫这些资源，每个国家都有权采取适合于自己情况的手段，对本国资源及其开发实行有效控制。任何一国都不应遭受经济、政治或其他任何形势的胁迫，以至不能自由地和充分地行使这一不容剥夺的权利。”根据这一规定，中国的行为完全是合理的。实际上，稀土储量同样很大的美国、澳大利亚和法国等已停止大规模开采或是根本就没开采，而如今中国稀土产量却高达全球90%以上。这就属于典型的双重标准和贸易歧视。

另一方面，中国的大国财政较弱。财政是政府活动的体现，政府在全球资源配置上能力的不足，是大国财政较弱的一个直接反映。财政不仅对于中国全球影响力的支撑还不强，而且在支持企业“走出去”配置全球资源也还存在诸多需要完善的地方，迄今为止中国还没有一家具有一流竞争力的世界级跨国公司。正是由于大国财政较弱，与大国经济和大国治理不相匹配，导致了中国在规则制定和国际事务处理中的话语权不足，影响了全球资源配置能力。

二、化解全球公共风险的能力不强

财政是应对全球公共风险的主要工具。一方面，财政通过财政支出、税收等政策工具，直接防范和化解全球公共风险。另一方面，财政为其他应对全球公共风险的方式和行为提供保障。从表面上看，利率、汇率等政策属于金融政策范畴，但最终需要财政来承担。可以说，防范和化解全球风险的政策和措施，都可直接或间接地归结到财政。财政能力的强弱直接影响防范和化解全球公共风险的能力。全球公共风险的复杂化和传递性增强，对大国财政的能力提出了更高要求。

近些年来，随着财政实力的提升，中国应对全球风险的能力也在提升。不过，在全球风险日趋复杂、影响不断加剧的情况下，相对于防范和化解全球公共风险的需要而言，中国的能力还不强，主要表现在两个方面。

（一）构筑风险防火墙、应对来自外部风险的能力不强

全球公共风险一般都是由一国爆发，然后传递到其他国家。例如，2014 年的埃博拉疫情，首先在几内亚爆发，然后是利比里亚、塞拉利昂、尼日利亚，短短 6 个月，埃博拉疫情蔓延至多达 10 个非洲国家。因此，大国财政应对全球公共风险，需要构筑风险防火墙，减弱或阻止全球公共风险向国内传递。从现实来看，中国构建防火墙的能力还不是很强，目前化解全球公共风险主要是“被动式应对”，尚未实现“主动式防御”。这主要表现在：对风险的预判性出现偏差、反应较为迟缓、应对措施滞后性和不完善、政策缺乏协调性等。通过 2007 ~ 2009 年的全球金融危机，就可以清楚地看到中国在应对风险中暴露出的诸多问题。受早期次级房屋信贷危机影响，2007 年上半年美国等国家出现了流动性危机；到了 2007 年年中，美国发生“次贷危机”；继而，次贷危机通过“次级债”演化为全球金融危机。从 2007 年下半年起，美国、欧盟、日本等国推出了系统地应对金融危机的政策。然而，中国对这次由次债危机引发的全球金融危机，缺乏明确的判断，起初低估了危机的严重性、持续时间与蔓延程度，反应不够敏锐迅速，不仅没能及时采取有效的风险对冲和防范策略，反而采取了与之相反的措施。例如，在各国推出宽松政策应对危机之时，2007 年下半年中国货币政策逐步从“稳健”转为“从紧”，收缩信贷；2008 年年初的政府工作报告中提出了“双防”的调控基调，即防止经济从局部过热转变为全面过热、防止通胀由结构性通胀转变为总体性通胀；2008

年1月15日至5月20日，中国人民银行先后四次上调存款类金融机构人民币存款准备金率，推行全面紧缩政策。这些政策，加速了2008年中国经济下滑。受全球金融危机以及政策失误的影响，2008年9月中国经济出现了困难，经济增速快速回落。此时，中国对全球金融危机影响的判断又出现了一些偏差，政策的调整又走向了另一个极端，出现“政策性恐慌”，反应过度。中国经济当前正处于“三期叠加”的特定阶段，与此有很大关联。在应对全球公共风险方面，之所以存在这种滞后和反差，一方面由客观原因造成，与中国的发展阶段和对经济增长速度的要求有关，另一方面，这也表明中国应对全球公共风险的能力还不强。

（二）承担大国责任、化解全球公共风险的能力较弱

化解全球公共风险，不仅要做好国内的“文章”，而且还要站在全球利益的角度，承担大国责任，与其他国家一起防范和化解全球公共风险。从现实来看，中国承担大国责任、化解全球公共风险的能力较弱。主要表现在：在应对全球公共风险上，参与的深度不够，与其他国家的信息共享和情报交换还不足、政策协调不够，等等。这其中的原因主要在于三方面：一是受制于国际规则的限制。现行的国际规则是在发达国家的主导下制定的，中国参与得比较晚，在国际政治经济舞台上的发言权还较弱，影响了大国财政作用的发挥；二是中国大国经济的地位还不牢固，在软实力上与一些发达国家还存在不小的差距，这也限制了大国财政发挥作用；三是在应对全球公共危机上，由于中国是后跟进者，存在经验不足、方式待优化等问题。

三、参与全球治理的深度不够

近些年来，虽然中国积极参与全球治理，在全球事务中发挥一定作用，但与大国经济地位相比，中国大国财政参与全球治理的能力不足、深度不够，主要表现在以下几个方面。

（一）全球规则制定权有限

作为全球治理的手段，治理规则是指用于调节国际关系并规范国际秩

序的所有跨国性原则、规范、标准、协议等。全球规则的制定主体可分为三类，即：如联合国之类的由主权国家组成的多功能国际组织、国际官方经济体系及机构、如国际商会和国际红十字会之类由国际联合成立的非政府组织。总体来看，无论哪类主体制定的全球规则，大都是在发达国家的主导下建立的，并最终以维护发达国家利益为目的。受时代背景及外交政策的影响，新中国直到1971年恢复联合国合法席位，才开始有限地、被动地参与国际机制。虽然近些年来，中国的影响力有很大提升，但由于参与较晚、对相关规则不熟悉等原因，在全球规则制定上仍处于边缘角色，制定权相对有限。

（二）重大国际事务的话语权不够

长期以来，全球重大事务的话语权掌握在西方国家手中。例如，IMF总裁和世界银行行长一直由欧美国家分别把持，分享IMF和世界银行的领导权，其他国家难以有发言权。随着中国快速崛起，遏制中国的思维逻辑在西方国家中广泛存在。在重大国际事务中，西方国家对中国持双重标准：一方面，在具体事务上要求中国担负超出能力之外的责任；另一方面又拒绝让出部分权利，从而导致中国在全球治理中的权利现状与责任要求不相匹配。此外，在处理国际事务中，中国善意的目的和行为常常被误解或曲解，出现付出与回馈不对等的情况。中国不能一味地接受别国的话语权和规则制定权，必须发挥大国财政在全球治理中的积极作用。否则，将会危及中国的核心利益。

（三）参与的方式有待优化、领域有待拓广

近些年来，中国参与全球治理的方式日趋多样，范围明显扩大，并积极推动全球治理变革，但尚未实现由“被动参与者”到“积极引领者”的转变，在参与的方式上多停留在呼吁、倡议上，对于实质性的协调、协商和谈判影响力相对较小，缺少主导性和主动性。从参与的领域上来看，中国在全球经济治理中作用突出，但在政治、社会、文化、环境等其他众多领域则更多的还是一个配角，与大国地位不相符合。

（四）对中国国际战略支撑有待提升

一国参与全球治理的深度，通常与其国际战略有关，而一个适合本国

需要的国际战略能否得到有效实施，依赖于财政的支撑。长期以来，对于财政的功能定位主要集中在国内治理层面，对财政在国际战略中的作用认识不足，甚至许多人将政府预算看作普通的政府收支计划，将财政部门看作是政府的“会计”。在这种理念下，财政只是被看作政府核算的工具，致使财政对中国国际战略的支撑作用并没有完全发挥出来，抑制了财政在全球治理中的积极作用。

（五）财政制度的示范性不强

财政制度是一项极为重要的软实力。财政制度示范性的大小，对本国在全球治理中地位产生重要影响。虽然中国当前正致力于现代财政制度建设，但还存有一些不科学、不规范、不合理之处，限制了财政功能和作用的发挥，法治化、规范化有待进一步提升。特别是财权不统一、不协调，不仅影响了国内治理能力，而且也削弱了中国参与全球治理的能力，无法形成一个有力的“拳头”。

四、统筹国家利益与全球利益的意识和能力尚待提升

中国崛起的环境与英美等其他大国崛起的环境相比已发生重大变化，不能再走靠掠夺其他国家利益的方式实现自身发展。全球化的纵深发展，使全世界更像一个整体，仅仅考量本国利益已不符合世界发展的潮流。大国财政是统筹国家利益与全球利益的重要工具。从中国现实来看，大国财政统筹国家利益与全球利益的意识和能力尚待提升。主要体现在以下几个方面。

（一）存在认识偏差，相对缺乏主动性应对

其一，对国家的核心利益和全球利益缺乏清晰的认识。对于何为国家的核心利益，何为全球利益，以及二者的关系，社会上尚缺乏清晰的认识。以前的财政主要着眼于国家利益，忽视了国家利益与全球利益的互动、转换，因而在政策制定上尚未树立全球意识，未能体现国家利益与全球利益的结合与平衡。其二，对大国财政的外溢性认识不足。长期以来，对于财政的功能定位主要集中在国内治理层面，对财政在国际经济政治中

的作用认识不足，特别是对大国财政的外溢性认识不足、研究不够，致使在全球经济活动中丧失了主动权。例如，对于大量的财政补贴项目产生的正外部性缺乏客观性分析，也缺乏有效的统筹、协调策略，如光伏产品项目补贴。近些年来，中国对光伏产品进行了补贴，仅国家“阳光屋顶计划”2010 年就投入 2.2 亿元财政资金，使其他国家享受中国的低价产品，但受贸易保护主义的影响，美欧对中国实施了“双反”。2013 年 6 月初，欧盟委员会宣布，欧盟从 6 月 6 日起对产自中国的光伏产品征收 11.8% 的临时反倾销税；美国在 2012 年 11 月对中国输美光伏产品已征收高额反倾销、反补贴税的情况下，于 2014 年 6 月再次对中国光伏产品发起“双反”调查。

（二）缺乏统一的协调战略和体系

长期以来，中国在金钱、交通建设等物质资源方面为一些国家的发展以及全球利益的平衡做出了巨大贡献，但由于没有形成统一的体系，缺乏相应的策略，致使效果不佳，没有产生应有的影响力。

（三）未能打破“斯蒂格利茨怪圈”

“斯蒂格利茨怪圈”，也即“资本流动怪圈”，是指在国际资本循环中，新兴市场国家在以较高的成本从发达国家引进过剩资本后，又通过购买美国国债等低收益形式把借来的资本倒流美国，美国再将资金投资在新兴市场获取高额回报的现象。之所以出现这一“怪圈”，既与新兴国家金融市场的发展相对滞后、美国长期利率走低、美国霸权等因素有关，也与外汇储备的投资渠道匮乏有关。中国也深陷这一“怪圈”之中。这一“怪圈”，意味着中国对外负债的回报率远高于对外资产的收益率，高额的负债成本和低廉的投资收益形成了强烈的反差，使中国蒙受巨大损失。

（课题组负责人：刘尚希；课题组成员：王朝才、傅志华、申学锋、赵大全、李成威、陈龙、苏京春）

（本文摘自刘尚希等著：《大国财政》，人民出版社 2016 年版）

大国财政，重任在肩

“大国财政、大国经济与大国治理”课题组

针对大国财政与大国经济地位、大国治理不相匹配所导致的诸多问题，为完成大国财政的历史使命，大国财政当前的任务非常艰巨，其重心在于促进全球资源效率与公平融合、加强全球公共风险的防范与监控、提升国际财经协调与合作、协调与平衡国家利益与全球利益的关系四个方面。

一、促进全球资源配置公平与效率融合

公平与效率是全球资源配置的核心与焦点。全球资源配置中的不公平，不仅降低了全球资源配置效率，影响了包括中国在内的发展中国家的发展，增加了国际减贫的压力与难度，而且造成全球经济、社会结构失衡，也危及发达国家的利益。为此，需要构建大国财政，促进全球资源效率与公平融合。

（一）大国财政是促进全球资源配置公平与效率融合的有效工具

全球资源配置中的公平，也就是建立公平公正的全球资源配置规则，同时保证资源分配和责任承担的公正、平等，是形式公平与实质公平的统一。提高全球资源配置的公平与效率，在相应的实力依托、大国财政的支撑和有效的规则保障下才能变为现实。大国财政是促进全球资源配置公平与效率融合的有效工具，基于以下三个原因：其一，大国财政是大国实力的重要体现，为大国活动提供支撑和保障，增强在资源配置规则制定以及

资源价格决定中的话语权；其二，大国财政以其税收、财政支出等政策设计和相关制度，直接影响全球资源配置。其三，大国财政还可以通过对本国企业的支持，提高企业在全球资源配置中的地位和能力，提升资源配置的效率。因此，为全球治理提供公平的规则和治理架构，促进全球资源配置公平与效率融合，是大国财政的一个重要任务。

（二）发挥大国财政作用应立足于“建设者”和“改革者”的角色

大国财政促进全球资源配置公平与效率融合，必须立足于现实：中国虽然在硬实力上有了较大提升，但在软实力上还与美国有很大差距，这意味着中国还不是一个具有改变全球治理规则和结构能力的大国。如果过早地推进全球秩序的改变，可能会适得其反，不符合中国发展的长远利益，也不利于促进全球资源配置公平与效率的融合。因此，发挥大国财政作用，要从“建设者”而不是从“颠覆者”的角度出发，在支持现有体系存续的基础上，推动有利于促进全球资源配置公平和效率的改革，以适应新的国际形势，特别是抓住新兴大国崛起与美欧实力相对衰退的契机，推进国际治理变革，从而充当国际体系的“改革者”。

（三）大国财政促进全球资源公平与效率融合的具体任务

1. 促使中国吸引外部资源方式的转变。以前，中国对国外资源的吸引主要靠以税收减免、土地免费使用为主的政策优惠，这种方式已走到尽头，当前需要实现吸引国外资源方式的转变。如何增强中国吸引资源的能力？需要发挥财政的作用，以财政制度优化环境，增强中国吸引资源的能力。首先，在制度趋同和制度创新的基础上，打造现代财政制度。国际经济活动的交往日益密切，全球竞争加剧，制度差异特别是税收制度差异，在一定程度上将会阻碍资源流动，削弱竞争力。为了在竞争中取得优势，各国加大了制度调整的力度，从而使包括财政制度在内的一系列制度必然出现趋同。因此，我们既要适应全球化发展的需求，顺应制度趋同做出改进，又要保持财政制度和政策的自主性和必要特色，在具体国情中形成制度优势，这样才能增强制度的吸引力。其次，提供优质的公共服务。在未来的发展中，优质的公共服务是吸引外部资源最重要的优势之一。通过财政改革，优化公共服务的供给方式，提升供给质量。最后，实行其他一些财政政策。例如，设立专门的科技教育基金，吸引国外优秀人才来中国留学和创业。

2. 推动全球经济治理规则改革。积极推动现有全球经济治理机制的改革，提升经济治理的效果，包括完善经济治理机构、增强规则（特别是国际金融规则）的规范性和强制性、加强对治理过程的监督等。加强与新兴国家的联系与磋商，切实考虑发展中国家的利益和诉求，逐渐在全球经济治理规则上提出中国的新观点和新方案，逐步解决全球资源配置中的不公平和配置失衡问题。采取灵活务实的参与策略，不断提升国际公关能力，明确自身的角色定位并适时调整，提升中国在经济治理机制中的话语权和资源定价权。

3. 提升“走出去”实施效果。一是通过财政政策，提升“走出去”企业的能力，打造中国版的顶尖跨国公司。在税收上，制定和完善相关税收政策，推进企业战略重组和海外并购；建立对风险投资的税收倾斜政策，进一步建立健全对企业应用研究开发的税收优惠政策，完善对高新技术和自主知识产权投资的所得税优惠，提高企业创新能力。在财政支出上，通过建立特别基金等方式，帮助企业实现海外融资的便利性。二是拓广“走出去”的领域和方式。例如，支持“农业走出去”，充分利用境外土地、水源、水产等自然资源，建立稳定、可靠的境外农产品供应基地，掌握粮食安全的主动权；支持“科技走出去”，设立海外研发基地，利用海外的人才、科技资源，提高中国技术体系的创新能力。

二、加强全球公共风险的防范与监控

在全球化纵深发展的情况下，全球日益表现为一个整体，全球公共风险的传递性和复杂性增强，对全球的影响程度也加深，呈现“牵一发而动全身”的多面特征。一国的公共风险，特别是大国的公共风险，很容易扩散到其他国家，引发全球性的公共风险。例如，2007～2009 年的国际金融危机就是首先在美国爆发，然后传递到欧洲、日本，最后演化为全球金融风险。大国财政加强全球公共风险的防范与监控，主要立足于两个层面。

（一）立足于国内，构筑风险“防火墙”

当前应对危机的环境与以往相比发生了很大变化，中国与全球经济的联系更为密切、互动性增强。在实行固定汇率制度、资本进出管制的情况下，中国抵御全球金融风险的能力还是比较强的，1997 年的亚洲金融危机，对中国基本上没有直接产生影响。如今中国正在推进汇率制度、资本项目可兑换、人民币国际化等改革，这都可能带来新的风险，对抵御外来风险的能力提出了更高要求。在这种情况下，大国财政需要发挥积极作用，构筑风险“防火墙”。为此，应着力以财政制度为核心，构建公共风险管理机制。规范的财政制度，有利于增强防御外来风险的能力。针对中国财政制度存在的诸多问题，加快改革步伐，构建大财政、强财政。成立全球风险评估机构，及时掌握全球风险的变化以及对中国可能带来的影响，增加应对的主动性。同时根据实际需要和现实条件，逐步开放资本项目、逐步实现资本项下人民币可兑换。人民币国际化是中国大国经济地位的反映和需要，有利于提升中国的影响力和增进中国储备资产安全。但无论是开放资本项目下的可兑换，还是实现人民币国际化，都需要在加快国内结构调整和体制改革基础上，稳步推进，不能急于求成，否则将会带来较为严重的风险。

（二）站在全球的角度，承担大国责任，构建全球风险应对机制

在当前“一荣俱荣、一损俱损”的全球风险效应下，单靠某个国家很难防范和化解全球风险，需要各国加强协作，特别是大国更应承担起应有的责任，全面、系统、动态地防御全球风险。大国财政在构建全球风险应对机制中，需要承担起以下具体任务：一是推动财经信息共享和情报交换，消除信息障碍，便于及时发现可能的风险点，降低不确定性，增强防范的前瞻性。二是建立国际风险论坛和风险预警机制，定期讨论全球风险点和可能的演化路径及影响，并探讨建立风险预警机制，可以通过设定一系列指数来建立全球风险预警系统，做到防患于未然，从而有效地规避或防范全球风险。三是加强宏观政策的协调，建立联动机制。积极参与探讨财政政策和金融政策的国际协调方式，通过各国政策协调，形成全球风险治理的集体责任，增强应对各种风险的能力。2009 年 12 月，希腊主权债

务危机爆发以后，问题不仅迟迟没有得到解决，而且使危机蔓延至更多国家。究其原因，就在于欧元区国家之间缺乏有效的经济与货币政策的统一协调。四是建立区域风险防范与合作机制。区域风险，在区域各国或地区的传递性和影响性更大。在对全球风险监控的基础上，中国应高度重视防范区域风险，发挥在建立区域风险防范与合作机制中的主导作用，加强相关国家或地区的协调。要在各国或地区充分交流的基础上，协商制定推进区域风险防范与合作的规划和措施，增强协同抵御风险能力。

三、提升国际财经协调与合作

在全球化纵深发展以及风险的全球化、系统化情况下，世界各国加强国际财经协调与合作显得更为迫切和重要。一国在国际财经协调与合作中的地位，反映了该国的实力，是该国影响力的具体体现。提升国际财经协调与合作，应对全球风险，增强中国的影响力，为发展创造一个良好的外部环境，将成为今后大国财政的一个重要任务。

（一）拓展国际财经协调与合作的范围和深度

全球化的广度和深度在不断拓展，决定了国际财经协调与合作的范围和深度也应随之不断拓展。世界各国在国际财经协调与合作中的主要议题由对外贸易和投资等领域向其他国家的国内财税政策、货币政策、产业政策等经济政策领域拓展。从中国而言，随着经济在全球地位中的上升，中国参与国家财经协调与合作也发生了重大变化，进入了快速发展的时期，协调与合作的方式趋向多元化，内容大为丰富。例如，通过参与G20峰会等国际较高级别的多边国际财经合作机制化平台，使中国参与国际财经协调与合作的级别升级；中美、中欧、中英、中法等双边领域的财经对话机制日益活跃，对话、交流向纵深发展；国际财经协调与合作的范围不断扩大，2013年8月，中国签署第一份多边税收协议——《多边税收征管互助公约》，在参与国际税收合作领域实现新的突破；中国与其他国家在金融、投资等领域的协调与合作日益密切，为应对国际金融危机、促进全球经济复苏增长做出了积极贡献；中国与其他主要经济体的宏观经济政策协调近年来也大大加强，并主动参与制定国际金融、国际贸易和投资等规则的制定和修改。

随着中国进入改革开放的新阶段、经济深度融入全球经济，中国参与国际财经协调与合作的范围和深度也应不断拓展。在双边和多边财税领域的合作方面，一是加强税收信息交换、应对税基侵蚀和利润转移行动计划以及其他国际税收征管方面的协调与合作，共同应对和打击跨境逃避税；二是加强财政政策、货币政策、债务杠杆调整机制等方面的协调与合作，防范国际金融风险、促进全球经济发展；三是加强在投资、产能、环境等方面的协调与合作。

（二）优化国际财经协调与合作机制和方式

可从国际税收协调与合作、国际金融协调与合作、国际产能合作、其他财政领域的协调与合作等四个方面，优化国际财经协调与合作机制和方式。

1. 国际税收协调与合作。从发展趋势上来看，国际税收协调与合作应重点防止税收政策调整、应对和打击跨境逃避税等方面。具体而言，主要包括以下几个方面。

一是加强国际税收信息交换。自 2008 年全球金融危机爆发后，作为打击国际逃避税重要手段之一的国际税收信息交换，备受国际组织和各国政府的高度关注。美国国会于 2011 年 6 月通过《海外账户税收遵从法案》，打破了瑞士的银行客户信息保密壁垒。《多边税收征管互助公约》的修订、欧盟《利息税指令》《行政合作指令》的出台，以及 2013 年 G20 峰会“支持将自动信息交换确定为新的国际税收透明度标准”的声明，都将国际税收信息交换推向了国际税收协调与合作的“前台”。国际税收信息交换是国际经济融合的产物，不仅有助于解决金融机构在不同国家遵守不同的合规标准而带来的国际征管难题，打击国际逃避税，而且有助于维护本国的利益。中国已经于 2013 年 8 月签署了《多边税收征管互助公约》，加快推进这项工作势在必行。为此，中国应修改完善相关法律和《国际税收情报交换工作规程》，尽快适应国际税收信息自动交换的标准，制定具体可行并与国际标准接轨的操作指南，并促进自动信息交换多边机制和交换平台的构建，研究跨国纳税人的国际加密身份查证系统，逐渐发挥大国财政在国际税收领域的影响力。

二是应对税基侵蚀和利润转移行动计划方面的协调与合作。全球化不仅破坏了主权国家的税基，而且弱化了主权国家在国际经济条件下的税收能力。跨国企业通过税收筹划，转移利润并侵蚀税基，不仅侵害了企业的公平竞争，而且削弱了政府的税收权力，造成国际税收秩序的失衡。金融危机之后，税基侵蚀和利润转移（Base Erosion and Profit Shifting，BEPS）成为国际税收协调与合作的重点之一，从而使国际税收领域的主题由消除双重征税转向打击国际避税。中国应积极参与 BEPS 方略，明确地提出中国的地域特定优势和征税权的主张，做好国内与国际税制的衔接以及国际税源竞争与合作，完善企业成本定价基础，加强对跨国公司利润监控，把应该属于中国的利润留在中国。

三是国际税收仲裁机制的协调与合作。现行的解决国际税收争议的规则，主要是参照经合范本和《联合国税收协定范本》第 25 条的规定，通过双边税收协定确立的缔约国双方主管当局间的相互协商。随着全球化的深入发展和国际税收争议的增多，这种相互协商程序的内在缺陷日益明显。OECD 在 2008 年 7 月发布的修订后的《经合组织税收协定范本》中，提出了新的国际税收仲裁机制。中国也应对考虑在双边税收协定的相互协商程序中纳入后续补充性的仲裁程序，在税收国际仲裁机制方面加强与 OECD 及其他国家的协调与合作，处理好涉及跨国所得的来源地国、跨国纳税人的居住国和跨国纳税人三方主体之间的权益分配关系。

2. 国际金融协调与合作。国际金融协调与合作，主要体现在：一是加强在金融监管方面的协调与合作。包括：金融产品的信息披露和交易、金融市场的运行、金融机构的治理和处置、跨境金融机构系统性风险监管和流动性监管以及宏观审慎监管等。二是加强在人民币国际化和汇率政策的协调与合作；三是对外国监管政策和货币政策等产生负面溢出效应的金融政策进行协调，如美国的 QE、加息等，防止中国在外国单边金融监管和行动中受损。四是加强在信用评级的风险定价权、金融基准的利率定价权、大宗商品的货币定价权等金融定价权方面的协调与合作，逐步增强中国的金融话语权。

3. 国际产能合作。2015 年 9 月 10 日，李克强总理在夏季达沃斯论坛开幕式上发表特别致辞时说，开展国际产能合作是一举多得、三方共赢之道，得到越来越多的发达国家、发展中国家的响应，中国愿在其中发挥承上启下的桥梁和纽带作用。为此，大国财政应围绕“一带一路”、亚投行等项目，推进国际产能合作，需要制定合作机制、框架方案和项目清单。通过投资建厂，建设生产线、产业链、产业集聚区等多种形式，实施国际产能和装备合作。

4. 财政领域其他相关政策的协调与合作。财政领域其他相关政策的协调与合作，主要包括建立多边机制，不断创新诸如投融资等国际合作模式，推动 PPP 在国际领域的合作；加强双边和多边财税领域的合作，加快推进国际财经领域的各项改革；加强在碳税、化石燃料补贴、应对气候变化等方面的协调与合作。

四、协调、平衡国家利益与全球利益的关系

大国财政既要有利于实现国家利益，又要具有“天下”情怀，协调、平衡国家利益与全球利益的关系，打造多层次的利益共同体，促进人类共同发展，引领人类新文明。

（一）大国财政应以协调、平衡国家利益与全球利益的关系为己任

从全球视角来看，全球化发展使世界越来越像一个整体，如果一个国家只着眼于本国的利益，而不顾其他国家和全球的共同利益，最终会遭到其他国家的排斥和孤立。从中国视角来看，“中国威胁论”此起彼伏，诚然，全球经济空间是一定的，中国的发展和崛起将会挤压一些国家的发展空间，但也会使其他国家搭上中国快速发展的便车，分享中国经济发展的成果。因此，协调、平衡国家利益与全球利益的关系，创造一个良好的外部环境，对中国的长远发展至为重要。

协调、平衡国家利益与全球利益的关系，不仅要维护本国利益，还要担负起大国的责任与义务，维护和推进全球共同利益；不仅要克服狭隘的“国家主义”，也要克服泛化的“全球主义”。实现国家利益是我们追求全球利益的基础，在全球纵深发展的前提下，二者的相互依存度和相关度提升，并相互转化。因此，要兼顾、平衡二者的利益，协调二者的冲突。

大国财政既是维护国家利益的基本手段，也是协调、平衡全球利益的重要工具。大国财政应以协调、平衡二者利益的关系为己任，坚持“共

享、共治”理念，通过财政制度的安排和财政政策使用，在税收、金融、投资、产能、结构调整、应对气候变化和低碳发展等领域或项目与其他国家进行深入协调与合作，增加在全球经济规则的制定方面的影响力，实现利益共享，树立负责任的大国形象，消除外界对中国崛起的担忧，优化中国发展的国际环境。

（二）对大国财政的现实要求

协调、平衡国家利益与全球利益的关系，对大国财政提出了诸多现实要求。一方面，通过财政制度建设，需要提升大国财政维护本国利益的能力；另一方面，提升大国财政参与国际财经活动的能力，协调、平衡国家利益与全球利益的关系，促进全球共同发展。

1. 坚持权利与责任对等，积极参与国际财经规则制定，维护本国利益。中国承担国际责任，需坚持权利与责任对等原则。中国既要担负起大国责任，又要符合中国的实力和现实，避免承担一些不对等的责任，从而损害本国利益。中国所承担的责任，应是“共同但有区别的责任”。例如，在节能减排上，中国不能一味迎合西方的要求，仍需立足于发展中国家的身份，坚持“共同但有区别的责任”。“共同但有区别的责任”，早在1972 年第一次世界环保大会——斯德哥尔摩会议上就已萌芽，1992 年联合国环境与发展大会里约会议将其确定为国际环境法一项重要的原则，以应对气候变化这一突出的全球性环境问题。“有区别的共同责任”原则，是按照矫正正义（rectificatory justice）的原则对部分成员给予制度化的照顾。一方面，强调每个成员不论大小、强弱都应该承担力所能及的责任；另一方面，每个成员可根据自身能力、特点以及通行的国际法原则允许所承担责任的范围、大小、方式和时限等方面存在差异。不仅在环保领域，而且在国际税收、国际金融、投资、能源等合作方面，中国都应按照“有区别的共同责任”原则，做出力所能及的贡献和责任。

与此同时，中国应积极参与国际规则制定。既要不断增加承担的责任份额，也要不断提升自己相应的权力份额。长期以来，中国深受“权利和义务的不匹配”之苦。例如，中国在 IMF 投票权（包括港澳地区）仅居第六位，位于美日德英法之后，与中国的经济地位和所做的贡献极不相符。为此，需要提升与中国贡献和实力相符的权力份额，既可彰显中国作为负责任大国的正能量，又可维护本国利益。

2. 优化财政制度和政策安排，增强全球利益分配能力。当前，中国财政在全球分配方面的能力还比较弱，无法实现协调、平衡国家利益与全球利益的任务，为此，需要重点抓好四个方面。

一是加快建立现代财政制度。针对中国财政制度中存在的财权不统一和不协调、财政汲取比例与方式有待于优化、财政支出结构不合理、预算制度的规范性和透明度有待于提升等诸多问题，加快建立现代财政制度，打造大财政、强财政和有为财政。

二是提高中国维护税收权益的能力。在加快税制改革的基础上，推进国际税收信息交换，应对税基侵蚀和利润转移，加强国际税收征管合作，提高中国维护税收权益的能力。

三是打破“斯蒂格利茨怪圈”。首先，改变投资结构和方向，围绕中国主导的“一路一带”、亚投行等战略，将外汇储备资产投资于相关国家，从而改变储备资产流向发达经济体债券的局面。其次，推进人民币国际化和跨境交易人民币结算的进程，以及推动新兴经济体集团内的主权货币结算制度，允许国家间货币作为结算和投资货币，允许对方货币在境内结汇为本币，形成新的金融货币循环。此外，还应积极推进亚洲债券市场发展。最后，调整进出口战略和产业结构，提高出口产品的科技含量，促进产业升级，增加高新技术产品和设备的进口，提高外汇的使用途径和效率。

四是形成统一的政策体系，增强在全球利益分配中的主动性。要对中国财政的外溢性进行深入研究和分析，既可以让世界各国充分认识中国发展给各国带来的利益，消除对中国的误解和偏见，又可以争取更多的主动权，提升应对能力。同时，形成统一的政策体系，使政策之间相互衔接和配合，特别是加强财政政策、货币政策和贸易政策之间的协调与配合，提升政策的整体效力，产生应有的影响力。

3. 实施四层次的“利益共同体”战略，促进共同发展。坚持共商、共建、共享与共赢的原则，实施多层次的“利益共同体”战略，以风险凝聚共识，以利益增进合作。通过这一战略，一方面，增加中国的全球影响力和话语权；另一方面为中国的发展提供稳固的战略基点；同时，促进共同体内的国家共同发展。

"利益共同体"战略，可考虑从四个层次展开，在不同的层次采取不同的策略：

第一个层次：核心层。主要包括东亚、东南亚等国家或地区。这些国家或地区无论是地理位置，还是历史文化传统、生活特性，都密切相连、相关。

第二个层次：加强层。主要依托于上海合作组织、金砖四国等中国参与的国际组织，将相关国家纳入其内。

第三个层次：纵深层。依托于"一路一带"、亚投行等战略，将相关国家（包括澳大利亚、新西兰等国）纳入其内。

第四个层次：拓展层。将拉美、非洲、欧洲等不在以上三个层次之外的有关国家纳入其内，依托于传统的友谊与合作关系。

为了实现多层次的"利益共同体"战略，中国需采取更为灵活、主动的外交策略，特别是要处理好两方面的关系。一是与美国的关系。鉴于美国的全球影响力，特别是美国在南海问题、与日本的争端上仍具有重要影响力，需要积极构建中美新型大国关系，增进互信，扩大合作，减少美国在这一战略实施上的负面影响。二是处理好与邻国的争端和纠纷，特别是处理好中日、中印以及南海领土争端问题，减少分歧，凝聚共识。

4. 推动全球治理体系改革，建立包容、互惠、共享的国际合作新模式，扭转全球利益分配失衡。现行的全球治理体系是全球利益分配失衡的一个重要原因。虽然一些国家、地区或国际组织也在改变不公平的全球治理体系方面，做出了一些努力，但效果不佳。斯坦利·霍夫曼曾说："当国家被迫在经济竞争和保护社会安全网之间做出艰难的选择时，全球'治理'就变得很脆弱了。对于制约美国自由行动的国际组织，美国总是表现出越来越明显的不耐烦。"A 随着新兴国家的崛起，推动全球治理体系改革，势在必行。

推动全球治理体系改革，必须坚持"共享、共治"的理念，要求各个国家从长远的利益出发，将本国的价值和利益融入全球整体的价值和利益之中，在致力于本国利益实现的同时还要兼顾全球利益。例如，一个国家在危机面前，首先想到和采取的措施应该是全力应对，加强国际合作，而不是转嫁给他国。改革全球治理体系，需要充分考虑发展中国家的利益，关注其发展诉求，提升其话语权。

在推动全球治理体系改革中，中国要发挥更为积极的作用。2014 年 6 月 28 日，习近平在和平共处五项原则发表 60 周年纪念大会上的讲话中指出："中国是当代国际体系的参与者、建设者、贡献者。"因此，中国要立足于"建设者"的角色，在支持现有体系的存续基础上，推动现有体系的改革，以适应新的国际形势，从而扮演全球治理体系的改革者。中国财政要从这一要求出发，通过积极参与国际财经活动，推动包括联合国、世界银行、IMF 在内的全球治理体系改革，建立包容、互惠、共享的国际合作新模式，促进全球利益分配更加公平。

（本文摘自刘尚希等著：《大国财政》，人民出版社 2016 年版）

第七篇

迈向现代财政：他山之石

西方国家的财政监督，深刻地体现着人民对政府权力的严格的、不可或缺的制约。历史经验表明，无论在何时、何种社会制度下，权力一旦失去制约，就会变成脱缰的野马，给社会造成危害。西方国家财政监督所提倡的人民主权思想和权力制约理论，成为财政监督的基本理念和财政监督的核心内容。当然，民主和法治原则也一定会成为所有国家财政监督体系构建的思想与制度基础，当然也包括我们中国。

德国央地事权划分及其启示

王浦劬　张志超*

德国政府层级分为联邦、州、乡镇三级，全境有16个联邦州，其中，柏林、不来梅和汉堡为城市州。从1949年5月23日起，具有宪法地位的《德意志联邦共和国基本法》生效，标志着联邦德国的诞生。1990年两德统一后，该法确立的社会政治制度亦在东部新联邦州通行。因此，德国的中央与地方关系具体体现为联邦与州、地方之间的关系。就事权划分而言，其重点又在于联邦与州之间的事务分担和权力划分。德国中央与地方的事权划分既体现了联邦制的一般特征，同时也反映了该国政治体制和社会经济模式的特殊性。

一、央地事权划分的结构定位

（一）职能分立的联邦制

央地事权划分的基本框架是一国的国家结构形式，而国家结构形式往往在宪法中有明确规定。在德国，具有宪法地位的根本大法是《德意志联邦共和国基本法》（以下简称《基本法》）。该法第20条确立了立国五大原则，即民主、法治、共和、社会和联邦；第79条第3款又规定，在修改基本法时，第20条规定的基本原则“不容触动”，从而以根本大法的形式为联邦制原则提供了坚实的保障。从国家结构形式的一般规定性来

* 王浦劬，北京大学国家治理研究院院长、研究员；张志超，中共中央编译局助理研究员、德国慕尼黑大学访问学者。

看，德国的联邦制特征也非常明显：（1）联邦和州都有自己的宪法和中央权力体系，都具有国家性质；（2）基本法规定了联邦和州之间的权限划分，联邦无权任意改变；（3）联邦公民同时也是州公民；（4）联邦实行两院制，其中各州政府委派代表组成参议院，代表各州参与联邦事务。

与竞争式的权力分立联邦制或二元联邦制不同，德国的联邦制呈现出职能分立的特点。总的来说，联邦承担了大部分的立法职能，而执行法律则基本上是州的领域。尽管从原则上讲，凡是《基本法》没有规定的事权都归各州所有，但是该法在分配立法权时，将大量事权都赋予了联邦。即使是没有明确分配的事项，联邦按照相关原则也有宽泛的活动空间。而在行政方面，联邦与承担具体事务的各州政府不存在上下隶属关系，直属于联邦的行政机构除了少数事项外也很少直接执行实体法所规定的事项，所以法律和委托任务大多由各州执行。

这种关系的形成与德国的政体形式也不无关系。联邦机构和州机构的产生方式和权力配置都遵循议会内阁制的安排。其中，联邦议院（下院）和各州议会都是按照比例代表制原则选举产生的。联邦议院选举产生联邦总理，联邦总理提名内阁成员；州议会选举产生州长（或第一市长）。此外，联邦层面还有联邦总统和联邦参议院（上院）。前者由联邦大会选举产生，一般情况下只是代表国家对内对外行使仪式性职能；后者由各州政府（而非州议会）任命的代表组成，代表各州参与联邦立法事务，席位按照一定规则参考各州人口分配。在这样的政体和选举制度下，联邦和各州往往形成多党联合政府，最高层次的政党协商大多在联邦议院和内阁实现，各州和地方的党组织则是执行高层决议。因此，两级政府政党结构上的这种特点也为立法权的上收和执行权的下沉创造了条件。

（二）合作的联邦制

《基本法》制定者的主流意见从来都不是“对联邦和州的任务予以清晰的区分”，而是从一开始就把联邦与州的合作置于重要地位，因此，德国的联邦制度也被称为“合作的联邦制”。实际上，正因为联邦和州大体上分别承担了立法和行政职能，双方行使权力的空间又相对独立，所以，它们在处理具体事务时才不得不在平等尊重前提下进行合作。而除了职能分立的因素和处理事务的需要外，机构组织以及政治和行政程序也要求联邦和州的合作，并为这种合作提供了保障。

就立法而言，在联邦行使立法权时，参与立法的机构不只包括联邦议院。法律提案一般由联邦政府、联邦议院议员或联邦参议院提出，由联邦议院通过，送交联邦参议院批准，最后经副署后由联邦总统签署公布。其中，联邦参议院代表各州与联邦议院一同参与了立法过程，州的利益已经得到了表达和整合。尽管联邦的立法职能大多不是由州直接承担的，但州也间接地扮演了立法角色。

除了制定法律之外，《基本法》第80条还规定，州政府和联邦政府、联邦各部部长都可以经法律授权颁布行政法规，该授权法律须规定授权的内容、目的和范围。这意味着作为州机关组成部门的州政府可以经授权参与立法，而对授权的限制也防止了联邦行政部门以行政法规干涉州权力的行使，不致使州政府沦为联邦行政部门的下属机构。在州承担大部分行政职能的前提下，州政府相对于州议会的重要性大大增加。授权州政府制定行政法规，可以使其更加接近当地的实际，更能适应情况的不断变化。就公共事务的决策而言，联邦与州通过参与和授权在立法上的合作既做到了“下情上达”和“上情下达”，又保障了立法主体的独立性。

在行政方面，与职权划分相对应，联邦和州的行政组织也存在极不平衡的情况。除了联邦外交、国防、交通运输机关设置了多级垂直机构（联邦银行是独立公法组织，联邦铁路和邮政系统实行了公司化）外，联邦行政机关一般都是无下级隶属机关的高级行政机关。作为最高行政机关的联邦政府、总理及各部部长与州行政机关没有隶属关系，而包括联邦各部所属部门在内的联邦高级行政机关则无下级机关，而且这些联邦高级机关甚至分设于德国各地（如位于慕尼黑的德国专利局、位于威斯巴登的国家统计局等）。联邦行政机关组织简单、管辖幅度较小，这种情况决定了联邦法律和决策的执行必须主要依靠各州政府和地方政府来完成。

德国联邦与州政府合作的形式，一是在州执行联邦法律时，联邦得到州同意后可以向州派遣专员；二是在州执行联邦委托任务时，联邦可以发布行政指令；三是在州执行联邦与州的共同事务时，联邦可以以制定计划、承担支出和订立协议的方式参与州对行政事务的执行。

此外，“合作的联邦制”还有一些特定的机制和设施来保障。

德国联邦与州之间在行政上的合作体制和机制，既体现了国家权力行使中的统一性，也保证了具体的事权得以运行和贯彻的有效性。

（三）联邦制的权力让渡

除了职能分立的合作联邦制之外，德国虽然具有联邦制在权力让渡方面的一般规定性，但也有自己的特点。

权力让渡在初始状态的意义上对联邦和州的事权划分产生影响，从而为处理事权冲突问题提供了原则上的依据。就基本法理而言，联邦是其成员单位将自己拥有的一部分主权让渡给中央政府而形成的。德国《基本法》第24条在规定为集体安全的目的转让主权时，明确提出联邦和各州都有“主权权力”。1949年，《基本法》在经过多数州议会批准之后生效。因此，实际上，只有在形式上，才可以认为联邦权力是由各州让渡的。《基本法》对此让渡程序的宣示体现在序言中“各邦之德意志人民在其自由之自主决定下，已完成德国之统一与自由”。此外，从《基本法》第30条和第70条表述的句法结构来看，除了《基本法》另有规定之外，立法和行政本来都属各州事务；在立法事项和行政事项的表述上，也采取了对联邦管辖事项列举、对各州管辖事项概括保留的形式。由此也可以看出，《基本法》制定者认为联邦的权力是由各州让渡的。

就权力的本源来说，德国《基本法》第20条第2款规定，一切国家权力来自人民。因而，联邦和各州权力的合法性只能由人民依照自己确定的办法来赋予，也就是说，联邦和各州机构只能依照《基本法》和各州宪法的规定，经人民或其代表的选举或任命来组织，并依照这些法律分配和行使权力。就职权的类别而言，各州向联邦让渡了大部分立法权，同时保留了大部分行政权；就事务的类别而言，各州向联邦让渡了大部分外交、国防、货币、交通、统一经济调控以及“保持各邦生活条件均一”的权力，自身保留了剩余权力。当然，在联邦制下尤其是在德国这种职能分立的合作联邦制下，权力的让渡是不完全的，职责的交叉势必会形成一定的“模糊地带”。为了防止发生权力冲突的情形，《基本法》提供了一些协调或者解决的办法。此外，德国还具有最终手段，即当一州不履行基本法或联邦法律规定的联邦义务时，联邦政府经参议院批准可采取必要措施甚至强制措施（第37条）。这些协调手段不仅为历史意义上和规范意义上的权力让渡“盲区”提供了明晰化的办法，而且为职权和事权冲突指出了现实的解决途径。

（四）事权划分的社会经济背景

联邦与州之间的事权划分是在政府的全部事权范围内进行的，因此需要明确社会经济体制为政府留出了多大的事权空间。就经济模式而言，德国实行的是社会市场经济。这种模式“以私有制为主体，鼓励和发展市场经济，强调个人自由和市场竞争，同时主张宏观调控和政府干预，消除市场缺陷，实行广泛的社会保障制度”。虽然德国总体上实行的是市场经济，国民的自由和社会的自治都得到了较为充分的保障，但国家也保留了对社会经济的较大干预空间。可见，法律规定和社会市场经济模式为国家的调节和干预提供了广阔的空间，甚至可以说，“更为狭义的行为界限看起来是由政治体制本身来划分的”。从联邦德国战后几十年的历史发展来看，社会经济为国家权力留出的空间，实际上是随着客观形势变化和不同党派政策调整而不断改变的。这意味着只要能够保障基本自由权利，遵守《基本法》和法律的规定，各级政府总的事权范围不存在太多明确的外在限制。

不过，政府并没有充分利用法律留下的广阔干预空间。实际上，虽然德国国家权力直到20世纪70年代一直处于不断扩张的状态，但是70年代经济危机的发生，使德国从80年代开始逐步减少政府对社会经济事务的直接干预。在经过90年代的“新公共管理改革”和近十年来的“新公共治理改革”之后，国家一方面对一些产品和服务实行了私有化，将另一些公共产品和服务交由市场和社会供给，与此同时，更加突出自身的监管和规制功能。不过，值得注意的是，尽管德国政府减少了对社会经济事务的直接干预，但是，其改革的主要方向并不是放松管制，而是改变政府的管理和服务方式。实际上，公共服务均等化的要求，也使德国联邦政府得以更多地运用纵向和横向财政平衡手段，从而加强了其对各州政府和地方政府的影响力。

值得一提的是，德国政府虽然退出了一些产品和服务的供给，也尽量避免使用行政命令的管制方式，但并不仅仅是发挥制定规则和监督其实施的功能，而是通过法团主义（Korporatismus）的安排，广泛参与社会经济事务的协商共治。经国家承认或由国家同意（如果不是创立的话）而建立的数目有限、功能分化的团体，在各自的领域内被特意授予代表的垄断权，作为交换，其领导人的选择以及要求和支持的表达，要受到国家的某种控制。这种法团主义治理的基本形式，就是在政府的主持下由雇主协会和工会展开的劳资谈判。类似的还有医生联盟、制药产业和联邦政府之间的协商讨论机制。实际上，各个政府部门和总理办公厅邀请了至少上百个比较重要的咨询委员会，将其纳入政策制定过程；而在政策实施领域，比如在有关社会救助的法律中也直接规定了福利协会的共同作用。通过法团主义的协商，政府犹如编织了“一张大网”，在加强社会参与的同时，也将其“触角”延伸到了各个社会经济领域。正是因为社会市场经济体制、财政手段的广泛影响和法团主义的协商治理方式，政治体制的内部制约和严格的法律规范才显得尤为重要。从这个意义上讲，联邦和州的事权划分不仅关乎德国联邦制的内在结构，也是其社会经济模式的必然要求。

二、央地事权的实际划分

德国联邦与州的事权划分鲜明地体现了其联邦制结构的特色，即职能分立和上下协作。联邦在立法方面占有绝对优势，法律的执行和大多数事务的处理则是各州行政权的任务。如果把中央和地方的事权划分视作主要是中央政府和地方政府的行政事权划分，那么在德国，中央政府的行政事权对应的是联邦自行行政管理，地方政府的行政事权对应的是各州行政管理，其中又包括联邦委托行政、各州以自身事务执行联邦法律和各州自行行政管理三种类型，不同类型下的事项和权项以及相应的支出责任也各不相同。

（一）联邦政府的事权

联邦政府承担的事务主要是联邦必须自行管理而不能委托给各州的事务。这些事务主要包括：(1) 联邦机关及其直属机构的行政管理；(2) 对外事务，包括国际援助和国际组织间的交往等外交事务以及对外贸易等经济事务；(3) 国家财政政策和联邦财政管理，包括国家海关事务；(4) 绝大多数国防和军事事务，包括武装力量建设，军队的调用，联邦国防军的行政管理（人事、军需等文职任务）以及联邦边防机关承担事宜；(5) 国家安全事务，包括中央警务问询和情报机关、中央刑事警察机关、中央资料搜集机关承担事宜，内政紧急状态应对，国际恐怖主义危险防控等；(6) 全国范围的交通管理事务，包括联邦铁路范围以外（并经联邦法律授权于联邦）的铁路交通管理，超出一州范围的国家内河航运事务和法律授权的海洋航运事务；(7) 邮政电信事务，包括提供服务和进行监管；(8) 部分社会保障事务，包括联邦直属社会保险公法机构承担事宜，如失业救济、医疗、退休保险及家庭社会补助等；(9) 货币金融事务，包括联邦银行负责的货币发行和货币政策事务（已转移给欧洲央行，此前独立于政府运行）以及银行、保险、证券等金融监管事务。

上述九项事务都是联邦根据《基本法》的规定而实际承担的任务。除此之外，各领域的专门法律也规定了联邦应承担的任务，因此上文第(1) 项“联邦机关及其直属机构的行政管理”事实上涵括了广泛的职责，而联邦各机关正是这些任务的实际承担者。

对于行政机关的日常任务，联邦政府职责一般只涉及两个方面：一个是经过调查研究提供法律草案或政策议案，另一个是代表国家对负责的事务领域履行总的监督管制职能。除了一些专门任务外，大多数任务涉及实体内容的部分实际上还是由各州承担或者由各级政府共同承担的。

对于自身承担的事务，联邦拥有广泛的权力。除法律另有规定外，联邦政府可以就这些事务颁布一般行政规定，自行规定并设立有关的行政机关及直属机构，对其负责人和工作人员享有任免权。此外，联邦还拥有就这些事务发布具体指令的权力以及最大程度的监督权力。联邦履行这些任务所需的支出由自身负担，通常情况下纳入联邦预算，由财政直接拨款。

（二）州政府的事权

州政府的事务可以分为三类，一类是联邦委托给各州执行的任务，一类是各州执行联邦法律规定的任务，还有一类是各州保留给自己的任务。

根据《基本法》的规定，联邦可以根据法律将一些事务委托给各州执行。从原则上讲，在这些事务的范围内，联邦可以选择是由自己执行还是委托给各州执行；但从事实上看，联邦已经将这些事务委托给了各州。

联邦委托给各州的事务从原则上讲是联邦的任务，但是委托关系的成立即意味着权力的分享和责任的分担，尤其是执行权的下移。对于委托事务而言，值得注意的是，联邦可以按照现行法律或修改法律将上述事权收回。

在联邦将这些任务委托给各州的情况下，各州一般有权决定行政机关的设立问题；除了中级行政机关首长任命须经联邦政府同意外，其他工作人员任免由各州决定；此外，联邦政府可以规定公务员和职员的统一培训事宜。就行政领导而言，联邦政府经参议院批准可颁布一般行政规定，还可以向州政府发布具体指令，但紧急情况下也可以向州政府下级机关直接发布指令。在行政监督方面，联邦政府可以监督各州行政的合法性和合目的性，为此目的可以查验文书档案，甚至向各级机关派遣专员。最后，在支出责任上，相关费用都由联邦自身承担。

各州执行联邦法律规定应由其处理的任务主要包括：（1）社会文化教育事业，包括高等学校和文娱设施的建设等；（2）卫生和健康事业，包括医疗及保健设施的建设等；（3）体育事业，包括公共运动场所的建设等；（4）区域环境保护等。

各州保留给自己的事务，即联邦法律无权规定且联邦政府没有承担的任务，一般是各州政府执行的本州法律规定的任务。主要包括：（1）州一级的行政事务及财政管理，包括州公务员及州法官的薪资、福利及晋升事务；（2）法律事务和司法管理，包括维护辖区社会公共治安，刑罚的执行，新闻媒体的一般法律关系，对集会的管理等；（3）制定关于家庭的政策；（4）部分经济管理事务，包括对饭店旅馆、娱乐场所、个人展演、展会、展览和集市的管理，商店营业结束时间的确定，农业用地交易和租金确定，田地林地重划等；（5）移民定居及返乡住所事务；（6）大部分高校管理事务；（7）特定环境保护事务，如体育或社会公共活动导致的噪音防治。

各州政府在处理保留给自己的事务时，拥有全面的管辖权，包括相关行政机构和直属机构的设置权、对相关机构工作人员的任免权、行政决策权、发布具体指令权、监督权等。州政府监督相关机构人员行为的合法性和合目的性。履行这些任务的支出责任由各州自身承担。

（三）联邦政府和州政府的共同事权

联邦和州之间除明确划分的事务外，还有些事务由两级政府共同承担。

主要包括：(1) 地区经济结构的改善，包括促进产业经济结构的建立和调整，开发新兴产业，改造交通网络；(2) 农业结构的改善；(3) 海岸防护；(4) 对具有跨地区意义的科研项目和教育项目的资助；(5) 确定教育体系的国际竞争能力，提出相关报告和建议；(6) 规划、构建和运行处理事务所需要的信息技术系统；(7) 就确立和提高行政管理绩效开展比较研究并发布相关成果；(8) 与乡镇和乡镇联合体协作，为待业者提供基本保障。

在这些事务中，就联邦和州各自的权力而言，第 (1)、(2)、(3)、(6)、(7)、(8) 项由联邦法律确定，第 (4)、(5) 项由双方以协议方式确定。从总体上看，这些任务之所以需要两级甚至多级政府协作完成，是因为其具有跨地区意义或对国家整体有益，而且各州难以独立完成或是缺乏相应的财力。就支出责任而言，第 (1) 项由联邦承担一半支出，第 (2)、(3) 项由联邦承担至少一半支出，第 (8) 项由联邦承担授权乡镇和乡镇联合体执行相关任务的支出，其余事项所需资金的分担由联邦法律或双方协议确定。不过，一个通行的规则是，完成这些任务缺乏资金时，联邦有义务提供财政援助。

(四) 州以下地方政府的事权

虽然德国行政层次从理论上分为联邦、州、地方三级，但按照各州宪法和相关法律法规，实际的行政层次大致上有五级构成，分别是联邦、州、行政区、县（或市）、乡镇（或乡镇联合体）。其中，作为州中级行政机关的行政区政府附属于州政府，基本上可以看作州的派出机构。因此地方（Kommune）是指县（市）和乡镇。县（市）和乡镇在法律上的区别是：县（市）政府是基层国家行政机关，其在法定任务的范围内才享有自治权；乡镇本身就是居民自治团体，其自治权必须得到保障。虽然从概念上讲，县（市）比乡镇涵盖地域较广，人口规模较大，但由于各州差异较大，这实际上不能作为标准。在事权的划分上，县（市）和乡镇几乎都遵循同一模式，即其承担事务都分为自治事务和受权事务。

县（市）和乡镇承担的自治事务分为两类。一类是自愿职责，县（市）和乡镇机关可以选择是否履行，但实际上出于客观需要往往不能推脱。另一类是强制职责，县（市）和乡镇机关必须履行。在自治事务上，县（市）和乡镇机关有完全的管辖权，有权制定相关规章和按照辖区法律法规决定内部职权划分。国家对此只能实行法律监督，即监督其行为的合法性。

县（市）和乡镇受权处理事务是指其机关被借用，以协助执行国家任务。县（市）和乡镇在履行这些任务时所获权力是由法律个别授予的，一般无权制定规章。国家承担相应的行政责任，但国家不仅可以监督县（市）和乡镇行为的合法性，也监督其行为的合目的性，还可以发表指令和派遣专员。完成受权事务的资金由国家财政安排。

（五）央地事权划分的关系特点

从整体上看，德国的中央与地方事权划分较为明晰明确，大多都有明确的宪法和法律依据。这种事权划分模式兼顾了不同事项的特点、完成任务所需的资金支出、各级政府的层次功能及其不同的宪法和法律地位，使事、权、责得到了较为恰当的协调。但也应该看到，除了联邦自行行政、各州自行行政和地方自治事务，其他层面的事权划分并没有实现事、权、责的一一对应和完全匹配。

具体而言，事、权、责不完全匹配的情形主要有：

1. 中央（上级）政府有权无事，地方（下级）政府有事无权。由于联邦享有广泛的立法权，但各州却享有广泛的行政权，因此，在很多事项上造成了联邦立法、各州执行的情况。州以自身事务执行联邦法律这种事权划分模式最鲜明地体现了这一情形。

2. 中央（上级）政府和地方（下级）政府在同样的事务方面享有不同的权力。例如，联邦委托各州执行联邦法律。在这种模式下，联邦拥有发布一般行政规定和向州政府甚至其下级政府发布具体指令的权力，也就是享有决策权，而各州只有执行权。

3. 中央（上级）政府和地方（下级）政府在同样的事务方面承担不同的义务。联邦政府由于财力充裕，不仅可以向各州转移支付，而且可以通过设立基金、财政援助等手段影响各州甚至地方政府的施政，而州政府和地方政府只有落实转移支付和其他财政手段附带的任务的义务。

从体制本身的原因来看，这种事、权、责不完全匹配的现象之所以发生，一方面是因为德国实行职能分立的联邦制结构，必然造成立法和行政、决策与执行这些职能在不同层次政府间的分担；另一方面是因为联邦财政实力大于各州，各州财政实力又大于地方，必然造成一定程度的财政依赖关系。有鉴于此，体制本身也提供了一定的补偿或平衡措施，如各种事权划分模式都有严格的法律规范，地方自治不容侵犯，联邦参议院和联邦宪法法院提供争端协调和裁决，等等。

三、央地事权划分的特点和趋势

从历史上看，德国中央与地方的事权划分始终在变动，其中既有联邦财政手段不断延伸的微调，也有像2006年那样大规模的改革。但无论如何变动，事权划分都是在职能分立联邦制的框架下进行的。自1871年帝国宪法诞生以来，职能分立的联邦制架构一直影响着联邦与各州的权力平衡，实际上始终维持着联邦政府的相对优势。这种优势不仅表现在联邦德国成立以来中央政府事权的不断扩大，而且也体现为魏玛共和国时期单一制特征的强化。甚至在极端情况下，这种体制很容易就被单一制取而代之（正如纳粹时期的情况）。但另一方面，德国历史上的长期分裂、邦国联盟的实践以及在盟军压力下联邦制宪法的制定也为保留地方政府的权力空间提供了保障。在中央政府事权不断扩大的情况下，联邦制的国家结构自动产生了通过改革对其进行制约的要求。这表明，德国中央与地方事权划分的变动在绝大多数时候受职能分立的联邦制框架和各成员单位历史性存在的制约，一直没有突破既定的模式，体现了明显的“路径依赖”效应。

1. 就德国中央与地方事权划分的依据来看，法治原则一直贯穿始终。在德国人看来，事权划分本质上属于宪法事务。联邦与州的事权划分不仅在宪法中有明确的规定，而且每一次调整都意味着宪法的修改。当事权划分实践游移于宪法之外并得到普遍认可时，宪法便会修改，以便尽快将其纳入规定之中。这种将联邦与州事权划分当作宪法事务的观念意味着人们对事权方面的调整非常慎重，因而相关的改革也较难展开，往往经过广泛的、不断的协商才得以启动；改革的过程中还需要协调各种利益，最终取得的成果也不够彻底。

2. 联邦运用财政手段不断扩大权力的做法表明，财权和财力对实际的权力分配有着巨大的影响。尽管《基本法》将某些领域的事权划分给了各州，但联邦仍然可以运用财政援助、专项基金、专项投资等形式向相关各州提出意见和建议，而为了获得这些资金，联邦州的施政方向、预算规划和具体行政大多会遵照联邦的意见和建议。联邦虽然在法律上没有获得相关事权，但在相关事务领域对决策和执行都有相当的影响力。这表明，在德国，事权与财权并不完全匹配。正是因为联邦拥有相较其事权为多的财力，它才能对各州事权范围内的事务发挥影响，而其财力充裕的原因则是在财政收入上占据优势。虽然联邦也要承担履行自身任务及委托任务的支出责任，但几十年的实践表明，联邦由于其支出责任而扩大隐性事权的行为似乎也得到了认可。

3. 联邦之所以能够保持强势地位，不断扩大其实际权力，有体制、机制和选举方面的原因。从体制上讲，德国实行的是职能分立的联邦制，联邦在立法和决策方面的优势与各州和地方政府在执行方面的责任相互配合，决定了两者之间要不断地进行协调。从机制上讲，联邦参议院、为执行共同任务而建立的委员会、联邦委托行政、联邦政府部长与各州部长会议、共同的公法行政团体等为联邦与各州的协商和合作提供了机构保障，也是联邦借以发挥影响力和扩大权力的渠道。德国联邦制几十年的发展史事实上也是这些协调机制和机构的成长史。从选举的角度来看，比例选举制导致联邦政府在大多数时间是多党联合政府。执政党为了获取选民的支持，不断采取扩大赤字的办法增加财政支出，而相应的责任又是由政党联盟承担，结果造成难以追究政党本身的责任。这样一来，联邦政府才有可能获得为扩大其影响力所需要的大量财源，而德国的财政赤字也曾因此一度超过国际警戒线。

4. 联邦的强势地位及其对各州履行事权的影响力的不断扩大，固然有体制、机制和选举制度提供的“便利”，但更重要的是它符合现实的需要。从政治方面来讲，“二战”之后战争责任的承担和国家的恢复重建要求中央政府发挥重大的领导作用。两德统一以后，巩固国家的统一和维护东西部的平衡更需要联邦政府的协调，而运用财政方面的纵向平衡和横向平衡也确实发挥了相应的效果。从经济方面来看，随着经济全球化的深入，生产要素的流动越发自由化。联邦适当上收事权和扩大对各州履行事权的影响，有助于消除政策方面的壁垒，建立统一的社会保障体系，促进各地经济社会的同质化，强化市场统一和市场要素的流动。而经济形势的复杂化和国际竞争的加剧也要求加强联邦政府的宏观调控能力。从另一个角度来讲，德国也必须以联邦政府为依托，才能在欧洲一体化的过程中为本民族争取到更多的权益。

当前，在欧洲一体化已经发展到相当水平的情况下，德国已不再是以整体国民经济参与竞争，各地区面对的不再是国内市场，而是统一的欧洲市场甚至全球市场。从客观上讲，作为投资目的地的各州也需要被赋予更多的自主权，才能在地区竞争中增强灵活性。从主观上讲，在经济增长速度较为缓慢的条件下，德国西南部较富裕的各州也有脱离财政平衡框架的巨大动力。与此相反，联邦与各州的“政治纠缠”却越来越严重，各州决策空间过小，再加上各级政府的财政赤字越来越严重，德国才从2006年启动了联邦制改革。但应当看到的是，改革采取的分权措施是在联邦对各州履行事权的影响力不断扩大的情况下进行的调整。这次改革不但保留了导致“政治纠缠”的体制和机制，而且仍旧保留了联邦“金色缰绳”的巨大影响力。这是因为在当前阶段，东西部的差距仍然较大，而且人们也认为联邦应保持较强的宏观调控能力。但是随着经济形势的发展，联邦将继续有限度地向各州分权，各州有望获得更多事权，特别是自主决策权。如果东西部经济平衡措施在未来若干年还是没有达到预期效果，或者联邦与州的“政治纠缠”再度出现，那么再次进行联邦制改革就无法避免，其重点也必将是财政改革，而财政改革也最有可能大大降低联邦政府对各州履行事权的影响力。

四、德国央地事权划分对我国的启示

对于中国这样的大国治理而言，中央与地方关系始终是重要的问题，而事权划分则是合理处理和运行这一关系的基础。德国事权划分的经验和教训具有一定启发意义。

（一）事权划分是涉及央地关系的治国要事，应以法律的形式予以明确规定

德国将中央和地方事权划分视为宪法事务，在《基本法》中对立法权事务和行政权事务在联邦和州之间的分配有较为明确、清晰的规定。除此之外，还有许多单项法律对相应领域的事权划分做了具体规定。这不仅使得中央和地方的权力有法可依，而且也有助于避免权力责任不清晰引起

的权力缺位和越位问题，同时也为财权财力的匹配和机构人员的配置提供了前提条件。相比之下，我国宪法、组织法和预算法的规定则太过于笼统，而单项法律又自成一体，不利于构建科学、规范、高效的行政体系。因此，央地事权划分法治化，对搞好国家治理具有重要意义。

（二）关于中央与地方事权划分的规定应尽量详细、具体，避免事务领域和权限范围重叠不清

德国《基本法》相关规定一般采用列举法，详细开列了联邦政府和州政府的立法权与行政权及其相关事务范围，各单项法律也大多列举了各级机关的事权，可操作性强。我国在事权划分相关规定的形式上也可考虑采用这一办法，较为明确地列举各级政府的任务、权力和责任：任务的规定应当细分到环节和程序；权力应明确立法权、决策权、指令权、监督权、机关人员配置权等类型；责任应明确行政领导责任、法律责任、赔偿责任和支出责任。此外，我国也可借鉴德国，区分自身事务、委托事务、法律分配事务和共同事务，并明确各类事务相关权力和支出责任的一般配置原则。特别是在事务领域和权限范围可能发生交叉或矛盾的情况下，更要小心地加以区分。

（三）事权划分的内容应根据政治体制和国家结构形式的特点，以尽量减少行政成本和提高效率为目的，并结合受益对象和受益范围确定

德国之所以采取职能分立的联邦制并按照这种基本结构划分联邦和州的立法权和行政权，是因为这种结构与其议会内阁制的政体、比例代表制的选举制度和长期的多党联合政府经验相匹配，也充分发挥了联邦、州和地方政府的优势。我国事权划分也应当从单一制结构和党政机关关系紧密的现实出发，合理配置各级政府事权。具体而言，中央政府应主抓影响全国的宏观大事和基础性事务，最大限度地减少对微观事务的干预，承担起军事、外交、国家安全、统一市场的宏观调控、生态环境、重大跨区域工程、海域和海洋使用管理等领域的事务；省级政府应主抓科教文卫事业（尤其是相关设施的投资和监管）、辖区经济社会事务监管、协助中央完成重大工程等事务，起到承上启下的作用；地方政府应结合当地居民的需求，运营、维护和管理当地的公共交通、能源、文体、教育、卫生设施和

提供市政服务，同时按照法律规定完成上级政府交办的任务。

（四）事权划分应考虑冲突情形，建立协调和仲裁机制

详尽、具体的法律规定主要是为了预防冲突发生，但如果真的发生冲突，就应当有事后机制予以补救。在德国，一旦发生事权冲突的情形，除了可以通过政府内部的协商、联邦参议院的调处解决之外，还可以提交联邦宪法法院诉诸司法。另外，德国也从联邦与各州冲突的诉案中总结了若干原则，使其成为具有指导意义的判例法，从而将事后教训转变为事前警示，有效减少了冲突的发生。我国在事权划分方式的设计过程中，也应考虑建立什么样的冲突解决机制，比如，可以将相关仲裁权赋予全国人大常委会。

（五）事权划分是一项系统工程，应当从国情出发，与其他改革工程结合起来系统进行

从德国央地事权划分的历史可以看出，几十年来虽然有几次大的调整，但整个框架依旧是职能分立的联邦制，联邦财政手段的影响始终在扩大；此外，近来最大的一次改革是在联邦的权力和影响过大的情况下才启动的，而且改革也没有从根本上削弱这种地位。这表明，改革要考虑路径依赖效应。对我国而言，事权改革要从长期以来的中央和地方关系尤其是1994 年实行分税制以来央地关系模式出发，充分认识事权划分改革不仅是政府权力和职责的一次调整，而且与机构改革和财政改革有着十分密切的互相影响关系。特别需要注意的是，即便关于事权划分的法律调整到位，也未必意味着实际的事权划分与法律完全一致。这种差距之所以存在，不仅是因为其无法克服，而且也是因为现实的需要。比如，德国保持财力充裕的联邦政府对州和地方政府的影响，就是为了满足经济社会平衡和加强宏观调控的需要。

（本文摘自王浦劬等著：《中央与地方事权划分的国别研究及启示》，人民出版社 2016 年版）

西方国家的财政监督体系及其借鉴价值

李炜光　刘　宁*

财政监督作为一种权力约束机制，为市场经济的发展和公共服务的顺利进行提供保障。随着我国市场化改革的推进、法治经济时代的到来和公民社会的逐渐形成，财政分配的公共服务性质日益凸显，立法监督，依法行政，确保政府的财政活动对市场、对社会、对全体纳税人负责的问题正变得越来越重要，已成为整个社会日益关注的热点问题、焦点问题。由于我国目前仍处在体制转轨阶段，财政监督体系还不完善，相关的法律与制度还不够健全，学习、借鉴国外特别是西方市场经济发达国家财政监督的经验，就成为一件十分有价值的事情。

一、西方国家财政监督体系的类别及特征

各国的财政监督，随国家政权的形式与性质不同而有多种类型，主要分为立法型监督、司法型监督和行政型监督三种。立法型监督是由议会、财政部、国家审计署共同对国家财政进行监督。议会中的公共资金委员会和决算委员会根据国家审计署提供的报告资料来进行审核；财政部内设专门机构负责财政监督，主要通过对政府各部门预算的核定及收支的控制达到监督的目的；国家审计署是执行财政监督的专门机构，隶属于议会，向议会负责。英国、美国、加拿大等国家均实行财政立法监督的制度模式。

司法型监督具体有议会的监督、审计法院的监督和财政总监察司的监督。宪法赋予审计法院的职责是协助议会和政府监督财政法的执行；财政

* 李炜光，天津财经大学经济学院教授；刘宁，财政部驻天津市财政监察专员办事处干部。

总监察司是执行财政监督的专门机构。法国、西班牙、德国是财政司法监督制度的代表。在对行政行为的监督过程中，司法型财政监督以其独立性、直接性、法定性、强制性等特点而引人关注。与行政监督、立法监督和社会监督相比，它是效果最直接、形式最特殊的一种国家法律监督制度，它可以运用国家的审判程序进行监督。

行政型监督是指国家行政机关依据国家法律规章对自身行为、对其附属机构行为或关联机构行为实施的监督。这种监督表现为财政机关对其内部机构的行为以及使用财政资金的部门单位的资金运转情况进行的监督，是对内监察与对外监督的结合体。实行财政行政监督制度的国家主要有瑞典、瑞士等国，其主要特征是在各级政府设置行政管理部门，专门负责行使财政监督职权。瑞典制定了严格的预算编制程序和管理制度，其财政监督的特点是将财政监督有机融入预算编制和执行的各个环节，在预算编制和执行过程中全面强化财政监督控制机制。瑞士的联邦财政监督法规定，联邦审计局在组织上是财政部的一个行政机构，但它是国家最高财政监督部门，其职能是作为行政监督机构，对联邦的财政机构和财政收支进行经常性监督检查。

各国财政监督类型的选择与其政体有着密切的历史渊源。立法型财政监督的典型代表是英国和美国。英国之所以选择立法型财政监督模式，与其最早建立起现代议会制度有关。追溯历史可以发现，英国自古以来就有国王召集贵族元老议事的传统，这为其现代议会制度的形成奠定了基础。1215 年制定的《大宪章》规定：国王向贵族征税，须先召集贵族大会，并经其同意后方可征税。《大宪章》将贵族大会从传统转化为制度，确立了贵族大会的地位。但由于当时大会成员仅限于贵族，不能代表公众，因此还不是现代意义上的议会。光荣革命（1688 年）以后，随着《权利法案》的颁布，确立了议会对国王和大臣的监督和控制。1787 年，根据《统一基金法案》设立了“统一基金”，政府获得的所有收入都归入这个基金，存入英格兰银行，所有政府公务活动开支都由这个基金统一提供，这加强了财政的集中管理和财政部对其他部门的控制。1822 年，英国议会确立了现代意义上的正式的预算制度，即由财政大臣每年提出全部财政收支的账目一览表，由议会审核批准。作为议会制度和预算制度的鼻祖，英国有着良好的立法监督传统，这是其他国家所不可比拟的，主要体现为立法监督的高度法治化和民主化。然而，英国实行内阁制，议会成员也都是内阁成员，因此，一般来说由内阁提交的议案都会在议会“有惊无险”的通过。从发展的趋势看，英国议会传统的财政控制权正处于逐渐衰弱的过程中。美国模仿英国的议会制度建立国会，在议会监督方面取得了突出的成效，有后来居上的态势。美国实行总统制，总统由公民选举，只对人民负责，不对议会负责。总统和议会是相对独立但又互相制衡的机构，因此，与英国相比，美国国会对政府预算的监督是非常独立的。

司法型监督的代表是法国。法兰西第三共和国宪法（1875 年）确立了法国的议会制政体。二战后法国内阁像走马灯似的换了一届又一届。1958 年初，时任政府总理的盖耶尔大声疾呼：“战后，英国有 4 人担任首相，美国有 2 人担任总统，苏联有 2 人担任总书记，联邦德国有 1 人担任首相，而法国则更换了 25 届政府，这种状况是不能长期继续下去的。”由于政府的不稳定，导致国家的政策多变不定，进而国内外矛盾重重，财政危机加深，法国的国际地位日益下降。与此同时，极端殖民主义者在阿尔及利亚发动军事暴乱，全法国处于分崩离析的状态，而政府却束手无策。1958 年 6 月 1 日，法国议会在别无他法的情况下，以 329 票对 250 票通过了议案，授权戴高乐组织政府、全权处理阿尔及利亚问题和制定新宪法，法兰西第五共和国建立。总统权力大大提高，议会两院的权力大大削弱。议会两院虽享有立法权、监督权，但受到严格限制。与英美两国相比，法国议会只对国家财政实施宏观监督，具有司法性质的审计机关对财政监督具有较大的职权，尤其是审计法院的设置及职权的规定是立法型监督和行政型监督所不具备的。实践表明，法定性、独立性、强制性、程序性和直接性的特点使司法型监督成为效果最直接、形式最特殊的一种监督制度。司法监督运用司法审判程序对各种违法违规行为进行独立、客观、公正的审判和处罚，因此，司法对财政的监督无疑是最具约束力和威慑力的一种监督。

瑞典是君主立宪制国家，保留了国王作为国家象征。按三权分立制衡原则，议会为立法机关，决定全国的财政税收政策，并监督政府和公共机构的工作；首相领导的政府行使行政权。瑞典的中央政府规模很小，采取高度自治的分区行政。瑞典的财政监督理论是以欧洲安格鲁·萨克森派的观点为基础，即对各政府机构持信任态度，强调靠内部监督约束，辅之以必要的外部监督检查。其监督体系由向政府内阁负责的国家审计办公室、向议会负责的议会审计办公室及财税稽查监督机构共同组成。

财政监督的形成是以各国的法系为支撑力的。李步云先生主张以法律的形式渊源为标准，把世界法律分为两大类：大陆法系、英美法系，这个分类目前为多数学者接受。

英美法系包括英国法系和美国法系。英国法系采取不成文宪法制和单一制，法院设有“司法审查权”。美国法系采用成文宪法制和联邦制，法院有通过具体案件确定是否符合宪法的“司法审查权”，公民权利主要通过宪法规定。英美法系的特点主要是：以英国为中心，英国普通法为基础；以判例法为主要表现形式，遵循先例；变革相对缓慢，具有保守性，“向后看”的思维习惯；在法律发展中，法官具有突出作用。

大陆法系覆盖了当今世界的广大区域，以法国、德国、日本等为代表国家。大陆法系的特点包括：明确立法与司法的分工，强调成文法典的权威性。强调立法是议会的权限，法官只能适用法律，决案必须援引制定法，不能以判例作为依据；比较强调国家的干预和法制的统一，尤其在程序法上如此。

三种监督模式各有长短。立法监督型国家的财政监督权主要控制在议会手中，这有利于增强财政监督的法律性和权威性。这种独立于财政系统之外的财政监督可以尽量抑制来自财政系统内部的干扰，加强其公正性。但不足之处是监督力量有限，财政审计与监督机构在执行中容易受外界的干扰。司法监督型国家的财政监督权主要控制在司法系统之中，这有利于增强财政监督的独立性和权威性，能够抵御财政系统或上层组织的干扰，增强对违法案件处理的时效性。其不足之处是立法机构的影响力削弱，也不可能事无巨细都通过审计法院审判。行政监督型国家的财政监督权主要控制在政府行政机关系统中，政府负责人可以随时掌握财政监督的进展情况。其不足之处是财政监督制度与立法机构和司法机构有一定的距离，从而影响财政监督的效率。

从当前世界各国的财政监督制度内容来看，财政监督体系的建立带有综合性的发展趋势，即全方位、多层次的实施财政监督。全方位是指从各个角度监督国家财政活动，如罗马尼亚的最高财政监察院既带有立法监督性质、又带有司法监督性质，还带有行政监督的性质。所谓多层次是指鉴于国民经济和财政分配的复杂性，单纯的一种监督机构是无法实施有效的财政监督的，所以，目前许多国家实行三个层次的财政监督：议会监督、审计监督和财政部门自身的监督。如法国的财政监督体系就是由议会监督、审计法院监督、财政总监察司监督三个部分构成的。

二、美国的财政监督

美国已经成为世界上财政立法监督机制最完善的国家。

美国现代财政监督管理有比较详细的法律依据和规范成型的程序，建立了一套体系比较完整、职责比较明确、依据比较充分的监督系统，议会（国会）审计部门、财政部门以及其他有关部门分工明确、相互配合。从美国的财政监督体系看，议会（国会）主要行使预算监督权，审查政府预算安排的合法性，审计部门主要是对管理工作水平和财政资金的使用效益进行事后的监督检查，财政部门的监督工作主要是围绕财政资金的管理活动展开的，事前控制、事中监督和事后检查相结合，日常监督和专项监督相结合。

由于财政监督专门机构设在财政部内，因而更能真实地了解财政收支的运行状况。其他有关部门的设置也需要根据具体工作内容确定明确的监督职责。

首先是国会监督，美国由国会行使预算监督权，主要具有以下特点：

（一）国会至上

1. 在宪法中详细规定国会的预算权，这从根本上维护了立法监督的法律地位。1787 年立宪时就已经在宪法第一条中对国会预算监督做出了较为具体的规定。在宪法中明确规定国会具有预算收入、支出以及举债的权力并且较为具体，这为其进行相应的预算监督提供了有力的法律支持。值得一提的是，宪法及其修正案更为详细地规定了征税权，对预算支出和举债的规定则较少，这可以看出，当时的立法监督比较注重预算收入。

2. 国会通过制定授权法案和拨款法案来控制自主支出，通过制订或修改相关法律来控制强制支出（如修改社会保障法则可以改变社会保障方面的强制支出）。美国年度预算的鲜明的法律性直接提升了国会的法律地位，加强了监督力度。

3. 美国国会对审议财政法案拥有高度的制衡权。对于总统提出的征税、拨款、借债建议，国会可以自由决定采纳或否决，并可提出自己的政策取而代之。对于总统建议的征税额、拨款额，国会可以自由裁量，任意予以增减。

（二）体系完整

世界各国多把立法监督的范围集中于审批环节，而较少涉及编制、执行和审计，而美国国会的监督覆盖并深入到各个环节。在预算编制环节，除总统下属的预算管理办公室负责编制预算草案外，国会下属的预算办公室也要编制一份预算草案。事实上，总统提交的预算案只是预算建议（budget），国会（CBO）提交的预算案是预算决议（resolution），而国会审批的正是预算决议。预算编制是政府预算的基础，预算编制水平直接影响着预算执行以及审计的质量，当然也直接决定了预算监督的任务和内容。在行政部门已经能够编制较高质量预算草案的同时，国会还参与预算编制过程，这无疑能够进一步提高预算编制的质量，从而也便于国会进行监督。

预算执行也是立法监督的重要环节，美国通过以下三方面实现对该环节的监督。一是控制拨款。国会通过授权法案只是同意立项（规划目标和手段），政府拿到钱还需通过拨款程序。因此，控制了拨款就能够控制预算执行。二是派驻监察代表。美国国会向各个行政部门派驻监察代表，对所驻部门实施国会授权项目的情况和预算执行结果进行监督，监察代表每半年向国会送交一份监察报告，列举所驻部门工作中严重的舞弊、浪费、低效和滥用职权问题，并提出改进意见。发现异常情况，监察代表随时向国会提交特别报告。三是追加预算必须经过国会。美国法律对变更预算进行了严格规定。按照规定，预算变更须经三分之一以上议员同意方为有效，未经国会批准而修订预算的行为须负法律责任。

（三）全程透明

美国的立法监督方式不仅限于会议上的讨论或辩论，还有一些其他的监督方式，而且这些监督方式的透明度通常都很高。

1. 听证监督。按照预算程序，从每年 2 月的第 1 周起，国会两院预算委员会为起草预算决议案会召开一些专项听证会，听取来自政府官员、学术研究机构专家、企业管理人员、全国性组织机构的代表、议会成员和普通纳税人的意见。在众议院起草拨款法案时，国会各常设委员会和各小组委员会根据各自的职责范围和所涉及的领域举行听证会，邀请有关人士发表建议和意见，并由财政部长及其财政助理到会作证。

2. 审计监督。美国会计总署专门为国会服务，负责对联邦各政府部门和项目进行审计和评价。它围绕国会感兴趣的问题确定审计项目，或者应国会要求或同有关人员协商后确定审计项目。在审计过程中，特别是在正式提出审计报告之前，常常与国会沟通情况，审计报告编制完成后则全部提交给国会审议。会计总署内部还设置了国会关系局，专门负责搜集并向主计长提供有关国会的情况，代表主计长同国会进行一些敏感问题的谈判，以及处理同国会的一些重要关系问题，现在会计总署每年来自国会的审计项目多达 600 余项。同时，会计总署每年对联邦政府部门的会计报表进行决算例行审计，对每一个部门出具单独的审计报告，这类单项报告每年也有 100 项左右。目前，美国会计总署的审计范围已经扩展到法律性审计、经济性审计和绩效性审计，而其审计目标也包括合法性和绩效性。对于某些商业性开支，也会聘请民间的会计公司参与审查。

3. 公众监督。美国预算方面的信息非常透明，这为公众监督打开了方便之门。无论是行政部门还是国会，只要是参与预算过程的组织机构几乎都有向公众提供预算信息的途径。首先，总统的预算草案会公布于众，公众可以方便地在相关的官方网站（如总统预算管理办公室的网站）和书籍文件中查阅到，而且预算非常细致，通常有数千页之多，对预算草案的注解和对术语的解释也较多，便于公众理解。其次，国会的很多预算文件及预算会议也是公开的。国会预算办公室作为为国会提供主要预算信息的机构之一，其所有的报告，公众都可以查阅。国会各委员会召开预算会议的时间表都是公开的，在国会召开会议审查和辩论预算时，公众可以现场旁听，也可以在相关网站或电视上收看实况转播。

4. 财政部门日常监督。美国联邦财政部内设一名由总统任命的财政总监，负责监督在财政政策的执行和检查过程中的重大财税违法乱纪行为，直接对总统和国会负责。联邦政府中每一个用款部门都配备一名由总统任命的财政总监，对总统和财政部负责。这些部门的每一笔支出必须经财政总监签字后，财政部门才能拨款。此外，还设有联邦审计署，负责对财政资金使用和管理过程中出现的重大违纪问题进行调查处理。国会制定的《国内税收法典》，即人们习惯上所说的美国税法，它与立法机关制定的其他法律共同成为“法定依据”。美国国内收入局负责税收检查的官员分为三个层次，级别最高的层次为监督检查官，主要监督检查大型企业（公司）的问题；第二个层次为税务审计官，主要负责检查中小企业的问题；第三个层次为税收检查官，主要负责处理一些具体问题，各层次之间在工作中相互协调，密切配合。

5. 司法机关监督。美国法院分为审判法院、上诉法院和最高法院三个层次。所有的诉讼必须从审判法院开始。只有纳税人或国税局在审判法院这一层次败诉后，败诉方才可以向更高一级的法院起诉该判决。上诉法院和最高法院都不可以直接进行第一次审判。这些法院的首要责任是审查审判法院对事实的判决是否符合法律。第一级上诉法院的败诉者可进一步向最高法院上诉，最高法院的判决是最终的，并对所有相对低级的法院产生约束。实际上，各种审判法院和上诉法院做出的判决就构成了司法的依据。美国的财政税收在立法和执行上都有司法监督的介入，司法解释构成财政法律体系的一个重要内容，对违法者的惩罚是非常严厉的。

三、法国的财政监督

法国的财政监督历史较为悠久，早在1320年就成立了会计院，开始行使财政管理和税收监督职责，已有近700年的历史。经过几个世纪的发展，特别是新《财政组织法》的颁布实施，目前已经形成了以议会的宏观监督、财政部门的日常业务监督、审计法院的事后监督为主体的财政监督体系。法国财政监督体系的最大特点是分工明确、协调互补，是典型的司法监督模式的国家。

法国议会将审议、批准和监督财政预算作为监督政府和行政权力的重要手段。议会对预算的审查非常严格，一般直接审查到部门和单位，对政府的每一项财政政策都要仔细询问，提出质疑，由财政部门做出解释。法国每一级政府都有议会，各级议会负责对本级政府预决算进行监督。议会除了依靠本身的专门委员会以外，还委托审计法院对财政预算的执行，特别是政府部门和事业单位的经费支出情况进行审计监督。法国财政部门在财政收支管理过程中担负着重要的监督职责，通过财政监察专员、公共会计、财政总监和税务稽查等监督体系来保证财政部门监督职责的实施。主要包括：财政监察员对支出承诺、结算、支付指令的事前核准；公共会计对支付环节的审核与记账；财政稽查总署负责进行事后监督检查；经济财政监察总署负责对国有领域的监督和公共管理咨询；税务部门对纳税人进行税务稽查。法国财政部门对财政收支的监督贯穿于财政收支的全过程，具有监督层次多样、监督管理同步和监督执法严格等特征，在财政管理和社会经济管理中发挥着重要的作用。

（一）财政监察专员对部门和大区的财政监督

法国的财政监察专员由财政部预算司管理，派驻中央每个部委以及法国的各大区。一般派一人，并配一名助手，根据部门的规模组成人员不等的工作班子。财政监察专员的主要任务是代表财政部就地监察各部部长使用的由财政部拨付的人员工资和机构运转经费情况。各项支出必须经过财政监察专员签字同意以后，公共会计人员才能予以处理。如果财政监察专员发现某项开支决策有问题，财政监察专员不仅有权拒绝签字，同时还有权冻结预算。这样，通过就地监督，使得预算司对财政支出的控制延伸到主要用款单位。

（二）公共会计在公共支出拨付时的监督

法国的会计分为公共会计和企业会计，所有管理财政支出拨款账目的会计都是公共会计，所有的公共会计都是国家公务员，并且按照“支出决策人和支出执行人相分离”的原则，为各部门服务的公共会计都由财政部公共会计司垂直管理。公共会计的一个重要职责就是具体负责公共支出的支付工作，并在为用款单位提供服务的同时承担拨款前的财政审查职责。公共会计负责拨付和监督的主要支出包括：公务员工资、行政机构的运转费用、公共投资性支出。对于这些公共开支，决策人在做出某项支出决策后（设有财政监察专员的部门还要经过财政监察专员审查同意），向公共会计下达付款指令，同时附上有关法律文件、合同、协议以及有关协议的签定程序和过程等材料，同时还要附上有关人员的签字。公共会计人员在检查无误后便进行拨付。

（三）财政监察总署的专项监督检查

法国的财政监察总署相当于我国财政部门目前设置的监督检查局，是财政部内的一个专门监督机构。其主要任务是根据财政部长的指示对涉及国家财政收支活动以及其他有关事项进行专门监督检查。财政监察总署的工作职责分为对内检查和对外检查两大部分，对内不仅检查各业务部门的有关账目，还要检查这些单位的执法质量和工作效率，以及工作人员是否廉洁等等。对外检查主要是根据部长的决定，除了检查各个部门的财政收支以外，还要对有可能对财政产生影响的有关的经济活动进行调查研究。法国财政监察总署在进行检查工作时，均不事前通知被检查者，在接受部长指令后立即行动，可以采取冻结账目等手段。对内和对外检查结束后都要出具书面报告，直接报告财政部长，对有关问题和对责任人的处理由部长决定。

（四）国家监察署对国有企业的监督

法国财政部设有国家监察署，其人员被派往国家控股 50% 以上的国有企业，对国有企业进行监督管理，并直接对财政部长负责。国家监察署的主要任务是从财政的角度对企业的决策活动进行日常监控，虽然无权干预企业领导人的决定，但是可以从中发现问题，向企业主管部门和部长提供建议。为了落实这一职能，国家监察员有权得到有关文件，并参与企业年度预算的制定。

（五）税务机关对纳税人的税务稽查

法国的税务稽查包括由基层税务所税基处对纳税人申报纳税情况的内勤检查，以及由省级稽查大队对纳税人缴纳税款情况的外勤检查。

（六）审计部门的监督

法国的审计法院是独立的司法机构，既独立于议会又独立于政府，议会和政府对其工作都不能进行干预。该院成立于 1807 年，是国家最高经济监督机关。法国的宪法赋予审计法院的职责是协助议会和政府监督财政法律的执行。其工作内容主要包括：一是审查国家决算。审计法院对国家预算执行结果审核后发表核准通告，然后将通告连同审核评价意见一并送交议会。二是对公共会计进行监督。审计法院通过对账目、单据的审核确定公共会计是否负法律责任。三是对非选举产生的公共开支决策人实施监督。一般通过对账目的审计提出建议，交换意见后形成公开发表的报告。四是监督国有企业遵守有关财政法规的情况。通过对账目的审计，一方面检查企业的财务活动是否符合财政法规，另一方面对经营管理水平进行检查。

审计法院和地方审计法庭的审计检查都是事后进行，一般向前追溯4～5年，其年度审计计划抄送财政部，但财政稽查总署审过的案子审计法院一般不再审计。审计法院对于问题的主要处理方式有：公开曝光、罚款、提起诉讼等。此外，新闻媒体、社会舆论等也是法国财政监督的重要渠道。

四、瑞典的财政监督

瑞典极为重视财政资金的监督管理，预算管理的透明度和约束性很强，立法部门监管、审计监管、行政监管共同构成瑞典的财政监管体系。

（一）议会监督

议会是政府预算的最高监督机构，瑞典议会主要通过年度预算的审议体现其对财政的管理，经批准的预算具有很大的权威性，一经通过必须严格执行，除出现不可预测因素外一般不得变动。为加强对财政预算和执行的监督，议会监督机构依照《宪法》专门设立审计办公室，人员编制30人，按《议会审计令》负责监督内阁和各级政府对财政资金和国有资产使用的合理性。审计内容既包括资金使用合法性，也包括资金使用的合理性。审计报告经公布征求各方面意见后，提交议会有关常委会讨论形成设计结论，议会表决通过审计结论，通知政府部门进行整改，整改情况同样受议会委员会及社会公众监督。

（二）审计监管

国家审计署负责对预算执行监督和结算审计，向议会负责，独立行使审计监督职能。主要职责是对政府支出进行监督控制，对年度财政决算提供审计意见。国家审计署在政府各部门、公共机构和大区、地方政府还设有派驻办事机构，具体负责预算执行监督，内容包括审核财政支出是否合法、是否符合部门预算的要求，资金使用是否有效等。

（三）财政部门监管

瑞典财政部下设 7 个职能部门，其中税务总局和国家经济财政管理局是财政部的两个重要部门。税务总局是全国税收征管的最高管理机构，下设 10 个分局。分局下设 24 个税务局、131 个基层税务所，具体负责税收征管工作。税收监管贯穿企业纳税登记和企业经营的全过程。税务局对企业年度报告实施重点抽查制度，一般对大公司每 5 年进行一次全面财务状况检查；对一般中小企业按 10% 的比例由计算机随机抽取确定抽查对象。

国家经济财政管理局具有相对的独立性，一方面它是财政部的一个重要职能机构，另一方面它也是政府的重要咨询部门，共由 160 名财政经济管理方面的专家组成，其工作职责主要是：采集重要经济信息，进行经济预测，提高预算编制的科学性；每季度对各地财政部门上报的预算执行情况进行汇总分析，年度分析报告还要上报议会审阅；对预算支出项目开展跟踪评估，对资金使用情况开展绩效分析并提交年度报告；制定财经政策方面的规章制度，开展教育培训等。

（四）职能部门的自我监控

瑞典政府各职能部门的监控主要体现在各部部长对本部门支出安排的控制和责任上。各部门按照“谁决策谁负责”原则，对本部门的预算和各项支出负责，一旦决策失误，个人将承担连带责任。在瑞典，一些部门如交通部、司法部等，为了更好履行部门职责和加强控制，还在各大区和地方政府设置派驻机构以更好地履行部门职责和加强财务开支方面的就地监控。

（五）社会审计机构监督情况

社会审计在瑞典起步较早，在瑞典经济生活中起着重要的作用。瑞典对社会审计机构的监督基本以行业自律为主。国家审计理事会对注册会计师进行行业管理，同时审计署、税务局对社会审计机构也有监督职能。瑞典社会审计机构的行业自律主要体现在以下三个方面：一是实行严格的准入制度。在瑞典，想成为一名注册会计师是一件相当困难的事。首先，大学毕业后必须在会计岗位工作三年以上，通过考试取得助理会计师资格。还要参加全国统一的注册会计师资格考试，同时完成会计师协会有关章程、行为规范的学习，接受协会组织的职业道德教育，各项成绩合格才能取得注册会计师资格。具体执业时，每年还需接受国家组织的两次考试。严格的选拔机制、完备的后续教育保证了注册会计师的专业水准。国家审计理事会成员由资深注册会计师和有关方面的专家担任，其职责就是搜集各类媒体关于审计质量的有关报道或接受公众投诉，担当会计师行业“狩猎者”的角色，由其判定被调查的会计师或事务所是否违反执业规范。

为保证审计报告独立、客观、公正，国家审计理事会还采用了相对统一的审计软件，执行严格的回避制度。审计署和税务局的监管主要是在审计政府预算和企业纳税情况时，如发现疑点或需要证实的事项，审计署和税务局将对注册会计师出具的相关审计报告的真实性、公正性进行检查。为规范注册会计师管理，瑞典对违规注册会计师实施严格处罚，对“无意识的失误”一般要求其主动纠正或发关注函；对性质较为严重的给予警告和罚款；性质严重的移交司法部门处理（同时取消执业资格）。在对注册会计师进行处罚的同时，都会在新闻媒体进行曝光。

五、启示与借鉴

以上三个国家的监督模式不同，与我国国情也不相同，其经验不能完全照搬。但作为世界上三种财政监督模式的典型代表，其成功之处仍可以为我国提供有意义的启示。

（一）完善的财政监督法律体系

西方发达市场经济国家财政监督的最大特点就是十分注重财政监督的立法。用大量的法律、法规来规范财政行为。财政监督有完备的法律法规作为依据，依法行使监督职责，法律约束力很强、权威性很高。英国是最早在宪法中对财政收支做出规定的国家。目前，西方国家不仅在宪法中以专篇或专章的形式规定了议会决定和监督财政制度的主要内容，有很多国家还依据宪法制定了专门的财政法及相关法规。美国、加拿大、法国、意大利和西班牙等国在议会通过的法律或其他相关法规条款中具体制定了财政监督的职责和任务。如美国国会先后通过了《监察官法》、《财政主官法》、《政府管理改革法》和《单项否决权法》等，赋予监察官以独立监督的权力，为财政监督提供法律依据。在法国，2001 年 8 月 1 日，新《财政组织法》由总统颁布实施，其重点是加强议会对预算的监控力度。日本国会陆续制定颁布了《财政法》、《地方财政法》、《财务省设置法》等法律法规，保证监督管理的规范化和透明度。

（二）财政监督权的规制和制衡

发达市场经济国家非常重视财政监督主体在监督权力间的规制和相互制衡。在法国，议会对政府预决算进行监督，财政部门对财政收支进行监督，财政监察专员对部门和大区进行监督，公共会计对公共支出拨付进行监督，国家监察署对国有企业进行监督，税收部门对纳税人进行监督，审计法院对政府预决算、公共会计、公共支出决策人、国有企业财务活动进行高层次的事后监督，都体现了财政监督权力之间的相互制衡。又如在美国社会中无处不有相互制衡机制，联邦财政预算的制定和实施也不例外。对财政监督权力进行合理配置并实现相互制衡可以有效地防范、控制政府预算执行过程中的制度风险。

（三）对财政监督主体的再监督

法国对公共会计的监督由审计法院承担。公共会计机构每年都要向审计法院报送公共收支决算账目，接受审计监督。有关公共会计的责任，法国有明确的规定，如果某项支出出了问题，是因为公共会计的责任，会计人员就要承担相应的赔偿责任。许多国家还通过审计院或者其他类似的机构对监督人员实施不同形式的再监督。这些对行使财政监督职能人员再监督的硬性规定以及具体做法，形成了相互制约的控制系统，有利于充分发挥财政监督在经济和社会发展中的作用。

（四）社会共同参与

在整个财政监督体系中，议会、财政部门、审计部门、行政监察机构和其他社会力量都是重要的组成部门。其中，社会监督不可或缺。

（五）对“资金流”实施全程监督

各国对从预算收入的组织直至财政资金的分配使用执行都有相应的监督形式，把财政“钱袋”的收支都置于监督之下。

1. 重视预算编制的监督。预算编制是政府预算程序的起始点，也是财政监督管理的基础。西方发达国家预算编制和审批的时间较长，准备工作比较充分。例如，法国从每年的 4 月份就开始编制下年预算，到 10 月份提交议会审批，编制时间为 6 个月。美国联邦预算的编制时间大约有 9 个月。对预算草案的审议时间也都比较长。如美国国会对预算草案的审议时间为 7 个月。法国、议会审议预算需要 3 个月左右的时间。再有，这些国家的预算内容也较翔实。如法国预算仅类级科目就有 1 100 多条，预算文本不仅有图表，而且还有详细的文字说明和分析。

2. 各国重视对预算收入的监督。由于税收是财政收入的主要来源，各国财税部门除了对纳税人进行严格的监督外，有些国家还对税收部门的征管质量进行监督。

3. 注重对预算执行的约束。主要表现在：一是预算执行和调整方面的管理极为严格。预算一经立法机构审议通过，就形成年度预算法案，各部门、各单位都必须依法严格执行。未经议会（国会）同意，任何人都无权更改预算。如需追加支出，则必须按立法程序办事。在预算执行过程中，各项目之间、经常性支出与资本性支出之间都不能随意调整。西方发达国家普遍采用国库单一账户制度对预算资金进行管理，所有的预算收支都要通过国库单一账户。库款集中管理、资金集中收付，有效地提高了对各项预算资金的监控力度。二是在财政支出的日常检查中注重对支出的事前、事中检查，同时也重视事后对有关问题进行抽查和专案检查。确保了预算编制的合理和财政资金的安全与效益。

（六）高程度的财政监督信息化

财政监督信息化程度越高，越有利于消除信息不对称降低监督成本，越能提高财政监督效率。同时，评价监督效果最直观的就是通过财政监督数据来体现。几个发达国家的财政监督中，无论是对财政资金运行的监督管理，还是对政府部门的绩效评价中，定量分析的比重都远远高于定性分析的比重。

在西方国家，已经完全建立了一套可以覆盖财政资金管理、使用、监督及考评的信息系统，该系统能支撑部门预决算管理、国库单一账户集中收付、政府采购、宏观经济预测和办公自动化等多方面需求；同时，该系统在财政资金的分配和支付环节都实现了业务的标准化、流程的规范化和操作的智能化，使之不仅是事后记账的一般财务系统，更是带有事前控制性质的财政资源管理系统，这就从根本上防止了预算执行的任意性，根除了财政资金使用中的权力寻租现象，提高了财政工作效率和监督管理水平。

（本文原载于《战略与管理》2010 年第 3/4 期合编本）

部门预算的国际比较与借鉴

徐曙娜*

从一级政府看，本级政府预算体系包括政府本级预算和本级的部门预算两部分。

部门预算指的是本级政府部门的收支预算，该预算是以部门为单位编制的。在美、英、日等国，部门预算的收支都是政府本级预算收支的组成部分（见表1）。所以部门预算是被包含于政府本级预算中的，政府本级预算范围大于部门预算的范围。但在我国政府本级预算与部门预算的关系是交集，而不是包含或者被包含关系。我国部门预算的收支有一部分没有被包含于政府本级预算中，政府本级预算的收支也不是全部都通过部门预算执行的。作者认为，我国的政府本级预算体系应借鉴美、英、日等国的经验，将部门预算所有收支纳入政府本级预算中，以实现真正意义上的全口径预算。

表1　　美、英、日、中四国中央政府部门预算架构比较表

	第一层	第二层	第三层	第四层
美国	按规划分	按账户分为联邦基金和信托基金	按项目和活动分	
			先分为直接支出责任和可补偿支出责任	按经济分类
英国	按机构（组织）分	按流动性分，分为资源预算和资本性预算	按时间期限分，分为资源性DEL、资源性AME、资本性DEL和资本性AME	按业务分，分为行政运营支出和项目支出（行政运营支出只属于资源性DEL，其他都是项目支出），再接下去就是经济分类的支出明细

* 徐曙娜，上海财经大学公共经济与管理学院副教授、上海财经大学公共预算研究中心主任。

续表

	第一层	第二层	第三层	第四层
日本	日本部门预算分为两部分内容，第一部分是按政策目标（政策评价体系）分的部门预算	第一部分先按组织分	按政策目标（政策评价体系）分支出明细，最多分为四层，最少两层	
	第二部分是按经济分类分的部门预算	第二部分先按收入性质的特殊性分，分为一般会计和特别会计	按组织分	按经济分类分支出明细，最多分为四层
中国	第一层没有分类，就是部门收支总信息	第二层分为财政拨款收支系列表和其他，但其实没有单独的表格提供（“其他”）信息	第三层将财政拨款分为一般公共预算的财政拨款和政府性基金的财政拨款	第四层有按功能、经济、业务（经营）性等分类。并相互交叉相互综合。但遗憾的是我国部门预算不仅没有提供按功能分类和按经济分类的结合，也没能提供每个项目活动的具体支出

资料来源：根据各国公开的部门预算研究所得。

一、中央（联邦）政府部门预算架构的国际比较

表1概括了美、英、日、中四国部门预算的具体框架。美、英、日三国共同之处有四个：（1）部门预算非常详细，要么如英、日两国在部门预算中按机构（组织）分，也就是把部门下属的机构（组织）的信息都详细地体现出来，不是部门总数；要么如美国按规划分，提供部门所有规划、项目和活动的详细预算数据。但我国的部门预算既不按机构（组织）进行细分，也不提供具体项目的数据，只体现该部门的汇总的数据，虽然在部门预算中也提到了汇总的下属机构有哪些，但不体现这些机构各自的数据，所以透明度大大不如美、英、日三国。（2）经济分类是每个国家部门预算必备的，而且一般都是最后一层的信息。英国在第五层，日本第一部分没有经济分类，但第二部分主体就是经济分类。能够详细说明部门支出的具体用途。而我国并没有整个部门支出按经济分类，只提供了一般

公共预算财政拨款基本支出按经济分类的情况。所以我国部门预算经济分类信息不详细不具体。（3）每个国家一般都会在部门预算中体现他们的主体预算分类模式，如英国在部门预算中有经常性预算（资源预算）和资本性预算之分，在日本的部门预算中则分为一般会计账户和特别会计账户。但美国由于预算外涉及的面特别少，所以一般部门预算就不分预算内外了。这一点，我国的部门预算也做到了，我国的部门预算将一般公共预算和政府性基金预算是分开列示的。（4）项目预算是部门预算的主体。美国、英国都有项目预算，日本虽然没有明显的项目预算，但按政策目标分类也与项目有关。而且这三个国家的项目预算都很详细，我国也有项目支出预算，但只有总额，并没有提供具体性项目预算。

我国部门预算与美、英、日三国比较，除了上面提到的部门预算不够详细，经济分类没有覆盖全部之外，最大的缺陷就是项目信息不完整，在我国的部门预算中既没有项目的绩效目标信息，也没有项目的支出额和支出细项信息。而我们看表1，美国从第三层就开始按项目列支出，美国最终体现的是要么是项目的经济（用途）支出表，要么就是项目的活动支出表。在英国，因为最后一层分为行政运行支出和项目支出，项目支出按项目提供详细信息，所以英国也是提供项目信息的。而日本，虽然表面上看是按政策目标（政策评价体系）列支出，但一个政策目标往往就是一个项目或几个项目完成的，所以也是与项目有关。应该说项目是部门活动的载体，按项目提供信息才能真正反映部门支出的成本，才能有利于建立在项目管理之上的绩效预算管理。何况我国目前也在大力推进预算的绩效管理，实行项目预算。所以项目预算应该按项目一个一个的公开，这样才能提高资金使用效率，有利于问责，有利于绩效管理。

四个国家的部门预算各有特点：美国主要将部门预算按账户分为联邦基金和信托基金，弥补没有按收入性质的特殊性进行支出分类的缺点。英国的特点就是经常性预算采用了资源预算的方式，即采用了权责发生制的预算编制基础，这样为绩效预算管理提供了科学的技术基础。日本则是在其部门预算中提供了非常详细的按政策目标分类的支出，同时其经济分类也是非常的精细化，总共有四层，既体现了日本政府强调精细管理的用心，也提高了透明度。而我国的最大特点就是没有采用分层的方式编制部门预算。而是以并列的一系列表格体现。但这些表格其实也是有一定的分类的。就是分为政府总收支系列表和财政拨款收支系列表。在财政拨款收支系列表中再分为一般公共预算系列表和政府基金预算表。所以我们按照这样一个分层来填写我国部门预算的架构的。我国部门预算的另一个特点就是提供了“三公”经费的信息，但这个“三公”经费只是一般公共预算财政拨款用于“三公”经费的信息，并没有提供整个部门所有来源的资金用于“三公”经费的信息。

另外，我国的部门预算没有按经济分类与按功能分类交叉综合的信息。美、英、日三国关于这方面的信息有的在部门预决算中体现，有的在政府本级预决算中体现。而我国不管是政府部门预算还是政府本级预决算中都未能体现经济分类与功能分类的结合信息，这样不利于经济分析和政府管理。

总之，我国现在的部门预算存在的问题有：第一，部门预算没有提供足够的微观信息；第二，没有绩效目标，如部门目标和项目目标；第三，没有所有支出按经济分类（只有基本支出有按经济分类）；第四，没有按经济分类与按功能分类交叉的信息；第五，没有项目支出的具体信息；第六，部门预算非常简单，也没有提供子部门的具体信息，如在教育部的部门预算中没有复旦大学的单位预算等。而我们比较美、英、日、中四国部门预算时发现：美、英、日三国的部门预算都非常详细，微观信息也非常丰富。经济分类是每个国家必备的，涉及所有部门预算支出。最为关键的是每个国家的部门预算最后都会落实到具体的项目上，美国的部门预算在项目下还细分活动，提供每个活动的成本和支出；英国按业务将部门预算分为行政运行支出和项目支出，也提供每个项目的支出详细，虽然日本没有直接表示为项目支出，但按政策目标分类的支出可以理解为项目支出，因为一个政策目标对应相应的项目。但我国只有项目支出总数，没有具体信息。我国现行的部门预算已经包括了部门所有的收支，所以在部门预算的范围方面并不需要扩增。

二、我国部门预算具体架构的优化

我国政府预算体系应该借鉴美、英、日等国的经验，不仅仅包括政府本级预算，还应该包括政府部门预算。所以应该将政府部门预算中的所有收支都纳入政府本级预算中。而实际上事业单位的事业收入、经营收入和其他收入在中央都未能纳入政府本级预算，在地方情况各异，也有很大一部分地区不是全纳入，特别是事业单位的经营收支既没在中央政府本级预算中体现，也未能在地方政府本级预算中体现。而我们认为事业单位的事业收入、经营收入和其他收入及其安排的支出应该被纳入一般政府基金预算中。这样，政府本级预算就涵盖了全部的政府本级部门预算，在范围上讲，政府本级预算应大于政府本级部门预算。

我国现行的部门预算有四大内容：部门概况、部门预（决）算表、部门预（决）算情况说明和名词解释。部门概况包括部门主要职能和部门预（决）算单位构成。部门预决算表包括 8 张表。这 8 张表分为两大类，一是部门收支系列表；二是财政拨款支出系列表。目前我国只有部门预算的财政拨款收支纳入政府本级预算。结合美、英、日等国的经验，我们认为我国的部门预算应该包括六大内容：部门概况和绩效目标、各种收入支出表、各项目支出详表、各子部门预算、部门预算情况说明和名词解释等 6 个部分。建议我国部门预算的项目继续沿用原来的做法，按照功能分类的“项”来设置。

另外由于每个部门既要编制部门预算又要编制部门决算，为了便于将预算和决算比较，我们认为部门预算和部门决算的内容、格式应该完全一样。所以我们这里虽然论述的是部门预算的具体架构，其实质也是部门决算的具体架构。

（一）部门概况和绩效目标

1. 部门概况。部门概况部分应该包括部门的基本情况、部门结构、部门职能等，还应该包括部门预算所涵盖的子部门的个数、名称。最为重要的是部门的概况部分应该有本部门的人员信息，并且应该提供按照各项目的人员信息。这也是美国和日本部门预算中都有的内容。

2. 绩效目标。绩效目标方面应该提供部门目标和项目目标两部分。每部分都应该提供战略目标和年度目标，以及战略目标的具体绩效指标和标准、年度目标的具体绩效指标和标准。绩效指标应该尽量量化。绩效目标部分还应该提供上年目标实现的情况和今年的具体指标和标准。因为前面已经建议按照功能分类的“项”来设置项目，这样就可以将项目目标与项目成本以及功能分类的支出对应起来。

（二）各种收入支出表

各种收入支出表包括两部分，即部门收入支出总表系列和各种支出分类表系列。

1. 部门收入支出总表系列。在这部分我们可以继续保留我国现行部门预算的做法，因为我国现行的部门预算已经包括了部门所有的收支，所以在部门预算的范围方面并不需要扩增，部门收支总表系列也不需要做特别大的调整。

这部分的表格包括部门收入支出总表、部门收入总表和部门支出总表。部门收支总表可以继续维持原有的格式。部门收入总表也可以继续原表的格式，“行”上列收入来源“财政拨款收入”、“事业收入”、“经营收入”和“其他收入”，支出按照功能分类的“类”、“款”“项”三级列示。部门支出总表，在“列”上分一般政府基金支出和特殊政府基金支出，在“行”上按功能分类列示“类”、“款”、“项”。前面两张表格式与原来完全一致，后面一张表的格式做了一些调整，调整在“列”上。因为原来的部门支出总表实际上是按功能分类的部门支出表，所以将其放到了支出分类表系列，并进行了修改。重新设计了一张部门支出总表，用来反映一般政府基金与特殊政府基金的支出情况。

2. 各种支出分类表系列。

（1）按功能分类的部门支出表。按功能分类部门支出表（见表2），在“行”上支出按照功能分类的“类”、“款”“项”三级列示，在列上先按经营性分为“非经营性支出”和“经营性支出”两类，再在“非经营性支出”下分为“基本支出”和“项目支出”。

表2　　　　按功能分类的部门支出表（设计）

	非经营性支出		经营性支出
	基本支出	项目支出	经营性支出
支出功能分类的“类”			
支出功能分类的“款”			
支出功能分类的“项”			
……			

资料来源：作者研究设计。

（2）按经济分类的部门支出表。我国现行的部门预算只有一般公共预算财政拨款基本支出才有经济分类，我们认为应该将所有的支出都进行经济分类。表格可以继续原来的格式。与原来不同的是这张表格的名称改为按经济分类的部门支出表，里面资金的范围是部门预算的全部支出。

（3）按时间期限分类的部门支出表（见表3）。我们认为，为了更好的实现绩效预算，我们可以借鉴英国的做法，将部门支出的项目区分为部门支出限额（DEL）和年度管理支出（AME）。部门支出限额（DEL）是明确的计划在3到4年里都需要的支出，年度管理支出（AME）则是客观需要的，但比较难预期和难控制的支出，所以每年都不一样。部门支出限额（DEL）两到三年审批一次（英国是两年），年度管理支出（AME）每年都要审批。

表3　　按时间期限分类的部门支出表（设计）

	部门支出限额（DEL）	年度管理支出（AME）
功能分类的“类”		
功能分类的“款”		
功能分类的“项”		
……		

资料来源：作者研究设计。

（4）经济分类与功能分类结合的部门支出表（见表4）。这是一张新增的表格，将所有部门支出都涵盖在里面，将经济分类与功能分类结合起来，可以体现部门每个功能分类的“类”、“款”、“项”三个层次上成本的具体组成情况。

表4　　部门经济分类与功能分类结合的部门支出表（设计）

	经济分类“类”		经济分类“类”		……
	经济分类“款”	经济分类“款”	经济分类“款”	经济分类“款”	……
功能分类的“类”					
功能分类的“款”					
功能分类的“项”					
……					

资料来源：作者研究设计。

（三）各项目支出详表

前面已经在绩效目标部分提供了项目的目标。在其他各种表格中也已经有了项目的支出信息（因为我们功能分类的“项”级与部门项目的设置是一致的）。但前文表格中只有某项目的经济分类的细项支出，和项目的总支出。其实每个项目下面又会有很多的活动，所以也需要对活动的成本进行预算。一个项目应该编制一张项目支出详表，里面包含该项目所有的信息。如将功能划分的“类”“款”“项”再结合部门项目（项目按功能分类的“项”级设置）中的活动。我们国家的功能预算也就像美国一样，变成了4层，美国也是在结合部门预算后才变成4层的，在政府本级预算中只有3层。有了这张项目支出详表，我们就有了项目的具体信息了，也就可以结合项目的绩效目标，对项目进行绩效评价和绩效管理了，从而大大提高了项目管理的效率，同时大大提升了部门预算的透明度（见表5）。

表5　　　某项目支出详表（设计）

	A活动	B活动	C活动	……
经济分类的“类”				
经济分类的“款”				
……				

资料来源：作者研究设计。

（四）各子部门预算

子部门预算结构和格式与部门预算应该大致一样，也包括部门概况和绩效目标、各种收入支出表、各项目支出详表、部门预（决）算情况说明和名词解释等5个部分。因为下面没有子部门，所以比部门预算少了一个子部门预算部分，其他都一样。具体表格和内容也一样，我们这里不再重复。因为部门预算中涵盖了部门下属子部门的预算，所以我们必须分部门编制每个子部门的预算，相当于提供子部门预算报告，这样才有利于对子部门进行绩效管理，进行绩效评价并问责，也有利于提高财政资金使用的效率和透明度。所以各项目支出详表和各子部门预算是部门预算最为重要的部分，是最能体现透明度和提高管理效率的部分。

（五）部门预算情况说明和名词解释

这部分包括部门预算情况说明和名词解释，前者是对部门预决算情况的一些说明，特别是前面部分没有揭示的但有必要在部门预算中揭示的信息都应该体现在本部分。名称解释部分主要是对部门预算报告中出现的专业名词做出解释。

总之，我国部门预算收支已经是部门的全部收支了，所以不必扩增部门预算的收支范围。但是我国部门预算非常简略，存在六个方面的问题：没有提供足够的微观信息（如人员信息）；没有绩效目标；没有将所有支出按经济分类列示；没有按经济分类与按功能分类交叉分类的支出信息；没有项目支出的具体信息；没有提供子部门的具体信息。为了解决这些问题，我们重新对部门预算的具体架构进行了优化。我国的部门预算应该包括六大内容：部门概况和绩效目标、各种收入支出表、各项目支出详表、各子部门预算、部门预算情况说明和名词解释等6个部分。并建议我国部门预算的项目继续沿用原来的做法，按照功能分类的“项”来设置。由于每个部门既要编制部门预算又要编制部门决算，为了便于比较，部门预算和部门决算的内容、格式应该完全一样。

（本文为国家社科基金《公共财政责任视角下的预算体系改革研究》10BJY097 的阶段性成果，于 2017 年 6 月 20 日完稿）

美国税制的演进

段炳德*

2016年，美国国内生产总值16.7万亿美元（按2009年不变价格），居世界第一位。作为建国240年的大国，美国的现代税收制度演进与美国大国地位的形成之间的互动关系值得深入探讨。2016年美国政府的财政收入达到32 668亿美元，占GDP的17.8%，其中个人所得税占到47.3%，薪资税占到34.1%，企业所得税占到9.2%，这三大税种收入占到税收总收入的90%。美国建立现代税制的经验对中国具有一定的启示意义。

一、美国的税收制度演进过程：从以间接税为主体到以直接税为主体

今天美国税收制度是以直接税为主，尤其是以个人所得税为主的税收体制。三级政府各拥有自己的主体税种，个人所得税是联邦税，消费税属于州税，房产税属于地方税。

建国后美国长期处于间接税——关税为主的税制时期。美国甫一建国面临的紧迫问题是如何偿还革命战争欠下的债务以及在国际金融市场上建立信誉。因此，1788年制定的宪法赋予政府征税权，但是规定各税种和税率在各州要保持统一，从而避免发生有的州对特定产品征收不同税率的现象，这就为打通国内统一大市场奠定了基础。美国宪法限制联邦政府征收财产税，从而把财产税的主导权留给了州和地方政府，但是南北方各州对财产税采取了不同的态度。在第一任财政部长亚历山大·汉密尔顿的领

* 段炳德，国务院发展研究中心信息中心副研究员。

导下，联邦政府建立起新的税收制度，关税是其中最重要的税种，直到南北战争爆发，关税都是美国联邦政府最主要的收入来源。

美国内战导致巨额的政府融资需求。北方联盟启动了应急税收方案，几乎对所有消费品和行业征税，还征收企业特别税、印花税和遗产税，把关税税率提高了一倍，并首开征收所得税先河，而且采取累进税率，最高税率达 10%。战争结束时，北方各州有 15% 的家庭缴纳所得税。1872 年，由于遭受抗议，议会终止征收所得税。此后美国的主体税种依然是关税，并且一直采取内战时期的高税率，一般高达 50%，对有些制造业产品征收 100% 的关税，直到 1913 年才根据 Underwood - Simmons 关税法案降低了税率。高关税制度体现了独立后美国政府的一种民族主义的立场，满足了执政党派的政治需求。随着工业化进程的加快，企业和金融资本都开始认识到关税的问题，认为关税是一种落后的税制，而且保护垄断，因此积极呼吁改革关税。但是此后所得税和财产税的改革一波三折。

两次世界大战时期的巨额融资需求成为美国推动现代税制改革的重要契机。1913 年累进所得税正式合法化，但是第一次世界大战才是所得税登上历史舞台的契机。因为一战融资需求巨大，联邦政府对企业的超额利润征收累进所得税，但是这时的所得税更多的是一种富人税，并没有把税基扩展到一般的工资收入。一战后的 20 世纪 20 年代，共和党上台开始改革战时税制，1921 年取消了超额利润税，降低了累进税率和层级，使税制更有利于富人和资本以及某些特定行业如石油化工业。但是此时的税制依然具有富人税的特征。在当时的财政部长梅隆的努力下，累进所得税得以保留。

1929 年爆发的经济大萧条对美国经济造成史无前例的冲击，为弥补财政赤字和应对利率上升，胡佛政府决定增税。为建立社会保障体系，1935 年罗斯福总统开征新的税种，对工薪收入征税用于社保支出，社保税实行累退税制，高收入者税率更低，辅之以对企业未分配利润征收累进税。后者引起大企业的强烈不安，到 1938 年被取消。珍珠港事件后，美国卷入二战，为了战争融资，罗斯福总统决定征收更宽税基的所得税和销售税。所得税具有高度累进性，对 2 000 美元以下收入实行 13% 的税率，20 万美元以上的收入实行 82% 的税率。纳税人从 1939 年的 390 万人增长到 1945 年的 4 260 万人。政府的所得税收入从 22 亿美元增长到 351 亿美元。战时民众高涨的爱国热情和政府部门精心的宣传与组织安排，保证了税制巨大变革的成功。

两次世界大战对美国联邦政府的财政体制产生了深远影响，促使美国税制向现代税制演变，更能适应变化了的经济社会环境。所得税促使联邦政府投资监控并对大量新兴公司的收入进行征税。累进所得税也被认为是公平分配、实现美国民主体制的重要手段。二战时采取的新税制对美国财政制度产生重大影响，累进所得税制使美国政府在经济持续增长的20世纪五六十年代，在没有变动税种和税率的情况下收入不断增长，从而可以开展不少新的支出项目。但是后来因为滞涨，财政收入增长放缓，里根总统时期实行了大规模减税计划。80年代后期，随着税基的进一步扩大，加之90年代的美国经济的景气度上升，所得税重新焕发生机，甚至美国财政一度实现了预算盈余。

二、美国税制演变的特征：政治力量与经济因素双重作用的结果

美国宪法关于税收的一些阐释条款对税收制度改革产生深远影响。宪法中关于税制统一的要求，对美国统一大市场的形成具有重要推动作用。早期的财政改革者尽可能地扩大税基，为满足不断增长的公共服务需求提供了基础。另外，宪法不允许联邦政府征收直接税，导致所得税的出台一波三折。

为战争融资塑造了美国现代税收制度。独立战争起源于英国对殖民地的加税，“无代表征税即为暴政”的理念引发抗议浪潮及其后的独立战争。为偿还战争借款，宪法赋予政府征税的权力。美国内战时期，首次开征所得税，但是战后取消，一战又为所得税大开方便之门，二战的融资需求一举奠定了所得税在美国税制中的主体地位。这也说明，美国财政体制是一种以支定收的财政格局，当临时性开支大幅增加时，就需要为新开支寻找新的税收来源，因此战争也往往成为税改的重要契机。

税制改革重构了美国政府与公民的关系。从间接税到直接税的演变过程中，政府把缴税责任扩展为公民直接责任，公民与政府的关系需要重构，相当于签订了新的契约。在对国家的支出责任增加的同时，公民对国

家的权利诉求自然相应增加，主人翁意识也逐渐加强。这对后来的预算制度改革，加强公民对政府的监督责任产生一定的推动作用。

税制改革对增强美国认同的意识形态产生正面影响。建国之后，关税长期占据主导地位，表达了一种维护本国市场、本国资本和工人利益的民族主义态度，这对加强这个英帝国前殖民地独立后的民族凝聚力具有重要意义。在关税不符合工业化发展需要之后，执政者利用战争融资的特殊时期，宣扬爱国主义、民主思想、支付能力原则以及平等化思想等使累进税具有合理性和合法性，并使所得税一举成为美国税收的主要支柱，直至今天。

税收成为政党政治的重要工具。隶属于共和党的里根总统、小布什总统，都实行过大规模的减税计划，2016 年年底赢得美国总统大选的特朗普总统，也提出大规模减税计划。而历史上大多数的增税计划都是由民主党总统提出，小罗斯福总统的社保税和个人所得税改革一举奠定了以所得税为主的税收体系，克林顿总统执政时期实现了预算平衡，奥巴马总统提议征收富人税。

三、启示

财政能力是大国治理中最重要的能力之一。要提供满足民众物质精神需求的公共服务须具备相应的财力，随着国际影响力的提高，更要考虑国际公共物品的收支问题，因此要确定大国税收的框架。

在保持总体税收框架相对稳定的前提下，要根据形势需要和时代特征不断优化税制。工业化发展对美国由间接税关税为主向所得税为主的税收结构转变产生重要影响，税制要适应经济发展需要，促进效率提高。

税收是调节收入分配的重要工具，税制改革要考虑税收的收入分配效应。公平与效率具有双向关系，正确处理公平问题，也会促进效率提高。累进所得税制除了具有公平收入分配的作用之外，还有自动稳定器作用，可以对经济波动产生一定的逆周期调节作用。

税收改革的契机非常重要。经过充足的宣传引导，充分的民众讨论，得到广大民众的认可，往往可以顺利推动税收体制改革。

（本文原载于《中国经济时报》2017 年 4 月 6 日）